U0511830

SHENZHEN

KEJI CHUANGXIN MIMA

深圳科技创新密码

段亚兵　著

人民出版社

◎ 邓小平雕像，安放在莲花山公园 供图：深圳天健集团公司

◎ 1981 年，基建工程兵首批部队挥师南下，到达深圳火车站　　　　　　摄影：周顺斌

◎ 蛇口第一炮　　　　　　摄影：何煌友

◎ 基建工程兵2万人1979—1982年陆续调入深圳，集体转业，成立建筑企业。图为转业军人第一次参加全市工人技术等级考试

摄影：周顺斌

◎ 20世纪80年代，深圳吸引大批青年人才前来创业，华强北路成了求职路

摄影：黄天肇

◎ 深圳特区初创时期蛇口工业区提出的"时间就是金钱，效率就是生命"口号，对全国各行各业产生了广泛而深远的影响　　　　　　　　　　摄影：江式高

◎ 1979年华强电子工业公司进入深圳创业时的驻地

图片来源：《华强北40年影像记忆》

◎ 1980 年中电公司深圳分部成立，这是当年的竹棚厂房

图片来源:《华强北 40 年影像记忆》

◎ 这幅名为《升》的照片拍摄于 1983 年，地点在深圳红岭大厦工地。该照片在全国摄影比赛中获得金奖

摄影：周顺斌

◎ 建设初期的上步工业区，后来成为世界著名的华强北商业区　　　　摄影：杨洪祥

◎ 1989 年时的深圳东门老街　　　　摄影：郑东升

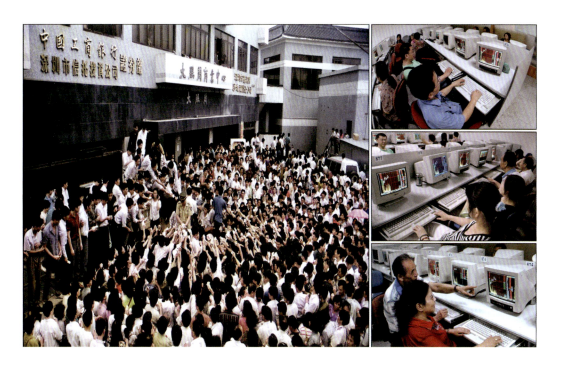

◎ 深圳当年买股票的群众如潮水汹涌；股民自己操盘，在股海冲浪

摄影：张新民、蓝水添、林浩

◎ 赛格电子配套市场在深圳电子产业发展中发挥了重要作用，1995年被评为文明市场

图片来源：《华强北40年影像记忆》

'99 CHTF

首届中国国际高新技术成果交易会开幕式暨大型文艺晚会

◎ 1999 年 10 月，首届中国高交会在深圳隆重开幕   摄影：陈富

◎ 2011 年 11 月 15 日，在深圳五洲宾馆召开中国电子信息产业发展回顾与展望暨中国 IT 市场指数发布会

供图：华管办

◎ 深圳市民中心由市建工集团公司（原基建工程兵 304 团）建设，2007 年荣获中国建筑工程鲁班奖

供图：建工集团公司

◎ 在深南大道同一个地点相隔 30 年拍摄的两张照片　　　　　　摄影：何煌友

◎ 华强广场　　　　摄影：段亚兵

◎ 赛格广场　　　　摄影：段亚兵

◎ 任正非在深圳坂田公司总部基地接待老战友段亚兵

供图：段亚兵

序　言

　　2020 年 10 月 14 日，习近平总书记在深圳经济特区建立 40 周年庆祝大会上指出："40 年春风化雨，40 年春华秋实。当年的蛇口开山炮声犹然在耳，如今的深圳经济特区生机勃勃，向世界展示了我国改革开放的磅礴伟力，展示了中国特色社会主义的光明前景。"

　　看似寻常最奇崛，成如容易却艰辛。深圳一路坎坷走来，经历了创新的艰辛，分享了成功的喜悦，创造了一个个奇迹，成就了无穷的精彩。向中国、向世界讲好深圳故事，是一个极具吸引力和挑战性的艰苦工作。大约是去年这个时候，亚兵先生对我说，准备写一本有关深圳科技创新发展的书。尽管我拜读过他有关深圳的几部脍炙人口的著作，但我还是没想到，两周前他的新作《深圳科技创新密码》的新著已经完成了。因为就在前几个月，我们还在电话中就几个深圳科技创新的史实进行讨论，感觉他还在构思中。这说明亚兵先生不是心血来潮要写这部书，而是厚积薄发，当然，这也是他有关深圳系列不可或缺的一部分。

　　亚兵先生嘱我在指正之余，为新著写一点点文字。我慨然应允，本来只是想让自己在学习中也变得勤奋一些。展卷后始知，这心得体会并不容易写。全书分为四部，除了序章与结尾，共有 16 个章节。该书不仅仅是章节目细分，最主要是作者尝试着从系统构建的角度来讲深圳科技创新的故事。一个个鲜活的故事是微观的、具体的，但串联后就有了内在的逻辑结构。细思之，不揣冒昧地对内容作一简要评述。

　　序章称得上是神来之笔。一般说来，凡写深圳故事都绕不过去的一个问题是，深圳为何与众不同？亚兵先生以一个不同寻常的视角——城市发展规划，开始了深圳科技创新故事的讲述。在深圳常常听到的说法是，深圳是一座按照规划建设起来的新城。亚兵先生显然并不满意于这种说法。城市建设规划造就了一座城市的物质形态，总体发展规划则定义了一座城市的功能及精神风貌。深圳发轫于改革开放之潮头，聚天下英才谋开拓创新，敢闯敢试敢为天下先是城市的灵魂，这来自对经济特区使命的深刻理解，也离不开探路创新精神的代际传承。

40 年前，深圳从传统经济起步，虽有蓝天白云下田园牧笛的悠扬，但贫困落后。经济特区立法甫一宣布，逃港风潮即成历史。大胆引进外资，从"三来一补"起步奠定了深圳崛起的基础。而后 40 年，深圳从初期的"血汗工厂"走向了"山寨之城"，再从模仿创新走向自主创新，成为全球创新中心城市。李灏要"改革权"的故事生动地再现了深圳率先突破传统计划经济体制，以市场化改革为取向，吸引了大批国内企业前来建立对外开放的桥头堡，形成了"冻不死的华为"等民营经济大发展的格局。

本书用了很长篇幅讲述深圳向高新技术产业转型发展的过程。高新技术发展离不开政府的鼓励政策，政府制定政策却有赖于对科技创新逻辑的深刻理解，这是亚兵先生破解深圳科技创新密码的钥匙。除了吸引外资、借重于北京的科技力量和企业，更重要的是培育深圳企业创新增长的基因。深圳本土电脑、软件业井喷式发展，医疗器械产业异军突起，争抢收购科技创新企业，并与世界经济潮汐新机遇相结合，深圳实现了初步转型。发展高新技术企业需要孵化器，各类高科技产业园区遂成为创新的重要载体，发挥了重大作用，也引领了全国产业园区的发展。如果仅停留于园区的分析未免肤浅，亚兵先生通过深入挖掘发现，深圳产业园区不同一般产业园区的特点还在于，充满了美国硅谷式的创新精神以及在追逐新技术方面敢于冒险的创业投资；充满了专业精神和分工复杂的产业链，每个企业只做自己最擅长的、最专业化的创新，形成了相互依赖共生、不断把蛋糕做大的产业链。分工产生了降维分解的效应，众多企业如雨后春笋般地聚集在一起，各自在专业化领域进行创新，彼此竞争又相互合作，一项技术突破会带动关联技术突破，一个产品会带动一个产业，形成了一个显而易见的滚雪球效应，创造出无边界的创新增长。这就非常有效地解释了深圳以中小企业为核心的创新，如何创造了无人机产业爆发式发展，也有效地解释了围绕着华为、比亚迪有成百上千家大中小企业构成的创新产业链。马化腾用很直白的语言，说出了分工创新奥秘，你要深入下去才能看到用户最痛点在哪里，那可能就是一个创新的机会，别人想不到，就你较真，认真钻进去得到一个小创新点，很多点汇集之后，创新就自然而然地发生了。斯密关于手工工场制定分工的讨论成为现代经济学的起点。深圳产业链上企业分工，坚持专业化；从企业创新到全产业链创新，海量企业，知识共享，创新成功率不断提高。

深圳政府做对了什么？这是亚兵先生特别关注的问题。在深圳，追求长远是政府决策的突出特点，有所为有所不为，抓大放小，谋远让近，小改快跑，育创新于小变革，寄转型于大突破，谋发展于新蜕变。亚兵先生以事例说明问题：一是高交会的故事。回顾了深圳市委、市政府因势利导地将传统的招商引资的荔枝节，升级改版为中国高新技术成果交易会的决策与实施过程。高交会成为科技产业信息汇聚、创业投资云集、创新企业竞相展示的场所，大大提升了城市的创新氛围和创新知识外溢与共享的能力。创造了腾讯、华强文化科技、朗科、大族激光等一批明星企业，也使得 IDG 创业投资集团名动中国。二是人才洼地变高地的故事。回顾了深圳当年在中组部支持下在引进干部方面开了一个口子，后来成为引进大学生最多的城市，"孔雀计划"大规模引进留学生，成为留学生归国创业最多的城市。三是大办教育、创办高水平大学和国家级研发机构的故事。特别值得一提的是，深圳高度重视职业培训。30 年前，深圳劳动力主体是初中生，而后是高中生，如今平均学历水平为专科生。职业教育为深圳产业升级提供了源源不断的高级产业工人。四是金融业改革的故事。缺钱的深圳经济特区，勇于探索金融改革，随后一跃成为居全球前列的国际金融中心，成为全球居前列的资本市场，成为全球居前列的 VCPE 聚集地，成为拥有 400 余家上市公司总部所在地的中心城市。五是深圳高度重视、高度尊重企业家和培育企业家精神的故事。在亚兵先生的笔下，深圳最宝贵的财富是企业家，最重要的精神是企业家创新创业精神。任正非、马化腾、梁光伟、王传福、徐少春、李东生、汪建、汪滔和刘若鹏的故事不仅引人入胜，也让人掩卷深思——为什么是深圳，为什么在深圳会有如此之多的企业家脱颖而出。郑卫宁的故事告诉我们，企业家需要有成长的沃土，身残不会限制腾飞的创业梦想。

亚兵先生回顾了深圳创新科技发展史，更展望了深圳"双区驱动，三区叠加"新机遇，分析了深圳作为中国特色社会主义先行示范区、粤港澳大湾区中的核心枢纽城市所承担的新使命。令人读来心潮澎湃。行文至此，以侯军先生的鹏城赋结尾会是十分贴切。

南海之滨，有湾名大鹏，有岛名大鹏，有城名大鹏，此深圳别名之渊源也。大鹏者，扶摇直上九万里，大翼垂天，徙于南溟，此乃庄子之寓言也。方之今日，明日鹏城不亦宜乎？

是为序。

唐杰

2022 年 9 月 1 日

唐杰，博士、教授，香港中文大学（深圳）理事、国家发改委"十三五""十四五"国家规划委员会委员、第三届国家应对气候变化专家委员会委员。2003—2007 年任深圳市政府秘书长，2007—2009 年任深圳市人大常委会副主任，2009—2015 年任深圳市副市长。

目　录
CONTENTS

序章　大手笔的城市规划

1978 年 12 月党的十一届三中全会召开。

长风吹拂，冰封消融，大地回暖，草木返青。党中央制定改革开放国策，中华民族走上复兴之道。

深圳制定规划蓝图

这本书研究的题目是深圳科技创新的努力为什么能够取得成功。此话题要从深圳制定发展规划说起。查阅有关资料，笔者有一种强烈的感觉，深圳的各届领导不仅重视规划的制定，而且制定规划时站得高、看得远、有抱负、有责任，希望深圳经济特区能够在中国改革开放的大业中扮演重要角色；创大业、办大事、争一流，为党和人民作出大贡献。深圳制定规划蓝图的过程，像举行一场接力赛，接力棒在一代一代的领导手中传递，传得快、传得好。深圳最后形成的规划具有起点高、规模大、主导产业明确、重视科技发展等特点。深圳的规划，决定了城市后来的发展一直走在正确、通畅的道路上。

深圳的规划内容十分丰富。这里只从规划与发展科技产业的关系上作一些点评。规划起码在两个方面深刻地影响了深圳的发展方向。

一是深圳经济特区面积最大，让深圳大有用武之地。1980 年中央批准特区时，首次批准成立 4 个经济特区，但面积大小不一。其中深圳经济特区的面积最大，为 327.5 平方公里。相比之下，其他三个特区面积要小得多，珠海特区 1980 年开始时的面积为 6.81 平方公里（2009 年时扩大到了 227.46 平方公里）；汕头特区开始只有 1.6 平方公里（1984 年扩大为 52.6 平方公里，1991 年又扩大到整个汕头市区面积的 234 平方公里）；厦门经济特区开始时的面积为 2.5 平方公里（1984 年扩大为 131 平方公里）①。

　　深圳特区面积大，不光是一个数量的概念；关键在于由于面积大，引起了质量的变化。由于面积大，深圳就有了聚集人财物的足够空间，就为众多创业者施展拳脚提供了舞台。曾任广东省委常委、广东省人大常务委员会副主任的方苞就庆幸深圳选择了确定面积大的方案，他说，如果特区范围太小，势必会拒绝国内企业进入特区。只有具有相当的面积，才敢于吸纳国内企业进入特区，也才能大大增强特区吸引外资的能力②。

　　这种情况有点像核子裂变到了临界点时的情况，如果单位体积里的原子数量不够多，产生不了链式反应，也就没有核爆炸。深圳由于面积、容量、规模足够大，才有了产生各种产业滚雪球式积累、核爆炸式发展的条件。

　　二是深圳的规划中一直强调大力发展工业，而在工业发展中又提出以电子技术为先导。从后来的实践经验看，这样的决策无疑是正确的、高明的。这就好像给深圳产业发展的火车头铺就了一条铁轨，火车奔驰在轨道上，虽然速度会时快时慢，但不会跑偏、失去方向，也更不会翻车、出现重大的事故。因此，深圳这列飞驰的列车，始终方向明确、越跑越快、后劲十足。关于这两点看法，我们在后面的章节中将会逐步详细分析。

　　下面简要介绍一下深圳的三个规划。

第一个规划：《深圳市城市建设总体规划》

　　1979 年宝安县改为深圳市，第一任市委书记是张勋甫。张勋甫（1921—2017），山东莱芜人。1938 年参加革命，1949 年南下成为广东干部。调到深圳前，任省计划委员会副主任。1979 年 1 月 23 日任中共深圳市委书记。

　　张勋甫的第一个任务是给新成立的城市定名，这有点像给新生婴儿起名。这片土地原名"宝安县"，领导班子讨论时认为改叫"深圳市"为好。其理由：首先深圳镇靠近香港，知名度高于宝安；其次"圳"的含义是河沟，"深圳"就是"深深的河水"的意思了。在广东人看来，水就是财，有水的地方会发财；深圳有"深水"一定会发大财。于是，宝安县的"深圳镇"，跳过龙门成为深圳市；宝安县反倒归深圳市管辖了。

　　凡事预则立，不预则废。规划对城市的发展非常重要。1979 年国务院副总理谷牧听取深圳市委领导的汇报时指示说："城市规划要抓紧搞。"市委领导在实际工作中也感觉到了制定规划对新建城市的重要性，于是开始启动这项工作。

广东省委为加强深圳的领导力量，1980 年 6 月决定由广东省委书记吴南生兼任深圳市委书记。吴南生（1922—2018），广东省潮阳人。1978 年 3 月任广东省委书记（当时广东省委的体制是第一书记下设几位书记，吴南生为书记之一）。改革开放初期，他兼任广东省经济特区管理委员会主任，负责筹办深圳、珠海、汕头三个经济特区。1980 年 6 月—1981 年 10 月兼任深圳市委第一书记、市革命委员会主任。

1980 年 8 月，《深圳市城市建设总体规划》经市委常委会讨论通过。深圳的第一个总体规划启动于张勋甫，完成于吴南生，倾注了两届领导班子的心血和智慧。规划重视工业的发展，提出深圳的工业以电子工业为主的方针，确定首批兴建上步工业区和八卦岭工业区。

该规划提出的城市面积为 50 平方公里、近期人口发展为 50 万人。尽管这个规划只算得上是一个中小城市的规模，但还是受到了省里一个主管部门的批评。张勋甫回忆说："当时有人斥责说，深圳搞这么大的特区规划不现实。这不是一般的大，而是大得无边，比全世界特区的总面积还大……是不是有什么政治野心！"虽然头脑清楚一点的人都知道，特区规划大小与政治野心大小根本风马牛不相及，但如果考虑到当时那场政治运动结束没有几年，又加上这句话是上级机关领导人说的，所以听到此话还是让人们感到有几分心悸③。

吴南生主持市委常委会不但通过了该规划，而且积极推动规划的落实。吴南生同志已经作古，盖棺定论，笔者认为如果要论吴南生对经济特区的最重要贡献，恐怕要算推动经济特区的立法工作。1980 年 8 月 26 日，叶剑英委员长主持五届全国人大常务委员会第十五次会议，通过了《广东省经济特区条例》（以下简称《特区条例》）。这一天，也就成了深圳经济特区成立的纪念日。

第二个规划：《深圳经济特区社会经济发展大纲》

1981 年 3 月，梁湘任深圳市委书记兼市长。梁湘（1919—1998），广东开平人。1936 年加入中国共产党，1937 年奔赴延安。1977—1981 年任中共广东省委常委、中共广州市委第二书记。1981 年 2 月任中共广东省深圳市委第一书记；10 月深圳市升格为副省级市后，梁湘任市委书记兼市长。

1981年国务院万里副总理、薄一波副总理等几位领导视察深圳时，对深圳的规划提出了看法和要求。对照领导的指示精神，梁湘感觉到原来深圳的《总体规划》是按照一个中等城市的规格规划的，现在应该按照新的要求进行修改。于是决定以《总体规划》为基础，编写《深圳经济特区社会经济发展大纲》（以下简称《大纲》）④。

1982年初编写大纲工作启动。初稿完成后，先由市领导讨论；后组织全市县以上干部进行讨论，根据讨论意见修改。4月，市政府邀请了北京、上海等地的知名专家、教授、工程技术人员等73人前来深圳，对《大纲》进行评议。7月，又邀请香港工商界知名人士进行座谈，讨论《大纲》。9月，市政府再次邀请专家、学者32人参加《大纲》评审工作。在多次讨论、论证的基础上，《大纲》前后修改了8稿。12月，《大纲》正式呈报党中央、国务院和广东省委、省政府审批。

《大纲》共分12章。第一章指导思想中，提出"深圳的工业以电子工业为主"，产品主要面向国际市场。第四章工业篇章中，提出"特区要建设现代化工业"，要求"技术是先进的，设备是现代化的，管理应是科学的，经济效益是最好的"。

经济特区明确了"四个为主"：建设资金以吸收和利用外资为主，经济结构以中外合资和外商独资经营为主，企业产品以出口外销为主，经济活动在国家计划经济指导下以市场调节为主。特区着眼于现代化，有计划有选择地引进技术密集型、知识密集型的项目，以迅速形成特区强大的生产力⑤。

第三个规划：《深圳经济特区总体规划》

制定《大纲》后的两年中，深圳的发展速度之快，超出了所有人的想象。党中央、国务院对深圳经济特区的要求也更高了，中央领导要求深圳发挥"四个窗口"和"两个辐射"作用，即技术窗口、管理窗口、知识窗口、对外政策的窗口和对内、对外两个扇面辐射的作用。这样一来，《大纲》的规划又显得有些落后了。

深圳领导意识到，深圳的城市规划需要由国家级的人才专门从事这项工作。于是，深圳决定请中国最具权威的规划部门——中国城市规划设计院前来深圳参与规划设计工作，重新编写一部更新的城市总体规划，全面调整思路、标准和数据。新的《深圳经济特区总体规划》编制工作从 1984 年 11 月开始，到 1985 年底完成。

《总体规划》根据深圳独特的地理形状和经济实力，采用带状、多中心、组团式城市结构，实行滚动式开发战略，规划一片，建设一片，收效一片。规划确定后，梁湘大刀阔斧开辟战场，深圳出现了热火朝天的建设场面。

实际上，许多城市和地方在开始建设前也都是先制定规划的。深圳的不同在于，不但制定了规划，而且认真严格执行，强调其权威性，要求执行不走样。为此，1986 年 5 月成立了深圳市城市规划委员会，由新上任的李灏书记任主任。李灏（1926—），广东电白人。1947 年参加革命。1983 年任国务院副秘书长。1985 年 8 月任广东省副省长兼任深圳市市长。1986 年 5 月任深圳市委书记兼市长。

以上几位领导在制定深圳规划过程中起到了重要作用。张勋甫开的头，吴南生定文本，梁湘升规格，李灏抓执行。

深圳的开局极不平凡，三年内三级跳，从县变市、由地区市升格为副省级城市；农业县变成了工业立市的经济特区；边防前沿变成了改革开放的窗口。于是，沉睡的偏僻荒原焕发出勃勃生机。中央赋予深圳敢闯、实验、开路的重任；深圳的领导干部与民众同心协力、开拓创新、艰苦创业、真抓实干，才有可能在百业待兴起步、万般艰难开头中杀出一条血路，为中国的改革开放探寻出一条道路。

深圳的智慧来自何处？

40 多年后回过头来看深圳当时的起步，可以用几句话来概括：大刀阔斧开新局，时不我待争时间，精彩开局有智慧，深圳速度惊世界。

笔者是 1982 年随着基建工程兵两万人进入深圳的，这支队伍是深圳初创时期进入深圳的最大的一支移民群体。虽然 40 多年过去了，但笔者对当年的记忆清晰如昨天。深圳初创时期，荒山野岭、荆棘丛生的荒凉景象，让人很难相信这里与繁华的香港会是一水相隔；浓厚的岭南风情，让我们这些来自内地的"北方佬"感觉一切都新鲜；初来乍到时竹棚安身、掘井用水的生活艰苦，令人终生难忘；然而火热的建设场面又令人豪情万丈，那真是一段激情燃烧的岁月。

尤其令拓荒者们欣慰的是，初创时期的深圳一代领导们眼界开阔、抱负远大、事业心强、很有智慧。制定深圳总体规划是其中的一个例子。深圳的3个发展规划，都提出要重视发展工业、以发展电子工业为重点。规划在各个方面都相当有超前性，为深圳的未来发展绘制了一幅吸引力十足的蓝图。后来深圳的发展就是基本上按照这个总体规划，真抓实干、一步一步实现的。

这里想探讨一个问题，早期深圳的领导为什么有智慧、看得远?

根本的原因是因为深圳变成了特区，被赋予了"先行先试"的权力。于是我们看到:虽然人是同样的人群，地是同一块土地，但是在不同的指导思想、体制和政策下，有可能干出一番完全不同的事业。墨守成规，缩手缩脚，闭门造车，只能是死气沉沉，难以有大的作为;对外开放，大胆试验，才能在学习、引进、比较中创造出一片新天地。

深圳经济特区是对外开放的窗口。打开窗户让新鲜的空气流动，深圳人就能够比较方便地接触到来自境外，特别是香港的思想、观念和经济科技信息，让深圳有了学习先进、比较借鉴、借助外脑的条件。

每当深圳要做许多重大决策时，都注意听取境外专家、学者们的好意见。制定规划时，邀请香港等境外的专家学者参加讨论，吸收他们的有益意见;不光是规划，后来在决定深圳发展前途的许多重要问题上，都注意征求香港顾问们的意见。例如，深圳尝试拍卖土地使用权，对建筑工程项目实行招投标制度，房产制度改革等。深圳的许多重大改革，也都借鉴了香港、新加坡等地的经验。深圳早期有"以香港为师"的说法，并非虚言。

然而，来自境外的智慧只是少部分，深圳的智慧更多来自中央、省委的指导，这也绝不是套话。以规划为例，3次制定规划，中央、省领导人每次都出点子、拿主意，给予明确指示。具体工作过程中，事先有启发，制定中有指导，遇到困难有帮助，落实时更是给予积极的支持。例如，张勋甫上任伊始，有点循规蹈矩、小心翼翼。国务院副总理谷牧鼓励他说，要有点"孙悟空精神"，打破条条框框的桎梏，大胆地去闯一条新路。有了领导的撑腰，张勋甫这才放开手脚、大胆干起来⑥。吴南生听到海外朋友说:"你们办特区没有立法，要人家来投资，谁敢来?"他就把特区的立法当成了首项重要工作去做。在中央和省委领导支持下，正式公布了《特区条例》。这个立法对经济特区后来健康发展所起到的政治保障作用，怎么估计都不为过。而梁湘对深圳发展的很多创造性的大胆想法，因为得到了中央领导人的支持才能够实现，等等。

那么，中央领导关于改革开放的许多新想法又是来自哪里呢？许多其实也是来自对国外的考察和学习。根据一些资料记载，1978 年中国高层领导人中形成了一股出国热，有 13 位副总理和副委员长以上的领导人，先后 21 次访问了 51 个国家，其中邓小平一人就 4 次出访，出访了日本、美国、法国等 8 个国家[⑦]。

其中有两个组的考察情况值得单独说一说。一个是西欧组。1978 年 5 月 2 日—6 月 6 日，国务院副总理谷牧带队考察了欧洲的联邦德国、英国、法国、瑞士、比利时等 5 个国家，时间长达 1 个多月。另一个组是港澳组，比西欧组还要早出去 1 个月。

西欧组考察结束后，写出了长篇幅的《关于访问欧洲 5 国的情况报告》。港澳组也写出了考察报告。6 月下旬，谷牧牵头向中共中央政治局作了整整一天的汇报。领导们边听汇报、边讨论，对我国实行改革开放、加快现代化建设步伐达成了共识；其中有两点决定了深圳后来发展的命运。一是对外开放，引进国外的先进科学技术；二是考虑建设出口基地，发展来料加工工业。7 月上旬，国务院召开了部委负责同志参加的关于加速四化建设的务虚会，谷牧在会上报告了考察西欧的情况。务虚会开了 20 多天，再次启发和统一了大家的思想[⑧]。

创办经济特区的意义

文章写到这里，感觉应该将思考的尺度放到更长的历史时期，将思考的目光投向更广阔的历史背景中去，才能对中国决定改革开放和成立经济特区的重要意义看得更清楚、理解得更深刻。

中国是人类文明史上四大文明古国中唯一没有中断的文明古国，而且在漫长的历史阶段中一直是领军者、举旗手。中国是从明朝后期开始落后的。明朝前期朝廷还指派郑和组织了 7 次下西洋，西方有学者认为其壮举是能够与后来人类冲出地球的宇宙探险比肩的。郑和第一次下西洋的时间比发现美洲新大陆的哥伦布早 87 年，比绕过非洲好望角、打通欧洲到亚洲新航路的达·伽马早 92 年。但是，明朝后期和清朝由于实行闭关锁国政策，对于 18 世纪 60 年代始于英国的工业革命浑然无知,造成了让中国与工业革命失之交臂的严重后果,短短几十年时间就使中国落后了。后来当英国海军的坚船利炮打上门来,清朝朝廷才大梦初醒。短短一个世纪时间里,中国就从世界上实力强大、文明先进的国家,变成了落后挨打的国家,国运降到了最低点。

孤悬海外的"蕞尔小国"英国为什么能打败"天朝大国"清王朝?西方为什么能够从落后变成先进?是因为改变了生产方式,从游牧业、农业生产方式变成了资本主义工业生产方式。资本主义工业生产方式是现代社会之前人类历史上效率最高的生产方式,按照马克思在《共产党宣言》中的表述:"资产阶级在它的不到一百年的阶级统治中所创造的生产力,比过去一切世代创造的全部生产力还要多,还要大。"

1840年,英国强迫清王朝签订《南京条约》,中国被迫对外开放。中国从此走上了一条前仆后继、不屈不挠、驱逐侵略者、反抗压迫的革命道路。结果,中国共产党领导中国人民于1949年建立了新中国,又于1978年主动决定对外开放。

由于农业比不上工业效率高,所以中国在200多年的时间里,奋起直追,付出了重大代价,走上了工业化的道路;由于中国技术落后,初步建立的工业效率不高,所以要通过改革开放,引进西方的先进科学技术,改变中国的落后面貌,实现中华民族的复兴大业。这就是中国近代发展的逻辑。

深圳经济特区就是在这种时代背景下诞生的。中央办经济特区并不是为了赚钱。1984年小平同志考察深圳后形成了一些想法。他提出:"特区是个窗口,是技术的窗口,管理的窗口,知识的窗口,也是对外政策的窗口。从特区可以引进技术,获得知识,学到管理,管理也是知识。"⑨有些投资项目,现在可能赚不到什么钱,但从长远看有好处,会有收获的。

深圳有一位市领导说得好:"就算深圳是高产田,也打不了太多的粮食。深圳经济特区不是要办高产田,而是要搞试验田。"中央想要通过这个窗口,了解世界最新的信息,引进国外先进的技术。这就是深圳在几个规划中反复强调的,深圳的发展以工业为主;而在工业发展中,又要以先进技术为先导的原因。

这个目的达到了吗?中央交给深圳的任务完成得好吗?通过40年的实践,应该说已经有了初步的答案。

① 谷牧：《谷牧回忆录》，中央文献出版社 2009 年版，第 353—354 页。

② 邹旭东：《梁湘在深圳 1981—1986》，内部材料，2018 年印刷，第 19 页。

③ 张国栋：《深圳首任市委书记张勋甫：小平撑腰杀出条血路》，《南方都市报》2008 年 1 月 29 日。

④ 深圳博物馆编：《深圳特区史》，人民出版社 1999 年版，第 49 页。

⑤ 邹旭东：《梁湘在深圳 1981—1986》，内部材料，2018 年印刷，第 18 页。

⑥ 深圳市政协文史和学习委员会编：《深圳·一个城市的奇迹》，中国文史出版社 2008 年版，第 1 页。

⑦ 董滨、高小林：《突破·中国特区启示录》武汉出版社 2000 年版，第 17 页。

⑧ 谷牧：《谷牧回忆录》，中央文献出版社 2009 年版，第 315—329 页。

⑨《邓小平文选》第三卷，人民出版社 1993 年版，第 51—52 页。

第一章　引进外资

大胆引进外资

1981 年初，广东省委决定对深圳市领导班子进行调整，经过讨论选定了梁湘。他到过延安，久经考验、经验丰富，是一位敢闯敢干的猛士闯将。省委领导寄希望于他，尽快打开深圳经济特区的建设局面，从而尽快落实小平同志"杀出一条血路"的要求。

但当时梁湘已经 62 岁，已经在广州工作了 30 年。省委第一书记任仲夷找他谈话时，梁湘开始表示自己不愿意离开广州。个人有此种想法完全可以理解，广州是省会城市老城市，各方面条件都很好；而深圳是边陲小镇，注定要拓荒吃苦。但通过谈话任仲夷了解到，梁湘不愿意去深圳，考虑的倒不是生活条件；他对接受新任务有顾虑，也不是计较个人得失，而是怕自己不能胜任"闯将"的角色，耽误了深圳经济特区的发展前途。对梁湘这种考虑事业成败、而不是计较个人得失的想法，任仲夷不但理解而且有些感动。两人深入谈心交流，最后他说服梁湘接受了省委的任命。

梁湘一上任，出手果然不凡。他深思熟虑，谋局开篇，大刀阔斧干起来。他首先吃透上级的指示精神。中央和省的精神有这样几条：一是以国家法律为准绳。1980 年 8 月 26 日全国五届人大常务委员会第十五次会议批准施行的《广东省经济特区条例》中规定：特区鼓励外国公民、华侨、港澳同胞及其公司、企业，投资设厂或者与我方合资设厂，兴办企业和其他事业，并依法保护其资产、应得利润和其他合法权益。[①]

二是以中央文件为依据。更早时的 1979 年 7 月 15 日，中共中央、国务院下发的中发〔1979〕50 号文件中确定："对（广东、福建）两省对外经济活动实行特殊政策和灵活措施，给地方以更多的主动权，使之发挥优越条件，抓住当前有利的国际形势先走一步，把经济尽快搞上去。"文件还同意广东在深圳、珠海、汕头试办"出口特区"。②

三是按照中央决定办事。梁湘上任的这一年年中，国务院召开广东、福建两省和经济特区工作会议，讨论了若干问题。7月中央批转了这次会议纪要（中发〔1981〕27号文），进一步明确特殊政策、灵活措施，其中包括"对外更加开放，包括积极利用侨资外资、引进适用先进技术和科学管理方法、扩大对外贸易"等。③

根据以上法律、政策和中央指示精神，深圳先要制定好自己的工作方针，于是就有了上一章中说到的《发展大纲》和《总体规划》。规划中确定了"四个为主"：建设资金以吸收和利用外资为主，经济结构以中外合资和外商独资经营为主，企业产品出口外销为主，经济活动在国家计划经济指导下以市场调节为主。

1984年1月，市委市政府召开大会布置工作，提出要集中力量抓紧外资引进工作，以引进技术密集型、知识密集型工业为重点。深圳积极大胆地开始引进外资工作。

深圳经济特区的起步，可以说是从一张白纸上开始的。除了327.5平方公里的土地和数量不多的干部、市民群众外，没有更多的资源。按照当时市领导的话说："深圳的发展靠'三皮'：地皮、嘴皮和互不扯皮。""三皮"中，前"一皮"算硬件，后"两皮"只能算软件。初创时期的深圳别无他物，只能想尽各种办法从外面引进资金、技术和管理知识。这既是上级的要求，也是深圳唯一可以做的事。当时深圳的局面只能用两句话概括：破釜沉舟无退路，背水一战求生路。

引进外资的几个阶段

深圳引进外资，经历了从没有选择的"三来一补"企业，到有一定规模和档次的"三资"企业，再到吸引世界500强企业几个阶段。

第一阶段（1979—1982）："三来一补"起步

"三来一补"是一个历史名词。如今的年轻人不知道啥叫"三来一补"，上年纪的人也慢慢淡忘了，有人甚至对其抱着一种鄙视、看不起的态度。实际上当年的深圳工业就是从"三来一补"起步的。所谓"三来一补"，即"来料加工、来样加工、来件加工和补偿贸易"。就是外商提供原材料和部分生产资料，委托我方工厂加工成为成品；产品归外商所有，特区方的有关单位按合同收取土地使用费、房屋租赁费、人工费等，获得一点收益。

这种合作方式的特点是技术要求低，手工操作多，灵活方便，手续简便，风险小，收效快。由于深圳与香港一河之隔，来往方便，两地人工、土地费用方面有巨大的落差，外商有钱可赚，非常适合发展"三来一补"经贸活动。

深圳的工业底子太薄了，几乎相当于没有。第一任书记张勋甫回忆说："当时深圳没有工厂，只有一个农机厂。"④但由于离香港距离近，占有地利，自1978年国家宣布对外开放，深圳与香港的"三来一补"经贸活动就率先开始了。

1979年一年里，深圳引进200多个"三来一补"企业，算是外商投资办厂的第一个小高潮。最早引进的"三来一补"企业，以塑胶花、塑料、服装、电子等行业为主，算是最初级的加工业。到1983年底，深圳共引进2512个项目，其中"三来一补"企业占82%⑤。

早期的"三来一补"项目中也有一些规模比较大、经营比较好的企业。举例如下：

正大康地畜牧企业　公司创办于1979年春，是在深圳注册成立的第一家外商独资企业，编号为深外资证字〔1981〕0001号，是由泰国正大集团（卜蜂集团）和美国大陆谷物有限公司共同投资的大型综合性畜牧企业。泰国正大有爱国华商背景，董事长谢国民是泰籍华人。1978年12月中国将以经济建设为中心、实行改革开放的消息传到泰国，谢易初老先生当即决定要到中国投资办厂，他对起名为"正大中国"的四个儿子说："无论如何也要到中国去。正大在世界各地做得再好，若对祖国无贡献，我将死不瞑目！"于是，深圳正大康地企业就开业了。副董事长兼第一任总裁李绍庆也是泰籍华人。有意思的是美国前国务卿亨利·基辛格博士是公司董事之一。作为第一家到深圳投资的外商企业，正大康地在深圳对外开放史和产业发展史上都有重要位置。

嘉年印刷厂 该厂创办于 1979 年，是深圳最早引进的工业企业，是深圳市第一家彩印企业。投资方是香港嘉联公司，老板为彭国旭、彭国珍兄弟。合资方是广东省包装进出口公司和深圳市轻工业局。1983 年公司通过股份制改造，组建成为中外合资股份公司。

新南印染厂 该厂创办于 1980 年，是深圳第一家港方独资厂。投资方是香港罗氏美光集团。1984 年新南印染厂变更为外商合资企业，更名为深圳中冠印染有限公司。

第二阶段（1983—1990）："三资"企业加快发展阶段

1983 年以后，"三资"企业在深圳有了较快发展。所谓"三资"企业是"合资、合作、独资"。实际上，"三资"与"三来一补"并不是对立的。一般来说，大的为"三资"企业，小的为"三来一补"企业。"三资"企业中一部分是由"三来一补"企业转型而来的。

"三资"企业的来源多样，方式灵活。所谓"合资经营"，是双方共同投资经营、共担风险、共负盈亏。例如，生产百事可乐的深圳市饮乐汽水厂，是第一家中美合资企业。

所谓"合作经营"，是按照协议确定投资方式、双方责任和收益分配。例如，光明华侨畜牧场的奶牛场开始采用的是补偿贸易方式，资金利用的是第三方信贷，由我方与客商进行经济技术方面的合作。

所谓"独资经营"，是指客商自行投资建厂，销售产品，自负盈亏。例如，成立于 1983 的三洋电机（蛇口）有限公司，生产的主要产品是收音机和收录机。这是日本三洋跨国公司最早在特区建立的独资企业。1984 年日本三洋又与华强电子公司合资，成立了华强三洋电子公司。

还有一些原来的"三来一补"企业，转型升级后成为规模比较大的"三资"企业。例如，中华自行车公司、家乐家私厂等。

据统计，到 1990 年底，全市共有"三资"企业 3269 家，"三来一补"企业 6400 家。外资来源由最初的香港一家独大，发展到五大洲的 30 多个国家；投资规模从 1979 年的平均 17.6 万美元 / 企业，上升到 1990 年的 87.12 万美元 / 企业。"三资"企业的经营水平大幅提高，1990 年深圳有 77 家企业被评为"省级先进企业"，其中外资企业占了 29 家。1990 年深圳工业投资中，外资已占到 60% 以上，成为大头。外资工业企业的劳动生产力普遍比较高，据统计高于全民所有制企业 1 倍、高于集体所有制企业 8 倍（需要说明的是，这种情况与外资企业享受到减免税优惠也有关系）。据市税务局的调查，1990 年 900 家外资企业总盈利数据（根据企业自报的盈利数）达 19 亿元。一些早期引进的企业，如康佳、中华自行车、中冠印染厂等，其固定资产增长了几倍甚至几十倍，不长时间就成为实力很强的集团公司。⑥

第三阶段（1991—至今）：继续发展、提高阶段

仅 2020 年深圳实际使用外资 86.83 亿美元，比上一年增长 11.8%，占全国的 6%（详见第十二章"深圳成为总部经济成长的沃土"一节）。

经过 40 多年的发展，深圳的外资企业已经成为一个庞大的群体，成为深圳经济发展的支柱之一。据深圳市商务局公布的数据，深圳累计已设立外商投资企业超 10 万家，吸引了 295 家世界 500 强企业来深投资，吸收合同外资超 3280 亿美元，累计实际使用外资金额超 1280 亿美元。仅 2020 年，深圳实际使用外资 86.83 亿美元，增长 11.8%，占全国的 6%。

深圳第一家外资企业之争

关于谁是深圳第一家外资企业，业界有不同的说法。

怡高发热线圈厂

我采访了写作《梁湘在深圳 1981—1986》一书的作者邹旭东，他曾任梁湘的秘书。按照邹旭东的说法，深圳第一家"三来一补"企业是由宝安县石岩公社上屋大队创办的怡高发热线圈厂，时间是 1978 年 10 月 18 日。当时拍摄的一张照片让我们看到了那时厂房内的情况。宽敞的厂房里并排摆放着两条长长的工作台，每张工作台两边都拥挤地坐满了年轻的女工，工作台上摆满着线圈一类的产品。厂房虽然简陋却宽敞，工作台上方日光灯明亮，墙壁上风扇旋转，估计还没有安装空调。女工们埋头做活，无暇闲聊，虽然有些土气，却风华正茂。她们被称为特区第一代打工妹。她们心灵手巧，在深圳编织自己的未来梦想；她们用青春和汗水，承担起深圳经济起步的重任。

港华电子公司

电子行业的人们认为深圳最早的"三来一补"企业，是兴办于 1979 年的"港华电子公司"。投资者是港商林中翘。林中翘（1936—），祖籍广东中山县，14 岁到香港。1969 年他在香港创办了联华电子公司。1979 年到深圳投资办厂，取名港华电子公司，从香港采购电子元器件在深圳加工组装后销往香港。同年 12 月 25 日，港华电子公司升级为合资的广东省光明华侨电子有限公司，产品是双声道收音机与录音机机芯。该公司后来发展成为著名的康佳集团。

电子公司落地深圳湾畔的光明华侨农场。该华侨农场是 20 世纪五六十年代由印尼、越南等国回来的华侨组建的农场，职工达 5000 多人。由于原住国反华排华，华侨们的财产被洗劫一空，祖国接他们回来安家。职工们起初养牛、种粮食，生活十分贫困，是深圳的贫困群体。由于林中翘兴办电子公司和后来不断引进其他外资企业，迅速改变了华侨农场落后贫困的面貌。外资企业的引进不但改变了华侨农场职工们的命运，而且在深圳初创发展阶段发挥了重要作用。

竹园宾馆

许多学者认为，港商刘天就是投资深圳的第一人。其实竹园宾馆不算工业企业，属于服务企业。但如果算得上是"投资第一人"的话，就是历史重要人物。

1983 年 6 月深圳的基建工程兵部队即将集体转业时，我调入深圳市委宣传部宣传处工作。为准备于次年召开的广东省首届社会主义精神文明建设表彰大会典型材料，我来到竹园宾馆进行采访，整理材料。我进入竹园宾馆，院中小桥流水，修竹摇曳；宾馆装修高档，窗明几净，从未见过如此高档的酒店，令我眼界大开。我在宾馆工作数日，采访了中方经理温富、港方总经理陈怡芳等。

陈总给我讲了刘天就投资竹园宾馆的故事，评价说："刘老板敢尝改革开放的'头啖汤'……"刘天就是香港妙丽集团董事长、《天天日报》社长。1979 年刘老板从报纸上看到深圳市公布了一个《房产补偿贸易法》，他就决定到深圳投资办企业。一天大早，他从香港来到深圳。过了罗湖桥，看到的是简陋的火车站、破旧的街道、泥泞的道路，不要说出租车，就连公共汽车也很少见。他看到路边有几个骑单车（内地叫自行车）的人在拉客，就招来一辆单车，坐在单车后架上，咬牙在坑洼不平道路上颠簸，到深圳市委找负责人谈投资的事情。最后兴办了深圳第一家中外合资酒店——竹园宾馆。实际上刘天不仅投资酒店，他当时也投资兴办皮鞋厂、制衣厂等。

作为深圳第一家中外合资酒店，其重要的作用是教给了我方人员关于西方式酒店的经营管理和服务规范方面的知识。港方经理要求竹园宾馆要按照香港酒店的标准提供服务，比如：清理客房每天换床单，卫生间清洁后要喷香水，女服务员要施淡粉涂口红、对顾客要微笑弯腰打招呼等。这些要求不仅服务员反对，而且有的中方管理人员也认为过分了。港方经理进行严厉批评，有的职工抵制干脆不上班了。这样下去宾馆肯定倒闭，刘天就信心动摇想撤资。市政府领导对此问题十分重视，派出工作组并撤换了中方经理，要求按照港方标准提供服务。竹园宾馆的争执，算是给中方酒店管理人员上了一堂经营管理启蒙课。

竹园宾馆成为深圳早期酒店管理的典范，笔者整理的经验材料被列入省表彰大会材料。会上，竹园宾馆还领到了大会的奖品——当时十分紧俏的 18 寸彩色电视机。

最大规模的台资制造业企业富士康

如果说对谁家是第一个到深圳投资的外企有不同看法的话，对富士康是投资深圳规模最大的外资企业则没有争议。

富士康是台资，1988 年投资深圳。选择厂址时，富士康的负责人对龙华镇的官员说："看得见的土地我都要了！"一口气买下了 2.2 平方公里的土地，超过了所有来深圳投资外商的购地面积。可以将富士康购买的 2.2 平方公里的土地，与 1979 年时袁庚创办蛇口工业区时购买的 2.14 平方公里做比较，富士康购买的土地还要略大一点，由此可以知道富士康的气派。1988 年郭台铭宣布要在深圳建成世界上最大的工厂，当时很多人都笑话真能吹牛，但 20 年后富士康真的在深圳建成了世界上最大的工厂，成为全球代工企业之王。

富士康最早做的产品是电脑机壳。有人误认为这不需要多么高深的技术，其实不然。只有掌握了制造精密模具的先进技术，才能冲压出精美的机壳，而富士康生产的机壳既坚固轻薄又美观时尚。这种生产技术水平让它在整个珠三角地区没有竞争对手。到了 1996 年富士康制作的产品越来越精美，而且成龙配套，开始延伸到电脑整机除芯片以外的所有工序。2001 年富士康推出了第三代、第四代微型电脑，震惊了世界。富士康由此成为世界级的电脑生产厂家，富士康的产品占据了全球微电脑市场的三成强。深圳富士康最高时有 40 多万名职工，成为名副其实的工业城。从 2001 年开始，富士康连续 9 年雄踞中国大陆出口 200 强的榜首。

深圳真算得上是富士康老板郭台铭创业的福地。深圳在土地供应方面尽量满足富士康的需求，在各个方面都为其提供优质服务。例如，为了方便富士康逐年膨胀的出口通关需求，市政府干脆把保税区建到富士康厂区，为其设立了专门的海关，这种特殊的服务可以说绝无仅有。

"三来一补"功与过

"三来一补"对深圳早期的发展发挥了重要作用。但就算在深圳也有很多人有点看不上"三来一补"，颇多非议。原因如下：

首先，"三来一补"企业投资者多为小资本的港商。小商人的优点是对行情敏感、行动迅速，决策果断，做事没有太多的顾虑；缺点是小打小闹，投资不多，工厂的技术含量也不高。这不仅与人们期望的外资企业"高大上"的形象差得远，而且也与国家对深圳引进先进技术、发挥特区"窗口"和"辐射"作用的要求有较大差距。然而，许多人忘记了"合抱之木，生于毫末；九层之台，起于垒土；千里之行，始于足下"（《道德经》语）的道理。任何事物的发展都有一个从小到大、从低到高、从简单到复杂、从落后到先进的发展规律。人也是这样，没有丫丫学语、摔跤滚爬，怎么能够长大呢？深圳如果不是从"三来一补"起步，看不出来还有什么别的路子可走。

其次，有蛇口样子的对照。蛇口工业区就在深圳的地盘上，早期发展得比深圳好很多，对照之下深圳显得逊色。当时，袁庚在蛇口实行"五不"政策，其中就有"来料加工不干""补偿贸易不干"两条，袁庚认为搞这些项目不划算。但蛇口与深圳情况不同，蛇口工业区由香港招商局负责招商，而招商局成立于中国晚清时期，历史悠久、世界有名；加上招商局是在香港注册的企业，招商情况自然效果比较好。此外，蛇口只有区区 2.14 平方公里，寸土寸金，当然要仔细使用；而深圳特区有 327.5 点平方公里，需要大量企业来填补。因此，深圳早期招商引资时，对企业要求不太高，只要能引进项目就好，捡到篮子里的都是菜。

"三来一补"多数档次不高，只能算是深圳早期利用外资的一种低级形式。回过头来看，"三来一补"企业其实在深圳早期发展中扮演了重要角色，"深圳的外向型经济是从'三来一补'起步的"，这是尊重历史事实的说法。

其实细想一下，道理不难明白：一是初期的深圳，既没有资金，也没有人才，更不知道西方的先进工业是怎么发展的？港商给深圳上了启蒙课，让深圳开始融入国际经济活动中。二是经济发展的规律是从小到大、由低到高。在"三来一补"中，外商赚到钱后才有加大投资、转型升级的兴趣；没有"三来一补"第一步，不可能有后来蓬勃发展的"三资"企业。三是"三来一补"让深圳找到了做国际生意的路子，学会了参与国际经贸活动的方法。深圳最早的"三来一补"企业中的大部分活计是手工操作，产品技术含量低，这种情况倒也符合当时深圳劳工技能的实际情况。深圳居民多数是洗脚上田不久的农民，就算有外来劳务工，也多是农村青年，技术素质水平普遍不高。所以，深圳最早的"三来一补"项目中，有一些是生产塑胶花等产品的企业；后来电子厂才越来越多。工人们经过一段时间的学习、训练，技术水平不断提高，才成为数量众多的合格劳务工。

"三来一补"企业的发展，也为深圳的发展规定了"发展路径"。为什么深圳后来电子厂越办越多，是因为相比之下电子工业的技术含量更高、获利更大；而深圳的工业发展后来以电子产业为主，这既有深圳领导的积极引导，也有"三来一补"企业开辟出的"发展路径"的作用，形成了"路径依赖"，只能顺着往前走。

当然，"三来一补"企业确实有很大的缺陷。企业规模小，对地方经济的拉动力量弱；技术大多属于低端技术和将要淘汰的工艺，企业本身又不具备研发能力，谈不到对先进技术的学习和引进；还有污染比较严重、以环境受到损害为代价的问题。

在这里我要谈一谈自己早期来深圳时这方面的一些观感。1983 年我在市委宣传部宣传处工作，到基层调研的机会比较多。外资企业中，除了对竹园宾馆印象极佳外，对许多"三来一补"企业的印象说不上好。感觉许多企业规模很小、旧设备多；有些工厂为了省钱，连厂房都不想建，凑合着利用农村的仓库、旧房子设厂。这样的"三来一补"企业，与从电影、照片里看到的国外先进企业的模样相差甚远。

印象最恶劣的要算新南印染厂（后改名为中冠印染厂）对海岸造成的严重污染。记得我第一次去大鹏湾葵涌时，我们乘坐的面包车行走在海边山坡的公路上，往下望去就是美丽的大鹏湾。远远我就看到海岸边上的工厂排出的废水将海水的一部分染成了黑色，十分扎眼，就像一幅美丽的蓝色锦绣绸缎被污糟的墨汁染黑了一样。当时我们车上的人议论着眼前的严重污染，心想这可能就是发展经济必然要付出代价吧！大家没有办法，只是唉声叹气。几十年后我又去过那处海边。中冠印染厂早就被关闭了，但是厂房还在，默默无声地见证了深圳早期发展经济的代价。

说老实话，当年我对外资企业良好的印象要更多一些。比如说，我们经常通过熟人到饮乐汽水厂买百事可乐汽水（之所以找熟人是因为当时的百事可乐很抢手，也是为了价格优惠一点）。那是我首次尝试喝美国人发明的可乐式饮料，甜甜的、气泡足，还有一点类似中药的怪味道。当时美国可乐饮料的影响太大了，与其说喜欢喝，不如说是赶时髦。

对中华自行车厂印象也不错。有一次参加活动遇到抽奖，我竟然中头奖，抽到一辆瓦蓝色的漂亮中华自行车，让我惊喜地跳了起来。过两天晚上去大剧院看演出，怕新自行车丢失了，我就小心地用了两条软钢丝锁将自行车锁在了一个柱子上。演出结束出来，自行车还是不见了，只剩下一段被剪断的钢丝锁。这辆自行车在我手中连一周时间都不到。早期的深圳有一种说法："没有丢过 3 辆以上单车，算不上深圳人。"我前后丢过 5 辆自行车，算得上是够资格的"深圳创业人"。

记忆最深的要算夏巴汽车装备厂，地点在深南中路与燕南路交界的一个土坡高地上，后来那里建起了华联大厦。1984 年国庆节北京天安门广场将举办大型的国庆节阅兵、游行仪式，深圳和蛇口被要求各派出一部彩车参加游行。深圳的彩车就是在夏巴厂厂房中组装出来的，使用的车体是东风大拖车。

夏巴厂是最早进入深圳的外资企业，后来再没有听到这家企业的发展情况。当时的夏巴厂的钢结构厂房高大宽敞，地面上摆满了许多大型汽车的底盘。我曾在网上看到过一张夏巴厂的老照片，下面配着这样一段文字："夏巴厂1979年装配出第一辆汽车，看上去像拖拉机。当年工厂的投资是1050万元，大买卖了……"

夏巴厂装配出的深圳彩车是"大鹏展翅"的造型，大鹏鸟扬起的双翅上写着小平同志对深圳的题词："深圳的发展和经验证明，我们建立经济特区的政策是正确的。"蛇口的彩车则是门形的"双龙戏珠"造型，寓意"蛇口"，彩车上写着"时间就是金钱，效率就是生命"的著名口号。深圳成立了一个彩车工作组到北京完成这项重要工作。彩车组的负责人是深圳市政府副秘书长古世英，我是成员之一。国庆节游行那一天，当深圳和蛇口的彩车缓缓通过天安门广场时，场面十分热烈。后来彩车组的每个成员，都收到了国庆节活动组委会颁发的嘉奖令。这是我一生中最荣耀的时刻。

深圳抓住了全球产业转移的机会

深圳引进外资的工作为什么能够取得成功？要回答这个问题，应该从国际范围内先进技术转移的广阔背景谈起。回顾人类历史的发展过程，可以清楚地看到先进技术的转移、扩散过程。

学术界认为，人类科学技术发展史上曾经出现过数次高峰。第一个高峰期是古希腊、古罗马时代，其代表是古希腊的科学思想、逻辑学等，以及古罗马的建筑工程技术。此科学技术向阿拉伯世界转移扩散，为后来伊斯兰文明的崛起提供了养料。

第二个高峰出现在中国的汉唐宋朝代（时间跨度分别为公元1世纪、7世纪、10世纪），其技术代表是中国古代的四大发明（造纸术、印刷术、指南针和火药）。当中国古代的先进技术传到西方，加上古希腊、古罗马的科学技术通过阿拉伯国家又传回到欧洲后，促使意大利文艺复兴和英国工业革命发生，西方由此走上了工业现代化道路。

第三个高峰出现在18世纪的西方诸国。按照一些学者的看法，在这次高峰中，西方近代科学技术发展依次出现了三次革命。第一次科技革命是发生于18世纪60年代的英国工业革命，其代表是蒸汽机与珍妮纺织机，英国从此进入蒸汽机时代。英国的先进技术扩散到了欧洲，又转移到了美国。第二次科技革命发生于 19 世纪 70 年代的美国和欧洲，其代表是电力、电机和内燃机。欧美由此进入电气化时代。第三次科技革命发生于 20 世纪的美国，电脑技术与互联网的出现，可以视作信息时代的发端；新能源、新材料、新生物技术、航天空间技术等也迅速发展，新一轮的技术高峰发展方兴未艾。

科学技术的发展必然产生外溢效应。20 世纪 60 年代，欧美的技术开始向亚洲其他国家和地区转移和扩散，第一波作用于亚洲的"四小龙"国家和地区，第二波向中国大陆转移扩散。中国抓住了机会，开始实行改革开放政策，深圳成为承接技术转移的最佳地区之一。

从历史发展经验看，先进技术发明出来了，就会不断转移和扩散。先进技术有点像水，总是往低处流。因为技术发明者想要收回技术研发成本和赚取利润。新技术开发出来，旧的技术（连同设备）一定要卖出去，否则就会砸在自己手中，变得一钱不值。这就是技术一定会转移和扩散的经济原因。

深圳有一个惨痛的例子可以印证这个道理。21 世纪初，深圳的彩电生产达到了一个高峰。当时中国彩电采用的是 CRT（英文全称 Cathode Ray Tube，中文的意思是"阴极射线显像管"）彩管技术。对于这种彩电技术，深圳的电子企业多年投入重金，与日本和韩国等国合作，基本上掌握了核心技术。其代表厂家是生产彩管玻壳的中康股份公司和生产彩色显像管的赛格日立彩色显示器件公司。

其时，新一代技术已经出现，就是彩电的液晶面板，旧的 CRT 技术面临淘汰的风险。2006 年中国的彩电巨头们曾经举办过一次中国彩电彩管发展趋势论坛。会上，行业专家和学者们对形势十分乐观，一致认为"CRT 彩电一年内退市"的言论没有任何根据，其寿命可以延续 20 年。被盲目乐观的情绪所误导，中国的彩电企业不但没有向液晶等新一代彩色显示器投资、研发，反而将美国康宁公司、法国汤姆森公司、日本日立公司准备淘汰的 CRT 生产线引进中国（从 2004 年开始就已陆续引进）。由于外商大幅降价，中国企业竟然美滋滋地以为捡到了便宜货。结果一年后 CRT 开始崩盘，赛格日立、赛格中康、赛格三星（与韩国三星合作的玻壳厂）在 2009 年相继宣布破产。

在这一次技术换代过程中，美、法、日、韩的老板们将过时技术的生产线卖给中国企业，收回了最后的残值。眼光短视的中国企业家们接下了最后一棒，砸在手中，损失惨重。从这个例子就可以看出来，随着不断升级换代、已经落后或即将落后的技术不可能不转移扩散，精明的资本家们一定会想方设法"榨尽甘蔗的最后一滴糖汁"。

由此，可以对最近几年中美两国之间发生的贸易技术激烈争夺战的结果作一些判断。论制造业，从 2010 年开始中国已经成为世界第一制造业大国，但论技术，大部分先进技术仍然掌握在美国人的手里。有人因此担心美国会卡断技术转移和扩散的路子，让中国的技术制造业无法转型升级。笔者个人认为这种情况不会发生。就算美国白宫的政治家们想阻断两国之间的科技交流、经贸活动，华尔街的老板们能让这种情况出现吗？他们还想从中国赚钱呢。美国的最终决策，并不是由白宫做出的，而是由华尔街的老板们做出的。

① 中国人大网 www.npc.gov.cn。

② 本书编写组编：《中华人民共和国简史》，人民出版社、当代中国出版社 2021 年版，第 156 页。

③ 谷牧：《谷牧回忆录》，中央文献出版社 2009 年版，第 355 页。

④ 张国栋：《深圳首任市委书记张勋甫：小平撑腰杀出条血路》，《南方都市报》2008 年 1 月 29 日。

⑤ 深圳博物馆编：《深圳特区史》，人民出版社 1999 年版，第 88 页。

⑥ 董滨、高小林：《突破·中国特区启示录》，武汉出版社 2000 年版，第 404 页。

第二章　依靠内联

"八大金刚"亮相深圳

深南大道是一条气派而美丽的街道,东西长30公里,南北宽平均100多米,道路西出上海宾馆后宽度超过120米。道路两边有茂密的树林和绿茵草地,大道中间有连续不断的花圃。据说,中国城市中,论街道宽敞又漂亮,除了北京的东西长安街,要数深圳的深南大道;论城市广场,除了天安门广场,要数大连的几个广场。

深南大道的中段深南中路,算得上大道的精华路段。道路两旁摩天大楼鳞次栉比,马路上车水马龙,企业总部扎堆,商业极其繁华。如果从深南中路与上步路交叉路口由东往西行走,深圳科技大厦、中核大厦、华联大厦、爱华大厦、华能大厦等依次耸立;中电片区里,深圳电子大厦(深圳特区里第一栋20层高楼)、电子科技大厦、中电广场大厦成三足鼎立之势;华强北街路口上,赛格广场大厦与华强电子公司的数座大楼隔路相望、虎视眈眈地注视着对方;中航技片区里,高的有航空大厦、世纪汇大厦,矮的有上海宾馆。穿过马路到深南中路南边,再从西往东走,又会经过国际科技大厦、北方大厦、西丽大厦、华垦大厦、统建办公大楼等。

深南大道能够建成这样一条笔直宽阔、规模恢弘、气象万千的主干道,得益于深圳的《发展大纲》和《总体规划》。梁湘在制定这些城市规划时,心中已经有了将深南大道建成一条美丽景观大街的想法。特别是他1983年冬率团到新加坡考察,看到狮城虽然算是袖珍城市,但马路宽阔畅通,路边绿化带草木葱茏。梁湘由此大受启发,回深后要求再次拓宽深南大道,所有主干道两侧尚未建起的建筑物一律从红线后退30米留作绿化带。

当时深南中路两边的数座大楼已经在建，其中道路北边基建工程兵 1 团承建的深圳电子大厦已经冒出地面。梁湘曾下令停建。主管的罗昌仁副市长算了算账，如果这座大楼炸掉重建需要花一笔巨款，这对当时恨不得将一分钱掰成两半花的深圳政府来说难以承受，就同意电子大厦继续施工。等梁湘在北京开会半个月后回深检查，发现电子大厦已经建得很高，只好遗憾作罢。于是深南中路在此处形成了一个"瓶颈"，后来的深圳领导对此懊悔不已。

深南大道是贯穿深圳东西的大动脉。深圳经济特区地形特点是长条形的，东西 49 公里长，南北只有 7 公里宽。根据此地形的特点，深圳城市建设规划制订了"组团式"发展的方案。因此，打通贯通东西向的大动脉显得特别重要。深南大道在深圳的发展中，起到了首条打通东西交通的重要作用。如今，贯穿深圳东西的道路，不仅有深南大道，还有滨河大道、北环大道等几条城市主干道。深圳后来规划建设地铁交通线时，东西方向的地铁 1 号、2 号、3 号线都穿过华强北街，加上南北向的 7 号线也从华强北路地底下通过。这 4 条成"丰"字形的地铁网络，成了世界上最繁忙、最高效率、乘客最多的地下交通要道。

梁湘决定拓宽深南大道，在当时受到了非议，认为浪费土地。是梁湘好大喜功吗？当然不是。他之所以重视快修路、修宽路，是眼光看得长远。他想的是，深圳以后会出现工业大发展时期，那时将出现巨量的人流、车流、物流，就需要道路畅通。这经验应该是他在广州任职 30 年里得来的。对一个城市来说，道路好比是血脉，血脉畅通的城市才有效率，才能谈得上具备良好的投资环境。今日花大钱种下高大梧桐树，明日才能引得华贵凤凰来。

梁湘的大手笔果然迎来了众多央企、国企移师鹏城，当时民间戏称为"八大金刚落户深圳"。从深南中路两边林立的各个大厦名字，就能大概猜得出是什么央企来到了鹏城。中航技地块上是众多的航天航空企业。中电地块上是中电进出口公司深圳分部、京华电子公司等。爱华大厦是深圳第一家重量级的国有电子公司。中核大厦的投资单位是核工业部。兴华大厦的投资单位是轻工业部。北方大厦里的投资单位是兵器工业部所属的北方公司。农垦大楼一听名字就知道是中国农垦公司的物业。而华强公司是由粤北山区来的三个老军工企业组合而成的新公司。赛格集团则是由众多央企、国企和市属电子企业组成的联合体。

"八大金刚"落户深圳意味着什么呢？央企南下南海之滨相当于鲤鱼跳龙

门，让深圳的产业技术水平一下子从乡镇企业的档次跃升到了国家级水平。当时的深圳虽然说起来是个县城，但其技术力量弱得让人难以相信。例如，县建筑公司只有 300 多人，建一座多层楼房都力不从心；县电子厂生产不出像样的电子产品，更谈不到有什么品牌。由于深圳历史上发生过 4 次逃港事件，懂技术的年轻人多数跑到了香港。建市初期的深圳，全部的技术业务队伍只有一名工程师和两名技术员；深圳的人才田地里，看不到有什么生气勃勃的绿色秧苗。

而以"八大金刚"为代表的众多央企、国企来到深圳，就让这座城市初步具备了国家级技术水平。深圳的产业、尤其是电子产业不仅由此起步，而且具备了能够与境外大企业谈判的资格。这就是梁湘想要的效果。人们经常探讨一个问题，为什么中国最早的 4 个特区，只有深圳发展得特别快？笔者认为，从科技发展的角度讲，央企、国企的到来让深圳登上了一个高水平的平台。这是深圳起点高、发展快的关键原因之一。

据说，"内联"这个词是深圳人发明出来的。所谓"内联"，就是加强与内地的合作，联人才，联技术，联资金，联资源。"外引"和"内联"是促进深圳工业迅速发展的鸟之双翼、车之两轮，有利于特区真正发挥"四个窗口"和"两个辐射"的作用。按照梁湘当年的秘书邹旭东的看法，外引是"对外出手"，要大胆地融合到世界经济中去；内联是"对内拉手"，要将内地作为根据地，保证立于不败之地。内联对特区影响最大的是工业，特别是先进工业，是特区早期发展工业的"助推器"和"加速器"。①

华强北片区能够发展成今天这个样子，与当年深圳领导"依靠内联"的决策有很大的关系。特别是 1981 年底，由于受到国际市场不景气和沿海打击走私犯罪活动的影响，外商投资急剧下降，深圳工业发展遇到了极大困难。市委领导对此十分着急，密集开会商讨发展工业的对策。梁湘说："'东方不亮西方亮，黑了南方有北方'。加强内联，不仅能让深圳更快地发展，而且有利于为引进外资打好基础。"梁湘的想法是对的。深圳本地工业底子太薄弱，通过内联、特别是依靠央企的经济和科技实力，可以尽快提高深圳的工业水平。否则，不要说引进有实力的外资企业，就是打算洽谈人家都没有兴趣。实力相当的对手过招，这样的比赛才有看头。

1983 年深圳市政府制定《深圳经济特区近期内联企事业若干政策的规定》，

对"内联"的原则、重点、对象、税收优惠办法等都作出了具体的规定，鼓励更多的内地企业到深圳投资办厂。结果两年内特区的内联工作出现了第一次高潮。谷牧同志对深圳的内联做法给予充分肯定。1985年他为深圳电子集团的提词："改革开放展双翼，外引内联谱新章。"

这就是华强北片区迅速崛起的原因。深圳在此搭建舞台，"八大金刚"上演了一幕幕威武雄壮的活剧。有诗为证：

一条大道通向珠江口，
搭起了深圳通四海的长桥。
一片荒原高楼拔起，
构筑深圳工业发展的理想。
万商云集打开国门，
深圳成了改革开放的窗口。
万众创业辛勤劳动，
中国的电子工业插上了翅膀。
玻璃幕墙明亮生辉，
有志青年们编织青春美梦。
楼宇林立如片片风帆，
让中华民族复兴的巨轮启航。

中航技捷足先登

1978年12月党的十一届三中全会结束后，各级领导积极行动起来，落实中央关于将党的工作重点转移到经济建设上来的决策。兵贵神速，王震将军一马当先。

王震（1908—1993），湖南浏阳人，开国上将，是分管国防工业的副总理。他决心以实际行动落实中央的决定，支持深圳经济特区的建设。在与下级同事们多次商量后，他有了一个大胆设想：在深圳特区开辟窗口，开办军工企业，开展对外贸易业务，既支持特区建设，也促进国防工业发展，一举两得。

1979年12月11日王震亲自率团南下考察深圳。考察团的阵容十分强大，成员包括三机部（航空工业）、四机部（电子工业）、五机部（兵器工业）、七机部（航天工业）、八机部（导弹工业）等 5 个部 20 多位正副部长和工作人员。

此时的深圳刚刚建市，百业待兴，条件艰苦。新成立的深圳市委设在原宝安县委所在地的新园宾馆（后来改名为迎宾馆）。市委招待所十分简陋，食堂是用铁皮搭建的简易棚房，里面只能摆放 3 张饭桌。王震和部长们住在招待所里，在铁皮房子里就餐。当天下午，王震就在招待所会议室里听取了张勋甫书记的汇报。王震是个急性子的人，他像当年在北大荒和新疆的做法一样，白天踏上荒山野地，考察深圳的投资环境；晚上开会，研究如何尽快开展工作。考察结束回北京后，先是抽调 100 多名城市规划的专家、工作人员，到深圳帮助开展地质勘察和制订城市建设规划；同时，组织第一批到深圳投资办企业的骨干们尽快启程到深圳创业。

计划逐步落实时，梁湘开始主政了。其中动作最快的是三机部所属中国航空技术进出口公司，决定成立中航技深圳工贸中心，投资建设一个工业园。深圳为此划拨土地 10 万平方米。自 1981 年 3 月始，中航技削山头、填沟壑、平荒地、立厂房，短短一个月实现了"七通一平"，建成了 4 栋简易厂房，先后开办了南航电子厂、航空精密模具厂、深圳航空铝型材厂等。这个工业区就是如今华强北街道最西头的那片小区。先有个头较矮的上海宾馆，后有摩天大楼格兰云天酒店、世纪汇广场等。②

中航技创办的一些技术含量高的企业发展不错，生产出了能够代表中国产业水平的高科技产品。举几个例子。

天马微电子公司。成立于 1983 年，是液晶显示器（LCD）以及液晶显示模块（LCM）的专业设计企业。国内规模最大的液晶显示器及模块制造商之一，上市公司。

飞亚达公司。创办于 1987 年，是国内钟表业唯一上市公司。代表着中国手表第一品牌，跻身世界三大航天表品牌之列。飞亚达手表伴随中国航天人遨游太空。2003 年"神舟五号"上的杨利伟、2005 年"神舟六号"航天员、2008 年"神舟七号"航天员飞天，戴的都是飞亚达牌航天表。2021 年聂海胜等三位航天员戴着飞亚达航天表飞天 3 个月，而且多次走出飞船工作。飞亚达航天表扬名太空。

中航电脑公司。1984 年 1 月，小平同志视察深圳时来到这家公司。参观过程中他被电脑下象棋吸引住了，饶有兴趣地看了一会儿说："中国人脑子聪明，可以搞软件开发。发展电脑要从娃娃抓起……"

科万实业有限公司。1990年6月22日江泽民总书记来到这家公司考察，再次鼓舞了中航技人。

电子工业部建立桥头堡

电子部在深圳创办了一系列电子企业。其系列投资计划的制订，是从梁湘与刘寅（电子工业部常务副部长）一次见面开始的。刘寅（1910—1985），江西安义人。他最早是在国民党军队里学习无线电技术的。1930年参加红军，参与红军第一部电台的组建工作。刘寅是解放军通讯事业和国家电子工业的奠基人之一。

1981年初，已到古稀之年的刘寅副部长到香港考察电子工业，回程路过深圳时约见新上任的市长梁湘。梁湘正好也在考虑深圳工业如何发展的问题，两人见面、长时间深入探讨特区发展电子工业的大计。两人谈得十分投机，许多问题上所见略同，一拍即合。会谈中，梁湘同意划出30万平方米土地兴建电子工业区；同时委托电子工业部帮助深圳搞电子工业发展规划，刘寅欣然答应。业内人士认为，深圳电子工业的发展就是从两位领导商谈、作出以上两个决定开的头。

对梁湘而言，会谈让他增强了发展深圳电子工业的信心，形成了明晰的思路。因此，在制定《发展大纲》时明确写上"发展电子工业为重点"。1983年7月，梁湘正式邀请电子工业部组织50多人的工作队伍，由电子部办公厅主任马福元任组长，来深圳参加编制工业发展规划工作，开始为深圳电子工业的发展绘制蓝图。③

实际上，电子工业部拟将深圳作为一个重要电子产业基地的想法，酝酿的时间还要早一些。1980年3月四机部（电子工业部的前身）曾在广州三元里召开了一个重要会议，做出了利用深圳"出口加工区"特殊政策、兴办一个大型电子产品出口基地的决定。会议决定成立中国电子进出口公司深圳分部，还批准兴建深圳特区第一栋20层高层大楼——深圳电子大厦。

刘寅选中广州750工厂的代理厂长兼总工程师周志荣出任总经理。周志荣到深圳艰苦创业，工作很快做出成绩。后来因为合作方港商在进出口货物中夹带了收录机散件，涉嫌走私，虽然周志荣对此事并不知情，且一生为人清廉，但他有口难辩，最后因此案被定为当时的深圳重大走私案件而被判刑。此事件经《人民日报》报道后产生轰动影响。笔者在写作《深圳财富传奇·占领华强北》一书时采访周志荣，并在书中详细记述了此事件的始末。笔者十分同情周志荣，认为这是在改革开放前期由于经营没经验、法制不健全特殊背景下出现的一桩奇案，其对深圳经济特区早期产生的负面影响、对周志荣前途的毁灭性打击令人扼腕。④

在更早时的 1979 年 12 月，四机部已经在深圳投资，创办深圳爱华电子有限公司并建起了爱华大厦。该公司是最早进入深圳的大型国有企业，员工队伍来自四机部的老军工企业广州 750 厂。爱华公司成立后，从来料加工业务开始做起，装配彩电、电脑、程控交换机等产品，在来料加工过程中一边学习新电子技术与工艺，一边熟悉国际市场行情。后来虽然几经挫折，但终究坚持发展，取得较好成绩。

到 1982 年底，中央一些部委在深圳创办的电子企业已多达 40 多家。在深南中路与华强北街一带，电子公司名字中带有"中""华"字的特别多，比如"中航技""中电""爱华""京华""振华""华强""华发"等。这些企业多数为央企、国企，或者是与外商合资合作的企业。单从这些名字，就能感觉得到当时的深圳，弥漫着强烈的企盼中华复兴的爱国热情，迸发着希望中国企业能够早日崛起的创业激情。

为了让在深圳的众多央企拧成一股绳，也为了便于对央企加强统一管理，电子工业部开始考虑在深圳建立分支机构。1984 年 1 月电子工业部驻深圳办事处成立。这是电子工业部派出的全权代表机构，既代表部管理部属企业、合资企业与内联企业，又协调办理各省的有关事务，工作效率大为提高。当时的深圳办事处有"小电子部"的美誉。这是深圳电子工业发展史上的一个重要事件。自此，电子工业部真正将深圳当作了中国电子工业发展的桥头堡和产业基地。

老军工企业创办华强公司

1979 年 9 月，广东省政府决定将地处粤北山区的红权电器厂、先锋机械厂和东方红机械厂等三家电子军工企业迁往深圳，既解决老军工厂在偏僻的大山深处经营困难的问题，又可以为新生的深圳特区增加一支实力雄厚的工业队伍。三个老军工厂合并成为一家公司，起名为深圳华强电子工业公司。市政府为公司划拨土地15万平方米。厂区道路起名为"华强路"，名字来自华强公司。此地块横跨深南中路两边，南边地块小，被规划成宿舍区；北边地块大，被规划成工厂区，这就是"华强北"的由来。后来此街区转型成为威震全球的商业街。

省政府非常重视这家企业的创办和发展，特派省电子局副局长刘忠山出任华强公司的第一任董事长、总经理与党委书记。刘忠山我没有机会见面，但为写作《深圳财富传奇·占领华强北》一书，2011年我采访了华强公司的老领导安山和殷登辰。安山，河北唐山人，南下干部，是华强公司的第二任领导；殷登辰是华强前身红枪厂老厂长，为华强公司第三任领导。我采访两位老同志，听他们讲述当年华强公司艰难创业的故事。奇怪的是，两人的记忆中好像没有留下什么艰难苦涩的情绪，倒是他们流露出来的创业成功的喜悦深深地感染了我。听他们讲述的故事，仿佛当年的艰苦并不是真苦，而是很有一些苦中有甜、苦中作乐的意思。他们的强烈事业心和乐观精神给我留下了深刻印象。

其实，华强公司的创业道路走得十分艰难。通过最初的来料加工过程，一边学习新型电子产品的先进生产技术，一边摸索市场营销方式。后来想方设法凑了一些资金，盖起了几栋简易厂房。用竹子、木材、牛毛毡一类材料搭建的厂房，编号为木1、木2……用钢材建筑的厂房，编号为钢1、钢2……

尽管只是一些简易厂房，但在当时荒原一片、荆棘丛生的深圳，已经显得颇有实力。结果引来日本三洋公司与华强商谈合作，1984年成立了华强三洋合资公司。公司引进日本先进的生产线，从装配生产华强三洋收录机起步，积累了经验后，品种扩大到收音机、收录机、录像机、彩电、磁头等，产品越来越高档，技术越来越复杂。华强公司不断升级转型，知名度越来越高。

华强公司省吃俭用、精打细算，积累起一些资金就用来盖楼。公司先后建起了11栋厂房，在华强北路西侧一字排开，颇具气势。厂房里办起了多家合资企业，生产出越来越多的电子产品。1986年华强三洋达到年产150万台彩电、200万台收录机、15万台录像机的生产能力，产品多一半外销。华强三洋先后荣获"全国十大最佳合资企业""全国十大外商投资高出口创汇企业"等称号。

到了20世纪90年代中叶，组装彩电与收录机的利润越来越低，逼得华强电子公司开始产品升级。1993年成立深圳三洋华强激光电子有限公司，引进用于收录机与录像机的激光头生产技术。三年后激光头生产量达到1015万只，占到了全球市场总额的10%。1995年开始生产高能电池、微型马达、软盘驱动器等，产品的技术含量不断提高。1996年成立华强三洋技术设计有限公司，双方的合作由产品生产发展到产品的开发设计，公司的研发机构被国家经贸委认定为国家级技术开发中心。

一路之隔的东边是赛格公司的许多厂房。这是华强北路上最著名的两家公司。说华强北的繁荣是从街道两边鳞次栉比的高楼开始的，此言不虚。

内地电子公司来深圳开辟战场

按照梁湘的想法，"内联"不仅是联合国家部委的一些央企，也包括联合内地企业。深圳是全国的深圳，深圳要发展需要得到全国的支持，"众人拾柴火焰高"；深圳也有责任当好窗口，方便内地企业来深圳了解境外行情，引进资金，交流技术。因此在中央改革开放方针政策指引下，在电子工业部等一些部委引导下，内地的许多企业纷纷来到深圳开辟战场。举几个早期在深圳发展得比较好企业。

京华电子公司发展道路曲折

1981年中国电子进出口公司深圳分部，与南京无线电厂（该厂以生产"熊猫牌"电子产品闻名全国）、香港新华贸易公司洽谈，决定在深圳创办一家外向型的电子公司。4月公司投产，生产的收音机、收录机质量好、外销多，公司因此成为深圳市接待中外来宾的一个常设参观点。1982年由于受中电深圳分部走私偷税案的影响，京华电子公司先是终止了与香港方的合作，剩下的两个股东又发生争执，结果生产业务停顿、公司面临解体。1985年南京无线电厂副厂长陈松远临危受命上任，决定引进了两条收录机生产线，让公司扭亏为盈、渡过难关。1990年京华公司进入了全国电子500强。

公司成立30年后的2010年，华强北经营环境发生了巨大变化，京华街变成了繁华的商业地段。在东门老街卖服装发家的深商陈智，租下了京华公司的3万平方米厂房，用于开设铜锣湾Shoping Mall商城。京华公司的生产基地则迁到了龙岗平湖镇，建起了占地15万平方米的京华工业园。公司产品升级换代，生产平板电脑、手持数字电视、录音笔、导航仪等数码类视听产品。京华公司成为全国知名的电子企业，"京华"品牌成为全国著名商标。

贵州军工企业破釜沉舟闯深圳

贵州 083 基地是我国大型军工电子基地，实力雄厚，下属企业与研究所有 37 家，技术人员多达 3 万人。后来由于形势变化，基地生产任务不足，职工生活出现困难。基地领导决定到特区寻找机会，为此派出副厂长路柏平等 4 人，组成"窗口企业筹备组"到深圳探路摸情况。由于一时找不到投资商，4 人的出差费也用完了，感觉有点坚持不下去。恰好此时他们看到了光明华侨电子厂招聘技术骨干的广告。4 人灵机一动应聘打工，边赚取工资维持生计，边继续寻找引资的机会，终于遇到了香港陆氏电子公司的董事长陆擎天。双方都是行家，不用多谈即达成了成立一家生产电路板合资公司的意向。但 083 基地苦于没有投资资金，为此基地领导做出了一个破釜沉舟的决定，动员下属企业自愿集资创办股份公司。最后筹措到 710 万元，创办了深圳振华电子公司。后来赢利滚动资金，又办起了深圳华匀电子公司、华发彩电厂等。到 1985 年，华发厂生产的彩电年产量达到 45 万台，成为仅次于康佳的大型彩电生产公司。

西北兰光公司光耀特区

1983 年甘肃省电子厅创办兰光电子公司，这是甘肃省在深圳创办的第一家"窗口企业"。公司生产的组合音箱得到市场好评。1986 年公司研发生产的高质量新产品"蓝光牌"组合音响也成为全国的抢手货。1990 年 12 月公司投资兴建的"兰光大厦"（楼高 16 层）竣工，这是深圳当时最高的工业厂房。甘肃将投资于深圳的兰光、兰天、兰华三家公司，整合为"深圳兰光电子工业总公司"，该公司被国务院经贸办认定为"国家大型二级企业"。20 世纪 90 年代后期，兰光公司的产品升级换代，开始生产彩电和电脑的彩色显示器，总公司也升格为"国家大型一级企业"，被深圳市科技局认定为"高新技术企业"。

组建赛格集团

到 1985 年，深圳的电子生产企业达到了 178 家，产值占了深圳工业总产值的一半，"深圳制造"的产品开始崭露头角。但是一些问题也开始凸显出来：178家电子企业多方投资、多方审批、多头领导，隶属关系五花八门；企业规模小、产品批量少，普遍效益不高；技术研发力量分散，缺乏原创核心技术，企业竞争力不强。这种小打小闹过小日子的状况，不但无力承担国家的重大项目，也难以与国际大财团合作。

针对这种状况，深圳市领导考虑整合资源，成立一家大型的电子企业集团当行业的龙头，改变现在这种群龙无首、各自为战的局面。要想成立集团，就需要有一位领军人物，此人最好上能通天、下能接地，长袖善舞、组织协调能力强，能够率领大兵团作战。当时在深圳难以找到这样的帅才。于是有人想到了马福元。马福元（1931—2015），哈尔滨人。他在国家数个工业部门摸爬滚打30多年，当时任职电子工业部办公厅主任。邀请这样一位人物出山，自然要得到电子工业部领导的同意。梁湘为此给时任电子工业部的江泽民部长写了一封信，又派副秘书长曲日华专程进京送信求助。部领导经过研究，同意马福元以电子部在任党组成员、电子部深圳办事处主任的身份应聘深圳。

1985年7月马福元到深圳报到，他见到梁湘书记时表态说："搞集团公司对我来说是平生头一回，成败难料啊。但我还是愿意来，主动请战，破釜沉舟！"1985年12月马福元被市政府聘任为深圳电子总公司董事长兼总经理。这是我国电子企业中的第一家集团公司，集团实行"自愿加入、共用品牌、联合作战、利益共享"的原则。

1988年1月深圳电子集团更名为深圳赛格集团。"赛格"一词出自何处呢？先是把"深圳电子集团"翻译成为英文 Shenzhen Electronics Group，然后取三个词的前三个字母 SEG，再音译成中文就有了"赛格"一词。当年许多中国公司都是通过这个方法把自己的名字变得十分洋气。而马福元更进一步，把"赛格"解释成为"赛国格，赛人格，赛品格，赛风格"，这也就是马福元倡导的企业精神。搞明白了这一点，笔者不由地赞叹：马董真有才呀！

1986年在赛格集团成立的第一年里，成员企业个个实现盈利，全集团创利税1.5亿元，年产值达到13亿元，占深圳当年工业总产值的38%。集团生产的"赛格"牌电视机、录音机打进了香港、美国市场。到1988年初，深圳所有的178家电子企业，有117家参加了集团。集团旗下不乏桑达、华强、康佳、爱华、宝华等著名企业。就这样，小公司群联合成为大集团，分散队伍整合为兵团作战，赛格集团实现了规模效应。原来小公司申请贷款，银行爱理不理；现在银行主动上门服务。原来企业单打独斗，每家研发资金都不足，鲜有成果；现在集团集中财力搞研发，也有力量与国内 15 所高等院校、28 家研究所合作，借外脑搞研发。原来一些国外的大公司想对深圳企业下订单，但由于深圳公司规模小、能力弱，不敢接大订单；现在集团可以接下大订单，组织集团内的公司分工加工、集中交货。自从组建了赛格集团后，市委领导设想的"立足深圳、依托内地、走向世界"的战略开始有了实质性推进。

赛格刚成立时，有人诟病说："这哪是什么大公司啊？想来就来，想走就走，跟自由市场差不多⋯⋯"笔者对此不能苟同。如果按照行政观点去看，可以承认这只是一种松散型的企业联合体；如果按照市场经济规则的眼光看，这是一种创新的试验。它是深圳市场经济土壤中长出的一朵新花，是深圳培育市场经济的一种尝试。究竟行不行，有待于通过市场进行检验；有没有生命力，不能用旧规则来衡量，而要看实践的效果怎么样。

赛格集团羽毛丰满、实力雄厚后，马福元开始大手笔投资，先后开办了晶体管、彩色显像管、彩管玻壳、大规模集成电路等几个大项目。

深爱半导体公司生产大功率晶体管。1988 年，赛格与美国 IBDT 亚洲有限公司合资组建了深爱半导体公司。1997 年 3 月 31 日，深爱公司第一片大功率晶体管芯片走下生产线，结束了深圳半导体芯片完全依赖进口的历史。公司主营业务为功率半导体器件及芯片的研发、生产与销售，是华南地区为数不多的具有前、后工序生产线的功率半导体器件制造企业。2022 年仅在印度室内的照明市场上，深爱公司的产品就占了 35%。

赛格日立生产彩色显像管。1989 年 5 月，赛格集团与日本日立公司合资兴办了赛格日立公司。该项目总投资 1.6 亿美元，年产量 160 万只彩管。2004 年 7 月，赛格日立累计生产出 54 厘米彩管 3000 多万只。赛格日立生产的第一只彩管被深圳博物馆收藏。

深圳中康玻璃公司生产彩管玻壳。既然有了彩管厂，接着创办配套的玻壳制造厂是合理的选择。1989 年 8 月 20 日，由中国电子信息产业集团、赛格集团和香港康贸公司三家合资成立的深圳中电康力玻璃有限公司成立。生产能力年产 1380 万套彩管玻壳，产品规格覆盖了 15″—36″ 彩色显像管。1992 年 10 月中康玻壳炉顺利点火。1998 年 8 月为引进更先进的技术，中康公司与韩国三星康宁株式会社合资，成立了深圳市赛格三星股份有限公司。公司生产的各类屏、锥产品，供应全国各彩管生产企业；部分产品外销，成为产品打入国际市场，且出口量最大、外销率最高、出口创汇最多的玻壳厂家。

7年后"赛格集团行不行"的问题有了初步答案。1991年，赛格集团的产值已达40.2亿元，销售收入29亿元，外汇收入3.2亿美元，加上所持的一些上市公司的股票，集团公司净资产增长到2亿元人民币，7年间增长了8倍多，国有资产实实在在得到了保值、增值。市场考验了赛格，行业认可了赛格。通过组建赛格集团，深圳摸索出了一条用市场化的办法组建企业联合体的好路子。

30多年后的赛格集团仍然是深圳电子行业的旗舰企业。现任赛格集团董事长王宝说："深圳建市40余年，有30年以上历史的老字号品牌不多，赛格算一个。赛格集团是华强北商圈的引导者、推动者和见证者，是深圳甚至全球电子信息产业发展的旗帜和标杆。"⑤

创办深圳电子配套市场

发展"外向型经济"，是深圳市委落实中央指示精神而确定的发展方针。马福元身兼电子工业部领导成员和深圳赛格集团公司董事长两个重要职务，深知自己肩负的重要责任，他要让深圳电子产业起步、让中国电子工业迅速发展。为此，他一直思索着深圳电子产业发展从何处突破。

马福元又是一位在中国电子工业战线上积累了丰富经验的专家。他了解中国电子工业发展的长处和短处。他很清楚电子元器件特别是芯片的来源供应，是制约深圳电子产业发展的症结之一。当时的特区电子元器件供应渠道不畅通，企业常常为了几个诸如电阻、电容之类的小元器件，不远千里前往北京或上海采购，需要付出极高的成本；再加上许多元器件我国生产不了、依赖进口，而由于当时国家实行的是计划经济体制，深圳没有被纳入国家计划供应体系，因此深圳既不能从国家获得供应，也不被允许直接从国外进口，陷入了两难境地。这个问题不解决，发展电子产业就是一句空话。

当时国家解决这个问题，靠的是在北京举办电子元器件供销会，用"计划"的办法进行分配采购。每年的供销会上，全国电子厂家汇聚，境外供应商云集，只见人群熙熙攘攘，厂家讨价还价，场面犹如北方农村在春耕之前农民们到集市上买骡马牲口，故被行内人们谐称为"骡马大会"。但身处计划体制外的深圳，连参加此会的资格都没有。

人逼急了会想出一些急招。深圳赛格集团 100 多家企业强烈要求举办深圳的"小骡马大会"。早些时候马福元曾率团考察过日本东京秋叶原电器市场，那时他就萌生出在深圳也可以考虑成立类似电子市场的想法。此时条件成熟了，马福元决心成立深圳的电子配套市场。

马福元组织人员起草了申请成立电子配套市场的计划，上报给市委。此时李灏已经上任，被任命为市委书记兼市长。巧的是李灏书记也去过东京的秋叶原电器市场，留下的印象很不错。因此他十分理解马福元的提议，批复同意此计划。李灏的支持极大地鼓舞了马福元。于是 1986 年 7 月 17 日这一天，赛格集团的电子器材配套服务公司成立，筹办电子配套市场的工作正式启动。

该公司经理名叫罗道义，手下只有 3 个人；办公室加营业室 40 平方米，还没有普通家庭住房的面积大。房间里摆着 4 张办公桌，另借来 6 个货品展柜。罗道义不怕困难，积极创业，带领员工与全国的元器件厂家联系，挑选采购了一批晶体管、集成电路、接插件等 300 种优质元器件试展销。经过一年的筹备，电子配套市场于 1988 年 3 月 18 日正式开业。马福元认为这是一个大事件，举行了隆重的开业典礼。赛格大厦门前鞭炮齐鸣，锣鼓喧天，摆满了祝贺的花篮和牌匾。集团将办公楼的一层（1400 平方米）全部腾出来用作市场的经营场地，内设保税仓、普通仓、会议室、洽谈室等。中间空场里摆满了铝合金玻璃条柜，显得整齐有序。来自全国的 160 多家厂商和 10 家港商入驻市场。

对于深圳的电子产业发展来说，这是一个里程碑式的举措。该市场的出现，标志着深圳的电子元器件供应突破了计划分配的模式，按市场方式运作，对国内外客商开放。由于电子配套市场提供了优质、方便的服务，很快出现了购销两旺的喜人景象。年底一算账，进入配套市场交易的国内外厂家 200 余家成交额达 400 余万元，市场火爆的程度出乎所有人的意料。马福元创办电子配套市场时，目的只是为计划经济体制外的深圳电子企业搞一个自己的"小骡马大会"。没想到，深圳的电子市场一开张，吸引来了全国的电子企业和许多外商港商，到深圳采购、销售，做进出口生意。

早期来深圳的人应该还记得，现在华强北路口赛格广场大楼的地盘上原来是一栋 7 层高的标准工业厂房。这栋楼就是当年的赛格集团大厦，地面一楼被开辟成为电子配套市场，出现了门庭若市的景象，热闹程度比得上最繁华的肉菜市场。市场满足了多方需求。对电子元器件的供应商来说，租一个柜台坐等顾客上门，改变了过去那种"藏在深闺无人识"的窘况；对电器产品生产方来说，可以在电子配套市场随时采购到需要的电子元器件，不用再到北京找关系、跑批文了；对采购员们来说，他们惊喜地发现由于电子元器件经营商多了，货比三家，价格随之下跌，这对生产厂家十分有利；对经营决策者们来说，伴随物流、人流而来的是信息流，产品价格的升升跌跌，让人们能够感觉到整个电子市场跳动的脉搏，新产品的不断出现又让厂家能够捕捉到境外电子产业发展的动向信息；对租柜台做生意的经营者来说，该市场成为一个财富孵化器，培育出了成千上万的百万富翁、千万富翁、亿万富翁，这是后话。

不长时间后，北京的"骡马大会"永久性地取消了。不知这两者之间有没有直接的关系？可能由于国家电子产业的管理体制开始从计划向市场转变，"骡马大会"完成了自己的历史使命；也可能由于深圳的"小骡马大会"发展势头良好，具备了替代"大骡马大会"功能的潜力。这是深圳发挥"窗口作用"的又一个标志性事件。

对赛格电子配套市场也出现了一些非议。有人说，电子市场上的许多芯片和电子元器件是从香港走私过来的，我们不应该提供销售市场；又有人说，开电子市场的做法是打擦边球，钻国家政策的空子。对这些议论马福元是如此回答的：由于芯片和电子元器件具有体积小、便于携带的特点，深圳的电子市场上确实有走私货，赛格电子市场也不例外。但是，私下交易时海关税和营业税，国家都收不到；而进入赛格电子市场后，起码还能够收到营业税，这对国家有利。有人说我们打擦边球，打擦边球没有什么不好？能够控制球不出界、擦个边，这靠运气，也要有高超的技术。关键是比赛中裁判对此会判擦边球得分。深圳的许多企业不在国家计划经济体制内，不像内地企业能享受到一些权利，如果不想出应对办法一定会倒闭。因此，打擦边球得分，好过把球打出界丢分吧！

赛格电子配套市场取得了极佳的经营效果。有这样一组数据：1990 年，电子配套市场第一次扩容，营业面积扩大到 2300 平方米，年营业额增加到 1000万元。1993 年，赛格电子配套市场第二次进行扩容，营业面积增加到 3300 平方米、展柜（铺位）增加到 530 个，年营业额猛增到 6000 万元；同时，为顾客提供导购服务的"电子信息专页"开始由深圳电子行业协会会刊《电子信息》编辑部出版。1995 年，赛格电子配套市场第三次扩容，营业面积增加到 1.2 万平方米，展柜（铺位）增加到 1200 个。赛格电子市场最鼎盛时期，在全国开了近 30 个电子市场分部，面积加起来堪称"亚洲最大电子专业卖场"。

华强北街蝶变

1993 年 58 岁的王殿甫接任赛格集团董事长。王殿甫（1935—），辽宁人，1979 年曾任北京广播器材厂（中国最大的广播器材厂）厂长。他上任的当天就到电子配套市场考察。尽管他早就知道电子配套市场生意很好，但是眼前的景象还是让他吃了一惊，只见市场内人群潮水般涌动难以插足，拥挤的柜台前顾客摩肩接踵，谈生意的双方喜色满面看样子生意成交。

生意如此火爆，不扩大营业面积太可惜啦！于是王殿甫决策：先是将公司机关搬迁他处，把赛格大厦 7 层楼房整个辟为配套市场；后来又在旁边修建了一栋小楼也用作配套市场。即使这样，但仍然杯水车薪，远远解决不了问题，请求到配套市场租柜台的申请书摞得有几米高。他感觉小打小闹解决不了问题，于是 1996 年做出了自己一生最大胆的一个决策：拆掉赛格大厦，兴建赛格广场大厦。这栋大楼高 355 米，为福田区第一，全市高度排名仅次于地王大厦。建这样高的摩天大楼当然需要花费几年时间。直到 2000 年赛格广场大厦竣工，电子配套市场的经营面积达到了 5 万平方米，是以前的 4 倍，成为全国此类专业市场的领头羊。

在兴建赛格广场大厦、电子配套市场歇业的几年时间里，华强北路西边的华强集团乘势而上，把几栋厂房大楼用连廊连接起来，也兴办起另一个巨无霸式的电子配套市场。1998 年 7 月，营业面积达到 3.88 万平方米的华强电子世界开业，吸引了来自国内外的厂商 1000 多家。后来经过扩容，入驻的商户增加到 3000 多家。在赛格广场建设的几年间，华强电子市场不但填补了市场空白，而且后来者居上，足以匹敌赛格的电子配套市场。

华强厂房里原来的电子工厂去哪里了？有的搬迁到特区外，有的搬到了东莞塘厦，塘厦由此成为新的电子生产重镇。以前香港的电子技术向深圳转移，10 多年后深圳的电子技术又开始向周边地区扩散。再后来华强集团又建起了几十层高的华强广场酒店，与赛格广场大厦隔马路遥相呼应。华强集团从此开始了从工业制造业向商业服务业的转型。

两家龙头企业带头，万家中小企业跟风，整个华强北路上的工厂车间有一半变成了电子交易市场。1997 年 1 月，万商电器城、大百汇商业城先后开业。1999 年后，中电信息时代广场、远望数码商城、太平洋监控通讯市场、都会电子城、新亚洲电子城等也相继开业。到 2007 年底，深圳电子市场（规模 1 万平方米以上）已达到 35 家，经营面积达到了近 80 万平方米。

从此以后，华强北作为全国电子元器件配套市场，成为全国的龙头老大，年营业额高达 600 亿元，平均日人流量达到 50 万人次。华强北电子市场占了全国市场容量的 50%。这片商业区占地仅 1.45 平方公里，拥有 1.6 万个登记企业、3 万多家商户和 15 万从业人员，是亚洲规模最大的电子产品集散地。

2008 年，在中国电子商会组织的评选活动中，华强北街脱颖而出，战胜中关村等对手，被评为"中国电子第一街"。与此同时，福田区政府组织几家公司联合成立专门机构，开始编制"华强北·中国电子市场价格指数"。2007 年 10 月 12 日指数平台正式对外发布电子市场的价格指数，从此中国的电子市场有了行业发展的晴雨表和风向标。华强北对全球电子市场开始产生影响。华强北电子配套市场的发展是深圳电子业起步发展的一个缩影。

华强北小区由最初的上步工业区华丽转身变成了电子一条街。这个过程很像蝴蝶的生长过程：先是毛毛虫，之后吐丝做茧，再后来破茧而出，变成了美丽的彩蝶在天空飞舞。

为什么深圳电子业独大？

早期深圳发展起来的不仅是电子业，还有轻工业、纺织业等。1981 年王震将军带领国家的一些部委领导来到深圳考察时，其中还有核工业部、兵器工业部等。许多部委也都在深南中路上建大厦、开窗口、立脚跟、谋发展。

深南中路与燕南路口的兴华大厦是 20 世纪 80 年代初兴建的。兴华大厦由国家轻工业部投资兴建，组织了内地许多省市挑选一部分优质产品来深圳展示和销售。大厦里面有商场，商品琳琅满目，吸引了许多生意人和顾客，当时给笔者留下深刻印象。这是中国轻工业产品名副其实的一个展示橱窗。

华强北街上还有一个深纺大厦，属于深圳市纺织公司。该公司成立于1984年，是深圳市国资委系统内的老牌国有上市企业。公司于1994年改制上市，公司股票"深纺织A""深纺织B"在深圳证券交易所上市。

广东核电投资有限公司于1983年在深圳登记成立。1987年开始建设大亚湾核电站，1994年1号、2号机组先后投入商业运行。后来在大亚湾核电站旁边又建设了岭澳核电站，两者共同组成一个大型核电基地。大亚湾核电站引进的是法国技术，代表着核电技术的最高水平。

举这几个例子是为了说明：虽然许多许多行业在深圳几乎同时起步，但最终电子业发展速度更快、一业独大，这是为什么呢？大概是由于电子业具备一些独特的优势。

首先，有关电子的理论和发明创造发展迅速。电子学理论随着近代西方科学技术发展而诞生，至今虽不过一个世纪左右，但发展的脚步不但没有停，而且显示出越来越快的态势。先是英国麦克斯韦建立了电磁学的完整理论——麦克斯韦方程，从理论上预言了电磁波的存在。后来出现了两个标志着电子学诞生的重大事件：一是1883年"爱迪生效应"的发现导致了电子管的发明；另一个是1887年德国赫兹进行的一项试验，不仅验证了麦克斯韦关于电磁波存在的预言，而且开启了无线电报的发明。

在理论的指导下，人们对电磁学的利用进展迅速：相继发明了有线电报和有线电话，制造出横穿美洲大陆的电报、电话线路和横跨大西洋的海底电缆。电子器件从电子管的发明到晶体管的发明，经历了44年；从晶体管发展到集成电路只用了10年。而后来芯片的发展更是出现了"集成电路上可以容纳的晶体管数目每18个月便会增加一倍"的摩尔定律。

其次，电子技术具有应用广泛、渗透力强的特点。电子技术用于工业，极大地提高了工业的劳动生产率；电子技术与机械相结合，制造出各种类型的数控机床、机械手和机器人，乃至全自动化的、柔性的生产线；电子技术应用于生产检验，可以有效地控制产品质量等。

再次，电子技术的进步，催生了计算机和互联网等产业发展，使人类社会开始向信息社会转变。这是人类社会的又一次重大转变，其重要性不亚于从农业社会转向工业社会。因此，许多国家把发展电子技术作为重要的国策之一。

因此，对于地处改革开放前沿、对世界技术产业新动向了解比较深入的深圳来说，重视电子产业的发展、确定"以电子工业为重点"的方针，就不是什么奇怪的事情。具体而言，对于初创时期的深圳，发展电子产业的好处太多了：电子技术具有渗透性强、嵌入范围广、覆盖面大等特点，产业具有无限发展的潜力；由于电子产品具备体积小、价值高、利润大的特点，对土地有限的深圳来说，自然会对电子产业高看一眼；再加上电子业行业初期发展时门槛不算高、对从业人员要求相对低一些，更是吸引了大量的从业者、打工仔积极涌入这个行业，后来他们中间出现了成千上万的企业家和小老板。

还可以将深圳早期发展的几个行业特点和市场表现再做一些横向比较，就更能明白电子产业之所以"一业独大"的原因。

先说纺织业。人人要穿衣服，纺织业的市场潜力自然巨大。事实上，纺织业对中国的工业化发展起到了重要的奠基作用，这一点与英国工业革命从纺织工业起步的状况是一样的。1983年纺织工业部和中国国际信托投资公司牵头，联合了机械工业部及内地18个省市的纺织工业部门，集资创办了第一个行业集团——华联纺织集团公司。该集团将江苏常州的纯棉纱、广西的苎麻、广州的针织服装、上海的印染布等产业移植到深圳，引进国外先进的技术设备进行深度加工再出口。同时，又把国外的先进技术和管理经验，通过深圳的企业试验、消化、创新，然后向内地推广、转移。到1989年，这个集团公司创办企业32家、拥有总资产7亿多元，产品出口率达到90%以上，创汇1.1亿美元。⑥

产业发展前景虽然不错，但由于深圳空间小，不具备发展纺织制造业的优势，只能是其窗口作用发挥得比较好。而纺织业下游的一个细分行业——服装产业，由于其着力点重点放在设计、销售等环节，生产环节可以放远一点，所以在深圳倒是一枝独秀、发展得很好，出现了一批在国内外颇有影响的服装（特别是女装）企业。

次说轻工业。深圳最初的发展是从贸易开始的，一段时间里轻工业品的销售火爆，让深圳成为这个行业的一个重要窗口。但是深圳本地生产的轻工业品并不多，大小商店里销售的多是内地价廉适用的日用品；免税店里出售的则是进口的高档消费品。这个行业看起来不大适合个人创业，个体的路边小店虽然多，但不成气候，最终还是大型的超市和商场一统天下。例如，天虹商场、万家百货、岁宝百货等深圳创立的品牌商场，成为风行国内的著名商号。国外资本也十分看好深圳强劲的购买力，最先进入深圳的沃尔玛，在深圳开了很多连锁店。沃尔玛刚进入深圳时，引发了"狼来了"的惊呼声，但从后来的发展情况看，深圳的品牌商场出现了"与狼共舞"、共同发展的局面。

再说核工业。该行业具有投资大、技术门槛高、安全要求严格等特点，自然只能由国家专业公司经营。广东核电集团有限公司成立于1984年（1994年改名为中国广核集团有限公司），负责兴建大亚湾核电站和岭奥核电站，生产的电力七成供应香港，成为我国核电发展的一个典范。

至于兵器工业，一听名字就知道是做军火生意的。"国之利器，不可示人"。（《道德经》第36章语）这一行业不适合社会资本参与，其行业生产经营的具体情况也不为外人所知。

如此比较一番就可以知道，由于电子行业发展速度超快，技术不断换代，新产品层出不穷，市场潜力巨大；而该行业同时具有投资小、入行门槛低的特点，既方便个人做贸易生意，也适合创业开办工厂，因此众多年轻人选择从电子业开始创业不是没有道理的。在华强北租一个柜台搞销售，在珠三角某个地方选择成本低廉的场所办一间电子工厂，形成"前店后厂"的模式，十分有利于早期的创业。因此，深圳的电子行业蓬蓬勃勃发展起来，成为城市的支柱行业，为中国电子工业的发展作出了重要贡献。

① 邹旭东：《梁湘在深圳1981—1986》，内部材料，2018年印刷，第305页。

② 段亚兵：《深圳财富传奇·占领华强北》，人民出版社2012年版，第19页。

③ 钱汉江：《深圳电子三十年（1980—2010）》，深圳报业集团出版社2017年版，第10页。

④ 段亚兵：《深圳财富传奇·占领华强北》，人民出版社2012年版，第36页。

⑤ 吴德群、吴徐美：《深圳赛格：中国电子信息产业的一块金字招牌》，《深圳特区报》2022年5月30日。

⑥ 深圳博物馆编：《深圳特区史》，人民出版社1999年版，第93页。

第三章 本土企业崛起

李灏索要"改革权"

1985 年 8 月 12 日李灏出任广东省副省长、深圳市长，1986 年任深圳市委书记兼任市长。李灏（1926—），广东电白人。1946 年入中山大学，1947 年 10 月参加革命。1983 年后任国务院副秘书长、国务院机关党组副书记。2008 年 11 月，在中国经济体制改革研究会、中国经济体制改革杂志社举行的评选活动中，李灏被评为"中国改革开放 30 年 30 名杰出人物和 30 名社会人物"。

李灏来深圳时，最看重的是有没有"试验权"。上任前，一位中央主要领导找他谈话，李灏问："深圳还是不是改革开放的试验田？"领导回答："当然是啊。"心有所思的李灏接着问："改革是个系统工程，不能这可以改、那不可以改。可不可以突破现行一些不合时宜的做法？"中央领导点头同意。后来李灏有一次对媒体记者说："有了这个权，我觉得来深圳就有点意思啦，否则一点意思都没有。"①

李灏一来到深圳，就参加了第二次全国特区工作会议。此次会议 1985 年 11 月 25 日—1986 年 1 月 5 日在深圳召开，国务委员谷牧主持会议并作重要讲话。谷牧在讲话中充分肯定了深圳取得的巨大成绩，同时要求深圳把工作重点放在建立以工业为主的外向型经济上，由过去的铺摊子、打基础，转到抓生产、上水平、求效益上来。关键时刻国务院领导再次为深圳的发展定向把关。

搞清楚了这个背景，我们就能够更好地理解李灏上任后做的几件大事情的意义：成立深圳经济特区外汇调剂中心(1985 年 11 月)，成立市规划委员会(1986 年 1 月)，成立市监察局 (1987 年 5 月)，成立市投资管理公司 (1987 年 7 月)，建立证券交易市场 (1987 年 9 月)，举办首次土地拍卖会 (1987 年 12 月)，实行住房制度改革（1988 年 6 月），推行社会保障制度（1992 年）等。

2008 年为纪念中国改革开放 30 年，笔者写了《创造中国第一的深圳人》一书。为写作此书我采访了李灏书记，请他说说自己在深圳主政时做过的重大决策。他侃侃而谈，如数家珍，兴奋之情溢于言表，让我深受感染。他大概列举了上面所说的事项。

我感觉李灏书记执政的最大特点在于不但善于谋划、准确判断，而且敢于为改革承担风险。其中的几件事让我思考良久。比如说，深圳成立外汇调剂中心。李灏刚到深圳一个星期日的早上，市纪委和市检察院的负责人找他批准，要对深圳特区发展公司总经理孙凯风立案审查，罪名是公司买卖外汇；而且说明此案中纪委已在关注。李灏听后沉吟一下、主张缓一缓再处理，他解释说："这件事合理不合法，老总个人并没有从中牟利……"②

后来深圳经济特区外汇调剂中心成立后，让外汇买卖合法化，类似这样的事情就不难处理了。对特发公司的"倒卖外汇案"，如果不是李灏顶住缓办、真的把深圳最大的特发公司的总经理抓起来，恐怕比当年中电深圳分公司的走私案更要轰动。深圳外汇交易中心成立后，既解决了外贸企业只能以远远低于行情的、扭曲的价格将外汇卖给银行，使创汇企业发生亏损、无法持续发展的问题；又对外汇黑市釜底抽薪，根治了当年外汇倒买倒卖猖獗的问题。后来全国各地纷纷移植深圳的做法，从而改变了我国外汇管理漏洞百出的局面。

再比如，率先建立深圳证券交易所。③为酝酿创办深交所一事，深圳市领导先是去英法意等国考察证券市场；后又派专人到日本证券公司学习和培训，下足了功夫。后来在向国家申请创办证券交易所时，上海却捷足先登（上海为开办证券交易所一事曾来深圳学习，并拿走了深圳花工夫整理制定的全套资料，等于吃了一个现成饭）。深圳证券交易所筹备了一段时间，却因为拿不到批准手续而迟迟不敢开业。

1990 年 11 月李灏前往交易所调研，问为什么不开业？负责人说有关手续没有批下来。李灏答复说："批不批不要管，此事政府会负责。你们一定要开，先试验嘛。"于是，深圳交易所 1990 年 12 月 1 日试营业（后于 1991 年 7 月 9 日补办了开业仪式）；而上海交易所于 1990 年 12 月 15 日正式开业。因为这种情况，中国证券市场的诞生有了两个日子。如果说营业日子，深圳交易所为中国第一；如果说正式手续，上海交易所为中国第一。深圳交易所先开业，这是要冒着可能违反有关纪律的风险。如果不是李灏当初要来了"改革权",加上个人资历深、受人尊敬,否则有人抓辫子、重处理也不是没有可能。李灏承担了冒风险的责任。

与此有关的另一件事是1992年深圳发生的"8·10股票风波"事件。④买不到新股上市抽签表的愤怒群众上街游行、冲击市委机关,事态非常严重。李灏临危不乱,决定将第二年计划发行的500万股票额度提前发行。李灏在市委常委会上表态说:"全部责任压在我一人身上,撤职法办我一人承担!"从而避免了事态继续恶化,化解了危机。

笔者采访时,李灏书记还重点说到了一件事,他评价深圳成立市监察局是"全国首创",其意义非同小可。虽然我当时做了详细的笔记,但写作时没有选写这件事。因为我觉着虽然制定了制度,但并没有防止深圳的一个市长因贪腐而身陷囹圄。我当时感觉迷惑:制定这个制度到底有用没用呢?后来若干年间里,不断看到全国许多地方都出现了高官贪腐事件,而且贪污数额越来越惊人,这些事实让我改变了看法。也许,人真的一半是天使,一半是恶魔。如果一个人管不住自己的贪念,将隐藏在心中的恶魔释放出来是一件很可怕的事情。深圳市长变成贪腐罪犯,并不说明深圳管得不严。恰恰相反,成立市监察局,证明深圳市委敢于直面问题,也积极设法从制度上堵塞漏洞。否则,以深圳迅速发展的势头和惊人的经济总量,出现更多更大的贪腐案件也不是没有可能。正因为成立了监察局,才让一些有点管不住心中贪欲恶魔的干部多了一份畏惧,也容易及时发现问题的苗头,从而避免了更多贪腐案件的出现。这让我一直后悔没有将成立市监察局的内容写进《创造中国第一的深圳人》一书。

李灏要来"改革权",在深圳实行了多项改革措施,其目的归结为一点就是想要建立市场经济体制,用他本人的话来说就是:"按照国际惯例打篮球",也就是"按国际规则办事"。笔者第一次听到这句话时琢磨了很久。感觉"按国际规则打篮球"的说法充满了智慧。打篮球的主要目的在于锻炼身体,参加比赛的必要性应该排在第二位。如果不按照国际规则可不可以打篮球玩呢?当然可以。但是不参加比赛,特别是不参加国际交流和比赛,就不可能提高技艺。

"按照国际规则打篮球"是一句比喻,包含着的一个意思是:不按照国际惯例办事,深圳发展外向型经济就是一句空话,就不可能引进外资和先进技术，那样就失去了办经济特区的意义。因此，要想发展外向型经济，就要先从接受国际规则（也就是西方国家制定的规则）开始，虽说有几分无奈，却是必经的一个关口。

我查了一下资料，"按照国际规则办事"的说法出现的时间可能还要早一些。比如，广东省有一位领导说过这样一句话："什么是按国际规则办事？说穿了就是按照市场经济规则办事。"那时候大家对这个问题还没有达成共识，而政治气氛又不适合把话说得太直白，因此才采用这种较为隐晦的方式来表达。实际上，大家心里想的就是采用市场经济的办法，让深圳走出一条完全不同的发展路子。

如果要问：当年国家建立的第一批经济特区，为什么只有深圳发展得最快、最好？原因当然是多方面的，但主要领导选得对是关键的因素。毛主席说过："政治路线确定之后，干部就是决定的因素。"在深圳初期发展的困难时期，上级先后安排梁湘、李灏当深圳市委主要领导，让深圳快速、健康地发展有了可能。以笔者的看法，两位领导的共同特点是事业心强、眼界开阔、勇于负责。如果比较两人的不同特点，梁湘大刀阔斧、埋头实干；李灏足智多谋、着眼长远。如果用两个字评价两人的才干，梁湘是"勇猛"，李灏是"智慧"；如果用三个字概括两人的风格，梁湘是"重实干"，李灏是"讲规则"。

后来虽然有些人认为梁湘有点控制不住铺张投资的局面，而招来一些非议。但实事求是地说，当时的深圳，人们普遍的思想状态是由于长期禁锢胆小怕事不敢干事，而百业待兴的艰难局面需要大胆去突破。如果没有梁湘大刀阔斧地开拓，怎么可能在短时间内打开局面呢？省委选择梁湘，本意就是选择猛士来闯的嘛。更何况梁湘多年在广州30年当副市长，经验丰富，因此所做的决策很少有大的失误。这一点相当了不起。而李灏在国务院机关工作的长期经历给了他战略眼光，算得上是一名敢于改革的闯将。主政深圳期间，他缜密思考，多谋善断，引领深圳这条快船避开一个个暗礁，越过一道道险滩。如果没有李灏大胆改革，突破障碍，建立规则，深圳取得超高速发展成绩是不可能的。

本书研究的是深圳科技发展史，以上所说的内容好像偏离了主题，其实不然。之所以在这里多花一些笔墨，是因为建立市场经济规则、大胆实行各种改革措施，为深圳的科技发展开辟了道路，建立起了合理的框架。这里说的一些话题，后面还会不断涉及、深入讨论。

改变国有企业的管理办法

前面提到了李灏书记到深圳后，制定的一条重要改革措施是成立投资管理公司。这样做的目的是什么呢？用李灏自己的话来回答这个问题。他说："我当市长后，经过调查发现当时所有的政府机构没有不办企业的，可以说是全民办企业——这问题就大了。办企业的机构不用政府机构投资，自己想办法，自筹资金；挂着国有企业的牌子，好做生意、搞经营；但最后出事了，却要由市政府'买单'。市领导只能说清楚当年的财政收入有多少，但对全市有多少企业、多少资产，负债多少，这个谁也说不清楚。可以说许多领导连资产负债表的概念都没有……"就是在决心改变一本"糊涂账"的情况下，李灏提出成立深圳市投资管理公司。1987 年 7 月 22 日深圳市投资管理公司正式挂牌成立，这是全国第一家国有资产管理机构。市投资管理公司统一管理市属 100 多家国有企业，花了一年多时间才算弄清楚了全市国有企业的资产：从 1980 年建特区到 1989 年的 10 年里，深圳国营（国有）资产净资产达到 32 亿元。⑤

深圳早期，国营公司企业经营方面存在着很多问题。1979 年为调动企业自主发展的积极性，开始尝试扩大国营企业自主权的改革。1984 年以企业所有权与经营权相分离为内容，又开展了各种承包制、责任制、租赁制的改革尝试。以上努力虽然取得了一些成绩，但出现的问题更多：许多承包经营者只顾眼前赢利，拼机器、拼资金，如果有盈利归自己，如果亏损了却不负责。其中最典型的一个例子是深圳石化公司，因领导决策失误，负债 2.6 亿元，公司濒临破产。

针对问题，市政府决定全面实行股份制改革，争取彻底解决问题。1986年 11 月 15 日，市政府颁布实施《深圳经济特区国营企业股份化试点暂行规定》。1987 年 10 月，市政府确定物资总公司、赛格集团公司、建设集团公司、机械工业公司、石油化学工业公司、城市建设开发集团公司等 6 家市属大型国有企业，作为首批股份化改革试点单位。经过一年时间的试点，取得了比较好的成绩，6 家大型企业实现的利润达到了上年同期的 176%。应该说，股份化改造的试点工作初见成效。

笔者研究了那一段时间里深圳国营企业经营的一些资料，多数是在体制改革、经营方式等方面想办法、趟路子，有几个公司也确实取得了比较好的经营业绩，但是在技术创新研发方面的努力不算多，因此不再详述。

引进先进技术的先科公司

先科公司是一个特例。该公司一开始就是奔着引进和研发先进技术去的，也确实在一段时间里取得了骄人的成绩，值得浓墨重彩叙说一番。

该公司的创办人名叫叶华明。叶华明（1933—2015），祖籍广东归善县（今惠州市惠阳区）。他是中共抗日名将叶挺的儿子。1953年被选派到苏联莫斯科军事航空工程学院学习，成为新中国第一批地空导弹专家。1983年叶华明听说深圳市来北京招聘人才，就报名到深圳工作，任深圳市科委主任。同时报名应聘的还有他的妹妹叶剑眉，被安排在深圳特区报文艺部任编辑。

1984年的深圳市科委只有30人，全年经费只有30万元，只够发工资。为了尽快打开深圳科技发展的局面，市科委决定成立一家公司，取名先科公司。"先科"的寓意"先进科技"，表达出了叶华明的雄心。他批准从科委的经费中拨出5000元开办费，先科公司就此起步。

先科公司选做什么项目好呢？1980年叶华明曾被国家有关部门委派到荷兰特大学进修。进修期间，他每个周末都要逛逛镇上的跳蚤市场，采购一周的食品。1981年6月的一天，他逛商店时看到柜台里摆放着一些从没见过的亮晶晶的小圆盘。他感到好奇，问服务员是什么东西。服务员回答说，这是飞利浦公司刚推出的激光唱片。唱片？叶华明有点惊奇。以前见过的唱片是黑胶做的，放在唱机上播放。而这种亮晶晶的唱片上看不到有声纹，怎么播放呢？服务员把唱盘放在激光播放器里，请叶华明试听。他戴上耳机，一下子进入了音乐的世界：清晨空山中的鸟叫声清脆婉转，大海的波涛声此起彼伏，女歌手的歌声甜美动听，军乐队的铜管乐洪亮雄壮，音质清晰，音色丰富，高音清亮，低音厚重……他被这个新颖的科技产品深深地吸引住了。接着，叶华明安排时间，专门去埃因霍温市飞利浦公司总部参观。当他在产品展示大厅里观看演示激光唱片生产过程的录像时，接连看了数遍，难以按耐心中的激动。他就是在这个时候萌发出中国也要生产激光唱片的愿望。

来到深圳，成立先科公司，就有了实现生产激光唱片的机会。叶华明开始与荷兰飞利浦公司商谈转让技术的事儿。1984年11月谈判完成，引进设备、技术转让的费用 3400 万美元；购买土地、建厂房另外需要人民币 1 亿元。而当时深圳市的全部财政收入不过几亿元而已，叶华明知道靠财政不行，就到银行申请贷款。先科公司以进口的设备做抵押，向银行贷款 2000 万美元，支付了飞利浦公司的第一笔定金后项目正式启动。

1985 年 5 月深飞激光光学系统有限公司（先科公司与飞利浦公司合资）成立，双方各占 50% 股份，叶华明出任董事长，飞利浦方派出总经理。公司生产激光视盘、激光唱片、视盘播放机和 CD 唱机。从 1988 年 9 月起，中方先后派出 100 多名技术人员到英国、联邦德国的飞利浦工厂培训。这些人学成归国后成为我国激光光盘产业的技术骨干，一项全新技术的激光产业在我国诞生。

1989 年 11 月深飞公司生产出第一张激光视试盘，节目母带是由飞利浦提供的一场俄国芭蕾舞剧。1990 年 8 月生产出第一张 CD 音盘，内容是由刘欢、韦唯合唱的北京亚运会会歌《亚洲雄风》。1991 年 3 月生产的第一张 LD 视盘是《红楼梦》。从此，深圳有了激光视听产业。中国继荷兰、日本、法国之后，成为第四个掌握激光盘生产技术的国家。

一项先进的技术带动了一个产业的发展。1992 年 12 月深圳市先科企业集团成立，1998 年总资产达到 25 亿元，工业总产值达 27.8 亿元。到 1999 年，先科集团发展成为拥有厂房 50 万平方米、24 家全资和控股公司、4000 名职工的企业集团。

1992 年 1 月邓小平视察南方时，曾专程到先科集团的深飞激光公司参观。小平同志见到后辈熟人叶华明十分高兴，亲切地与他交谈了好一会儿。

突破光纤技术的光通发展公司

再讲一个引进和发展光纤光缆技术的事例，这让深圳在光纤光缆制造上实现了突破。

1988 年深圳光通发展有限公司投资 850 万美元，引进了一条具有 20 世纪 80 年代国际先进水平的光纤光缆生产线。

所谓光纤是"光导纤维"的简写，是一种由玻璃或塑料制成的纤维，可作为光传导工具。1966 年，香港中文大学前校长高锟和霍克汉姆首先提出光纤可以用于通讯传输的设想,高锟因此与美、加国籍物理学家和美国物理学家共同获得 2009 年诺贝尔物理学奖,高锟被誉为"光纤之父"。光纤细如头发丝,但其传输量巨大,一根光导纤维传输的光信号量相当于一捆直径达一米的铜线传输的音频信号量。一对金属电话线至多只能同时传送 1000 多路电话,而一对光纤可以同时传送 100 亿路电话,光纤成为 20 世纪世界上最重要、成本最低、能量最大的通信手段。将光纤捆在一起叫光缆,其通信能力更强、成本更低,铺设 1000 公里的同轴电缆需要 500 吨铜,而制作光缆只需几吨石英玻璃。此技术的潜力无可限量。

要想引进、研发和制造一种自己不太懂的先进技术的产品,如何动手呢?容易见效的方法是聘请"洋专家"来做此事。这样做也可能有一些风险。这方面光通公司做得很好,先后聘请的两位"洋专家"都尽心尽力,作出了贡献。先是聘请了加拿大的光纤专家马凯为总工程师(年薪 15 万美元,相当于 200 个深圳工人的一年工资)。马凯提出了引进设备的清单并参与价格淡判和采购。选购中,他货比三家,从 5 个国家中选性价比高的设备进货,结果采购的设备台台合格,价格也合理。与国内其他厂家引进的同类进口设备相比,节省费用约一半。马凯任期满后,光通发展公司又聘请另一位外国专家为总工程师,在质量管理方面发挥了重要作用。经过两位"洋专家"的带领,中方技术人员全部掌握了生产技术。到 1990 年公司生产光纤 2.5 万纤芯公里、光缆 80 万米,产品的性能可以与进口光缆相媲美。这一年,光通公司的产品在国内许多光纤通信工程中大规模使用,标志着深圳在光纤光缆产品研发生产上成为领军者之一。

1998 年,深圳光通发展有限公司与深圳市星索光缆通讯工业公司合并,成立了深圳市特发信息股份有限公司光缆分公司。公司从许多西方国家分别引进世界先进水平的光缆生产及检测设备,可生产高品质的各种新型光纤光缆产品。其产品多被应用于国家及省级运营商的一级干线网上。例如,北京市的三、四、五环的主干网,奥运会场馆与首都机场工程,香港城域网,用的都是特发公司的光纤。⑥

给民营科技企业发出生证

说了国营企业的情况,下面讲述民营科技企业的崛起。对深圳来说,后者所发挥的作用可能更加重要。

1987 年 2 月，深圳市颁布《关于鼓励科技人员兴办民间科技企业的暂行规定》（深圳市政府第 18 号文）。这是全国第一个下发的此类文件，拉开了科技人员以"自筹资金、自愿组合、自主经营、自负盈亏"的方式组建民营科技企业发展的序幕。这既是深圳企业发展史上的一次突破，也是深圳科技创新史的新起点，对深圳的发展意义深远。

后来在 1993 年深圳又颁布了《深圳经济特区民办科技企业管理规定》（以下简称《规定》），这是关于民科企业的第一个行政法规。《规定》确立了民科企业的法人地位，从而在法规基础上保证企业家能够放心创业，并逐步落实了民科企业的税收、户口、职称、出境等各项鼓励扶持优惠政策。由此，深圳吸引来大批国内外科技人才，促使民科企业步入发展的快车道，迅速成为深圳高新技术发展的主力军。

有一次采访李灏书记，就这个问题我问道："深圳为什么要专门为发展民营科技企业发一份文件呢？"李灏哈哈一笑说："这个问题问得好。为什么？是因为深圳的科技力量太薄弱了。深圳没有国家的科研机构，没有老牌大学，缺乏基本队伍；但反过来说，深圳这块热土当时又吸引了来自全国的许多科技人员，他们抱着创业热情来到深圳，想实现自己的抱负。此外，初创时期的深圳特别缺钱。深圳想要快速发展，必须成为资金吸铁石，吸引各种资金流到这里。因此，必须开放投资领域，让社会上的各种资本愿意到深圳来开公司、办企业。一开始市领导的头脑中，就朦朦胧胧有利用多种经济成分办社会主义事业的想法。但是，由于大家的认识不可能完全一致，怕反对的意见太多，需要讲一点策略，就先从鼓励科技人员办公司开始试水。多数人对此比较容易接受。文件中最关键的一条是承认知识产权，科技人员可以用专利等入股。一个科技人员提出申请，先由市科技局审查通过，两个月后到工商局注册登记。深圳的民营科技企业就这样起步了。"⑦

深圳首家注册的民营科技企业是哪一家呢？查了一下资料，是深圳市智能设备开发公司。总经理叶念国（1935—），湖北红安人。他是我国优秀的电力专家，原为武汉水利电力大学电力系副教授，从事教学科研 30 年。他长期从事电力系统科研和教学工作，曾获省科技成果二等奖、1996 年第二届全国发明展览会金奖。他最早提出了研制电力遥视警戒系统的产业概念。他当选为深圳市首届优秀专家、深圳市政府科技顾问。

截至 2003 年底，全市民营科技企业达 25080 家，全年技工贸总收入 1570 亿元，工业产品总产值 1498 亿元，上缴各种税金总额 251 亿元，出口创汇 51 亿美元。全市民营科技企业中，工业产品产值过百亿元的有 2 家，过 10 亿元的有 9 家，过亿元的有 64 家，过千万元的有 327 家。民营科技企业在全市高新技术产业中所占的比重不断上升，2003 年认定民营高新技术企业 154 家，比上年翻了一番，占全市认定企业 256 家的 60%；到 2003 年底，民营高科技企业累计 398 家，占全市高新技术企业 673 家的 59%；当年认定的高新技术项目 274 项，占全市当年认定总数 443 项的 62% 左右。

到 2018 年，深圳 205 家中小板创业板上市企业中，民营企业有 189 家，占 92.2%。在战略性新兴产业方面，民营经济对经济增长贡献率超过 50%，成为名副其实的主引擎。

截至 2019 年末，深圳国家级高新技术企业超过 1.4 万家，全市 73% 的授权发明专利、80% 以上的创新载体和国家高新技术企业、91% 的中国驰名商标、93% 的国家知识产权优势企业、96% 的广东省名牌产品，均来自民营企业。民营企业成为研发投入、吸引研发人员、承担重大科技项目的主力军，创新成果转化率全国领先，创新驱动发展特征突显。

深圳不仅涌现出腾讯、华为、比亚迪、大族激光等一批行业龙头民营企业，还孕育出一大批细分领域的行业冠军。机器人产业的优必选、动力电池制造领域的吉阳、新材料领域的绚图新材等民营企业，便是其中的代表。

华为、中兴是深圳民营科技企业中的佼佼者，也是中国通信行业中的"双子星"。下面分别讲述一下两个企业的创业故事。

冻不死的华为

任正非非常珍爱深圳颁发的鼓励科技人员兴办民间科技企业的文件，曾在多个场合讲过"18 号红头文件是华为公司出生证"的话语。采访李灏书记时，他对笔者提到过这件事。1995 年全国政协代表团到深圳考察工作。有一天，李灏陪同安子文等数位政协领导到华为参观，任正非亲自汇报。他说："华为公司成立于 1987 年，至今已经 8 年了。今年公司完成销售额 40 亿元……"有一个政协委员发问:"国家给了华为多少投资?"任正非回答说:"没有。"委员接着又问:"那么省里和市里有没有投资?"回答仍然是:"没有。"任正非的回答引起了委员们的兴趣:"那你们怎么发展得这么快?"任正非回答说:"就凭一个红头文件。"委员们更加好奇了:"什么红头文件?"任正非说:"就是深圳市1987年颁布的《关于鼓励科技人员兴办民间科技企业的暂行规定》的文件……"正是这个神奇的"红头文件",让深圳的民科企业如雨后春笋般成长起来。

任正非是深圳两万基建工程兵的战友,我在多本书里写过他的故事。任正非(1944—),贵州安顺市人。1974年应征入伍到基建工程兵22支队,参与辽阳化纤总厂工程建设任务。1978年出席全国科学大会。1982年当选为党的十二大会议代表。他在部队中的最高职务是第22支队科研所所长(副团级)。1983年9月随部队调入深圳集体转业。1987年创立华为技术有限公司任总裁。经过30多年的奋斗,华为从当初2.1万元注册资金的小民营企业,到2016年以3950亿元的年营业收入成为"中国民营企业500强"第一名。如果在国际企业间相比较,华为是全球领先的信息与通信技术(Information and Communications Technology,简称ICT)解决方案供应商。2013年,华为超过瑞典的爱立信成为全球第一大电信设备商,在《财富》世界500强中排名第315位。华为成功的经验中以下几条值得重视。

一是以科技研发为立身之本。

华为起名为技术公司,始终牢记初心,紧紧抓住新技术的研发不放手。在创业初期靠代理经营香港某公司的程控交换机(PBX)小有积累后,1992年任正非孤注一掷投入C&C08交换机的研发。在最艰难时期的一天夜里,疲惫不堪的任正非站在窗户边落泪。他对员工们说:"如果咱们数字交换机研发失败了,我就只能从这座楼上跳下去了,你们都各奔东西吧!"好在经过一年多的拼搏,在弹尽粮绝的最后时刻新产品终于研发成功。由于技术先进、价格低廉,08机在市场上所向披靡,1995年销售额达15亿元。[⑧]

后来,华为一直在技术研发方面投入大量资金,研发资金占到公司销售额的10%以上,最高的年份甚至达到15%。在中国企业中,华为在科研上的投入占比可能是最高的。华为在科技研发的道路上迈步快进,攻克了一个个难关,新产品越来越多,甚至让美国老牌的思科企业都感觉受到了威胁,在美国法院起诉华为。经过长时间的诉讼,华为靠着过硬的技术和正确的策略与思科公司达成和解。从此华为的技术研发越过险峰，进入一马平川、势不可挡的境地。

二是以军事思想指导开拓市场。

任正非身为军人，酷爱读书。在他看来，商场就是战场，因此他将毛泽东军事思想研究得烂熟于心，用于指导行动，无往而不胜。例如，在企业内部管理中，任正非强调一切行动听指挥。研究华为的企业管理制度文化，从统一意志、团队精神、严密组织、钢铁纪律、主动进攻、永不服输等许多方面都能看到军队理论的影响。

又如，在开拓国际市场中，他娴熟地应用"农村包围城市"的理论。中国的通讯市场是最早向世界开放的领域之一。20世纪80年代初期，国际通讯市场被10多家巨头企业瓜分了。当华为想走出国门去发展时，对发达国家的市场想都不用想，只能到巨头们看不上的偏僻贫穷国家去发展地盘。在这方面，任正非运用的正是"农村包围城市"的理论，"让开城市，占领农村"；等到慢慢地积蓄起了力量，才反过头来向欧洲、日本、美国等市场进军。

再如，在技术研发上，他严格执行"集中优势兵力打歼灭战"的原则。任正非认为："在成功的关键因素和选定的战略生长点上，要以超过主要竞争对手的强度配置资源。要么不做；要做，就集中人力、物力和财力，实现重点突破。"华为集中优势兵力一个难关一个难关地攻克，一个阵地一个阵地地占领，从程控交换机起家，到接入网络SDH设备系统，到智能网络设备系统，到智能手机，到芯片，到5G网络设备，到华为云……每确定一个主攻方向，任正非就要求公司集中优势兵力，对着"城墙口"冲锋，公司几十人时这样做，几万人、十几万人时也这样做。最终华为在大数据传送上领先了世界，在5G技术上攻占了世界最高点。

三是以建立完善制度打造世界一流企业。

随着华为公司队伍日益庞大、组织架构日益复杂，任正非感觉需要建立现代企业制度，靠制度管人。1996年华为委托中国人民大学的几位教授，用两年时间制定了《华为基本法》。1998年8月华为又花费40亿元巨资，邀请IBM公司为华为设立集成供应链管理制度。凭着《华为基本法》和国际化的现代企业制度，华为革自己的命，进行了痛苦的转型，最后成功了，打造出了世界一流的现代化企业。任正非自己评价说："如果没有《华为基本法》，华为会崩溃；如果没有 IBM，就没有华为的国际化。"

2001 年时，任正非写了一篇著名文章《华为的冬天》。任正非对员工们发出警告："十年来我天天思考的都是失败，对成功视而不见，也没有什么荣誉感、自豪感，都是危机感。也许是这样才存活了十年……"正因为任正非始终具有强烈的"居安思危"的思想，让华为一次次越过风浪、转危为安。2017年美国对中国发起贸易战，将霸权大棒狠狠地砸向华为；2018 年甚至捏造事实扣押了孟晚舟。华为在中国政府和全国人民的支持下，并没有倒下，反而越战越勇。华为已是跻身世界 500 强的国际化大型企业集团；华为的产品和解决方案已经应用于全球 170 多个国家、覆盖全球 1/3 的人口。其三大业务板块皆已位列世界前三：运营商网络业务，华为世界第一；企业解决方案业务，华为世界第二（仅次于美国思科）；消费者终端业务，华为成为世界第三（排一、二位的是韩国三星和美国苹果）。

华为已经成为全球著名的品牌企业。2022 年 2 月，英国品牌评估机构"品牌金融"（Brand Finance）发布"2022 年全球科技品牌价值 100 强"（TECHNOLOGY 100·2022）榜单。共有 26 个中国品牌入选百强，其中华为和微信两大品牌进入前十强。华为品牌价值 712.33 亿美元，微信（WeChat）品牌价值 623.03 亿美元。进入十强品牌的另外两家中国企业是 TikTok（抖音）和淘宝。

置之死地而后生的中兴

中兴通讯公司成立的时间是 1985 年，比华为还要早两年。华为一成立就是民科企业，而中兴通讯是国有与民营合作的科技企业。

故事要从侯为贵说起。侯为贵（1941—），陕西西安市人。他是新中国培养的第一批工程师，曾获"中国信息产业十大年度经济人物""中国十大科技领袖"等荣誉。2010 年侯为贵当选"深圳经济特区 30 年 30 位杰出创新人物"。

侯为贵最早的工作单位是航天部西安 691 厂。1985 年 2 月深圳出现"内联"热潮时，工厂派他到深圳创办了与港资合资的中兴半导体公司，他任公司总经理。1986 年公司辛苦一年赚了 35 万元，人均创收还不如一个修鞋匠。侯为贵感觉这样下去不是办法，他看出来电话通信市场正在高速膨胀的趋势，于是组织员工悄悄研制出第一款 ZX—60 模拟空分用户小型交换机，两年后又研制出具有自主产权的国产化第一台数字程控交换机 ZX500，从此走上了自主研发的道路。1992 年中兴的销售额首次达到亿元。

侯为贵没有想到，人可以共患难，却难以同享福。在"股东多分红，还是为技术研发多投入"问题上出现了严重分歧，股东之间闹得不可开交。这种情况下，1992 年公司的几个骨干自己投资成立了一家名叫"维先通"的民科企业。后来港方企业破产正式退出，691 厂、深圳广宇工业公司与维先通公司进行重组，创建了深圳市中兴新通讯设备有限公司。吸取以前股东之间闹别扭、严重影响企业生产经营的教训，合资公司经过争论实行了两个重要原则：一是实行一种"国有控股，授权（民营）经营"的模式。公司的人财物全部授权交给经营方，实现权力的一元化集中，避免多头指挥的种种弊病。但是授权经营实际上并不能保证公司经营一定能够赢利，如果出现经营不善的问题怎么办呢？于是制定了原则之二：由股东会议确定每年增长的幅度，由经营方负责实现经营目标。如果经营利润超过了目标，超出部分的利润进行分成，管理层可以多分一点；如果达不到目标，管理层就少分一点；如果出现亏损，将经营方的股份抵押给其他国有股东。

从后来中兴发展的实践结果看，这种"国有控股、授权经营"的经营机制真的了不起，既避免了国有企业普遍创业积极性不足的缺点，也改变了多数民营企业喜欢赚快钱、战略眼光短视的弊病。从此，中兴通讯进入了发展快车道。

从技术创新角度看，中兴通讯一直在技术研发方面大手笔投资，长期坚持将收入的 10% 投入研发；技术攻关的方向决策也比较准确。在 21 世纪初的前 10 年里，中兴通信连续踩准了小灵通、2G 手机的 CDMA 制式、3G 手机（WCDMA、CDMA2000、DT—CDMA 等 3 种制式齐头并进）等几个重要的市场热点，让中兴迅速成长成为世界级的大公司。侯为贵在谈论中兴对市场热点踩得比较准一事时说："2001 年全球电信业面临前所未有的低谷，任正非的华为卖掉了华为电器公司才拿到了过冬的棉袄；而中兴通讯靠小灵通技术度过了低谷期……"口气中多少有点得意。

中兴通讯技术发展的一个重要节点，是第三代移动通讯技术的数字集群通信系统。中兴提出了自己的技术规范，拥有 GOTA 领域核心专利技术超过

70项。GOTA技术的攻克，标志着中兴与国外厂商的竞争，已从产品层面上升到标准层面。

可以对中兴通讯几十年里不断进步的技术研发步伐做一个概括：2G时代，研发出第一台国产数字程控交换机；3G时代，推出国产万门程控交换机自研芯片；4G时代，首推SDR软基站xPON规模商用；5G时代，率先规模商用M—MIMO，首推5G Flexhaul，5G基站、光接入、5G核心网全球前二。⑨

如今的中兴为全球180多个国家和地区的顶级运营商提供创新技术与产品解决方案，通过全系列的无线、有线、业务、终端产品和专业通信服务，满足全球不同运营商的差异化需求。

美国对中国高端技术企业的打击早有预谋，而攻击点是从中兴通讯开始的。2018年4月，美国以中兴违反了美国限制向伊朗出售美国技术的制裁条款为理由，对中兴实行"封杀"的严厉制裁措施。笔者记得当时在网络上看到的一幅照片：侯为贵老先生拉着一个手提箱在机场走路的背影。中兴遭遇灭顶之灾，照片上的他亲自去美国处理制裁事件。美国以自己的国内法实行"长臂管理"，对中国的顶级企业进行封杀，让已经退休、年高76岁的老人不得不亲自出面，让人感觉特别心酸。这一仗美国大获全胜，以至于让他们自鸣得意认为中国好欺负；于是不久后又对华为下毒手，没想到这次踢到了铁板、踢伤了自己的脚骨。中兴的遭遇让华为开始对美国保持警惕。

为解除制裁，中兴向美国缴纳了10亿美元的罚金，还要加上数亿美元的保证金、和解金等。巨额赔偿让中兴付出了惨重代价。那段时间里，许多国人担心中兴通讯恐怕大厦将倾、在劫难逃。据传中兴的一些业务骨干人心浮动、打算另找工作，投奔华为是一个合理选择。据说任正非听到消息后下令说，严禁对中兴落井下石，不许挖中兴的人。这是对自己最强竞争对手的最大尊敬和支持了。古人有言，惺惺惜惺惺，好汉识好汉。在大是大非面前，民族企业兄弟阋于墙而外御其侮，此为大义。

与人们的担忧不同，一年后卧薪尝胆的中兴就有了出色的表现。公司长期以来对5G技术投入巨额研发资金的做法见效，在5G市场上开始有重大突破。在全球5G专利企业排名中，中兴超过了三星、高通，成为仅次于华为的第二名；在全球5G市场领域中，中兴拿下的5G订单超过25个。2020年《财富》中国500强排行榜中，中兴通讯名列第112位。

通信产业成为深圳的突破口

早期来到深圳的人，一定对"装电话难"记忆犹新。20 世纪 80 年代初期，想要安装一部电话需要排队、选号，安装价格高昂。后来第一代移动电话刚出现时，砖头一样的蜂窝电话"大哥大"价值高达 3 万元一部，而且没有关系买不到。

深圳"打电话难"的问题是在梁湘主政时期解决的。1983 年梁湘率团考察新加坡，对其发达方便的电话通信状况留下了深刻印象。一回到深圳，梁湘就提出要大力发展特区的电讯事业。他说："特区面对瞬息万变的国际市场，发展电讯事业，是完善特区投资环境的一个重要条件。客商来到深圳，早晨起来第一件事情就是打电话问经济行情。电话拨不出去，等于与世界隔绝！"梁湘极力主张深圳同英国大东电报局合作。经过一番努力，1983 年 11 月深圳与英国大东电报局签订了合作合同。1984 年冬深圳市电信大厦落成，引进了6000 门的瑞典程控电话交换机，使深圳成为全国第二个开通程控电话的城市。12 月 10 日，梁湘在自己的办公室直接拨电话给新华社香港分社社长，标志着深圳与国际电讯网络正式接通。到 1985 年初，深圳特区的自动电话已经发展到 3 万多台，平均两户人家就有一台电话⑩。

我家里的第一部电话就是这一年安装的，记得安装价格是 2400 元。我当时的月工资才是几百元，安装一部电话花掉了好几个月的工资。但自己不但没有嫌贵，反而极度兴奋。可见一个人是多么渴望与外界联系方便，而通讯十分便利对一个地区的对外开放又是多么的重要。

装电话难现象的背后，缘于我国电信通讯事业的落后。当时中国的通信设备严重依赖进口，数家外国电信公司对我国供应通信设备。当时世界最强的通信巨头属于 7 个国家：美国 AT&T、加拿大北电、瑞典爱立信、德国西门子、比利时贝尔、法国阿尔卡特，以及日本 NEC 和富士通。它们进入中国，提供8 种不同制式的通讯产品。这就是当时所说的"七国八制"。

洋人的企业虽然强大，但本国企业中的有志人士开始努力追赶。20 世纪90 年代，国内通信设备制造领域发展势头最好的企业有 4 家：巨龙通信、大唐电信、中兴通讯和华为，被简称为"巨大中华"。

进入 21 世纪，4 家企业的差距开始迅速拉大。2001 年，华为的销售收入

255 亿元，利润超过 20 亿元；中兴销售收入 93 亿元，利润 5.7 亿元；大唐销售收入 20.5 亿元，利润 3600 万元；巨龙的销售收入仅有几亿元。为此，2002 年 5 月《人民日报》刊载《"巨大中华"今日为何差距这么大》一文分析其中的原因。时至今日，国际 9 家通信巨头（除了前面说的 8 家，再加上芬兰的诺基亚）、国内的 4 家，经过市场竞争、大浪淘沙，全世界排名前 4 位的名单已经变成华为、中兴、爱立信和诺基亚。

回顾这段历史可以帮助我们思考一个问题：为什么改革开放以来，中国的通信产业发展得这么快、这么好？在笔者看来原因如下：

一是对外开放才能培养出优秀企业。中国对通信业开放得早，所以当时出现了"七国八制"抢占中国市场的局面。大规模的开放造成了激烈竞争，逼得中国企业必须面对竞争挑战，结果反而比较快地成长壮大起来。国内汽车行业的发展可能算是一个相反的例子。我国对汽车行业的保护一直比较严格，结果反而很难见到能够与欧美日相匹敌的国产高档汽车。是不是由于过度的保护措施，反而造成了国产汽车工业只想吃舒服饭、不愿意拼死竞争的局面，结果拖慢了国产汽车发展的步伐？俗话说，花盆内长不出万年松，庭院里练不出千里马。过分的保护只能让自己变得羸弱、反而落后；要想茁壮成长，必须敢于经风雨见世面，釜底抽薪逼着国有企业迎接挑战。敢下海冲浪，才有利于培养优秀的弄潮儿；敢上山打虎，才能显出武松英雄气。这就是事物发展的辩证法则。

二是深圳创业热土有利于企业成长。华为和中兴不但在"巨大中华"4 家民族企业中脱颖而出，而且超越国外通信巨头成为全球数一数二的通信企业，这与深圳优良的投资环境有关。深圳投资环境好的根本原因是实行了市场经济体制。深圳不仅是市场经济发源地，也是全国范围内市场经济条件最好的城市，于是深圳成为民营科技企业创业成长的沃土。笔者在研究华为资料时，深深感觉到华为创业初期只有在深圳才能发展得好，改换另外任何一个地方可能都不行。比如说，没有任正非所说的"红头文件"（18 号文），华为公司不可能注册成立（不知道其他城市有没有发过类似的文件？就算有，时间可能会晚得多，早就失去了通信行业创业的最佳时机）；深圳毗邻香港，信息灵通，做生意方便。如果没有地利条件，也很难想象华为能够在创业初期生存立足和发展壮大。

　　三是深圳领导真心实意支持企业发展。深圳市委市政府对自己在市场经济条件下，应该扮演什么样的角色把握得很好。这个问题后面会专题讨论，在这里就华为和中兴的发展举一两个例子。中兴是上市企业，早在1997年公司就拿到了上市指标。当时中国证券股票市场开放不久，国家对企业上市控制得很严，申请到上市指标不是一件容易的事儿。那一年深圳仅有的两个指标，一个分给了盐田港，另一个就分给了中兴。侯为贵为此评价说："深圳真是少有的良好发展环境。"上市为中兴后来的发展插上了起飞的翅膀，让中兴在初期发展中路子走得比华为公司顺利很多。

　　再说华为一个例子。为写这本书最近笔者采访了厉有为书记，他讲了1994年发生的一件事。华为当年生产出了 C & C08 机，因为性能好、价格低、性价比高，在国内市场比较畅销，但也影响到了邮电部部属厂家的利益。厂家找领导做工作，促使邮电部下发了一个禁止购买华为设备的文件。这个文件威胁到了华为的生存。有为书记为此亲自去找邮电部部长反映情况，请部领导主持公道。部长苦笑着说："实在没有办法啊，请书记理解。市场有限，部属自己的企业都吃不饱，你说我是保民营企业，还是保部属的国有企业呢？"

　　正好这个时候，时任国务院副总理兼中国人民银行行长的朱镕基同志来深圳考察工作。安排行程时，有为书记建议领导去华为公司参观一下。开始副总理不想去，说你们深圳能有什么高新技术企业好看。后来经过做工作，副总理还是去了南头的华为工厂参观。副总理看着展厅里摆着琳琅满目的产品，听着任正非汇报情况，又详细了解了产品的技术性能后非常高兴。趁着副总理高兴，有为书记请副总理对公司干部讲几句话。朱副总理当场鼓励说：真没有想到深圳还有你们这种水平的高新技术企业。只要华为的产品能够达到上海贝尔公司的产品标准，我们就予以贷款支持，市场向你们敞开！现场华为的职工们高兴地跳起来、拼命鼓掌，任正非鼓掌手都拍红了。

　　深圳是创业的热土，这绝非一句虚言。

深圳混合经济结构有优势

　　我们在前几章陆续介绍了深圳央企、国企、民企和外资企业的一些情况。在深圳这块热土上，各种所有制的企业英雄齐聚，各显身手，从一开始就呈现出一种混合经济的模式。这种状况让深圳经济特区一成立就呈现出一种激烈竞争的局面，这种情况虽然让长期在计划经济条件下工作生活的人感觉有些不习惯，但对深圳的发展却十分有利。竞争的局面，既形成了百家竞争的良好态势，也为建立市场经济体制摸索了经验，深圳因此成为中国特色社会主义市场经济的试验地。

中国究竟形成什么样的一种经济状态，对社会经济发展最有利呢？实行"一大二公"的纯国有制经济，容易陷入吃大锅饭的平均主义，让经济发展失去活力；实行私有制为主的经济形态，可能会让中国走上私有资本膨胀、少数人发财、多数人贫困的邪路。从深圳的经验看，形成混合经济的态势最为有利，既能让使经济充满发展的活力，又可以避免以私有经济为主的弊病。

深圳的混合经济形态其实算不上是全新的事物，只是古老中国经济形态的一种新表现。实际上，中国古代几千年里走的就是一种混合经济的路子，从而保证了中国在古代历史上长期是世界上经济发展最好的国家。在人类文明发展史上，中国农业一直成为全球经济发展的领先者这一事实就能证明这一点。

香港中文大学（深圳）教授郑永年对此问题有比较深入的研究。他认为，中国形成了"三层市场"的混合经济体，这种形态至少从汉朝就开始有了。所谓"三层市场"，顶层是国有资本，底层的是庞大的以中小企业为主体的民营资本，中间层是国有资本与民营资本的互动层。近代以来，人们把国有资本称为官办，把中间层称为官督商办，把底层称为商办。他认为，深圳、珠三角、浙江都是三层资本比较均衡的状态，经济发展状况就好⑪。

笔者认为郑永年教授的论点有道理，深圳的发展实践证明，混合制经济状态最有生命力。在这个背景下研究深圳的经验，就能感觉到李灏书记在建立和发展混合制经济方面作出了重要贡献。其贡献至少有两点：

一是对国有企业，通过建立国有企业管理制度、成立投资管理公司，摆脱了国有企业责任不清、发展无序的混乱状态，从而让国有企业走上了健康发展的道路。国有企业做大做强后，有能力承担起供电、饮水、燃气等关系到国计民生行业发展管理的责任，也有能力在市场波动时平抑市场价格，成为保证市场稳定的关键因素。

二是对民营企业，通过颁布《关于鼓励科技人员兴办民间科技企业的暂行规定》（18号文），让民科企业蓬勃发展。民营科技企业具有自主创新精神强、效率高、发展快等特点，撑起了深圳经济社会发展的大半边天，为深圳在短短几十年时间里成长成为全国经济实力最强的一线城市立下了汗马功劳。

① 深圳市政协文史和学习委员会编：《深圳·一个城市的奇迹》，中国文史出版社 2008 年版，第 257 页。

② 深圳市政协文史和学习委员会编：《深圳·一个城市的奇迹》，中国文史出版社 2008 年版，第 258 页。

③ 深圳市政协文史和学习委员会编：《深圳·一个城市的奇迹》，中国文史出版社 2008 年版，第 263 页。

④ 深圳市政协文史和学习委员会编：《深圳·一个城市的奇迹》，中国文史出版社 2008 年版，第 266 页。

⑤ 深圳市政协文史和学习委员会编：《深圳·一个城市的奇迹》，中国文史出版社 2008 年版，第 259 页。

⑥ 钱汉江：《深圳电子三十年（1980—2010）》，深圳报业集团出版社 2017 年版，第 68 页。

⑦ 段亚兵：《创造中国第一的深圳人》，人民出版社 2010 年版，第 141 页。

⑧ 陈启文：《为什么是深圳》，海天出版社 2020 年版，第 115 页。

⑨ 吴德群：《一个更好的中兴回来了》，《深圳商报》2022 年 6 月 23 日。

⑩ 朱崇山、陈荣光：《深圳市长梁湘》，花城出版社 2011 年版，第 85 页。

⑪ 2021 年 4 月 26 日下午，香港中文大学（深圳）全球与当代中国高等研究院院长郑永年在华南理工大学"党史学习教育"系列专题报告会上，作"中国共产党与中国现代化"专题报告。

第四章　转型升级

确定以高新技术为先导的发展战略

1990 年 12 月 15 日深圳召开首届党代会，12 月 22 日召开首届人代会，12 月 21 日召开首届政协会。这三个会议是在深圳进入第二个十年时召开的，对深圳的发展具有十分重要的意义。

党代会上，李灏代表市委提出了深圳发展的奋斗目标：努力探索有中国特色社会主义路子，当好改革开放的排头兵，把深圳建设成为以工业为主，第三产业比较发达、农业现代化水平比较高、科学技术比较先进的综合性经济特区和外向型、多功能的国际性城市，成为经济繁荣、社会全面进步的社会主义窗口。这就为深圳第二个十年明确了发展方向。

深圳考虑对高新技术产业结构进行调整的时间还要早一些。1986 年 11 月市政府颁布了《关于加强科技工作的决定》。1988 年市政府制定了《深圳经济特区加快新技术及其产业发展暂行规定》，确定了以市场为导向发展高新技术产业的基本思路。1990 年深圳又制定了《深圳市科学技术发展规划（1990—2000）》（249 号文件），明确提出深圳科技发展的战略目标：以发展先进适用技术为重点，以开发高新技术产品为龙头，推动现有产业结构、产品结构调整与技术升级，促进以工业为主导的外向型经济发展与腾飞；提出了把深圳市建设成为"中国南方高新技术产品开发和生产的重要基地之一"的目标。1993 年市政府制定了《深圳市高新技术产业十年规划和"八五"计划纲要》。

首届人代会上，正式上任深圳市委副书记厉有为以筹备组组长的身份，向代表们作深圳首届人代会筹备工作报告。厉有为（1938—），辽宁新民人。1989 年 6 月任湖北省副省长。1990 年 12 月调任深圳市委副书记、市人大常委会主任，1992 年 11 月任市长，1993 年 4 月任市委书记兼市长。

厉有为来深圳承担的第一项工作任务就是成立人大，争取深圳拥有地方立法权。对这项任务，其实前一届的市领导已经开始考虑如何解决。厉有为回忆说："我来深圳之前，李灏曾向中央申请过经济特区的立法权……"

深圳为什么需要有立法权？一方面因为深圳是中国特色社会主义市场经济的试验田，而市场经济就是法治经济。没有法律保障，投资者不敢进入市场；市场经济的正常秩序也难以保证。另一方面深圳是改革开放的窗口，需要在制度改革方面为全国摸索路子，而改革实践中出现的好做法，则需要以法律形式固定下来。由于这两条理由，深圳需要法律保障。但国家不可能单独为深圳立法，这就需要深圳自己立法，从而把改革的主张、政策上升到法律的高度，从而保障各项改革措施和市场经济规则能够在经济特区内顺利推行；试验成功、取得经验后再向全国推开。

当时的深圳需要立法权，却连人大立法机构都没有。所以深圳马上开始筹备建立人大、成立立法机关。厉有为到深圳任人大常委会主任，争取立法权当然就是自己的首要任务。那几年每位中央领导来深圳，厉有为都要汇报有关工作，一遍又一遍地解释深圳为什么需要有立法权。上级领导对此倒是态度积极，尤其是时任全国人大常委会委员长的万里同志更是给予了大力支持。

1992 年 6 月，授予深圳立法权的事项提到了全国人大常委会七届第二十六次会议议事日程上，厉有为接到通知列席此次会议。他到会上一摸底，发现形势对深圳非常不利。上海是赞成授予深圳立法权的，因为浦东新区已开始开发，也需要法治做保障。但没有想到的是广东省人大领导却对授予深圳立法权持反对意见。代表广东省人大参加会议的是省人大一位副主任，他主动给有为主任看了一份发言稿，说是准备在会上发言。发言稿的中心意思是反对授予深圳立法权，理由有 6 条，最要害的一条是认为授予深圳立法权违宪。

有为感觉事态严重，就向人大秘书长曹志同志汇报此情况。曹志同志听后不敢耽误，立即向万里委员长进行了汇报。万里委员长找到有为了解情况后，明确表态支持深圳，决定让有为在第二天会上发言 10 分钟申述深圳的理由。对于"违宪不违宪"的问题，万里让曹志秘书长马上找法律专家研究提出意见，如果真的"违宪"，恐怕也不行。有为主任的心提到了嗓子眼上。经过法律专家研究，认为授予深圳经济特区立法权并不"违宪"。

第二天大会讨论后，代表们通过计票器按键表决，结果该议题顺利通过，有几票弃权、但没有反对票。这件事上，全国人大常委会给了深圳极大的支持。从后来的实践看，立法权对深圳真的非常重要。如果没有立法权，深圳改革过程中遇到的许多障碍难以排除，深圳想要真正建立社会主义市场经济体制是不可能做到的①。

发展高新技术产业的计划遇到了阻力

1995 年深圳召开了第二次党代会。此时厉有为已任深圳市委书记，他在会上作了"二次创业"的报告，强调二次创业要调整产业结构，以高新技术产业为先导，高速推进经济发展的思路。有为开始大刀阔斧地推进工作，令他没有想到的是遇到了极大的阻力。

当时深圳的"三来一补"企业数量仍然很多，是当时各村集体收入的主要来源，村民们依靠这些企业致富。"三来一补"企业虽然在深圳初期发展中有贡献，但是对深圳未来的发展却很不利。市领导提出要求：虽然深圳初期引进"三来一补"是由当时的建设水平决定的，但是"三来一补"属于低端的夕阳产业，又对环境造成了污染。如果这个问题不解决，会影响到深圳的可持续发展。因此，摆在"三来一补"企业面前只有两条路：或者升级改造，或者迁移，否则只能淘汰。这样一来就触动了各村的利益，村民不愿意了。一些村主任联名写信向省委、省政府和其他机关告状说，厉有为主张产业结构调整、淘汰落后企业的做法，是公然侵犯村民的利益，是破坏安定团结，是与广大人民群众唱对台戏，要把他赶走。

由于这些行动开始是在基层下面悄悄进行的，一段时间里厉有为并没有感觉到有什么异样。直到有一次全省政法会议点名批评深圳，才发现了事情不大对头的苗头。在这次全省政法会议上，时任省委副书记兼政法书记的一个领导，强调维稳是大局。公开点名批评深圳市的领导，指责深圳的做法侵犯了村民利益，破坏了安定团结，造成社会不稳定的严重后果。

深圳参加会议的代表回来后，向有为书记汇报了会上深圳受批评的情况。后来又听说省政法委的这位领导甚至找省委书记谢非，建议按照"民意"要求，撤销厉有为书记的职务。

　　一段时间后广东省召开省委常委会，厉有为书记作为省委常委参加会议。来到会场见到谢非书记，他对有为说："你那里闹地震了！"有为一时错误领会了谢非书记话语的意思，发懵地回答说："我来的时候深圳没有发生点地震啊……"谢非呵呵一笑说："这个'地震'是人家要赶你走！你们村主任联名写的告状信连我都收到了。"有为这才听明白了，赶紧问道："他们告我什么呀？"谢非回答说："说你把'三来一补'企业都要撵走，侵犯了村民利益。反映很强烈啊！"有为就乘此机会，向谢非汇报了市委关于调整产业结构的决定，强调补充说："不淘汰落后和低端企业，不但深圳不可持续发展，而且环境也承受不了。"听完汇报谢非没有表态，既没有说市委的决定不对，也没有说村主任们的告状信不对。他想一想说："这样吧，我派人去深圳调查一下。"

　　谢非书记派遣时任省委政研室主任的钟阳胜带队到深圳调研。经全面调研后，省政研室上报省委的报告中，表示完全赞成深圳调整产业结构的做法。看完报告，谢非找来有为问："钟阳胜怎么跟你们是一个调子，你是不是做了什么工作啊？"有为笑着说："他是省委的政策研究室主任，对省委负责，怎么会乱写呢？"谢非还是有点不放心，想要亲自到深圳看一看。接下来，谢非书记在有为的陪同下在深圳调研两天，看了一些"三来一补"企业，也看了高新技术企业。调研后谢非书记很高兴，他对有为说："我现在完全赞成你们的观点。"

　　由于谢非书记的积极态度，不但告状信的事就此画上了句号，而且他决定要在深圳召开全省发展高新技术产业现场经验交流会，推广深圳产业结构调整的经验。1993年6月，省委在深圳银湖召开"珠江三角洲地区发展高新技术产业座谈会"，朱森林省长等全体省委领导以及全省地市级负责人出席了会议。谢非书记在会上作重要讲话。

　　研究深圳科技发展史的许多学者认为，这次座谈会的召开，标志着深圳转型升级的决定得到了省委的支持，由此推动了深圳高新技术产业的迅速发展。这对深圳产业的转型升级，乃至珠三角科技产业发展是一个里程碑式的事件。

　　在笔者采访中，厉有为在说起这件事时评价说，谢非书记确实是一位有原则、有水平的领导干部。在那么多人告状的情况下，谢非并不受舆论的影响，不但派人认真调查、实事求是地作出判断，而且对深圳的转型升级决定给予了宝贵的支持。"如果不是这样的话，那一次我可能要换个位子了。我能不能继续当书记是小事，深圳的转型升级能不能实现，高新技术产业能不能发展才是大事情。这关系到深圳能不能可持续发展啊……"有为话锋一转开始反省自己："回过头来看,村民们的告状也不是完全没有道理。深圳转型产业没有错,但是对村民的工作做得不够细,也确实影响到了村民的利益。"

笔者认为有为书记的态度十分客观。这件事算得上是深圳改革过程中出现的一场政治旋涡。出现不满情绪不能完全怪罪村民,他们囿于眼界看不远,舍不得坛坛罐罐被打破;而有为书记犯了众怒,冒了一次丢掉乌纱帽的风险。可贵的是他并不畏惧,一方面因为他站得高、看得远,对深圳的可持续发展有长远的眼光、理性的思考;另一方面他做调整产业结构的决定,出于大局,没有私心,算得上是一位敢于担当的改革者。虽然中国历史上改革者总是容易吃亏,但正是由于改革者的前赴后继,才让中华民族前进的步伐一直没有停止。

深圳大力发展高新技术产业,给深圳的工业经济发展注入了强劲的动力,迎来了后来的出乎意料的良好局面。深圳市民,包括村民都是获益者。若干年后,有为书记又去了当时反对声最强的一个村,这次受到了村民们的热情欢迎。他问村干部,村民们的情况怎么样?村主任不好意思地笑笑说:"我们当年是近视眼,看得近;现在我们的生活状况是八个字:坐以待毙,度日如年。"有为一下子没有听明白:"村民们现在不是富裕了吗,生活还有困难啊?"村主任急忙解释说:"不是'待毙'是'待币',客户天天都往我们的账号里打钱,村民们每天日子过得像过年一样。"两人对视,哈哈一笑。

厉有为书记为深圳的改革呕心沥血,负重前行。他退休后写了一首名为《血路》的七言诗,读起来感觉到一种气势雄浑、斗志正酣的忧国忧民情怀,准确地反映出了他当时的心境:

> 风口浪尖弄潮头,改革必伴热血流。
>
> 血路杀得伤遍体,夕阳染红孺子牛。

科技创新之逻辑

现在我们可以对早期深圳科技创新的发展做一个小结。

首先,建立社会主义市场经济体制。

深圳提出"按照国际惯例打篮球""按照国际规则办事",也就是尝试着按照市场经济的办法办特区。深圳经济特区一开始就注意建立社会主义市场经济体制，有内外两方面的原因。从外因说，中央开办经济特区是打算在全国计划经济体制外另外开辟一个战场，要求深圳要敢闯，要杀开一条血路；国家没有把经济特区纳入国家的计划经济体系之内，深圳享受不到计划经济供应的渠道，逼得深圳必须另想办法。从内因说，中央赋予深圳"对外开放的窗口"的使命，要求做到"四个外向"。这个定位决定深圳不应该向内地计划经济的体系靠拢，而应该设法与国际市场接轨。既然是这样，就必须学习人家的打篮球方法和办事规则，实行社会主义市场经济体制。对这一点，深圳的各届领导从一开始都是明确的。

其次，健全法治。

计划经济与市场经济的区别，一个是人治，一个是法治。市场经济就是法治经济。因此深圳经济特区一开始就努力建立在法治的坚实基础上。先是经过吴南生书记的努力，在叶剑英委员长的支持下，在国家最高层面为经济特区立法，保证了深圳事业的长久发展。后来经过李灏、厉有为等领导的努力，在万里委员长的支持下，深圳争取到了地方立法权。这进一步为深圳建立社会主义市场经济体制提供了法律手段，为深圳巩固各项改革成果提供了法律保证。

再次，10年后转型升级。

这也有内外两方面的原因。从内因说，深圳城市容量有限，只能不断地淘汰落后的产能和企业，为高新技术企业的发展腾出地方；也要不断地淘汰污染严重的企业，让深圳拥有"天更蓝、地更绿、水更清"的环境，走可持续发展的路子。从外因说，国外的科技创新发展速度加快，相应地已经落后的技术需要不断地转移和扩散。这些让深圳有了引进西方技术的机会和条件，深圳就可以不断地积极引进新技术，不断地追踪世界技术产业发展的动向。这种状况让深圳既有不断转型升级的条件，也有不得不转型升级的紧迫感。

深圳发展十年之际转型升级的决策，就是在这种情况下做出的；选择高新技术为深圳工业发展的主导，就是深圳转型升级的产业发展逻辑。如今回过头来看，深圳的转型升级过程好像是自然而然发生的，而实际上，深圳的每一项改革、每一步发展，都是克服种种困难才实现的，是穿越惊涛骇浪才取得的，成功得来并不容易。可以说，深圳的领导们每走一步都是如临深渊、如履薄冰，大胆决策、谨慎行动，坚持不懈、久久为功，稳扎稳打、步步推进，才取得了后来的辉煌成绩。

市政府鼓励高新技术发展的文件

具体到发展高新技术的实际做法而言，在市委决定了转型升级的大方针后，市人大、市政府制定了一系列的配套措施，对高新技术产业发展产生了长远影响。梳理一下重要的决策有以下一些：

《1990—2000年深圳科学技术发展规划》（1990年），《深圳经济特区关于加快高新技术技术及其产业发展暂行规定》（1991年制定、1993年修订），《深圳市认定高新技术企业试行办法》（1992年），《深圳经济特区无形资产评估管理办法》（1992年），《深圳经济特区无形资产评估管理办法》（1992年），《深圳经济特区民办科技企业管理规定》（1993年），《深圳市高新技术企业认定暂行办法》（1994年），《深圳市高新技术产业"三个一批"战略》（1994年），《深圳经济特区企业技术秘密保护条例》（1995年）。

其中有几个文件特别重要，值得解读一下。

一是1991年深圳市政府成立了"发展高新技术及其产业领导小组"，并且在市政府公布的《关于加快高新技术及其产业发展暂行规定》中加以确认，以法规的形式规定了该机构的地位及职责。这样全市就有了一个正式的机构，负责协调和推进高新技术产业化工作。

二是《深圳市认定高新技术企业试行办法》（1992年）和《深圳市高新技术企业认定暂行办法》（1994年），这两个文件有先后继承关系。第一个文件规定了高新技术企业的认定标准，其标准高于国家标准；对深圳的企业不分经济性质、不分隶属关系一视同仁；实行动态管理，对高新技术企业两年复查一次，达不到标准的取消称号。第二个文件将高新技术企业又具体细分为开发型、生产型和应用型，并制定了不同的考核标准。这两个文件的制定，标志着深圳高新技术企业的认定和管理制度化、规范化。

根据标准，首批认定的高新技术企业，分为国家高新技术产业开发区高新技术企业和市高新技术企业两类。前者包括深圳金科特种材料有限公司、深明技术有限公司等17家；后者包括深圳开发科技公司、华为技术公司、海王药业公司等13家。

这算得上是深圳用市场经济办法实行管理的一个事例。对高新技术企业的认定，如果按照老办法，由有关部门的检查人员凭着自己的看法感觉进行认定，这是人治的办法；而深圳通过制定标准进行衡量，用数据说话，则是法治的办法。深圳的做法杜绝了人情的猫腻和腐败的漏洞，让企业真正处在一个公平竞争的环境中。这样一来就让企业明白了：自己算不算高新区技术企业，不用靠拉关系，不是由别人认定，而完全靠自己的努力，应该将功夫下在企业本身的研发工作上。

三是《深圳经济特区无形资产评估管理办法》（1992年）。无形资产是一个与市场经济紧密联系的概念。对无形资产的理解有广义、狭义之分。广义的无形资产包括金融资产、股权投资、专利权、商标权等，狭义的理解专指专利权、商标权等。过去国人的观念中，缺失对知识、技术专利等"无形资产"的概念。这种状况显然不符合市场经济的要求。

评估管理办法正式承认技术知识是"无形资产"，有其相应的市场价值。对国人来说，这是观念上的第一次重大突破。深圳在一些文件中规定，民间科技人员可以以自己的知识、技术专利和工艺诀窍等作为资产入股企业。而这样做，就又附带产生了对无形资产的市场价值，由谁来认证、如何准确认证等问题。正确的做法，不能由科技人员说自己的技术知识值多少钱，而应该由第三方认定。

为落实文件的各项政策规定，1993年深圳陆续成立了技术市场促进中心、无形资产评估事务所等。这些机构分别承担了技术市场管理及服务，无形资产的评估、咨询、科研和培训工作等。其中，无形资产评估事务所的创办，被我国科技界誉为"是这一领域的超前探索"。因为有了这个第三方机构，就使深圳在企业股份制改造、外商的无形资产入股和转让、国内的技术贸易、国外技术引进、企业变更破产清算和相关的司法保护实践中，遇到的大量无形资产评估问题迎刃而解。

四是《深圳市高新技术产业"三个一批"战略》。该文件确定将电子信息、生物工程、新材料确立为高新技术的三大支柱产业；认定了26家高新技术重点企业和19个创名牌产品；规定在资源配置、人才引进、政策扶持等方面，对纳入"三个一批"（形成一批支柱产业，创办一批大型企业集团，创造一批名优产品）计划的企业和产品实行倾斜帮扶。这个文件不但为深圳高新技术企业的发展提出了引导性的意见，而且政府拿出真金白银帮助企业，从而让深圳的高新技术企业发展步入了快车道。

1992 年小平同志南巡深圳后，全国掀起了新一轮的经济发展热潮。出于对中央改革开放路线方针充满了信心，加上深圳制定实行一系列旨在鼓励各种不同类型所有制企业在深圳公平竞争的政策，从而吸引了大量资金投入深圳。据调查，深圳 80% 以上的民科企业都有科技人员个人入股。科技人员技术入股机制的建立，稳定了企业的技术骨干和经营管理人员，人才流失明显减少，企业发展速度加快，效益显著提高。

深圳的高新技术产业开始强劲发展。国内外的资金开始大量投入深圳，深圳的高新技术产业开始出现爆发式增长的势头。就产业而论，比较突出的有计算机、手机、汽车、医疗设备以及网络等。下面从产业发展的角度讲述一些具体的例子。

深圳电脑业迎来黄金时代

1993 年是深圳计算机产业开始发力大发展的一年。因为这一年，深圳遇到了国家加快信息化建设工程的机遇。

为顺应世界信息化发展的趋势，党中央、国务院从 20 世纪 90 年代开始，相继启动了以金卡、金桥、金关、金税等为代表的重大信息化应用工程。"金桥工程"是国家公用经济信息网工程，通过大量的基础建设，形成从天空到海洋、从地面到地下的庞大细密网络，让每个人与国内，甚至国外紧密地联系在一起。"金卡工程"是电子货币工程，加速全国的金融电子化建设，建成实用的电子货币系统。"金关工程"是海关报关业务的电子化工程，通过建立公共数据中心，海关等各部门可以通过网络核查相关数据，企业可以上网办理各种通关手续，这是对海关管理的一种颠覆性革命。"金税工程"是全国税务管理、企业与个人报税的电子化。

这些信息工程的实现，将靠建设覆盖社会生活方方面面的网络系统，安装千千万万海量的计算机终端来支持，这将造成空前巨大的计算机市场需求。全国信息化工程的实施，将对计算机产业的发展产生难以想象的推动力。国内外的计算机生产销售商，从中看到了无限的商机。美国的电脑生产厂家开始对中国的市场产生出极大的兴趣。台湾电脑厂家捷足先登，到大陆投资设厂。精明的日本商人更是看得远，推测中国的信息工程至少需要 10 年才能完成，认为这是百年一遇的大商机。

正是在这一股国家工程强劲东风的推动下，深圳的计算机产业获得了超常规发展的机会，迅速形成了相当规模的产能。据 2018 年统计，深圳与计算机生产有关的企业达 1500 家以上，其中有 30 多家在海内外有一定的影响。深圳计算机产业的产品分类为微机、板卡、硬盘、打印机、显示器等硬件和各种计算机应用系统软件等。深圳成为中国大陆重要的计算机生产基地之一，注定要为国家信息工程项目建设作出重大贡献。

如果从深圳计算机厂家的投资来源看，大概可以分为本土企业、从北京等地来的内地企业和来自欧美国家的外资企业等三大类，他们共同组成了深圳计算机产业的强大阵营。例如，外资企业中有世界电脑巨头 IBM 公司，北京来的电脑公司有长城、联想等，本土的电脑公司有研祥、神舟等。下面分别讲述其中一些企业的创业发展故事。

全球电脑巨头 IBM 进入深圳

自 1993 年始，IBM 在深圳的投资超过 5 亿美元，建立了 5+2 的产业阵营（5家独资或合资企业，2 个中心）。其具体情况如下：

万国软件开发（深圳）公司（成立于 1991 年） 该公司是与深圳大学、香港东亚银行的合资企业，是深圳的第一批"国家级高新技术企业"和"双软企业"（软件企业和软件产品）。公司将英文操作系统转化为中文操作系统，让中国电脑用户受益。

长城国际信息产品（深圳）公司（成立于 1994 年） 该公司是与中国长城计算机集团公司合资的企业。国内与国际两大电脑剧照巨擘的联手，是全球计算机界的一件大事。该公司由 IBM 管理、经营，很像一支美国式的队伍。微机生产线上的设备由 IBM 的专家调试、确认；微机设计图纸由 IBM 公司提供；生产线上的员工虽然大部分在深圳招聘，但关键岗位上的员工都由 IBM 专家的严格培训。因此，该公司生产的微机质量与 IBM 的原装机相比毫不逊色。公司微机产品热销全球，2002 年该公司被评为中国出口百强企业第 8 名。

深圳长科国际电子有限公司（成立于 1995 年） 该公司是与中国长城计算机深圳公司、深圳开发科技股份公司合资的企业。产品电子板卡热销全球，销量连年翻番。1998 年获得中国海关 A 级企业称号。

深圳海量存储产品有限公司（成立于 1997 年） 该公司是与中国长城计算机深圳公司、深圳开发科技股份公司合资的公司。产品是硬盘驱动器中的关键部件——磁阻磁头，其密度为全球之冠。1999—2003 年每年都被评为中国进出口额最大的 500 家企业之一。

深圳国际商业机器技术产品有限公司（成立于 1999 年） 该公司是独资企业，产品也是磁阻磁头，被评为深圳高新技术企业。

中国采购中心（成立于 1996 年） 在中国采购电脑配件，有利于 IBM 公司大幅度降低生产成本，同时也有利于推动中国电脑产业的发展，算得上双赢政策。1998 年 IBM 在华的采购额达 10 亿美元，2001 年飙升为 32 亿美元。

中国全球服务执行中心（成立于 2005 年） 这是 IBM 全球第二大服务执行中心，业务规模仅次于印度。该服务中心为 IBM 的全球客户提供应用软件开发、管理服务等战略性外包服务业务。华为公司也是 IBM 的重要客户之一。

实事求是地说，IBM 与深圳的合作 1+1 > 2，取得了双赢的好效果。IBM 公司将其全球的制造生产、服务中心都放到了深圳，让深圳成为其重要的全球基地。反过来说，IBM 也成全了深圳，让深圳迅速变成了全球电脑制造的主角之一。

在这里想探讨一下，为什么 IBM 要将自己的生产基地放在深圳？IBM 的全名是 International Business Machines Corporation，翻译成中文是"国际商业机器公司"。总公司在美国纽约州阿蒙克市。公司创立于 1911 年，创立者名叫托马斯·沃森。IBM 是全球最大的信息技术和业务解决方案公司，业务遍及160 多个国家和地区。IBM 是计算机技术的鼻祖，是全球最大的计算机公司，早在 1984 年 IBM 公司的营业额就高达 260 亿美元。由于公司的商标 IBM 是蓝色的，所以也有"蓝色巨人"之称。"IBM 公司的历史就是世界计算机工业的发展史历史"，这一说法不算夸张之词。

俗话说，人无千般好，花无百日红。到了 20 世纪 90 年代，IBM 公司出现了连续多年的大亏损，累计亏损额达到 168 亿美元。其中 1993 年的亏损最为严重，高达 50 亿美元，创下美国企业史上第二高的亏损纪录。公司的经营状况惨不忍睹，其微型机被挤出国际前三名，大型计算机则大量积压。一个世界上最大、最老、最成功的电脑公司，面临着土崩瓦解的危险局面。

1993 年 4 月，美国最大的食品烟草公司的老板路易斯·郭士纳受命于危难之中，任 IBM 公司董事长兼总裁。他果断裁人 4.5 万，停止在美国本土的电脑生产业务，将所有的电脑生产线迁到美国之外的地区；同时，彻底摧毁旧的生产模式，由原来主要以生产计算机硬件为主，转向生产更为核心、更为复杂、利润更大的软件产品。为此他获得了"电子商务巨子"的美名。

1993 年恰好是中国计算机产业大发展时期，中国成为世界最大的电脑新兴市场，深圳是中国主要的电脑生产基地。IBM 将投资的重心放在深圳，这是一个合理的选择。实践证明，郭士纳眼光精准，他那壮士断腕的决策取得了好效果。1994 年底，IBM 自 20 世纪 90 年代以来第一次赢利 30 亿美元。1995 年公司营销收入突破 700 亿美元大关。1996 年 IBM 公司的股票涨到 145 美元，达到了 9 年来的最高点。取得这些骄人的成绩，深圳功不可没！

郭士纳与华为的合作还有一件精彩往事。1997 年任正非专程到美国去见 IBM 的郭士纳，请他们为华为做管理变革方案。IBM 的报价是人民币 20 亿元。华为的副总很心疼，请示任正非要不要向 IBM 砍砍价。任正非反问："砍了价，你能对项目的风险负责吗？"副总自然负不起这个责任，最后一分钱价都没有砍。当美方负责这项工作的副总裁将情况汇报给郭士纳后，他一字一句地说："你们要好好教。"在 IBM 专家团队和华为上下的共同努力下，华为终于变成了一个令美国公司畏惧的对手。

北京来的电脑双星

在美国电脑巨头进入深圳的时候，深圳也吸引来了来自北京的中国电脑技术产业的先驱——王之的长城电脑和柳传志的联想电脑。在这里分别说说他们在深圳的创业故事。

中国第一台电子计算机发明人王之

王之（1942—），湖南浏阳人。王震将军之子。王震将军 1981 年在深圳经济特区起步的关键时候，带领许多部长来到深圳出谋划策，给了深圳最大的支持。王之是原电子工业部计算机工业管理局副局长。早在 1984 年他组织电子计算机科研攻关小分队，在北京散热器厂的地下室里艰难攻关，研发生产出国产第一台电子计算机——长城 0520—CH。该产品的性能超过当时的 IBM PC 机和 NEC 980 机，成为中国计算机工业发展史上的一个里程碑。

直到今天，笔者还清楚地记得当年在市委宣传部机关工作时，第一次使用长城电脑机的情景。当我在电脑上打出了自己的第一篇电子文档文章时，心中充满了无限喜悦，有一种终于从每日辛苦地用钢笔在纸上"爬格子"的苦日子中，解放了出来的感觉。

1986 年王之"下海"，任中国计算机发展公司（1988 年更名为中国长城计算机集团公司）总经理。王之在长城集团工作 18 年，从总经理做到董事长，最后让长城公司成功上市。

1987 年 5 月 27 日中国计算机发展（深圳）公司，在深圳市工商局注册登记成立。最早的厂房建在深圳最早开发的八卦岭工业区。长城开始与 IBM 公司合作，成立一些合资企业，在学习与发展中丰满自己的羽毛，在与狼共舞的过程中不断壮大自己的队伍。凭借深圳的创业热土优势，公司迅速发展成为中国计算机的龙头企业；利用深圳对外开放的窗口，将公司的业务发展到了全球各个地方。集团公司属下有 4 家公司挂牌上市，其中包括深圳长城开发科技股份有限公司（深科技）和中国长城计算机深圳股份有限公司（长城电脑）。1999 年"长城"商标被国家标局认定为"中国驰名商标"。

王之为深圳的计算机产业发展作出了巨大贡献，2003 年荣获深圳市"市长奖"；2019 年入选"新中国 70 周年百名湖湘人物"榜单。

驰骋于全球电脑市场上的联想集团

联想集团的前身是中国科学院计算技术研究所新技术发展公司，成立于 1984 年。1985 公司推出第一款具有联想功能的联想式汉卡。联想汉卡的问世彻底解决了华人在电脑中使用汉字不方便的难题，推动了微机在中国的迅速普及和应用。大概就是因为联想汉卡太出名了，公司改名为"联想"（英文 legend 的含义为传奇，2003 年改为 Lenovo，意思是新传奇）。

经过多年埋头研发，1990 年联想自有品牌的微机，在德国汉诺威电子技术交易会参展受到好评。首台联想微机投放市场，标志着联想由进口电脑产品的代理商，转变成为拥有自己品牌的电脑产品生产商和销售商。1999 年联想成为亚太市场顶级电脑商，在全国电子百强中名列第一。2005 年，联想集团收购 IBM 的 PC（Personal Computer，意为"个人电脑"）全部业务，扩大了全球销售量。2013 年联想电脑销售量升居世界第一，成为全球最大的 PC 生产厂商。这一年联想集团的营业额达到 340 亿美元，超越许多国际知名品牌企业。2014 年 1 月联想集团又以 23 亿美元的价格，收购了 IBM X86 服务器业务。

就在 1993 年 IBM 进入深圳时，联想集团也在深圳创办了深圳联想电脑公司。20 世纪 90 年代，微机面临价格过高的问题（约 3 万元人民币 / 台），制约市场的发展步伐。1996 年联想与英特尔合作，采用英特尔的第 5 代处理器——奔腾（Pentium），发动了一场"万元奔腾之战"，将价格降到了万元以下。这次市场革命，让微机开始普及于中国寻常百姓家。

1997 年联想在深圳福田保税区建立了联想深圳公司，生产高端笔记本电脑和台式电脑。这家企业成为全国，乃至全球的主要电脑生产基地。这一年公司营业额突破百亿元大关。2007 年联想在深圳生产的个人电脑达 749 万台，占联想销往海外个人电脑数量的九成。

深圳本土电脑双杰

在世界计算机市场风云变幻、全球电脑制造商纵横捭阖、先进的计算机技术不断转移扩散的背景下，深圳本土电脑公司乘势而起。

研祥特种电脑有特色

陈志列（1963—），祖籍江苏无锡，辽宁沈阳长大。他毕业于西北工业大学计算机系，获硕士学位，被分配到国家航空航天工业部的航空规划设计研究院工作。1992 年他来到深圳。那一年小平同志南方视察，神州大地掀起了新一轮的创业热潮。受时代大潮鼓舞的陈志列决心下海创业。一同创业的 5 人都是西北工业大学的同学，选择的行业是大学时学习的专业——工业控制计算机。

几个人东拼西凑集资 3 万元启动资金，在中航技园区南光大厦租了一个28 平方米的办公室。虽然场地简陋寒酸，大家囊中羞涩，但股东却都是研究生学历。乐观的陈志列给大家打气说："这里是'研究生的发祥地'啊！"后来就从这句话中取出"研祥"两字作为商号，注册了研祥智能科技股份有限公司。

研祥公司最初为 IBM 做代理。当时的中国工业计算机稀缺，由于公司服务好、客户满意，很快打开了市场。两年赚到了 3000 万元，公司顺利起步。此时的公司面临着一个选择：是继续当代理商，稳稳当当赚钱，还是冒风险，创立自有品牌、制造自己的产品？一次大家吃饭时边吃边讨论，饭吃饱了，决策也出来了。大家形成了共识：做自己的产品！决策速度如此之快，一是因为大家对自己的技术自信："我们能够开发出最优秀的产品，敢于与美德日大企业的同类产品同台竞争"；二是年轻气盛，敢于不计后果地冲锋陷阵。结果第一年受到挫折，把原来赚到的 3000 万元积累全部砸了进去。然而年轻人输得起，大家创业信心不动摇，坚持搞研发。很快，第一台自主研发的工业控制计算机诞生了。

新推出的产品，虽然受到了市场的欢迎，但也产生了新问题。生产规模越来越大，产品线越拉越长，日日看公司有钱进账，但到年底却见不到钱。研祥创业的前几年，一直过着资金短缺的紧日子。几年间公司没有从银行贷过款，不是不想贷款，而是不懂贷、不敢贷。1999 年 10 月深圳首届高交会开幕，它不光是一个技术产品的展览会，也是高新技术与资本市场的"联姻会"。陈志列参加了其中一个投资签约仪式。为支持深圳高新技术产业发展，深圳刚刚新成立了一家创业科技投资公司（俗称"创新投"），选择了 6 家企业在高交会上签约，研祥是其中之一。创新投按照研祥公司的估值，投入 2000 万元、占12%的股份，这份估价意味着政府认可研祥的市值为两亿元。签约的陈志列说自己当时的感觉是："对我们这家注册资金不到 100 万元的公司而言，那简直是天文数字，给我们注入了一支强心剂。"2003 年公司选择在港交所成立不久的创业板 H 股上市，是内地第 6 家登陆 H 股的民营企业。

2007 年研祥成长成为国内最大的特种计算机自主研发与制造企业。所谓"特种计算机"，是工业控制计算机与军用计算机的统称。公司拥有完全自主知识产权的 600 项发明专利和近千项非专利核心技术。研祥"EVOC"嵌入式产品荣获"国家科技进步一等奖"，入选"国家火炬计划"。2010 年研祥"EVOC"被认定为"中国驰名商标"。研祥的产品覆盖全球，有超过 100 多个国家选用"研祥 Inside（嵌入式）"产品。

由于研祥在技术研发方面的突出表现，被确定为国家特种计算机工程技术研究中心、国家工业控制网络和智能设备开发技术国家地方联合工程实验室、国家级企业技术中心等创新平台。

让陈志列感到骄傲的是，研祥的产品能够"上天入海"：遥远的火星上，中国"天问一号"探测器执行着任务；2万公里上空的地球轨道上，35颗中国卫星绕地球飞行；深邃星空里，中国神舟宇宙飞船正辛勤工作；万米深渊的马里亚纳海沟，"奋斗者"号潜水器创下了中国载人深潜的新纪录。在冲上蓝天的国产大飞机、大地飞驰的高铁复兴号、潜入深海的钻井平台上，都有研祥的产品。

陈志列喜欢说一句话："把难做的事情做好"；他更有一句豪言壮语："不仅要做中国国内领先，更要做全世界特种计算机的NO.1"。研祥离此目标只有一步之遥，在特种计算机领域，研祥排名中国第一、世界第二。2010年陈志列被评选为"深圳经济特区30年30位杰出人物"之一。

2020年10月14日深圳市隆重举行深圳经济特区建立40周年庆祝大会，习近平总书记出席大会并发表重要讲话。会议安排陈志列在大会上发言，他赞扬说："深圳经济特区高度市场化的发展环境、宽容失败的创新文化氛围、高效的科技成果转化机制等一系列创新元素，为我们心无旁骛搞创新提供了绝佳的土壤。"

神舟赢得"价格屠夫"名声

创办神舟电脑公司的人叫吴海军。吴海军（1967—），江苏如东人。1989年在东南大学研究生班的吴海军为准备毕业论文，来到深圳华强北电子市场里的一家公司实习。论文写完后，他顺便在赛格电子配套市场购买了5台价格便宜的电脑，回到家乡办起了电脑培训班和一家电脑公司，创业就这样开始了。后来为了方便做生意，他又在华强北的电子配套市场里租了一个柜台做电脑配件生意。

1994年算得上是中国个人电脑普及的元年，买电脑的家庭越来越多，电脑配件出现了巨大的市场需求。颇有经商眼光的吴海军买下了一批硬盘囤货。果然，1995年春节电脑销售异常火爆、价格大涨，进货价100元的硬盘涨到了300元。赚到了钱的吴海军这一年正式南下深圳创办了深圳新天地电脑公司，一年经营获利600万元。几年后的2001年他又成立了深州神舟电脑股份公司，这是一家集研发、生产、销售于一体的民科企业，吴海军自任董事长兼总裁。

吴海军经营的最大特点是薄利多销。许多人做生意的原则是随行就市，市场接受价格高涨的时候，为什么要卖低呢？而吴海军的想法属于一个更高的层次。他说："我来自农村，了解农村青年人的想法。虽然现在农村的一些年轻人经常吃不饱饭，却渴望有一台电脑。有了电脑，不仅可以了解外面的精彩世界，也学会了与科技有关的谋生本事。电脑销售价格定得廉价，可以为农村打开一条致富之路。"

神舟电脑一问世，始终以低于对手 20% 的价格投放市场；一段时间里神舟笔记本电脑甚至降到了 2990 元，开启了一个平价电脑的新时代。这也引起了同行们的极大厌恶，送给他一个"价格屠夫"的绰号，认为吴海军让微电脑市场进入了冬天。对此吴海军不认可，他说："'微电冬天'之说只是为经营不善找借口。在我看来，不是冬天，而是春夏之交，一些柔弱娇贵的花朵将被风吹雨打去，只有那些竞争力强的企业才能活到收获果实的秋天。"2001 年神舟电脑销量达到 50 万台，2008 年销量 100 万台。神舟电脑市场占有率占据全国第二，仅次于联想。在吴海军看来，只有联想和神舟才算得上秋之菊、冬之梅。

如今的神舟电脑公司拥有深圳神舟工业园、深圳神舟华赛工业园、昆山神舟工业园等三大生产基地，全国有 35 个分公司、34 个办事处、近 2000 家专卖店，已成为中国电脑产业的领军者之一。"价格屠夫"的营销策略，让神舟变成了一个大公司。

深圳软件业井喷式发展

电脑由两部分组成，一部分是硬件，另一部分是软件。行业里的人，称没有装软件的计算机为"裸机"。按照这种说法，好像硬件是身体，软件是衣服。实际上，硬件是身体的说法没有错，但软件可不是装扮人体的花衣服，而是决定行动的大脑。

深圳在电脑硬件迅猛发展的同时，软件业的发展也势头迅猛。特别是2000 年深圳软件业迎来了发展良机。这一年国务院颁布了扶持软件与集成电路产业的文件（俗称"18 号文"），以空前力度扶持我国软件与集成电路业的发展。

但是落实文件过程中出现了一个问题，即如何认定软件企业与软件产品（简称"双软认定"）的资格。与计算机硬件不同的是，软件看不见、摸不着、抓不住，怎样判断其性能的优劣呢？为解决这一问题，2000年8月信息产业部等5个国家部委在昆明召开工作会议，制定出了"双软"认定的实施细则，并决定由省的信息产业局认定"双软"的资格。如果按照上述规定，副省级城市的深圳就无权认定"双软"了。

深圳参会的邓爱国等代表，提出将"双软认定权"扩大到计划单列市的建议。由于建议陈述理由充分，信息产业部表示同意。邓爱国的这条建议，为深圳等计划单列市城市发展软件业立下了大功。"双软"认定的工作量是非常大的，如果事事都要报送省的有关部门审批，那效率就会相差很远，深圳软件业发展的速度肯定会受影响。邓爱国（1937—），湖南人。1983年到深圳，任深圳蛇口华达电子公司电脑部经理等职。1991年起任深圳市软件行业协会会长。

深圳有了"双软认定权"后，认定的速度大大加快，让深圳软件企业的年均增速高达40%。2000年深圳市的软件企业不足1000家，2001年猛增到1875家，2002年又上升到2800多家。2002年，新认定软件企业达227家，登记软件产品629个，在全省城市中位居第一，占广东全省的42%。正是从这一年开始，深圳的软件出口开始大幅增长。2002年、2003年、2004年出口额分别达到1.65亿美元、4亿美元、5.9亿美元。5.9亿美元占了全国软件出口额的29%，为全国大中城市第一位。如此一来，不光计算机的硬件，软件方面深圳也成为全国重要的出口基地。2004年深圳软件企业对全市GDP的贡献率达到11%。当一个产业对城市GDP的贡献率达到10%时就算是支柱产业。到2010年，深圳软件业发展成为3000亿元产值的大产业，从业人员超过50万人。

深圳软件产业发展呈雁行形态，分为三个梯队。第一梯队为华为、中兴通讯两家，双雄傲立行业顶峰；第二梯队包括100多家重点软件企业、上市企业和年产值超亿元的软件企业，为行业的中坚力量；第三梯队是广大的中小型软件企业，你进我退，竞争激烈。这也是一种金字塔形的产业组织结构，这种结构十分稳定，让深圳的软件企业具有较强的抵御风险能力。

该产业发展中还有一个特点值得注意。深圳的软件业以本土的民营企业为主体，国有企业比较少，外资企业也微乎其微。这可能与早年国家以"双软认定"为主要抓手的大力扶持政策有关。应该说，国家扶持政策的原则性和执行政策的灵活措施相结合，成为深圳软件业实现井喷式发展的催化剂。这个例子说明，国家对高新技术产业早期发展实行扶持政策，会产生多么明显的效果。

医疗器械异军突起

改革开放初期，国内在医疗器械研发生产方面处于落后状态，国内医院所用的设备基本上都是从国外进口来的。由于进口设备昂贵，造成我国医院使用设备收费过高的状态。因此，研发生产先进的医疗器械设备，对于缩小与西方先进技术的差距，尽快改变我国医疗事业的落后面貌，提高国民健康水平具有十分重要的意义。

在医疗器械设备研发生产方面，深圳本来是一块处女地，后来能够迅速发展并取得出色成绩，要归功于中国科学院。早在1985年，中国科学院就投资深圳蛇口成立了中国科健公司。第二年中科建与美国安娜逻辑公司（Analogic）公司合作，在深圳成立了安科高技术股份有限公司，是中国最早的高科技医疗器械生产企业。中国科学院从直属的高能物理、计算机、电工等数个研究所调来一批精兵强将，落户在蛇口荒凉海滩上，安家在简陋的房子里，与美国专家合作攻关。

经过3年奋斗努力，1989年安科公司研制成功第一台拥有完全自主知识产权的磁共振成像（MRI）设备。该设备集电子技术、高能技术于一体，被认为是20世纪的伟大发明之一，当时世界上拥有此设备研发制造能力的国家只有4个。时任卫生部部长的陈敏章为此发来贺电称赞说："磁共振成像系统的成功，如同在我国医学界成功爆炸了一颗原子弹。"产品获得国家科技进步二等奖。

接着，公司相继研发生产出多普勒血流仪、生命电子监护仪、胎儿电子监护仪等系列高档电子医疗设备。安科公司成为我国当年最主要的高端电子医疗仪生产商，产品占了全国的1/4。凡是安科推出一种新产品，国外厂商同类产品就降价1/3。这就让我的疾病患者，慢慢地能够用得起这类高级电子医疗设备的诊断服务了。

安科公司是我国高科技医疗设备研发制造领域的开拓者。安科公司的贡献，不仅仅在于高科技医疗设备的研发制造，其更大的贡献可能在于为我国培养出了一大批高端医疗设备的研发制造人才。安科公司因此被人称为"中国电子医疗仪器的黄埔军校"。在后来深圳的医疗器械制造行业里，有一半以上的董事长或总经理出自安科。这方面的故事后面还会讲到。

争抢收购科技创新企业

市委市政府做出的深圳产业结构转型的决定，仿佛引爆了一颗原子弹，其强大的冲击波横扫深圳产业界。敏感的企业家们不仅觉察到深圳未来产业发展的新动向，而且由于感到越来越激烈的市场竞争，企业普遍有了必须加快研发创新步伐的紧迫感。但是，形势发展得太快了，技术研发从头做起显然有点不赶趟；更何况对技术研发方向的选择是一个十分困难的事情，究竟哪一种技术有前途，一时看不准。这种情况下，选择收购拥有新技术的企业可能是较佳方案。这方面华强集团先行一步，取得极佳效果。

华强公司第一次转型时，将华强北路西侧沿街的厂房开辟成商场，吸引众多的创业者和厂家前来商场租房间、柜台开店。华强由此开始从制造业转向了服务业。1995 年为响应市委第二次党代会"二次创业"的号召，华强继续迈步走向转型之路。这次转型与梁光伟提议收购一家高科技企业有关。梁光伟（1963—），浙江临海人。1980 年入伍到基建工程兵一支队，新兵团训练结束后随部队从鞍山调入深圳参加经济特区建设。1983 年所在部队集体转业为市建设集团第一建筑工程公司，梁光伟则因工作需要调入华强集团公司。1998 年任华强集团公司副总裁，负责财务和资产经营业务。1999 年他听到消息，由于军队企业与军队脱钩，总装备部在深圳的一家高科技公司准备出售。梁光伟对这家公司产生了兴趣、亲自前往考察。

该公司虽然注册资金只有 200 万元，规模不算大，但公司的 53 名员工大部分是搞科研的，企业负责人李明是在美国、加拿大学习实践后回来的"海归者"。梁光伟与李明深入交谈，对他的旅美经历、清晰的创业思路和激情留下了深刻印象。李明（1956—），安徽人。先是在美国新泽西州斯蒂芬理工学院做访问学者，后在加拿大一家计算机公司工作。回国后任深圳远望城多媒体电脑公司常务副总裁。

梁光伟认为这家公司在科技创新方面有潜力，于是向集团领导提出收购这家企业的建议。华强领导班子在讨论这个项目时，梁光伟因出差没能参会。会后主要领导告诉他，领导班子开会讨论时该项目没有通过，决定放弃收购。梁光伟惋惜地说："我是这个项目的负责人，大家没有听我的汇报，对项目没有深入了解就否决了，是不是有些草率？"领导听他说得有理，决定让他再去调研一次，了解更多的细节。梁光伟摆摆手说："不妥，不能再由我去调研了。我建议，谁反对这个项目就派他去考察。"于是，华强另派了一位副总带队去考察。没想到这位副总考察回来十分兴奋，认为这个项目比梁光伟说得还要好一些。于是华强最终以 2100 万元收购了该企业。

后来此项目又出现过一段插曲。大约两年后，深圳有一家大型的文化旅游公司也对这家科技公司产生了浓厚的兴趣。该公司领导传出话来，想用 5000 万元的价格从华强公司收购这家公司。这个大手笔的消息让华强公司的老总们好一阵激动，两年内价格涨一倍，多好的一笔生意！多数人主张：趁女儿靓丽可爱时出嫁，不要错过这么好的婆家。梁光伟却反对说："我们可能还暂时没有看出这家公司的潜力，但对方要花大价钱购买，不会是傻瓜的傻主意，如果我们同意卖给它，不是说明我们比他们要傻吗？"梁光伟说服了大家，谢绝了这笔诱人的生意。两家大公司同时想购买这家经营不算出色、但有技术创新潜力的军企，这件事说明了深圳市委关于产业结构转型的决定，影响多么深刻！深圳的企业家们做决策不一定只听领导怎么说，而是在市场竞争激烈竞争压力下真正产生出对技术创新的渴望。

这家军企被收购后，起名为深圳华强智能技术有限公司，2007 年经过整合成立深圳华强文化科技集团（后来又更名为深圳华强方特文化科技集团）。从企业后来发展的情况看，梁光伟的眼光真的不错。该企业归属华强集团后，借助华强的大平台和雄厚的资金，如鱼得水，大展拳脚，英雄有了用武之地，公司走出了一条"文化＋科技"的独特发展之路。论文化项目，公司研发、建起了 30 多个方特主题乐园系列项目，成为中国最有创意、最有影响的文化主题乐园设计、开发、建设和管理企业；论技术创新，公司研发了球幕拼接、曲面矫正等各种新技术，获得 500 多项国内外专利，开发了悬挂式球幕电影、环幕 4D 影院等几十套顶级的特种电影设备，销售到全世界 40 多个国家；论数字动漫产品，公司生产的《熊出没》系列动画和电影，成为中国和全球最受儿童欢迎的动漫品牌之一。这家公司的故事后面继续再讲。

世界经济潮汐带来的发展新机遇

要理解深圳为什么必须转型升级，除了这个城市在发展中面临的问题，还与当时国际环境迅速变化的时代背景有关。

自中国开始改革开放，自身经济逐渐融入世界经济网络中，就不可能再独善其身了。国际经济的一举一动会引起国内经济的连锁反应，全球经济刮风下雨也会让中国经济出现潮涨潮落的现象。

20世纪90年代初期，世界经济开始进入新一轮的景气周期。以全球新技术革命浪潮为契机，欧美等国家着手进行大规模的产业结构调整，以保持其在世界经济中的领先地位。大量劳动密集型产业和一些一般技术密集型的产业，如电子、精细化工、纺织、塑料产业等开始向东亚等新兴工业化国家转移。特别是美国逼迫日本签署"广场协议"后，日元大幅升值、日本本土的制造业开始失去强劲发展的势头。在这种情况下，日本进行了一系列的经济结构调整，将本土的劳动密集型企业和一般技术企业大量转移海外国家。由于亚洲"四小龙"的生产经营成本大幅上升，也迫使这几个国家开始进行产业结构调整。于是，中国等新兴产业国家的新机遇又出现了。

此时的深圳经过10年发展，奠定了相当厚实的经济基础，建起了较为合理的产业结构体系，投资环境日益改善，具备了率先承接西方发达国家和"四小龙"产业转移的条件。这一次深圳又抓住了机会。深圳电脑产业的发展是其中一个突出事例。

机会总是垂青那些做好了准备的人。机会常有，而做好准备的人不常有。深圳的领导敢于创新、善于决策，全市人民上下一心、共同努力，就成了那个做好了准备的人。

① 深圳市政协文化文史和学习委员会编：《追梦深圳·深圳口述史精编》（中卷），中国文史出版社2020年版，第3页。

② 深圳市政协文化文史和学习委员会编：《追梦深圳·深圳口述史精编》（中卷），中国文史出版社2020年版，第9页。

第五章　产业园

发展高新技术企业需要孵化器

高新技术产业与传统产业相比，有不同特点。其特点是投入大、研发周期长、成活率低，而一旦成功则产出相当高。由于高新技术有这样的特点，像对待传统产业一样，任其自然成长是不行的。按照世界各国和地区的经验，由政府主导举办孵化器（这类机构在我国叫产业园，欧洲叫创业中心），给创业初期的高新技术产业吃小灶、加营养餐，像老母鸡孵化小鸡一样精心照料，是保证高新技术产业创业顺利、快速发展的成功经验。可以说，孵化器是高新技术产业化的加速器，是推进工业技术升级的有效途径。对深圳而言，这是一项为长远发展打基础的战略举措。

虽然深圳初创时期，产业以"三来一补"为主，但市领导已经产生了建创业园的想法。无法确切地知道，梁湘书记关于产业园的想法最早是怎样在头脑里冒出来，也许来自谷牧 1985 年底在深圳主持召开的第二次特区工作会议。会议纪要要求特区的产业结构做到"四个为主"（以先进技术水平的工业为主，工业投资以吸引外资为主，引进应以先进技术为主，产品以出口为主）。

也许是梁湘在反复阅读阿尔文·托夫勒《第三次浪潮》一书时的心得。托夫勒认为电脑将成为世界的主角，人类将进入信息社会。知识信息将以几十倍几百倍的速度增长，人类社会将发生深刻的变化，继农业社会、工业社会后，进入信息社会。托夫勒的这些预言给了梁湘巨大震撼。据邹旭东（梁湘当时的秘书）说："当时这本书在很长一段时间里，放在梁湘书记的书桌和床头，他不知读了多少遍。"

也许是在参观硅谷时得到的启示。1984年冬，梁湘应深圳正大康地公司邀请赴美国考察时，提出想要参观加州旧金山的斯坦福大学和硅谷。参观中，他见到一批年轻的创业者（其中一些人是我国留美学生）在简陋的房间里，甚至在车库里创业，感触很深。梁湘认为，借鉴国外的经验创办深圳科技工业园，是一项提高深圳科技基础水平的战略举措。

于是，梁湘在任时，不断地提出创办产业园的事。从能够查到的资料看，早在1983年9月的一次市委常委会上，梁湘就提出："深圳以发展先进技术的工业为主，要有针对性地引进几个技术先进的项目。我们要搞'高级工业村'（美国叫'硅谷'，台湾叫'科学园'）。这件事从现在就要开始动手做……"①后来他又多次督办这件事。

研究史料可以知道，彼时"产业园"（孵化器）是一个很新、很时髦的概念；对当时的国人来说，"科技园"也是一个相当陌生的名词。由此可见，深圳确实是领风气之先，梁湘眼光看得很远，这就是"春江水暖鸭先知"吧。

与中国科学院合作创办科技产业园

梁湘书记积极想创办深圳（自然也是中国）第一个科技产业园。但产业园应该是一个高新技术的堡垒，而当时的深圳连像样的科技企业都不多，哪有技术力量创办科技园呢？于是梁湘想到了借助中国科技最高机构——中国科学院的力量。

1984年梁湘书记主动找到时任中国科学院副院长的周光召，建议双方合作在深圳举办科技产业园，得到了对方的积极回应。周光召（1929— ），湖南长沙人。中国科学院院士，"两弹一星"功勋奖章获得者。1984年任中国科学院副院长，1987—1997年任中国科学院院长。1996年3月由中国科学院紫金山天文台观测发现的、国际编号为3462号小行星，被命名为"周光召星"。

经过半年多时间的磋商、双方达成共识后，工作进展很快。1985年1月科技产业园几处选址后，最后确定在临近深圳湾的一块地方，具体位置是深圳大学以东、大沙河以西、北环路以南直到深圳湾的3.2平方公里土地（其第一期开发面积为1.12平方公里）。3月中国科学院迅速组织队伍，从20个研究所抽调了30多位各学科的专家组成规划组赴深圳，一个多月内完成了科技园的规划。4月29日双方正式签订了合作协议，启动资金为2000万元，双方各出一半。7月30日深圳市科技工业首届委员会第一次会议召开，一致推选梁湘书记任管委会主任，周光召任副主任。

7月30日下午科技产业园举行奠基仪式，梁湘书记和周光召副院长挥铲扬土，为科技园奠基。当天晚上市政府举办了一个酒会，宣告深圳科技产业园总公司成立。中共中央政治局委员、主管全国科技工作的方毅发来"依靠科技，发展经济；面向未来，走向世界"的贺词。国务委员、主管全国特区工作的谷牧发来贺信，指出这是我国把现代科技与生产紧密结合起来的一个新的尝试，是深圳特区发展进程中的一件大事②。

科技产业园的成立对深圳意义重大。它不仅首开中国科技工业园之先河，而且首创出深圳与中国国家科研机构、高校合作的模式。从此以后，深圳能够源源不断地从国家最高科技研究机构中吸取自己需要的养分，让原来在科技创新方面白纸一张的深圳，若干年后成为中国最富创新精神、科研成果颇丰的一个重镇。

科技产业园建设初见成效

行文至此，笔者回想起自己初次到科技产业园调研采访的一段往事。时间大概在1987年，当时我在市委宣传部宣传处工作，有一天跟着姜忠处长来到科技产业园，见着了管委会副秘书长兼总经理张翼翼，他是1985年6月来到深圳任该职的。张总年龄较大，身体偏瘦，头发有点谢顶，但目光炯炯有神。给我印象最深的是他手拿一个连带杯盖的瓷杯，杯子里装的是啤酒——他把啤酒当茶喝。他看我对他的啤酒杯很好奇，就跟我聊起了喝啤酒的趣事。1978年改革开放后，中德之间开始进行合作和交流。1988年两国在华建立了中德科学中心。张翼翼参与了协议的制定工作，协议规定双方科技人员到对方交流访问期间饮料免费。由于张翼翼曾经在德国科学院莱比锡研究所进修过一段时间，养成了喝啤酒的习惯，因此他建议在"饮料免费"这一条后面加括号注明"啤酒算饮料"。按照他的解释，在欧洲，啤酒算饮料，属于咖啡、茶水类；但是不知中国的哪位翻译家翻译"Beer"一词时译为"啤酒"，结果在国人的意念里Beer变成了酒类。由于张院长在协议中加了这几个字，双方人员到对方国家访问时就可以喝到免费的啤酒了。张翼翼举举手中的杯子说:"看,德国货,好用!"他讲的故事让我们哈哈大笑,从此后我与朋友们喝酒时,也可以得意洋洋地讲出一番"啤酒不是酒、是饮料"的道理了。

张总给我们介绍了科技产业园的工作情况。他说:"科技产业园以吸引国外先进技术、引进外资、开拓新技术产业、开发和生产高技术产品为宗旨,以电子信息、新型材料、生物工程等为重点产业,是生产、科研、教育相结合的综合性高技术产业基地"。虽然成立不久,但已初见成效。

科技产业园是个新事物,谁都没有经验,究竟如何运作呢?

一是依靠中国科学院老东家的力量。在院领导的支持下,动员了院属 10 多家分院将比较成熟的科研技术成果引到科技园合资办厂。以前中国的科研机构与企业间没有什么联系,科学家只搞研究,产业化不属于他思考的问题。办起科技园就是要鼓励科技从科学家的象牙塔中走出来,将成果落地生根,实现产业化。从这个意义上讲,成立科技产业园不单单是帮助深圳特区发展,可能更重要的方面在于促进中国科技体机制的改革。做好了这一点,也算是发挥出深圳改革开放窗口的作用。

二是吸引新的"种子项目"。科技园工作人员积极吸引处于创业时期的高科技项目落户在园内,不断帮助其发展壮大。突出的例子有长园、金科公司。这两家企业都有中国科学院的背景,研发方向是新型材料,它们把一些种子项目放在了科技园。这些企业既经历了深圳市场经济激烈竞争的风风雨雨,也享受到了科技园种种优惠政策,比较顺利地引入外资投入、产品尽早地打入国际市场,让企业有了一种如虎添翼的感觉。这些企业都先后成为深圳、省和国家的高新科技企业,享受到了许多优惠政策,如今已成为业内的巨型企业。长园公司连续入选中国上市公司科技 50 强和绩优 100 强,其产品稳居中国热缩材料等行业第一。金科特种材料公司的产品包括陶瓷 PTC、高分子 PTC、锂离子电池材料和碳纳米管等几大系列 200 多种产品。

三是随着科技园对外影响的不断扩大,积极走出国门,对外招商引资。如新加坡温兄弟集团于 1986 年创办了生产电脑硬盘的华星公司;由于投资效果比较好,1987 年温兄弟集团又投资成立了生产个人电脑的微用科技公司。科技园与温兄弟集团联合引进了海曼、澳新等海外著名公司。1998 年新加坡前总理李光耀来中国时还专门视察了科技产业园。

发明家邹德俊父子创业

这里单独讲一下笔者的一位熟人、有"中国发明家"之称的邹德骏的创业故事。邹德骏原来是中国科技大学的高级技术人员。一次周光召院长到中科大，见到邹德骏时对他说："你有才华有技术，到深圳创业会很好。"于是1988年邹德骏来到科技园创办深圳泰克斯技术开发公司，自己出任总经理。科技园当年就吸引了数个像邹德骏这样的个人发明家，带着个人的发明成果，来科技园创办一些短平快的项目。

我任市文明办主任时，在评选"文明市民"过程中认识了邹德骏。他显得文雅，说话带一点上海那种吴侬软语的味道。他来过文明办几次，带来了自己发明的产品给我们看，印象比较深的有一种使用于车床上的高效工夹具，他说可以夹住头发丝一样细的加工件。还有一种根据排空空气产生吸力的原理发明的吸附在墙壁上的挂钩，能够挂得住很沉重的物品。他发明的许多产品在巴黎国际发明展览会等一些国际比赛中获得金奖和其他大奖，为中国争得了荣誉。

好多年后，一款名叫"迅雷"的高速下载软件火爆起来了。一位朋友告诉我说："你知道是谁发明这个软件的吗？是邹胜龙——邹德骏的儿子。"这个消息让我有点吃惊！俗话说，虎父无犬子，看来真的是这样。邹胜龙16岁时跟着父亲来到深圳，就读于蛇口育才中学。后来到美国杜克大学学习计算机专业，在硅谷工作时研发出了迅雷最早的产品。2003年回深圳创业，在科技园创办了迅雷网络技术公司（原名叫三代科技公司）。迅雷凭借"简单、高速"的下载体验，成为高速下载软件最好用的产品，获得中国最成功十大软件等称号。邹胜龙先后被评为"中国互联网十大风云人物""最具创新的十大新媒介领袖"等。

在家父子亲，上阵父子兵；父子都厉害，接力搞创新。父子两人都是发明家，其故事本已传奇；而两人又都是在深圳科技园成功创业的，就更让人啧啧称奇。不知道科技园是否真的像有一些人说的是创业的"风水宝地"，而对深圳是"创业的热土"的赞誉众人无异议。

高新园区横空出世

1995年深圳第二次党代会提出要进行第二次创业，要增创新优势，更上一层楼。关键时候深圳再次得到了中央领导的大力支持。1995年12月6日江泽民总书记视察深圳时，为纪念深圳经济特区建立15周年亲笔题词，写的也是这句话："增创新优势，更上一层楼"。

在此时间里李子彬调入深圳任市长。李子彬（1940—），辽宁葫芦岛人。1991年任国家化学工业部副部长。1994年11月任深圳市委副书记、副市长，1995年5月任市委副书记、市长。

李子彬一上任就花了两个月时间深入基层搞调研，其中市高新技术工业村是第一站。他在调研中发现，该工业村其实还没有真正建起来，几乎是一片荒地。工业村的周边，还有科技园、中国科技开发园、京山民间科技工业村、第五工业区等4个工业园区，还有一个正大康地养猪场（其面积大到1.6平方公里，而当时场地里却空无一猪，上演了正大康地版的"空城计"）。整个区域内各单位"封建割据"，各把一摊，布局极不合理；少数几个企业稀稀拉拉地散落在几个园区里，显得冷冷清清、了无生气。1995年1月，子彬副市长组织召开一个座谈会，与准备首批入驻该工业村的30家企业董事长、总经理座谈。企业负责人都希望市政府尽快建成一个综合配套完善的高新技术工业园，让高新技术产业聚集起来。

根据多次调研和反复酝酿，市政府决定建立一个统一的、面积为11.5平方公里的市高新区，将原来的几个科技工业园区和深圳大学全部包含在内。该区北起广深高速公路，南到滨海大道，西临南油大道，东至沙河西路，北环大道和深南大道横贯其中，将园区分割成南中北三个区域。1996年9月9日市高新技术产业园区领导小组正式成立，李子彬担任组长，常务副市长李德成、副市长郭荣俊、市政府副秘书长刘应力担任副组长。就在此段时间，国家科委批准该区为国家级高新技术产业园区。曾任市高新技术产业领导小组办公室主任的张恒春回忆说："李子彬市长在深圳的地图上用水墨笔画出一条线，将原来的几个科技工业区全部包括进去，新的高新园区好像是一个船帆的形状。大家认为这是一个好彩头，高新区将像一艘大船扬帆出海。"

子彬市长强调，必须根据国家级高新技术开发区的标准，坚持按照"统一规划、统一政策、统一开发、统一管理"的原则建设市高新区。按照市领导的指示，规划要先行。市政府拨款，组织了25个有关单位、44名专家组成的规划班子，全面展开园区的规划工作。当年年底就完成了《深圳市高新技术产业园区发展规划》，并摸清了园区家底。

高新园区的发展目标是：建成全市高新技术产业发展的主要基地，国内一流、国际上有影响的高新技术产业园区。在产业规划方面，以电子信息、生物工程、新材料、光机电一体化"四大产业"为发展方向。入园企业必须是经市科技局认定的高新技术企业，且达到一定的规模和效益；不符合入园标准的企业将被清退出市高新区。

在政策方面，园区内的所有企业享受高新技术开发区的税收优惠政策；高新技术企业的设备、原材料进出口享受免税政策；国土开发"七通一平"费用由市财政垫支，售出土地时收回。

管理机构方面，市高新区决定实行决策层（市高新区领导小组）、管理层（市高新办）和服务层（市高新区管理服务中心）三级管理模式。新组合的高新区与原来的科技产业园相比，从"一城多区"变成了"一区多园"，后来的实践证明新管理体制具有巨大的优势。

高新区的布局按照北区、中区和南区的自然区划，实行"大分散小集中、分清层次、区别对待"的原则，北区以工业用地、安置大型生产型科技企业为主，中区以发展新材料、计算机、生物医药工程为主，南区则重点发展电子信息产业和科研开发基地。

规划一经确定，立即掀起了一波又一波的建设热浪，高新区进入了大规模建设时期。那段时间里，推土机轰鸣，平整出阡陌纵横的土地；塔吊林立，高楼如竹林般拔节长高。道路宽阔，四通八达密如蜘蛛网；电网联通，园区内灯火通明；水管通水，园区水光波影增添了灵气；电信快捷，将技术商业信息传到了世界各个角落。高新区的建设速度创造了新的深圳速度。建设的具体过程不用赘述，这里只举给街路命名的例子，就可以说明高新区建设面貌日新月异、发展速度一日千里的奇迹。

下面这个故事是张克科讲给我听的。张克科（1951—），湖南人。曾任深圳市科技局副局长、市高新办副主任、市科协专职副主席、深港产学研基地副主任、深港发展研究院执行院长等职。张克科当时在高新办建设监督处负责。随着高新园区的土地一片片平整出来，市国土局地名办在交流中提到，下一步将要给园区里的新路取名字，问高新办有什么意见。他与年轻的同事小乔、小郭等知道这个信息后，当天中午就一起商量如何给新道路起名。虽然从没做过这样的事情，但他们从各自经验中谈到了许多可以参考的案例：如巴黎凯旋门下的 8 条放射形道路，天津的里、道，上海的弄堂，北京的胡同等。张克科定了几条原则：路名要有明确的方位感、指示性，还要体现出高新科技的特点。最后集思广益，拟定了高新区路名方案建议：东西走向叫"道"，冠以"高新"；南北走向叫"路"，配上"科技"。按主干道划分为南区、中区和北区，再按序列排列一二三四，这样就构成了高新区的路网体系。对于早期已经形成且大众都习惯的几条主干道（如"科苑路"），以及涉及社区居民和多数所在企业的道路（如"铜鼓路""玉泉路""朗山路"等）路名则要尽量保留，以避免出现老人找不到回家路，或者因需要变更过多商务联络资料而给企业带来许多麻烦。下午一上班，大家就将午休时达成的共识，正式起草了一份建议方案，以市高新办的名义报给了市地名办。收受资料的工作人员惊讶地说，这可是市地名办有史以来，收到的速度最快的一个反馈建议方案。

短短几年，高新园区改变了模样。笔者去了几次，看到山河面貌巨变，心中无限感慨。为何沙滩荒原里长出石林巨树？是拔地而起的高楼大厦；为何太阳初升时一片火燃光亮？是千万玻璃幕墙闪闪反光；为何夜间灯火通明让星星不再灿烂？是写字楼里的技术人员们在通宵加班；为何下班前街上空无一人、忽而人群如潮水流动？是职工们纷纷下楼在路边的餐馆咖啡厅里就餐聚会；为何马路上的大巴车排成几里长的车队？是腾讯公司的员工们下班回家……

高新区说小不小，11.5 平方公里的园区在全国，甚至全世界科技园区中排名靠前；说大不大，这里仅是南山区的一个角落，却因为有了高新区而世界注目。为何南山区的粤海门街道在中美贸易科技战中名声大噪？是因为美国政府精准打击的科技企业扎堆在这里创业；为何高新区被称为"中国的硅谷"？是因为这里的企业敢于与美国硅谷的科技大鳄们竞争比拼。人流、物流、资金流在这里奔腾流动，创新的空气在这里四处弥漫，新颖的产品不断地被研发生产出来，通过快捷的物流通道将货物发往世界各地。"高新技术"虽然看不见、摸不着，但信息流动，大脑风暴，火花迸现，财富聚集，青年学子激动，科技人员亢奋，创业者成功，失利者再来，这块热土书写出了中国乃至世界上科技创新发展的新篇章。

高新区培养出了许多优秀的企业。计算机类的有长城国际公司、海量存储公司等，通讯类的有华为公司、中兴公司（中兴通讯的前身）等，新材料类的有长园公司、金科特材公司等，精密制造业类的有飞亚达公司等，生物制品类的有康泰公司等，医疗设备类的有奥沃公司等。这些公司在科技园里创业，享受到优惠政策的扶持、优良环境的培育、创新气氛的熏陶、同行竞争的鞭策，快速成长壮大起来。这批企业长大成青年小伙子，高新区就像儿时的衣服不合身了，就搬出去到更广阔的新天地里继续成长；而高新区又迎来下一批创业新秀。如此看来，高新区是苗圃，培养了一茬茬新苗茁壮成长；高新区是温暖的小巢，培养出了一只只雄鹰翱翔天空；高新区是孵化器，抚育出了一批批的高新技术企业；高新区是倍增器，企业快速长大、体量倍增。这是高新区给笔者的整体印象。

2022年2月，深圳国家高新区领导小组正式印发《深圳国家高新区"十四五"发展规划》。根据规划提供的数据，20多年里深圳国家高新区取得了巨大成绩。2020年深圳国家高新区实现营业收入20683亿元，园区生产总值7852亿元，经济总量占全市比重超过1/4。高新区PCT国际专利申请量1.47万余件，拥有国家高新技术企业5075家（占全市2万家的1/4），年产值超亿元企业823家，境内外上市企业142家。在科技部国家高新区综合评价中，2020年位列全国第三、国际化和参与国际竞争能力位列第一。数字极其亮眼。

下面选择一些典型的企业，讲述他们的创业故事。

高新园区里的大学产业园

1996—1999年几年间，深圳先后办起了几所大学。先是与清华大学合作办起了清华大学研究院；与北京大学、香港科技大学合作办起了深港产学研基地；与哈尔滨工业大学合作办起了深圳国际技术创新研究院。还与国内22所重点大学合作建立了深圳虚拟大学园。市领导对这件事态度十分积极。厉有为书记批示：只要清华大学进入深圳，提什么要求都满足。李子彬市长对办大学出了很大的力，他高兴地说："深圳无名校，名校在深圳。"

这些大学都在高新区建立了自己的产学研基地。李子彬另有一句评价的话："名校在深圳，汇聚高新区。"这些研究院和虚拟大学园为深圳培养了大量的高级人才，大批科研成果在深圳实现了产业化。

曾任深圳清华大学研究院院长的冯冠平在回忆录中，讲述了帮助企业创业的一些故事。冯冠平（1946—），江苏武进人。清华与深圳谈成合作意向后，冯冠平以清华大学校长助理身份调任深圳清华大学研究院创始院长。冯院长在实践中摸索出了"四不像"的办院方针：研究院既是大学又不完全像大学，文化不同；研究院既是科研机构又不完全像科研机构，内容不同；研究院既是企业又不完全像企业，目标不同；研究院既是事业单位又不完全像事业单位，机制不同。"四不像"是老百姓的通俗语言，却准确地概括了研究院"官、产、学、研、资"有效集成的科技创新孵化体系。事实证明，这套理论十分正确，取得了良好效果。

研究院的首要任务是科研。组建了电子信息技术研究所、光机电与先进制造研究所、生物医药及先进材料研究所、新能源与环保技术研究所等。这些研究所的科研成果获得国家技术发明二等奖 1 项、国家科学进步二等奖 2 项、广东省科学技术进步特等奖 1 项；拥有近 200 项专利；与 200 多家企业签订技术合同 300 多项，组织实施了数字电视与多媒体、石英晶体力敏传感器、红外快速体温检测仪、高性能安全路由器、电力线载波通信芯片、纳米涂料、SDH 通信芯片等 150 多项科技成果转化，技术创新产出价值 100 多亿元。

研究院的次要任务是教学。2001 年清华大学深圳研究生院挂牌成立；2014 年成立清华—伯克利深圳学院；2019 年在前两者基础上，成立清华大学深圳国际研究生院。2021 年是清华大学建校 110 周年，也是清华在深圳办研究生教育 20 周年。20 年里累计招收培养研究生 1.46 万人，目前在校生 4677 人。

研究院还建起了深圳市最大的企业博士后工作站，共计招收 64 名博士后；在研究院的框架下，1997 年创建了人才培养部（起名为"力合教育"），3 年间培养了 5000 多名企业和政府的高级管理人才。

研究院的另一个任务是投资。1999 年研究院创建力合创业投资公司，从事天使投资业务，投资了近百家高新技术企业。冯冠平由此被评为"中国创投界十大风云人物"之一。

在短短十几年时间里，研究院孵化企业 398 家、毕业 153 家；企业在孵化期间，发展速度是社会上同类企业的 6 倍。研究院投资和孵化了一批上市企业。下面举几个例子。

石英谐振力敏传感器产业化

冯冠平本身就是一位科研人员，在 20 世纪 90 年代前他就拿到了 3 个国家发明奖。传感器项目就是他于 1992 年起带领一批研究人员，历经数年取得的科研成果，被列为国家"九五"重点产业化项目。该项目被带到深圳进行产业化。2000 年 6 月有一家德国公司，在日本、中国香港等地寻求研发单位却四处碰壁，绝望中来到深圳试一试。研究院的光机电实验室接受挑战，在短短两个月时间里研发成功人体脂肪测试仪。从此，一个新的产业链逐渐形成，产品 90％出口。2003 年该项目被评为国家发明二等奖。

SARS 疫情中的红外测温仪

2003 年爆发了 SARS 疫情，全球恐慌。这年 4 月 11 日，胡锦涛总书记亲临深圳清华大学研究院视察。视察中谈到 SARS 疫情时，胡总书记问："能不能研究一个测量体温的仪器，手在上面一摸，就能显示出温度？"冯冠平当时表态接受下紧急任务。研究院当天就组织了科研精锐力量进行研究。经过 7 天 7 夜的奋战，4 月 18 日世界上第一台定位式、第一台手温式、第一台扫描式共计 3 种红外快速体温检测仪问世。20 日凌晨，第一批 15 台悬挂式红外测温仪在罗湖口岸安装完毕。两个月内研究院共计生产和销售各类红外测温仪 2 万多台，使用范围遍及全国 24 个省和香港、澳门等地，还有少量销往马来西亚、菲律宾等国家。红外测温仪是体温检测的突破，有效截获了发热病人，为控制疫情传播起到关键作用，显示了我国技术创新的实力。2003 年 5 月北京国家博物馆将首台红外测温仪收藏入馆。国务院总理温家宝在此期间来到清华大学，专门表扬红外测温仪为全国的抗 SARS 工作作出了突出贡献。如今新冠疫情肆虐全球，红外快速体体温检测仪再次发挥了重要作用。

移动数字电视产业化

电视信号的传播方式从模拟到数字，是一次关键的技术升级。从 1999 年新中国成立 50 周年阅兵仪式上，现场直播使用全高清数字电视；到 2020 年 11 月 30 日晚上 11 时 59 分，香港终止模拟电视广播，并于 12 月 1 日正式进入全面数码电视广播时代，新技术换代虽然逐步缓慢进行，但一刻也没有停止脚步。

新中国成立 50 周年阅兵式后，按照朱镕基总理批示，在国家计委牵头组织下，1999 年 12 月清华大学成功研发出地面数字多媒体电视广播传输系统——"DMB—T"方案。2003 年 4 月 11 日胡锦涛总书记到深圳清华研究院视察时观看了用"DMB—T"技术传送的高清电视节目，鼓励说："搞出自己的知识产权很重要。"2004 年 1 月清华大学校长工作会议决定，由深圳清华大学研究院组建公司完成"DMB—T"数字电视传输方案的工程化和产业化。这是一项艰巨的任务，而研究院决定迎接挑战。

2005 年 6 月，研究院成立了专门从事这项工程的"力合数字电视有限公司"，经过艰苦攻关，成功研发出了集地面电视网、电信移动网和因特网三网于一体的多媒体互动应用平台——"紫荆神网"。之后又组建了广东和深圳数字电视重点实验室，自主研发 5 大类 20 多种系列产品。其中"无线视频应急指挥系统"在技术上实现了重大突破和创新，并拥有中国的自主知识产权。这项新技术突破了固定发射和固定接收的局限，让使用人可以随时随地看电视，并能够在事件发生的第一现场将清晰的视频信号实时传送到流动指挥中心。该项技术受到中央、省市领导的赞扬，后来在四川抗震救灾、奥运火炬珠峰传递、打击"藏独"分子等关键时期发挥了重要作用。这是一项改变了中国视频数字传输面貌、造福亿万民众的划时代技术突破。

研究石墨烯应用研发

2011 年冯冠平卸任深圳清华大学研究院院长。人虽退休，事业方长，奋斗不止。他将主要的精力集中到一种新型材料——石墨烯的研发中。石墨烯材料是美国一家实验室于 2008 年发现的，是迄今为止世界上最薄、强度最高的材料。接触到这个最新科技信息时，冯院长年已 62 岁。经过研究院实验室的分析研究，发现这种新材料确实很好。2009 年研究院陆续引入 30 多个石墨烯研究团队，成员是清一色的"海归"，全力推进石墨烯的产业化研究。深圳已经成为中国最大的石墨烯应用市场，电池、智能穿戴和手机制造基地都在深圳，这些都是石墨烯材料最有希望突破的市场领域。

2015 年冯冠平创办了深圳烯旺新材料科技公司，主要从事石墨烯应用研发。研究中发现，石墨烯材料是目前最理想的电发热材料，具有发热快、发热均匀、热转化效率极高，且性能稳定、使用寿命长的特性。烯旺公司是世界首家石墨烯加热应用规模生产的企业。2018年在韩国平昌冬奥会闭幕式上，张艺谋执导的名为"2022，相约北京"的"北京8分钟"文艺表演惊艳亮相。当时现场气温零下3摄氏度，在寒冷天气里，72名演员身姿曼妙、动作轻盈、科技幻彩、表演炫目，赢得了全场雷鸣般的掌声。演员们表演出色与他们的演出服有关，衣服的材料很薄，但保暖性能很好；既不能让演员冻伤，又要保证动作的准确舒展。此演出服就是由深圳烯旺新材料科技公司研发生产的石墨烯智能发热服。

冯冠平一生从事科研，爱科研爱到了骨子里。有人问他对深圳的评价。他说："如果选择工作生活的地方，我会选择两个地方：一是深圳，二是硅谷，都是科技生长的沃土，而且目前深圳的发展势头并不比硅谷差。"

深圳留学生创业园

高新园区里有一个深圳留学生创业园，取得的成绩十分亮眼。该园的创办与一位名叫张滨龙的留学生有关。张滨龙，哈尔滨人，1986年出国留学，毕业后在美国工作。

1999年有80多名海外华人留学生来到广州，参加由国家几个部委联合举办的第二届留学人员交流会。"留交会"结束后，受时任深圳高新办主任刘应力的热情邀请，一行人来到深圳，被安排住在五洲宾馆。李子彬市长带着30多个局长，在五洲宾馆一个大厅里接待了留学生客人，双方座谈。留学生们先是在参观市区时留下了良好的印象，又听了李市长的详细介绍，感觉深圳充满了创业的机会。张滨龙等留学生建议，深圳是不是也可以和国内一些城市一样建一个留学生创业园？李市长当场表态："这是个好主意！尽快在深圳建立一个留学生创业园，为留学生归国创业筑巢引凤。"

具体工作交由分管领导郭荣俊副市长和刘应力主任对接推进。留学生们为深圳改革创新的精神所鼓舞，提出深圳留学生创业园不走内地由政府主办的路子，而是由地方政府与海外留学生团体合作共建，这个建议正中市领导下怀。为此，注册了深圳市留学生创业园有限公司。公司的运作模式确定为"政府主导、企业化运作、留学生管理"。2000年10月深圳留学生创业园正式挂牌成立，聘张滨龙任总经理。

筑巢引凤先要建"巢"。留学生产业园虽然已宣布成立，但还没有办公的地方。2001 年 3 月，时任常务副市长的李德成带着数个主管局的工作人员，到产业园现场调研办公。听完汇报，李副市长当场拍板，将高新区南区一块1.9 万平方米的土地批出建留学生创业大厦。当时高新区的土地供应已经十分紧张，这块地原计划是留给高新办作办公用地的。10 月留学生创业大厦奠基，建筑面积 5 万平方米，建设费用 1.8 亿元由市财政投资。2003 年 4 月成立了留学生创业园筹委会。4 年建成启用，半年时间全部满员。2004 年该园被国家人事部批准为"中国深圳留学生创业园"，级别升高了；2007 年被国家科技部认定为"国家高新技术创业服务中心"。

到 2009 年 5 月，该创业园累计吸引来自欧美 20 多个国家和地区的留学人员 780 人，累计孵化企业 560 家，在园企业 162 家，累计毕业企业 322 家。列举其中的一些例子。

张华龙创立"芯邦科技"公司

张华龙（1962—），先毕业于北京大学无线电系，后获中国科学院电子所硕士学位。1988 年公派到美国一所大学获工程管理硕士学位，后在新加坡和美国数家公司任高级工程师。2003 年 2 月成立深圳市芯邦微电子有限公司，2005年 3 月推出的第一颗 USB 控制芯片。公司打造了 3 个产品系列：优盘控制芯片系列、SD/MMC 卡控制芯片系列、智能家居类产品控制芯片系列。公司荣获国家信息产业部"中国芯"十年优秀设计企业奖、"2008 年度中国最具投资价值企业（未上市）50 强"称号（芯片类公司排名第一）等。优盘控制芯片销售量约占全球 40% 市场份额，成为全球最大供货商。芯邦已成为移动存储控制芯片设计与整体解决方案领域的品牌公司。

盛司潼创办"华因康基因科技"公司

盛司潼，美国弗吉尼亚大学分子生理与生物物理博士，美国约翰霍普金斯大学医学院博士后。经过几年努力，他研发出新一代的革命性的测序技术，带着这项技术、约五六位好友回国准备创业。

在北京上海等地考察后，2008 年春节刚过，他们又到深圳高新产业园区考察。时任高新办副主任的是张恒春，盛司潼认为他很懂行。盛司潼说："我们谈了一小会儿，张主任很快就了解了我们是做什么的。他当即力邀我们留在深圳，还开车带我们去考察留学生创业园。当时留学生创业园已经没有可供出租的场地。张主任立马决定腾出一间办公室给我们落脚。于是一个小时内我们商量决定留在深圳创业。"

2008 年 1 月深圳华因康基因科技有限公司完成注册，盛司潼任董事长兼技术总裁。公司重点进行遗传基因变异疾病检测专用的高通量基因检测系统的研发工作。基因技术在医学中的应用是 21 世纪最为革命性的科研创举之一，而高通量基因测序技术作为精准诊断领域中最为先进的检测技术，使基因测序速度大大提升，临床基因测序时间大大缩短、精确度达到 99.9%以上，对精准医疗的发展十分有意义。

2008 年 12 月，深圳推荐华因康公司的"高通量基因测序仪"项目上报科技部中小企业创新基金，获批成为 2009 年度第一批立项项目。2015 年公司研发生产的以"HYK—PSTAR—IIA 基因测序仪"为核心的测序平台研发进程与国际同步，使公司成为全球高通量基因测序平台真正商业化的 3 家公司中的一家（其他两家是美国公司）。公司被确定为科技部教育部产学研重点示范基地、国家"博士后工作站"、"院士工作站"。

创办留学生创业园的意义

前面我们谈到了我国实行改革开放前后，西方先进国家出现的先进技术的转移和扩散。在先进技术的扩散中，留学生群体扮演了一个重要的角色。

从先进技术转移的角度，回顾中国与外国之间的互动关系，我国历史上曾出现过三次大的学习、转移活动。第一次是中国唐朝时期先进技术和文化向日本的转移。当时日本长时间、大规模向中国派来众多留学生。"留学生"一词就是由日本人创造的。日本留学生学成回国，将中国的先进技术和文化传播到日本，让日本实现了从落后到先进的飞跃进步。

第二次是中国在清朝时期选派一批少年到美国留学。该活动的建议者和操办者是广东人容闳先生。这批学生学成归来，在中国近代工业化建设中发挥了重要作用。

第三次是在新中国成立前后，大规模向苏联派出留学生。留学生们不仅将苏联当时的先进技术带回中国，而且成长起来一大批新中国各条战线的领导人，为新中国工业化建设注入了强劲的动力。由此可见，在先进技术的学习和扩散过程中，留学生群体发挥了重要作用。可以说，留学生是学习了解先进技术的尖兵，是掌握传递先进技术的载体，是在国与国之间穿针引线的候鸟，是中外先进技术交流转移的纽带，其作用真的很重要。

改革开放以来，中国到欧美国家的留学生数量空前增长，创造出了世界历史上规模最大、学习研究领域最多、学员构成范围最广的留学热和学成后的回国潮。回国留学生数量大、水平高、贡献多，这个群体有了"海归"的新称号。深圳创办的留学生创业园，就是想为留学生们提供更多、更方便、更快捷的创业机会。实践证明，留学生创业园确实成为一个很好的创业平台，既帮助留学生们实现自己的创业梦想，也让他们能够为深圳乃至中国高新技术的发展作出了贡献。

国家级科技企业孵化器

2018 年国家科技部下发了《科技企业孵化器管理办法》的通知。下发该通知是"为了引导我国科技企业孵化器高质量发展，支持科技型中小微企业快速成长，构建良好的科技创业生态，推动大众创业万众创新上水平，加快创建国家建设"。所谓"科技企业孵化器（含众创空间等）"，是为科技创业创新企业提供物理空间、共享设施和专业服务的科技创业服务机构，"是国家创新体系的重要组成部分、创新创业人才的培养基地、大众创新创业的支撑平台"。这是国家科技部为培育科技型中小微企业发展而采取的一项措施。

根据深圳的经验看，设立这样的孵化器对初创时期的科技创新企业尤为重要。在全国推动成立科技企业孵化器，显然是对深圳经验的一种肯定和推广；而对孵化器以"国家级"标准进行认定，又对深圳提出了更高的要求。

经过严格评定，全国国家级科技企业孵化器数量达到 1287 家。深圳共有39 家，其中包括中国科技开发院、深圳市留学生创业园、深港产学研基地、清华信息港科技企业孵化器等。

2022 年 4 月，科技部公布了 2021 年度国家级科技企业孵化器名单，新产生了 149 家。深圳 4 家，其中综合类的有两家：深圳市骏翔智造实业有限公司运营的骏翔 U8 智造孵化器，深圳市众创空间创业投资管理有限公司运营的 We Serve 紫金 1 号双创园；专业类的两家：深圳市汇聚创新园运营有限公司运营的汇聚新桥 107 创智园；深圳市泛得孵化器管理有限公司运营的众里创新社区 · 兴东孵化器[3]。

① 邹旭东：《梁湘在深圳 1981—1986》，内部材料，2018 年，第 333 页。
② 邹旭东：《梁湘在深圳 1981—1986》，内部材料，2018 年，第 339 页。
③ 王海荣：《国字号孵化器，深圳新增 4 家》，《深圳商报》2022 年 4 月 26 日。

第六章　产业链

中国的硅谷

美国西海岸的旧金山是一个美丽的城市。红色的金门大桥横跨海湾似长虹卧波，像一把铁锁锁住了出海口。湾外，太平洋波涛汹涌如万马奔腾；湾内，风平浪静像蓝色的绸缎飘动。围着海湾的是高低起伏的丘陵地，坐落着著名的大学城，包括斯坦福大学、加州大学伯克利分校、圣塔克拉拉大学等。大学城孕育出了科技创新奇迹之地硅谷。笔者去过美国数次，第一次去的第一站就是旧金山市。2008 年我写了一本关于美国的文化游记《美国会是永远的帝国吗?》。

名叫"硅谷"（Silicon Valley），是因为与半导体材料硅（Silicon）有关。不夸张地说，硅谷是在"硅"元素基石上建起的电子信息社会的大厦。世界上有几个信息产业比较发的地区被称为硅谷之类的基地。除了旧金山的硅谷外，以色列特拉维夫—海法一带，被称为"中东的硅谷"。这个地区我也去过几次，2016 年写了一本文化游记《以色列文明密码》。这是一块 52 平方公里、40 万人口的区域，属于地中海东岸，蓝天碧海白沙，风景十分优美。这里平均每平方公里有 13 家创新公司，是世界上创新公司密度最高的地区之一，因此被誉为"第二硅谷""中东的硅谷"。但是当地人称之为"硅溪"（Silicon Wadi），也许是为了在名称上与硅谷区别开来吧。

再有就是"中国的硅谷"。中国最像硅谷模样的地方，有北京的中关村、深圳的高新园区等。与北京中关村和国内一些大学密集的城市相比，深圳的短板其实是很明显的。深圳初创时期只有一个新建的深圳大学，更没有国家级的科研机构，本地的科研力量是很薄弱的。但行业内的许多人却对深圳评价很高，认为深圳是"中国的硅谷"。

对此评价有国内国外两个证明。国内的证明是，2008 年在中国电子商会组织的全国评选活动中，华强北街脱颖而出，战胜中关村等对手，被评为"中国电子第一街"。硅谷与电子是同样的业态。国外的证明是，2015 年 7 月 16 日由美国加州硅谷地区 8 位市长和企业家、投资人组成的"硅谷市长中国行"30 多人代表团，出席了"中国·硅谷创新投资论坛"，最后一站到深圳参观。硅谷市长团团长布莱恩·佩克（Brian Peck）评价说："深圳和硅谷有同样的基因。"2021 年知名投资人吉姆·罗杰斯说："世界创新圣地可能将从美国的硅谷转移到中国的深圳。"

"秘密武器"产业链

没有知名大学群和国家科研机构，研究力量薄弱的深圳为什么会戴上"硅谷"的桂冠？因为拥有电子研发、生产、服务的产业链。产业链是什么？这是产业经济学中的一个概念。"各个产业部门之间基于一定的技术经济关联，并依据特定的逻辑关系和时空布局关系客观形成的链条式关联关系形态。产业链是一个包含价值链、企业链、供需链和空间链四个维度的概念。"

深圳科技创新的秘密武器就是产业链，这不是一条简单的生产连接链条，而是完整的、发达的、快捷的、高效的产业链。如果把创新的过程，细分成基础原创、应用创新、技术研发、生产服务等几个阶段。大学城和科研机构密集的地方，一般会在基础原创环节占据绝对优势；而深圳的长处在后面几个环节。从创新的角度说，原创最难，是无中生有的创造，是从 0 到 1 的突破；而后边的环节相对容易一些，是在已经有的"1"的基础上不断增加新的数字。但如果从产业发展的角度说，新技术也好，金点子也罢，只有实现产业化，才能有效益、赚到钱。而只有获得了收益，将赚到的钱源源不断地投入新一轮的科研创新中去，新的技术继续支持产业滚雪球式地不断发展壮大，才能形成可持续发展的良性循环。因此，后面的几个环节自然也是不能忽视的。深圳就是在后面几个环节上走出了一条路子，最集中的表现就是完整的产业链。

这条产业链很长，样子有点像孔雀，头在深圳，尾巴开屏遍布珠江三角洲，甚至深入内地。这条产业链，华强北电子一条街是"前店"，高新园区等各个区的产业园是"后厂",珠三角的庞大产业群都是末端工厂。以深圳为龙头的产业集群,既是一个完整、高效的产业链,也是企业之间能够取长补短、互相促进的企业发展生态集群。

如果谁想要在华强北研发一个新产品,特别是 IT 行业的新产品,有关需求信息发布后,在短短的一小时之内,就会有人将需要的零部件送过来。高效的产业链让深圳成为"中国硅谷"。国际知名机构、硬件孵化中心 HAXLR8R 的创始人西里尔·艾博斯韦勒(Cyril Ebersweiler)将总部从硅谷搬到了深圳。他评价说:"这里能让我们在 1 公里之内找到任何想要的原材料,这是美国、欧洲和世界上任何地方都做不到的,因为那里没有深圳的华强北。"

深圳之所以有完整发达的产业链,是深圳历届市领导正确决策、不懈努力的结果。在深圳最初的发展大纲里,就明确了以工业为主导的方针,积极热情地鼓励企业在深圳创业发展;1987 年下发的 18 号文件首次承认了科研人员知识产权的价值,鼓励科技人员发展民科企业,从此深圳的民科民营企业蓬蓬勃勃地发展起来;1990 年以深圳首届党代会为标志,深圳开始实行经济结构转型,"三来一补"企业或者主动转型升级,或者迁往他地。腾出空间后,高新技术企业开始大踏步地进入深圳。正是由于采取了正确的发展方针和积极有力的措施,让深圳成为中国中小民营企业数量最多、发展最快、产业质量不断提升、技术研发速度不断加快、市场反应最敏感、产品最为丰富的地区。这就是深圳拥有完整丰富产业链的基础条件,是深圳在"中国硅谷"竞争中脱颖而出的根本原因。

最先发现深圳产业链这一"秘密武器"的可能是刘应力副市长。他早在 2015 年发表了一篇文章对深圳的产业链做了总结和分类。[①]后来王苏生、陈博在 2018 年出版的《深圳科技创新之路》中又补充入新内容。他们认为深圳产业中具体形成了"六大产业链":

一是计算机及外设制造产业链。市内计算机产业研发和生产的企业有 1500 多家,周边还有 1500 多家,形成了配套齐全的产业链。

二是通信设备制造产业链。市内是排名世界第一的华为与紧随其后的中兴,引领的通讯行业的企事业单位达到 856 家,共研发生产 515 种通信产品及其配套产品。

三是充电电池产业链。以处于全球领先地位的比亚迪公司为龙头,全市充电电池的生产企业达到 20 多家，相关配套企业达到 50 多家。

四是平板显示产业链。深圳有全国最早生产 LCD（全称是 Liquid Crystal Display，中文的意思是液晶显示器）产品的天马微电子公司，也有以华星光电为龙头，在光明新区形成了液晶平板产业群。深圳有近百家企业从事平板显示及相关器件生产，包括 PDP、TFT—LCD、OED，从导电玻璃材料到控制芯片，形成了全面的配套能力。

五是数字电视产业链。深圳从数字电视标准研制到制造数字电视发射设备，从高清晰度电视机到数字电视机顶盒，从数字电视的地面传播到数字电视的有线传输，形成了一大批研发生产企业。

六是生物医药产业链。深圳已初步形成从检测试剂、生物疫苗、生物芯片、生物药物到基因治疗药物的产业链雏形。其中，科兴、康泰两家是全国最大的生物药生产企业，赛百诺是全世界第一家获批准的基因治疗药物生产企业，生物医药企业和产品双双超过百家。②

下面重点选择手机和无人机两个产业，深入分析一下产业链在其产业发展壮大过程中发挥的重要作用。

"山寨手机"野蛮生长的沃土

"山寨"与"深圳"有关系吗？我第一次搞清楚"山寨"一词的真实含义，是在一次到华强北街调研时，听到站柜台卖货的几个员工（也可能是小老板）说的："'山寨'其实就是'深圳'的隐语。华强北街上每天买卖的大量产品很多产自深圳，按照英语的说法，就是'Made in Shenzhen'。但是，有人怕惹出麻烦，不敢直接写'深圳制造'，就用深圳拼音的缩写'SZ'代替。而买家看到这两个字母以为是'山寨'拼音'ShanZhai'的缩写，因此就称作'山寨机'……"

这件事发生在深圳华强北街成为"山寨手机"大本营的 2005 年前后。我后来在《深圳财富传奇·占领华强北》一书中详细记述了这段历史。那一年，华强北好像是雨后的森林，一夜之间草地上突然冒出了许多大大小小的蘑菇。这些蘑菇就是经营手机的商摊。一位专家判断说："2005 年，是深圳的山寨手机产业链形成的一年。这一年，冒牌的、翻版的手机开始大规模出现。"

为什么手机产业的发展势头会在这一年突变呢？有几个原因：国家政策的变化，技术的发展，完善的产业链。

一是国家有关政策的变化。

中国对手机生产实行较为严格的监管制度。早在 1998 年，国家信息产业部和原国家计委曾发布了"五号文件"，规定"严格控制移动通讯产品生产项目的立项、审批""对移动通讯产品生产企业严格监管……"。信息产业部对手机生产厂家实行发放牌照制度，1999 年发放了 9 张手机牌照，领取牌照的公司包括熊猫集团、波导、TCL、天时达、夏新等。后来，很少发牌。政府实行发牌制度的本意，是为了保护处于幼稚时期的国产手机行业，避免过度竞争，但效果恰恰相反。政府行政政策保护下的国产手机厂家经营情况并不是很理想。2002 年国产手机的销售情况好了一些，TCL 的"钻石手机"、波导的"手机中的战斗机"让人们眼前一亮。2003 年波导销售手机 1175.59 万部，超过诺基亚和摩托罗拉在中国市场的销量，成为国内手机业的老大。然而很快，国产手机就陷入了全线亏损的境地。根据一份国内 GSM 手机市场份额统计表显示，2004 年上半年，前 8 名国产手机中，除了联想比上一年同期略有增长外，其他国内厂商营业收入和利润均出现了不同程度的下滑。2007 年国内品牌手机大企业几乎全部出现亏损，其中波导亏损 5 亿多元，夏新更是亏损 8.44 亿元，有些企业坚持不下去退出了市场。

也许是看到行政政策保护不了国产手机企业的事实，政府改变了政策。2005 年 2 月，国家发改委发文将生产手机由审批制改变为核准制。这意味着，以前没有经过批准，不容许生产手机；而现在可以生产了，但产品必须经过有关技术部门检测认为合格后才可以销售。这一政策的改变，对华强北生产销售手机的厂家开了方便之门。以前没有批文，一开始研发生产好像就违法了；现在搞不搞研发由生产企业决定。这就让许多企业家放心了很多，至于说生产出来的产品能不能通过检测、能不能销售，那就再说了。

不要小看这个政策的改变，这一改变实际上鼓励华强北的经营者们开始了一场研发手机的攻坚战。2007 年国务院宣布取消和调整 186 项行政审批项目，其中包括取消由国家发改委执行的"国家特殊规定的移动通信系统及终端等生产项目核准"等。这就是也取消了手机核准制，政策变得更加宽松，手机研发和生产门槛再一次降低。这就鼓励了更多的经营者开始投资进行生产手机。最终，几乎让华强北的半条街都开始经营手机，深圳的"山寨手机"开始产生世界性影响。这样的结果可能谁都没有想到。由此可以看到，在中国这样管理权力高度集中的大国，一项政策的制定或者废止，会产生多么巨大的作用。老子在两千多年前说，治大国如烹小鲜。此话真有道理。

二是技术发展变化的影响。

这个时候，恰逢手机生产技术上也发生了一次革命性的变化。简单概括地说，手机的制造过程，是一个零配件开发技术不断复杂、而装配技术不断简化的过程。麻雀虽小，五脏俱全。一个小小的手机具备通话、发送短信、听音乐、玩游戏、照相等越来越多的使用功能，在背后支撑这些功能的是越来越复杂的技术。因此，制造手机有相对高的技术门槛，攻克这些技术难关需要投入大量资金。技术和资金，是一般小公司做不了手机业务的主要原因。

但是，一家台湾公司一夜之间改变了局面。这家创立于 1997 年的公司，名叫台湾联发科技股份有限公司（英文名叫 Media Tek），是一家芯片厂商，曾被美国《福布斯》杂志评为"亚洲企业 50 强"。这家公司研制出了一款名叫 MTK 的手机芯片。MTK 芯片技术集成度很高，把手机主板的硬件软件集成到了一起。有了这种芯片，加个外壳和电池，就能装配出一部手机。这样一来，生产手机就变得十分容易。有了这种简单的、傻瓜似的技术，就算你是一个完全的技术盲、门外汉，也有条件玩玩手机过把瘾了。当然钱是不能少的。你买来各种芯片和各种各样的零配件，雇几个熟手就可以生产手机了。

三是完善的产业链。

人们总是喜欢问一个问题，为什么山寨制造会大规模地出现在深圳？而北京、上海、苏州、温州等地有些条件比深圳还要好，却没有出现山寨现象？原因其实很简单：就是因为深圳有华强北，在这条街上形成了一个产供销完整的产业链。这条产业链上，华强北只是一个前店，身后有强大的后厂，就是遍布于珠三角的配套环境高度成熟的产业链。

珠三角里中小企业遍地开花，什么样的行业都有人做。如果有一个客商想生产任何一样产品，只要提出了产品要求，剩下的事情可以找到各种各样的专业厂家为你完成。先要完成产品设计，会有各种专业设计公司为你完成结构设计、外观设计、线路设计；设计完成后，专业公司为你的产品开出模具；产品需要各种零配件，有专业公司为你提供；如果你不想亲自组织生产，可以将生产任务外包给代工厂家生产，等等。有了产品，就可在华强北的各种专业商城里租赁一个柜台，找人帮你销售。华强北形成了一种产供销各个环节十分专业、分工细致的产业链。

只有在拥有这种产业链条件下，才有可能出现大规模山寨制造的局面。因此，从某种意义上说，山寨制造是环境的产物。只有深圳拥有这样的环境，所以深圳的山寨现象形成了云蒸霞蔚大气象。有人估计，全国60%以上的山寨手机制造和销售于深圳。毫不夸张地说，深圳华强北是山寨手机破土而出的沃土、育苗生长的温室、植树成林的山谷。ShenZhen & ShanZhai？ OK！

这几种因素交织在一起的时间大概在2005年。从那以后，研发生产手机的公司，就像雨后春笋一般纷纷冒出地面。各种个性突出的产品、与众不同的式样、冒充品牌的高仿真手机，多的像山沟里的石头、森林中的树木。

华强北街上热销的手机，式样新颖、价格便宜、性能也不差，因此受到顾客们的热烈欢迎。有的胆大妄为，冒充各种名牌手机，以价格便宜一半，甚至3折的超低价格出售；有的创个什么自有牌子，大做广告，低价出售，迅速打开市场，逐步走上创品牌的路子。由于华强北手机生意火爆，营业额惊人，全国主要的手机公司都眼红华强北，愿意来到这条街上安营扎寨，想分一杯羹尝尝。

华强北的手机被众多的经销商卖到了全国，甚至吸引了东南亚、中东、非洲等地区许多国家的商人来华强北采购。一些手机卖场里的很多柜台上，摆着印有阿拉伯文、泰文、印地语、越南语的招牌，说明了这些手机卖到了那些市场。山寨手机的出口形成了规模，不光外国商人拿着现金专程到华强北进货，甚至一些国外的批发商在深圳设立了专门机构负责采购业务。仅是在深圳做生意、生活的阿拉伯人已超过千人。许多外国商人喜欢到深圳做手机生意，与所在国家对手机宽松的监管制度有关。在中东、巴基斯坦、俄罗斯、巴西等国家和地区，市场管理部门才不管什么正牌手机还是山寨手机，只要商人愿意经营、消费者愿意购买就好。这种管理制度为深圳的山寨手机大量外销提供了条件。山寨手机的外销，从2007年开始逐渐升温，据说仅这一年就出口了7000余万部。其中阿联酋的迪拜是销售中心，销往迪拜的手机量占深圳外销总量的30%以上。迪拜有一条著名的"手机一条街"，被中国商人称为"迪拜的华强北"。只要是华强北街上销售的机型，数日之内就出现在迪拜市场上，而且价格相差无几。来自深圳的手机在迪拜中转，再分销到北非诸国及印度、巴基斯坦等国家。山寨手机以不可思议的速度占据了相当大的国际市场，对国内很多大公司而言，这是做梦也很难实现的目标。

有一次，电子工业部一位司长到深圳开会，在当地商会干部陪同下到华强北逛街。司长说："听说深圳山寨手机很便宜，质量到底怎么样呢？"该干部就带他到手机市场选手机。在一个柜台上，司长看到一款手机，样子很不错，问售货员多少钱？售货员小姑娘回答说："老板想买多少？一部手机350元，如果要的多，价格还可以便宜点……"。司长听闻感到有些吃惊。他问陪同干部："价格这么便宜，会不会是假的?"陪同干部笑笑说："这里卖的手机，可能会是'假冒'，品牌假冒；但质量方面一般不会'伪劣'……试试就知道了。"司长说："言之有理。"他拿出自己的手机，取出通讯卡，安装在新手机里，先是给家里拨了一个电话，打通后一听通话质量很好；又对着商场咔嚓咔嚓拍照，一看图像质量也不错。司长感叹地说："我知道为什么人们愿意来华强北买手机了，确实物美价廉，有竞争力。既然有这样的研发能力，就不要去冒充什么名牌手机啦，下决心创一个自有品牌，坚持几年就可能会成为一个著名的品牌，企业也就做大了。"

从"山寨"到原创的必由之路

在经营中，华强北的手机厂家走上了两条不同的道路。一条是仿制假冒的独木桥小路。什么手机好卖，他们就仿制什么手机，不光赚钱容易，而且利润比较高，这是一条容易做、赚钱快的路，但这样做侵犯了别人的知识产权，因而不知道能走多远。后来，随着政府加强市场监管，加大打击力度，很多人感觉做不下去了，干脆关门走人，撤出了华强北。另一条是创造自主品牌的阳光大道。这些厂家眼光长远，注重创造自己的品牌，慢慢培育，不懈努力，长期坚持，最后发展成为著名品牌手机厂家。据统计，到2011年在华强北生产经营手机的厂家已有600多家。

攀登科技研发高峰的道路从来都不平坦，而是一条崎岖不平的山路。中国创自有品牌、拥有自主知识产权手机的研发制造，走的正是这样一条艰难曲折的道路。手机是由美国人马蒂·库珀（Marty Cooper）于1973年发明的，这一发明是人类通讯技术上的一次革命，改变了世界面貌。20 世纪 80 年代末期，手机进入中国，善于学习的中国人开始努力钻研掌握这种技术。90 年代末，第一批自主品牌的中国手机生产出来了，大家对国产品牌手机充满了期待。但是，挫折很快就出现了。

2004 年被很多媒体称为"国产手机的分水岭"。这一年，一直飞速发展的国产手机集体全线溃败。几乎与国产品牌手机"兵败麦城"的同时，山寨手机迅速崛起。山寨手机虽然崛起迅猛，但是，没有自有技术和品牌的商品，如同无源之水、无本之木，好像是在沙滩上建房子，前景终究不牢靠、难成大气候。在山寨手机野蛮生长的同时，一些有远大目标、有长远眼光的企业在慢慢地积聚力量。由中兴通信、华为、基伍伟业、天语、酷派等组成的国产新品牌手机，凭借着自主创新和集成创新，正在成为中国手机的新领军力量。其中，中兴通信、华为和基伍伟业三家的手机业务发展尤其快，进入全球销量十强。2010 年中兴通信售出 5180 万部手机，名列全球第四；华为销售量约为 4000 万部；基伍伟业销售 2500 万部。基伍公司的例子有代表性，可以单独说说。

深圳基伍伟业通讯设备有限公司创办于 2003 年，创办人是张文学，任公司董事长。基伍伟业曾经在制造山寨手机方面有令人瞠目的表现，被同行戏称为"山寨王"。张文学创业时头脑比较清醒，知道山寨的路子走不长，下决心转型打造自有品牌。他说："培育自己的品牌，好像是养育自己的孩子。婴儿一天天长大，生命力越来越强，当父亲的会越做越轻松。"经过几年努力，取得成功。2008 年公司研发制造出了"G—Five"型手机。这个英文词什么意思？来自英语俗语 Give me five，这句话的中文意思是"击掌庆祝一下"。名字起得好，带来了好运气。这款手机成为国际上的抢手货。

然而没有想到随着基伍伟业成为国际著名品牌企业，也开始被国外不法公司"山寨"，疯狂仿造该公司的品牌手机，大量销往印度等国，给基伍公司造成极大损失。这事儿搞得张文学哭笑不得。2010 年"G—Five "手机以 434 万台的销售量跻身全球第 9 位。取得进入全球前十排名，诺基亚用了 10 年，三星用了 7 年，基伍仅用了 3 年。

就这样，华强北牢牢地占据了手机界的龙头老大地位。2010 年全球手机总出货量 14.25 亿部，深圳手机占 1/4。北京邮电大学教授阚凯力评价说："深圳目前拥有集研发设计、零部件制造、整机集成和批发销售于一体的较完整手机产业链，已成为全球重要的手机研发制造基地和交易集散中心。据统计，深圳集中了国内 75％的手机制造商、60％的手机研发设计商和 90％的手机包销商，手机生产零部件配套率达到 99％。"

《红楼梦》中说："千里搭长棚，没有个不散的宴席。"这句话用在华强北也有几分相似。华强北山寨手机经过长达近 10 年的疯狂发展后，在 2011 年开始出现拐点。所谓"成也萧何，败也萧何"。华强北当年山寨手机的潮起是技术造成的，而如今潮落也是技术造成的。出现拐点，是因为以 3 G 技术为代表的智能手机开始大规模登场，造成了以 2G 技术为基础的山寨手机的衰败。有一家媒体发表了一篇文章，标题是《华强北山寨神话终结》。但是，山寨手机时代的终结，不等于华强北的衰落。相反，山寨机走向穷途末路，正是企业开始转型升级、创新品牌、再谋崛起的序曲。

如何看待山寨现象？

在采写关于华强北科技创新一书过程中，笔者一直在思考一个问题："怎样看待山寨现象？"

有一位专家这样回答："山寨现象由来已久，在改革开放初期就有了。比如说，深圳的电子产业最初是从组装收录机、电视机等家用电器开始的。我们进口散件，组装好后销售。这种方式就是山寨，但当时叫作 CKD、SKD，是一种授权的仿制形式。后来在华强北出现的山寨现象，是没有合法授权的、私自进行的仿制行为。当年的 CKD、SKD 是被动的山寨制造，现在是主动的山寨制造，差别就在这里。"

另有一位专家对山寨现象持比较肯定的态度，他说："从某种意义上说，华强北山寨机是一种创新。山寨过程中不光有技术模仿，也有技术创新。更重要的是，山寨制造不仅是一种产品创新，而且是一种产业链的创新，是一种商业模式的创新。山寨手机的制造过程，是中国台湾联发科（MTK）负责研发，手机方案设计公司负责硬件设计，山寨厂商负责组装手机，全国各地经销商负责销售，这样一个完整的产业链。这种产业链也可以复制到其他山寨制造的生产链上，因此说，华强北创造了一种新的商业模式。"

多数专家认为，山寨制造实际上有两种形态：一种是完全的高仿，在技术上模仿得惟妙惟肖，产品品牌完全假冒；另一种是在模仿基础上，技术上有突破、有创新，有自己的知识产权，产品使用自主品牌。前一种是短视的、急功近利的、违法的，因而是不可持续的、没有出路的；而后一种是立足长远的、合法的、有发展前途的。对后一种，政府应该鼓励、支持。③

专家们讲的很有道理，我很赞成他们的观点。

山寨现象实际上是一种技术模仿过程，而模仿是技术创新的踏脚石。在全世界范围内，这种技术模仿和创新每天都在进行。每一次技术转移，实际上就是一次技术模仿、在模仿基础上创新的过程。如果不学习前人积累下来的知识，发展和创新是不可能发生的。

怎样看待"山寨"现象？人们的认识不大一样，有赞成，有反对，也有折中。赞成的意见认为，山寨现象存在的背后，是为了生存，为了平等，是一种产业自救行动，是完全可以理解的。石涌江教授甚至认为："山寨机繁荣的背后，其实是中国式创新的胜利……"④反对的意见认为，山寨就是抄袭，是一种技术、知识的盗窃行为。如果默许这种行为存在，技术创新人的劳动得不到尊重和补偿，从而会失去原创的积极性。因此，应该打击山寨行为，要努力造成一种全社会尊重原创精神、遵守游戏规则的风气。

折中的意见认为，模仿和抄袭固然不好，但是也不要过于严厉地封杀和限制。人类知识和技术发展的历史就是一部"山寨史"，都是你抄我，我抄你，在抄的基础上再做一些发明和创造。大部分所谓的"原创"就是这么回事。正确的做法是建立专利制度，鼓励人们使用他人申请登记的先进技术时付专利费，这也是一种买卖公平的原则。这样做，既保护了原创的利益，也鼓励后来者在原有基础上不断创新和发展。这样做，会让技术发展得更快更好。给苹果电脑供应芯片的 ARM 总裁都德·布朗好像也持这种观点，他说："我并不认为中国的山寨是一个邪恶的东西。……山寨会推动平板电脑的大量普及。"⑤

不管对"山寨"现象，赞成也好，反对也好，事实是在华强北这么一个地方，出现了可能在人类历史上少见的大规模、长时间的技术模仿和创新活动。这一活动的结果，造就了华强北的崛起神话，演绎着华强北的财富传奇故事，培养出了无数个技术人才和经营能手。华强北对深圳高新技术的发展起到了举足轻重的作用，对中国电子事业的发展造成了重大影响，甚至对世界电子市场和技术的发展都产生了一定影响。有哲学家说："凡是存在的都是合理

的。"如果我们同意这句话，那么对华强北的山寨现象，就不应该简单地排斥
和否定，而是要深入研究这种现象，看它究竟意味着什么？理论家们应该总结
经验，研究指导行动的正确理论；政府应该制定合适的政策，引导企业从模仿
转变为创新。这样做，就能让华强北每天发生的大量的技术模仿和创新活动走
向正确的方向，让华强北——这条神奇的、独一无二的中国电子第一街发挥出
更大、更好的作用。

为什么无人机产业爆发式发展？

大约从 2014 年开始，深圳的无人机产业爆炸式地发展起来，优秀的无人
机企业成批成长。如今，深圳已成为全国无人机企业的主要发源地，也是全球
最重要的无人机生产基地。2021 年全国共有 1.2 万家无人机企业，行业总产值
达 870 亿元人民币。仅深圳就有 1500 多家、产值近 600 亿元。其中，消费级
无人机占全球 70% 的市场份额，工业级无人机占全球 50% 的市场份额。深圳
是当之无愧的世界"无人机之都"[6]。下面举几个例子。

大疆无人机为什么不能回香港发展？

2006 年，汪滔在深圳福田区莲花村的一间民房里创办了深圳大疆创新科
技公司。汪滔（1980—），浙江杭州市人。2003 年他入读香港科技大学电子及
计算机工程学系。汪滔自幼对无人机着迷。为了学习他喜欢的专业，在华东师
大读三年级课程时退学来到深圳，就读于高新区虚拟大学园的深港产学研基
地。2003 年深港产学研基地为香港科技大学定向选派了 9 名选派生，汪滔是
其中一人。在香港科技大，他所有的精力都用来研究飞行系统。2004 年中央
电视台主办的第二届全国大学生机器人电视大赛（ROBOCOM）中，汪滔科
研小组参加了大赛，因忘记给电池充电，比赛中飞机摔了下来。2005 年第三
届大赛再次参加，这次获得了香港冠军和亚太地区并列第三的好成绩。

公司成立后，经过几年的艰苦研发，于 2012 年研制成功了"大疆精灵"
（Phantom 1），这是世界首款航拍一体机；接着推出了"大疆悟空"（WooKong—
M）多旋翼无人机。后来推出的新产品越来越多：ACE 系列直升机飞控系统、
多旋翼飞控系统、筋斗云系列专业级飞行平台、多旋翼无人机、三轴手持云

台系统等产品，填补了国内外多项技术空白，成为全球同行业中领军企业。2011—2015 年大疆销售额增长近 100 倍，在全球消费级无人机市场中，大疆的产品销售量约占七成，创造出"中国制造"的奇迹。汪滔获得了 2015 年度深圳"科技奖""市长奖"；2019 年荣获 70 年 70 企 70 人"中国杰出贡献企业家"称号。2021 年入选《财富》"2020 年度中国最具影响力的 50 位商界领袖"榜。

大疆公司创业的故事网上有很多，这里不再详述，只讲一件与产业链有关的小故事。2014 年，时任香港特首的梁振英到深圳来大疆公司参观。在与汪滔交谈中，特首问了三个问题："你在成长中，香港科技大学为你做了什么？你在创业中，深圳为你做了什么？假如香港给大疆像深圳给予的同等条件，公司能不能迁往香港？"对特首提出的第三个问题，汪滔没有直接回答。他只是说："深圳拥有全球最好的产业链。大疆是一家只设计、不生产的公司，无人机上的每一个螺丝钉都是外包的。每当大疆设计出新款产品、在网上公布外包方案，立马就会有许多家公司报名竞争，大疆可以从中选择最合适、给出最好条件的供货商……在产业链方面香港已经完全没有办法跟深圳竞争了。"

对这个回答，特首不会太满意，但是他承认汪滔说得对。

天鹰兄弟无人机立志推动农业现代化

2018 年在号称全球工业第一展的汉诺威工业博览会上，我采访了深圳一家名叫天鹰兄弟无人机的公司销售经理李红伟。据他介绍说，公司创始人名叫李才圣，是江西上饶万年县的农民子弟。考上大学后因家庭贫困无力读书，早早离家打工。在深圳磨砺多年、小有积蓄。2014 年受李克强总理"大众创业、万众创新"号召的鼓舞，李才圣辞去百万年薪的职位，与 4 位无人机爱好者成立了天鹰兄弟无人机公司。

看着摆在展台上六旋翼无人机的健硕身躯，浏览着无人机在田野里灵动飞翔的图片画面，听着李经理讲述的生动故事，"天鹰兄弟"的名字触发了笔者的想象力，眼前出现了生动的画面：几名热血青年积极响应国家领导人的号召在深圳热土上创业，立志成就一番事业；无人机如雄鹰飞翔在天空中，让"中国制造"的产品飞出国门；面对全球化市场的前景，公司决心提供优质产品和高端服务，以"四海之内皆兄弟也"的理念造福顾客。

公司选择农业为开发产品、提供服务的领域，以推动国家农业现代化为己任。多年里专注于农用无人机多用途技术的研发，让无人机完成喷洒各类农药、采集与分析农业大数据、大面积监管田野里的众多目标、采用智能手段管理动力能源等多种复杂的任务，从而成为农业无人机领域的标杆产品和企业。公司研发的 TY—787 无人机产品，机身结构采用进口航空铝和高强度碳纤维材料，动力源采用高能量的锂电池，机体重量 10 公斤，却可以负载 38 公斤。一架飞机可替换 50 个人工，每小时作业效率高达 100 亩农田，对高高低低的地面不挑剔、作业自如。与传统方法相比，播洒农药节省 40%、节水 90%，播撒一亩地耗电费仅为 0.68 元。特别是在打农药方面表现出色，被农民誉为"打药神器"。开发这种先进技术的灵感来自李才圣儿时的深刻记忆。他说："小时候我曾亲眼目睹过父亲和邻居背农药壶中毒的可怕情景，能够用无人机代替人工，不仅能大大提高效率，更重要的是避免发生人身伤害的悲剧。"

由于在技术研发方面的大投入、高强度努力，公司的新技术产品层出不穷，2017 年天鹰兄弟就被认定为国家高新技术企业。在市场开拓方面也发展很快，在国内各主要农业大省成立了 15 家分公司，国外的第一家分公司设立在韩国。韩国政府十分认可天鹰兄弟无人机的优良性能，批准给予 80% 的购机补贴。

2015 年 10 月在北京举行的全国"大众创业、万众创新"优秀项目展示活动中，天鹰兄弟以广东创新创业的典型案例展出，受到了李克强总理的肯定和鼓励。

笔者问到参加汉诺威工业展的效果，李红伟经理高兴地说，已经有了一些订单，天鹰兄弟无人机将飞入一些西亚阿拉伯、非洲的国家和地区。

高巨创新科技无人机表演秀惊艳世界

深圳市高巨创新科技开发有限公司的创建人名叫高建民，公司成立于 2014 年 10 月，注册地是深圳龙岗区。

人们开始关注高巨创新公司是在 2018 年的央视春节晚会上。无人机第一次编队表演，引得年轻人们兴奋地尖叫；同台表演的还有深圳优必选公司的人形机器人编队。天上的无人机自由飞翔、位置准确，变化出各种优美的图案；地下的人形机器人，形象呆萌、动作精准、整齐划一，像阅兵式中的仪仗队。说实话，几年过去后，那一台节目的内容大部分忘记了，只有这两场表演的场景时时浮现在眼前。

高建民为什么要成立研发无人机的公司，又为什么要组织新颖时髦的无人机集群编队表演队呢？出自他对科技的热爱和创办科技企业的初心。他认为："科技，从快乐开始。"后来高巨创新的无人机表演频频亮相在人们的面前。2018年参加深圳改革开放40周年文艺晚会；2019年参加香港举办的爱国爱港文艺晚会。特别是2020年8月26日深圳经济特区建立40周年纪念日庆祝晚会上，在风景秀丽的深圳湾畔人才公园的夜空中，晚上8时26分，826架无人机献上了一场灯光秀表演，科幻、新颖、热闹的表演，表达出深圳市民对中国改革开放的歌颂、对深圳经济特区的热爱。全国各个媒体以"2020无人机夜空表白深圳"的题目给予了充分报道。2022年北京冬奥会开幕式上，以无人机编队打造影视画面的"天幕"中"拼"出了冰墩墩和雪容融形象。高巨创新的无人机表演秀已在全球100多个城市表演了3000多场，打破了多项无人机编队领域的世界纪录，占据全球市场份额超70%。2021年5月高巨创新更是以5200架无人机编队飞行表演成功挑战4项吉尼斯纪录，跃居无人机编队表演世界榜首。

从技术上来说这是很难的，每一架无人机要保持正常的飞行状态，电脑要准确控制每一台无人机的飞行轨迹，这对无人机的质量、软件程序的设置、后台控制人员的熟练操作等，都是严格的考验。

无人机产业的发展述评

就这个题目我专题采访了唐杰副市长。唐杰（1955—），四川德阳市人。南开大学经济学博士、博士研究生导师。2009年3月任深圳市政府副市长。

有一次唐杰去天津，在飞机上翻阅天津当地的报纸，看到有一篇文章报道空客飞机在天津组装成功的消息，评价说："天津十年磨一剑，成就了1000亿的大飞机产业……"这篇报道让他产生了联想：深圳的无人机产业也是1000亿，而打造这个巨量产业的时间只用了5年。

对于深圳无人机产业为什么能够迅速发展，唐杰副市长与这个行业的一些企业家探讨过其中的原因。首先，深圳有全球最发达的碳纤维产业，这就为无人机机身的生产准备好了合适的材料。那么碳纤维产业又是从哪儿来的呢？是因为深圳当年生产钓鱼竿、网球拍、羽毛球拍、高尔夫球杆等类的产品，这些产品都会大量采用碳纤维，于是促进了碳纤维产业的发展。深圳的碳纤维品种多、质量高，能生产最高端的碳纤维产品。例如一辆碳纤维自行车价格24万元人民币，比汽车都贵；手机外壳也会大量使用碳纤维，最高峰时深圳的手机产能高达10亿只，需要有多少巨量的碳纤维材料才能支撑得住？有了碳纤维产业做基础，发展无人机就是水到渠成的事。

其次，无人机还会大量使用电池和电控部件，这也是深圳的优长产业。例如，机器人（无人机是天上飞的机器人）是没有神经的，它控制自己的身体靠的是算法和机械，其中伺服电机是电控系统必不可少的关键零件之一，而其中的磁性材料是制约伺服电机质量好坏的重要因素。深圳政府曾经做了一件事，先后投了5000万元研发伺服电机中的磁性材料，促进了这个产业的迅速发展。当时还没有无人机这种产品，也根本想不到后来无人机会大发展的前景，而当年深圳支持伺服电机磁性材料的发展，为多年以后无人机的发展打下了基础。这是一个歪打正着的例子。这也说明所谓的"市场淘汰"，很多时候是一种产业优化的过程。当时有一些行业看起来好像不行了、面临淘汰，后来却成为无人机的产业链之一。

唐杰说他有一次跟汪滔聊天，问他大疆为什么发展得这么快？汪滔回答说："这是因为深圳有完整、丰富、灵活的产业链。很多时候只要我们有一个'Idea'（想法），连图纸都不用画，将想法说出来，有人会给我们画好图纸；需要的所有零部件也不用生产，需要什么有人会生产送上门，价格又低，质量又好；加上深圳的交通方便快捷，厂家供给我们零件，我们交货给客户，时间都有保证，公司就这样爆发式发展起来了……"汪滔的话证实了唐杰的猜想。这就是天津打造千亿空客飞机组装产业用了10年时间，而深圳打造千亿无人机产业只用了5年的原因。

深圳产业链的升级版

深圳的产业链是深圳经济快速发展的利器，是深圳成为"中国硅谷"的秘诀之一。

如今深圳的产业链还在不断地发展升级，从最初的生产配套产业链，变为服务链，再到科技创新生态链。国家有关部门对深圳科技创新全链条的发展经验给予充分肯定。2021年7月，国家发改委发布《深圳经济特区5方面47条创新举措和经验做法》，其中首要的一条即是建立"基础研究＋技术攻关＋成果产业化＋科技金融＋人才支撑"全过程创新生态链。

唐杰副市长认为，创新生态链的发展升级关系到深圳未来的发展前途。在他看来，城市经济的增长可以划分为两个部分：一是内生性的，就是一旦创新企业成长之后，内在结构在不断发生变化；二是有新的产业进入。未来看深圳，一方面看像华为、平安、招商、大疆这样的企业能不能有持续的生命力，它们的生命力就是深圳的生命力；另一方面深圳未来产生创新企业更重要。深圳的成功不在于出现了大企业，而在于出现完整的产业链系统，而且创新存在于产业链的各个分工环节。⑦

乐正（深圳市委原副秘书长、南方科技大学教授）也持有同样的看法。他认为，未来产业链与创新链的"双链"融合发展是中国高质量发展的关键，是提升中国产业竞争力、实现产业基础高级化、产业链现代化的关键。放眼全世界，形成"双链"融合优势的城市并不多，一些发达国家的城市，创新链很强大，但是已经没有了产业链；一些城市则是有产业链但没有创新链，二者兼而有之的城市在全世界都屈指可数，深圳即为其中之一。

① 刘应力：《深圳高新区自主创新的基本特征和思路》，《中国高新区》2015年第11期。

② 王苏生、陈博等：《深圳科技创新之路》，中国社会科学出版社2018年版，第71页。

③ 段亚兵：《深圳财富传奇·占领华强北》，人民出版社2012年版，第274页。

④ 杨柳纯：《"山寨"产品驱动下游创新》，《深圳特区报》2010年7月30日。

⑤ 曾航：《苹果背后的芯片黑马ARM："山寨并不邪恶"》，《21世纪经济报道》2010年12月7日。

⑥ 苑伟斌：《深圳无人机年产值600亿元》，《深圳商报》2022年7月25日。

⑦ 王帆：《深圳发展新格局："经济标兵"迈向"全能榜样"》，《21世纪经济报道》2022年1月25日。

第七章　高交会

荔枝节改为高交会的决策

1998 年 4 月末的初春时节，深圳组织了一个庞大的党政机关考察团到大连参观学习。团长是上任时间不久的张高丽书记。张高丽（1946—），福建晋江人，1997 年任广东省委副书记兼深圳市委书记。李子彬市长任考察团副团长。

大连是北方的海滨城市，凉风中透出暖意。大地转绿，树吐绿芽，清风拂面，春意盎然，大家对这座城市印象颇佳。大连、深圳虽然同为海滨城市，但一北一南景色大有不同。渤海湾海水清凉，浅蓝透明，急流涌动；南海岸海水热性，湛蓝深沉，波涛汹涌。大连有全国最大的星海广场，广场上市民群众运动戏要，其乐无穷，大连人为之骄傲；深圳有全国最长的深南大道，路上车水马龙，异常繁忙，深圳人感觉自豪。

考察团来时，恰逢大连国际服装节开幕。来自国内外许多城市的模特队登台表演，盛装彩服比美，婀娜多姿争艳，成为一道亮丽的风景线。受节日氛围的影响，大家自然要将大连的国际服装节与深圳的荔枝节比较一番。笔者采访李子彬市长时，请他详细地讲述了当时的情况。那天早餐聊天时，张高丽书记突然话锋一转："深圳能不能停办荔枝节，新办一个与高科技有关的节？"李子彬市长接过话头说："当年举办荔枝节的初衷，是开展经贸和文化联谊活动，也曾经起到过积极作用；而现在，荔枝节的作用已经不再明显，真不如配合深圳高新技术产业的发展，办一个高科技方面的节。"

张高丽书记为什么会想到要变荔枝节为科技节？这是一个饶有兴趣的话题。深圳盛产荔枝，自古以来荔枝是岭南佳果。晚唐诗人杜牧写道："一骑红尘妃子笑，无人知是荔枝来。"；北宋大文豪苏东坡在惠州做官时赞曰："日啖荔枝三百颗，不辞长作岭南人。"荔枝既是文人寄托才情的嘉树，也的确是清香甜蜜的珍稀水果。深圳作为荔枝的主要产地之一，佳果传友谊，诚迎天下客。荔枝飘香的季节里，吸引众多客商齐聚深圳、招商引资。因此立市之初，筹划举办荔枝节不是没有道理的。

而如今为什么想要改变呢？揣度高丽书记的想法大概有以下几点：一是荔枝节已让人们失去了新鲜感。虽然荔枝节的规模越来越大、投入越来越多，但已难以得到相应的经济回报。二是荔枝节技术含量不高。荔枝属种植业范畴，难以体现深圳工业突飞猛进发展的新面貌，对深圳高新技术产业发展的推动作用不大。三是个人的志趣因素。从高丽书记的成长经历看，他先是从茂名石油工业战线起步；后提拔为省级领导干部、长期主管工业经济，应该对工业有更深刻的情结。他主政深圳后考虑更多的是深圳"以工业为主导"的路子应该怎样走，深圳的高新技术产业发展步子如何迈得更快，顺着他的思路去想，荔枝节改为科技节就是自然而然的事情。

新的想法产生了，但具体怎么搞还没有定论。这里讲一个与笔者有关的小插曲。当时市委常委、宣传部部长是白天同志，他是我的领导，也是考察团成员之一。一天上午，我突然接到白部长从大连打来的电话。他说："书记市长考虑要将荔枝节改为科技节，你考虑准备一个方案……"我对科技方面的事儿不大了解，感觉一时无从下手，就向太太孙利求计。她长期办展会，这方面有丰富的经验。她给我讲了办展会的一些通行做法，提了几条建议。按照讨论的思路我写出了一个策划案，白天同志一回来及时交稿，也算是为新的科技节策划出了一点力吧。

筹备工作异常艰难

考察团回来以后，领导班子和政府机构立刻行动起来，雷厉风行抓落实。制订好举办科技节的初步方案后，向时任广东省委书记的李长春同志作了汇报。长春书记表示完全赞成举办这一活动，并建议名称可定为"高科技交易会"（简称"高交会"）。如此一来，广州有"中国商品交易会"，深圳有"高科技交易会"，这将为广东经济注入新活力。

凡事说着容易，做起来难，高交会更是如此。要在完全没有经验的情况下创办一个大型展会，筹备时间又非常短暂，如何保证取得成功、不失败？当时的深圳连大型展馆都没有，又如何在短时间内建造一个大面积、高水平的展馆？但是更难的难点在于，技术是无形的东西，如何选择参加展会的项目产品？如何做到让国内外客商对比较"虚"的技术专业展会感兴趣？如何保证展会能达到足够的成交额，从而保证展会能够往下做、可持续发展？这些都是当时面临的巨大难题。

解决这些难题的过程中，市领导们表现出了过人的智慧。

首先，如何提高高交会的权威性和影响力，从而保证高交会能够一炮打响？1998 年 8 月，李子彬市长亲自率队到北京，逐个拜访国家对外经济合作部、科学技术部、信息产业部、中国科学院等部门和单位，邀请他们与深圳市政府共同举办首届高交会。这一提议得到了"三部一院"领导们的积极响应。这样，就将主办单位从"地方军"升格为"国家队"；展会的名称相应地从"深圳高科技成果交易会"提升为"中国（深圳）国际高新技术成果交易会"。从而为把高交会办成国家级、国际性的盛会创造了条件。

其次，高交会的场馆设在哪里？几经权衡后，李子彬市长拍板：要高速度、高质量新建一个大型的"临时场馆"（实际上，高交会只在此场馆举办了数届后，就移址到新建的深圳会展中心新场馆）。虽说是临时场馆，却要保证建成高档次的专业展览馆，尤其不能搞成像仓库、厂房一样的老土建筑，而要有现代时髦的良好形象；花钱还不能多。此时离高交会开幕时间只剩 9 个月，许多人为此捏着一把汗。

再次，如何保证有相当数量的成交项目和金额，让交易会取得良好效果？这关系到高交会能否可持续发展、长久办下去，避免搞成虎头蛇尾的一锤子买卖。这方面组委会采取了相应的措施。

一是对申请参展的单位设置了较高的门槛。组委会邀请重点高校、科研机构、知名企业、跨国公司参展；特别是邀请"863 计划""火炬计划"等国家确定的重大科技攻关项目参展，给予特别优惠的条件。

二是严格评审项目。一般来说，想要参加的单位都会说自己的产品好，"王婆卖瓜、自卖自夸"是人之常情。怎么解决这个问题？组委会成立了第三方的项目评审委员会，由 21 个专业领域的 100 位专家组成，够不够参加展会的资格，不是领导说了算，而是由专家们筛选审核。

三是积极促进买卖双方成交。在许多情况下，买卖双方谈得很好却不能成交，是因为缺乏运转的资金。组委会大胆探索，尝试引入风险投资，特别下工夫邀请全球风险投资机构参加高交会。首届高交会共邀请到了955家风险投资机构，其中境外机构达到125家，包括美国资本集团、波士顿投资银行、美林证券、新加坡亿胜投资公司等国际著名投资公司。只要买卖双方谈成了，就由风险投资机构提供交易资金。实践证明这是保证高交会成功的关键一招。

高交会上的亮点

1999年10月5日晚8点，首届高交会正式开幕。朱镕基总理亲自到会致开幕辞。他宣布："为了促进中国与世界各国的经济技术合作，中国政府决定每年在深圳举办中国国际高新技术成果交易会。"

虽然深圳市领导精心谋划将高交会办成了国家级的展会，但还是没有想到朱镕基总理能够亲自到会，更没有想到朱总理会宣布说高交会永久落户深圳。想让中国字头的高交会永久落户深圳，大家心中虽然都有这种愿望，但是谁也不敢提出来，毕竟主办方的"三部一院"领导们还没发话呢。今天听朱总理这么一宣布，大家喜出望外。

深圳创办高交会，正好赶上了全国新一轮重视科技发展的大潮。在深圳高交会开幕前两个月的8月，中共中央、国务院在北京召开了全国技术创新大会，作出了《关于加强技术创新、发展高科技，实现产业化的决定》。深圳的高交会成为最快响应中央号召的有力落实行动（当然有点赶巧）。到了这个时候，就更能够充分理解深圳市领导一年前在大连考察期间头脑碰撞出创新的火花、决定将荔枝节改变为高交会的想法是多么的睿智。这一决策准确地摸准了中国科技将快速发展的脉搏，不能不惊叹深圳市领导眼光的超前。由于高交会策划得好、准备工作做得出色，特别是得到了中央领导的大力支持，因此高交会成为继中国出口商品交易会（广州）、中国投资贸易洽谈会（厦门）之后的又一个国家级交易盛会。

第二天上午高交会正式开馆。高交会展馆坐落在宽敞的深南大道北侧，绿草铺地，鲜花盛开，阳光明媚洒下一片金光。只见新落成的展馆，白色的墙体干净清爽，蓝色的屋顶与蓝天一色，大面积的玻璃幕墙透明敞亮，让展馆像一座晶莹剔透的水晶宫，达到了市领导要求的现代时髦的效果。更妙的是，展馆大门口有一个巨大的凉棚，棚顶的造型像是少女戴的白色凉帽，增添了迷人的秀气。展会期间每天都是人山人海，热闹非凡。来自世界各地的客商，踊跃参展的企业家，好奇爱热闹想一睹为快的大量市民群众，人流如潮涌，欢声笑语多，让深圳出现了从未有过的热闹景象。展会过程中的无数个精彩亮点，留在了记者们的镜头中。

这一个馆里，马化腾带着自己的心肝宝贝 QQ 亮相。QQ 是互联网上的即时聊天工具、不太好展示。头脑灵光的马化腾有办法，专门设计了一个憨态可掬的企鹅形象代表 QQ。为了让 QQ 一亮相就能吸引众人眼球，委托专业公司烧制了 1000 个企鹅陶瓷储钱罐。烧制师傅感觉腾讯提供的企鹅设计形象太瘦、怕站立不稳，就擅做主张把瘦企鹅改成了胖企鹅，还给企鹅的脖子上加了一条红围巾。只见成品的企鹅一只眼圆睁、一只眼眨巴，撅着个黄嘴，一副心宽体胖、满不在乎的模样。胖胖的企鹅大受顾客欢迎，1000 个企鹅储蓄罐被一抢而空。于是这个围着红围巾的胖企鹅，就成了 QQ 正式的产品形象动物。这个吉祥物给 QQ 带来好运气。

那一个馆里，华强文化科技的刘道强，带着公司自主研发的虚拟仿真坦克等项目参展。没想到出师不利，原因是仿真坦克做得太逼真了，就像真坦克一样。这辆坦克使用了公司开发的立体视觉系统、多屏同步播放系统等先进技术，按照技术人员的设计，观众可以同时有 6 人坐在坦克车里，每人通过各自前面的视频屏幕，有人当车长，有人驾驶坦克，有人当炮手……6 块屏幕可以模拟出战场上的所有场景，就好像 6 人坐在真坦克车里杀入战场，在炮火连天的逼真环境里横冲直撞，勇敢地连连开炮消灭敌人，多过瘾啊！但没想到展馆管理人员说："你们的展品太像真坦克了，让外国人感觉高交会上打算卖军火，这个不行，太敏感了。"让他们把坦克搬走。但是展品太大了，一时搬不走，只好用一块巨大的苫布把坦克遮盖起来。没有了坦克展品，所有的先进技术就没有办法展示出来，结果失败。

这个展台前，朗科公司的邓国顺亲自为客商们演示自己研发的 U 盘（也叫"闪存盘"）。由于是留学生，组委会免费给了他一个 10 平方米的展位。只见他站在展位前，用一根绳子将 U 盘挂在胸前，解说着 U 盘的性能。有人担心 U 盘受到碰撞时会不会损坏，邓国顺不多解释，只见他把 U 盘抛向空中，从 3 米的高度摔到地面上，然后捡起 U 盘插入电脑中一试，完好无损、运行正常。这个试验让观众们惊讶不已。邓国顺掀起了一股 U 盘旋风。有一些外国的参观者竖起大拇指说："世界上第一款闪存盘居然诞生在中国，太不可思议了！"

那个签约台上，大族激光与客商签下了千万元的激光机设备订单，高云峰董事长高兴得合不上嘴。

首届高教会上这样的精彩场面比比皆是，许多参展商都有很大的收获。甚至一个来自安徽天长市秦栏镇的一个小乡镇企业，也竟然将自己生产的电子产品卖到了数十个国家和地区。历时 6 天的高交会，成交项目 1459 项（其中高新技术项目成交 1030 项），成交金额 64.94 亿美元，远远超出了市领导 10 亿美元的预期①。

以上几个企业在高交会上表现出色，他们创业的故事更值得讲述。

QQ 企鹅终于活下来了

马化腾创办的腾讯，在参加首届高交会时，正处于生死存亡的关头。马化腾（1971—），祖籍广东汕头市，出生于海南省东方市。1984 年随父母从海南迁至深圳。1993 年毕业于深圳大学计算机系。1998 年马化腾与几位同学创业，注册成立腾讯公司。

他们最早创业的地点是在华强北赛格科技园里一栋大楼内 4 层的一个单元房里，这间房一直保留着，2018 年时重新装修辟为一间微型的展览馆。这是一个约 200 平方米、极为普通的写字楼房间。我参观了展览馆，面积不算大内容却丰富，就在这间房子里掀起了中国互联网发展的浪花。房间像留声机，我仿佛听到了创业年轻人们的欢声笑语；房间又像录像机，当年创业者们夜以继日艰辛工作的场景浮现在我眼前。

展览馆的解说词里有这样一段话："1998 年 11 月 11 日，5 个青葱小伙——马化腾、张志东、徐晨晔、陈一丹、曾李青共同创立腾讯（全称：深圳市腾讯计算机系统有限公司），主营无线电网络寻呼等软件开发业务。"

纪念馆门口的一个易拉宝展板上，印着当年 QQ 最早出现在电脑屏幕上的窗口，上面有 5 个人的英文名，分别是 pony、tony、kenny、charles、daniel。

他们就是 5 位创业者的 QQ 名。其中编号为 10001 的 pony 是马化腾的 QQ 名。幽默的文字里提到了 11 月 11 日是"光棍节"。5 个愣头青年在光棍节创业，算不算是青春骚动的狂想、荷尔蒙发作的呐喊？按捺不住的欲望鼓动着他们创造出一种新生活方式，新型"理工男"的野心让他们燃烧激情、驰骋天下。

腾讯推出的产品是即时通讯软件。即时通信（instant message，IM）是指能够即时发送和接收互联网的各种消息。这种技术最早可以追溯到以色列。1996 年以色列 4 位聪明的青年研制出了最早的即时聊天工具，起名为 ICQ，意思是 I seek you（我寻找你）。1998 年当 ICQ 注册用户数达到 1200 万人时，被 AOL 公司看中，以 2.87 亿美元的天价收购。AOL 就是大名鼎鼎的美国在线（American Online），是一家因特网服务提供商。当时 ICQ 是世界上最大的即时通信系统，在欧美国家中有 1 亿多用户。

对新技术极其敏感的马化腾受到启发，很快研发出了自己的即时通讯软件、取名 OICQ。腾讯的 OICQ 做起来后异常火爆，引起了 ICQ 公司的警惕，他们起诉了腾讯。腾讯败诉，被禁止使用 OICQ 的名称，把域名还给了 ICQ 公司，还赔偿了一些钱。马化腾并不气馁，他在技术上做了一些改进，名字改为 QQ。QQ 更简单、更好记，技术改进也快，因此传播得更为迅速。

创业的路从来不平坦，更何况想要攀登一个未知的险峰。QQ 在发展过程中遇到了非常多的困难和挫折。首先要解决设备问题。即时通讯需要功能强大的服务器。当时公司缺资金，最便宜的服务器对他们来说价格太贵。于是负责这项工作的徐钢武决定自己动手组装一台服务器。由于 QQ 用户的数量以万数疯狂增长，这个土法上马的服务器经受着严重考验。掉线、死机是不可避免的问题。为了及时排除故障，避免用户聒噪，徐钢武在离服务器 400 米的地方租了一个简陋的房间居住。服务器一出现问题，10 分钟内他一定要赶到现场维修好。这个房间他一直租住了 6 年。

其次是资金。QQ 用户数量疯长，服务成本直线上升。资金随时可能断流，资金压力压得几位股东喘不过气来。最困难时马化腾甚至想卖掉 QQ，他心目中的底价是 100 万元人民币，但是一连谈了 4 家都没有推销成功。没人愿意要，只能留着自己用。幸亏没有人买，否则哪里有今日的马化腾和腾讯？多次向银行求救未果后，曾李青起草了一份商业书，寻求融资机会。好不容易找到了愿意投资的老板，然而条件比较苛刻。这时候大家已经感觉到了全球金融风暴将向中国袭来的危险。5 名创始人围着一台传真机，看着对方将修改定稿的协议书一页一页地传过来，大家心里犹犹豫豫不知怎么办好。曾李青烧一把火说："就这么签了吧，再迟就来不及了。"于是 5 人默默签字后，将协议书传回给对方。在最困难的关头，资金问题得到了缓解。

首届高交会上，彻底解决了腾讯的资金问题。展会上他们遇到了第一位慧眼识宝人——美国国际数据集团（IDG），投入 110 万美元。后来他们又遇到了第二位识宝人——香港李嘉诚二公子李泽楷，他的盈科数码公司投入 400万美元。从此有了充足研发资金的腾讯，如插上了双翅的骏马，跑着跑着起飞了。QQ 成为中国人日常生活离不开的网络工具，小企鹅成了大家喜欢的吉祥物。

2001 年全球互联网进入寒冬季节，多数创业公司群体性覆灭。有人调侃说，退潮后才知道谁在裸泳。而腾讯这一年的注册用户达到了 5000 万户；基于 QQ 的广告日曝光超过 10 亿次，广告收入越来越高。腾讯良好的盈利模式，帮助它抵御了互联网腊月里的严寒。

2004 年，以 ADSL 为代表的宽带网络让中国的互联网用户数实现了几何式增长，预示着中国互联网黄金时代的来临。这一年的 6 月 16 日，腾讯在香港主板上市。开盘的股票发行价为 3.7 港元，不算高。当时很少有人能够看到后来腾讯股价会数百倍增长的潜力。2016 年 9 月 5 日开盘后大涨，腾讯股价达了 209.40 港元，市值达到 1.982 万亿港元，领先于阿里巴巴，也首度超过中国移动，成为亚洲市值最高的公司。早先犹豫没买腾讯股票的一大批股票发烧友肠子都悔青了，因为错失了自己一生中最大的一次发财机会。

腾讯公司利用互联网的先进技术，以"为用户提供一站式在线生活服务"为战略目标，构建了 QQ、腾讯网（QQ.com）、QQ 游戏、QQ 宠物以及 paipai网这 5 大网络平台，形成了中国规模最大的网络社区。2010 年 3 月 5 日 19 时52 分 58 秒,QQ 最高同时在线用户数突破 1 亿，这是人类进入互联网时代以来，全世界单一应用平台同时在线人数首次突破 1 亿。

互联网产业的天空中升起了一颗耀眼的明星，腾讯创造了互联网技术的神话。在不算长的时间里，腾讯成为中国市值第一、收入第一、利润第一的互联网公司，进入了全球互联网公司的第一梯队。

微信是腾讯公司的第二次机遇，这个故事后面再讲。

华强文化科技起飞

1999 年华强集团收购了国防科工委远望城公司下属的深圳远望智能系统有限公司。作为一家擅长技术研发的公司，虽然技术研发人员比较多，但对市场营销比较陌生，一时不知道干什么好。研究一番美国迪斯尼、环球影城等项目的经验后，决定选择立体视觉技术作为公司的科研方向。刘道强是公司软件开发部经理，技术开发的重担自然压到了他肩上。刘道强（1970—），江西赣州人。时任深圳华强智能技术公司副总工程师、副总经理，如今是华强方特文化科技集团公司总裁。参加首届高交会给大家的教训是，尽管有立体视觉系统等先进技术，但没有具体的产品技术就无法演示出来，客商看都看不懂，哪里还谈得到购买成交？尽管怀揣先进技术，展会订单却为零，这让刘道强感到灰心。

一年后，公司接着参加美国国际主题乐园及游乐设备展览会（IAAPAZ展），这次他们拿出了自己研发的技术先进的电影视频设备。这个设备包括180 度的半环形屏幕，6 台放映机同步播放（其中要用到立体成像、屏幕拼接和同步播放技术等），再加上能够感觉到吹风、喷水、震动等环境特效的特效座椅等。放映的视频作品时长两分钟，只见眼前出现一条粗如水桶、长达数米、露牙吐信的蟒蛇，从密林中爬出来，在观众的脖子上绕了一圈后游走了。逼真的场面、脖子上凉飕飕的感觉，十分吓人。展会上当场签约两个订单，由华强公司出口全套的 4D 电影设备，金额为 50 万美元。4D 电影是什么意思？D 是英文 Dimension 的字头，意思是维度、空间等。3D 是指三维空间，国内说的立体电影，就是国际上说的 3D 电影。而所谓 4D 电影，也叫四维电影，即除了三维立体，再加上环境特效模拟组成四维空间。4D 的座椅具有喷风、喷水、摇摆、振动、拍腿等多种环境特效。观众看电影时，可以感受到吹风、喷水、振动等，营造出一种与影片内容一致的环境……由于用了 4D 技术，蟒蛇缠脖的效果才十分逼真。打开美国市场，让刘道强对自己公司的技术有了底气，从此公司进入了研发 4D 电影技术的发展通途。

有了技术先进的 4D 电影产品，公司领导又开始考虑如何将其发展成为游乐项目。2005 年公司在重庆投资兴建了一个小型科幻公园旅游项目获得成功，长盛不衰的营业状况让公司信心倍增。此前，2004 年梁光伟到芜湖谈项目时，了解到芜湖在长江大桥附近，有一块准备用来开发公园和低层建筑项目的土地，原打算引进英国"诺地童话"的娱乐项目，但双方谈了两年还没有谈成。梁光伟向芜湖政府领导建议，此地块用来建设方特主题乐园，芜湖市政府同意了。

2005 年公司拿出了设计方案，2006 年欢乐世界开始施工，保质保量按时建成了芜湖方特欢乐世界。这是一个占地 125 万平方米（其中陆地面积约 53 万平方米，水面面积约 72 万平方米）的项目，包括阳光广场、方特欢乐大道、渔人码头、太空世界、神秘河谷、维苏威火山、失落帝国、精灵山谷、西部传奇、恐龙半岛、海螺湾、嘟噜嘟比农庄、儿童王国、水世界、火流星等 15 个主题活动区；拥有"飞越极限""星际航班""恐龙危机""海螺湾"等十几个大型高科技主题项目。所有的设备都由公司自己设计开发制造，全部的影片内容都是公司自己制作完成……这些项目内容丰富、技术先进、感觉新奇，成为当时世界上单体最大的主题乐园。2007 年 10 月 18 日芜湖方特欢乐世界开始试业。这是我国首个拥有自主知识产权、集文化科技旅游于一体的大型主题乐园。开园以来，游客接待量和门票收入，曾多次赶超安徽黄山、九华山两大著名旅游景点。

2008 年以后，华强先后在在沈阳、青岛、郑州、芜湖、株洲、泰安、汕头等地建成 10 座大型方特文化科技主题乐园；并完成了乌克兰和卡塔尔的主题乐园的规划设计，将主题乐园整体出口中东，使中国成为继美国之后第二个大型成套主题乐园输出国。

方特主题乐园中应用了自主开发的了大量的高科技设备；硬件设备需要内容的支持，这样又逼着华强方特文化科技公司大量创作内容作品。结果方特公司在动漫数字作品创作生产中也崭露头角，最终成为这一领域里的领军企业。这方面的内容后面再讲述。

2021 年在建党 100 周年之际，深圳华强集团创意研发、建设运营的国内首创的复兴之路爱国主义教育基地——东方欲晓（赣州）主题乐园、东方欲晓（宁波）主题乐园分别开业。此项目的创意开始于 2012 年。那年习近平总书记参观《复兴之路》展览时，提出实现"中国梦"的伟大构想；之后几年在多次会议上，习近平总书记又提出"讲好中国故事"的要求。华强集团围绕"中国梦"主题，决心尽最大的努力"讲好中国故事"。最终决定策划打造"美丽中国三部曲"的设想，具体包括"东方神画"（华夏历史文明传承主题园）、"东方欲晓"（复兴之路爱国主义教育基地）和"明日中国"等三大主题园区。

经过多年努力,"东方神画"主题乐园现已在宁波、厦门、长沙、芜湖等7个城市成功开园,游客如织,好评如潮。"东方欲晓"主题乐园,经过8年的文艺创作和技术攻关,在赣州、宁波两地成功开业。项目投资30多亿元,占地约1000亩,年接待能力300万人次。内容分为"大国之殇""救亡图存""革命年代""光辉岁月"等多个主题区,30多个项目包括大型多媒体表演剧场《圆明园》、AR剧场《巾帼》、大型水上动感轨道船《致远 致远》、巨幕影院《东方欲晓》等,全景演绎中华民族自1840年鸦片战争以来,在中国共产党领导下寻求国家独立、民族复兴的壮阔历史,为广大游客带来前所未有的"红色旅游新体验"。此项目已成为江西和浙江两省红色旅游的新名片和爱国主义教育的打卡地。

朗科的 U 盘打遍天下无敌手

邓国顺(1967—),湖南省石门县人。中山大学本科和中国科学院读硕士研究生毕业后,1993年到了新加坡,先后在3家软件公司和飞利浦公司亚太地区总部工作。此间认识了同乡成晓华,两人1999年回国搞研发。开始在罗湖区水产大厦里租了二室一厅一套房子,半年时间里足不出户,用坏了4台电脑。经过多次失败,终于研发出了"U盘"(另名"闪存盘")。此产品替代了内存只有1.44M的"软盘"存储器,其内存量是8—16M,优势明显。说"闪存盘"是"革命性的发明",不是夸张之词。该产品获"深圳市科技发明一等奖"。2005年邓国顺被国家知识产权局评为"首届中国知识产权十大风云人物",被IT业界誉为"闪存盘之父"。

高交会上邓国顺的"U盘"一举成名。新加坡一家上市公司与他们共同投资300万元成立了深圳市朗科(Netac)科技有限公司。U盘的成功开发与运用,在中国、在全球形成了规模庞大的市场,深圳成为全球U盘研究开发力量最集中的城市。2007年朗科在创业板上市。

U盘是中国人第一次在计算机硬件上做出的重大发明,朗科为此盘申请的专利超过300多项。在产品问世10年多时间里,朗科公司陆续起诉多家企业侵犯其发明专利权,其中不乏世界著名大公司。2004年8月起诉了日本索尼电子(无锡)有限公司,索赔人民币1000万元(最终双方达成庭上和解)。

这一诉讼被媒体称为"国际巨头在华专利侵权第一案"。朗科在多起法律诉讼中胜诉或庭上和解。后来全球排名前几名的闪存盘厂商，每年都要向朗科缴纳专利费，这对中国企业来说是首次。

在对外的专利诉讼中，朗科据理力争、无往而不胜；而内部的公司经营管理却出现了问题，主要领导间的分歧越来越大。2010年媒体报道说，邓国顺由于个人原因辞去董事长一职，由第二股东成晓华接任。这是笔者第一次听说因为内部矛盾、导致董事长辞职的例子。

大族激光在创新投资金支持下迅速成长

高云峰创办深圳市大族实业有限公司是在1996年12月。1999年3月深圳市高新技术产业投资服务有限公司（简称"高新投"）与深圳市大族实业公司合资成立深圳市大族激光科技有限公司。深圳由此在激光产业领域出现了一支劲旅。

高云峰（1967—），吉林桦甸县人。他进入激光这一行是一个偶然的机会。高云峰有段时间在香港打工，认识了一位做激光打标业务的小老板。该厂家使用的激光机是进口的，有时坏了就要请国外的技师来修理。修理费用高不说，还需要提前两个月预约，时间实在耗不起。他请高云峰试着修一修，既然是北京航天大学的毕业生，技术应该难不住吧？高云峰当然不惧，他在修理时把激光打标机研究透了，此后他就成了这一行业的高级技工。高云峰要回国了，香港小老板挽留说："你不能走啊，你走了以后我的激光机谁来修？"高云峰灵机一动说："这样的激光机我也可以造啊。你在国外买一台要40万元，还要等3个月才能交货。不如这样吧，你把40万元给我，我在深圳办个工厂为你生产设备，随时可以交货……"老板一听好主意，同意了。

高云峰回到深圳，在华强北电子市场附近租了一间三室一厅的民房，投入到紧张的研发生产中，造出的机器运转良好，小老板非常满意。高云峰给机器品牌起名"Han's"上面还有一颗红色五角星。高云峰解释说："红五星代表中国，Han's代表汉族——中华民族中人数最多的族群；同时也希望我们的新产品越来越多，企业持续发展壮大，成为一个庞大的体系。"

激光打标机生产出来后，首次试水，成为温州永嘉县桥头镇工厂的

宠儿。这里是中国最大的纽扣市场，年产纽扣数 10 亿粒，占了全国市场的
90%。纽扣虽小，也需要印上品牌名称和各种花纹，是一件费劲的事儿。用上
激光打标机以后，工序变得异常简单，让老板们大呼"太神奇了!"接着激光
机用于制鞋业的皮革剪裁、鞋面印花等工序上，又征服了皮鞋厂的小老板们。
短短两年时间，大族激光竟然做了 3 亿元的生意。

俗话说，生意如潮起潮落，不可能一帆风顺。大族激光很快就遇到了资
金不足的问题，公司最困难的时候是 2002 年。这年春节临近，公司竟然发不
出工资，只得将一辆金杯牌面包车典当出去，给每个员工发了 1000 元回家的
路费。

大族激光找深圳"高新投"寻求支持。高新投提出投资 438 万元、占大
族激光 51% 股份的条件。这样一来，从名义上说大族激光成为高新投的下属
企业，在高云峰看来这与卖企业差不多了。虽然他心里一百个不愿意，但是没
有办法，企业真的有点无路可走了。

其实高云峰有点误会了高新投的动机。其作为政府的一家投资公司，并
不想收购大族激光；主要是因为高云峰需要的资金比较多，高新投提出这样的
条件无非是为了规避市场投资风险而已。高云峰想来思去提出了一个附加条
件：如果大族激光能够在 18 个月内将公司净资产从 860 万元增加到 2000 万元，
高云峰有以净资产的价格回购风险投资金所占股份的优先权。并没有收购想法
的高新投领导爽快地同意了此条件。

于是高新投投资 438 万元，占公司 51% 的股本。这笔资金雪中送炭，让
大族激光走出困境。2003 年大族激光的产品占到了国内市场七成的份额，公
司成为激光行业的龙头企业。公司的净资产增加到了 2000 万元，高云峰回购
了风险投资金的股份，重新取得了公司的控股权。

经营过程中，高新投其实对大族激光的帮助还要多。在该项目上，高新
投首创"投保联动"的方式，在大族激光上市前后，高新投累计为其提供了
9700 万元的纯信用担保资金。2004 年大族激光成为登陆中小板的第一批上市
企业之一。不但大族激光成为实力雄厚的上市企业，也让高新投获得了 846 倍
的投资回报[②]。

从此，大族激光的发展顺风顺水。邀请到王大珩院士（中国光学泰斗、
"两弹一星"功勋奖章获得者）做大族激光的科技顾问；王之江（中国科学院

院士）出任副董事长兼总工程师。与德国公司合作，推出削铁如泥的激光切割机；与意大利著名企业合作，推出国际领先的大功率激光切割机、焊接机与钻孔设备。

2004 年大族激光被列入国家规划布局内重点软件企业名单。高云峰获得 2006 年度深圳市"市长奖"。2008 年大族激光被深圳市人民政府认定为"深圳市第一批自主创新行业龙头企业"。大族激光成为第二批国家级创新型试点企业。2020 年高云峰被评选为"深圳经济特区建立 40 周年创新创业人物和先进模范人物"。大族激光的多项核心技术处于国际领先水平，是世界上仅有的几家拥有"紫外激光专利"的公司之一。

深圳高新技术发展的诀窍

本书第二部后三章的论述，大致是按照时间排序的，产业园，产业链，高交会；其实此章节内容，有一个点、片、线的逻辑关系。高交会算点，这是深圳高新技术的一个展示窗和交易平台。2008 年 10 月在举办第十届"高交会"时，温家宝总理批示说："办好高交会，推进高新技术产业化，对于自主创新、调整经济结构、转变发展方式具有重要意义。"温总理对"高交会"10 年历程给予了很高评价。

产业园是片。最早深圳的产业园是一个，后来有了数个。产业园是深圳高新技术发展的孵化器，是企业健康成长的营养池，是企业规模的倍增器。

产业链则是线。线多了，相互连接交叉就又成为网络。相比较而言，产业链是根本和基础，对高新技术产业的发展发挥出了更重要的作用。网络将各行各业的企业连接起来，为共同目标而生长发展。这有点像是人身体中的神经脉络，让人的手脚协调活动，劲能够使向一处。点、片、线都有，各自发挥的作用，这也许就是深圳高新技术产业能够发展得快、发展得好的诀窍之一吧。

① 李子彬：《我在深圳当市长》，中信出版社 2020 年版，第 108 页。
② 钱汉江主编：《深圳电子三十年（1980—2010）》，深圳报业集团出版社 2017 年版，第 212 页。

第八章　人才高地

求贤若渴引进人才

深圳初创时期，人才急缺。原宝安县仅有 1 名工程师。原有的工业部门是一些生产传统农具、化肥、肥皂、副食品加工、修理农业机械的小厂。1981年新建了几十间工厂，居然连一个会计都找不到，只好从外地选调了 20 多名会计。①

从人才角度说，整个深圳发展史就是引进人才的过程。

中组部为深圳引进干部开了一个口子

深圳引进和培养人才队伍最早起于梁湘主政时期。1981 年底，深圳市委决定向省委要求调配 181 名处级干部（其中工程技术人员 84 名）。市委常委、组织部长刘波，专程到广东省和广州市选调干部。虽然他原为省委组织部副部长，干部人头很熟，自信做这件事情不难，但最后也只招来了 30 多人。由于完成任务不力，刘波被求才心切的梁湘训斥为"窝囊废"。②

既然无法从广州吸引干部来，梁湘就把眼光望向全国。而当时中国实行的是全国统一的干部管理制度，如果不能得到中央组织部的同意，深圳是不可能从内地大规模选调干部的。1981 年底梁湘到北京汇报工作时，提出深圳到内地招聘干部的想法，得到了中央领导的支持。于是，中组部为深圳选调干部开了"口子"，同意深圳定点在内地的 12 个城市中招人。为吸引人才南下，深圳制定了住房、户口、工资待遇等 7 条优惠措施：工程师分给两房一厅、高级工程师分给三房一厅；全家迁户口（家属是农村户口的也可迁到深圳并安排工作）；工资高于广州低于香港；聘用期满留去自由；等等。③

　　另有一位也为选调干部问题困扰的是蛇口工业区的袁庚。他感觉按照现在的干部分配管理制度，想要的干部调不来，分配来的干部不合用。于是，1981 年工业区给中组部部长宋任穷写了一个报告，请有关组织部门今后不必再委派干部到蛇口来；根据需要，蛇口自行从内地城市招考人才。中组部批准了这个报告。④

　　深圳自 1982 年起连续 5 年派出招聘工作组，到内地一些城市公开招聘干部，到 1988 年一共调入干部 4.8 万人，其中具有大专文化程度的占 42.7%，专业技术干部占 61.4%，平均年龄为 36.6 岁，解决了特区发展急需大批人才的问题。⑤特别是在 1996 年，选调了高新技术企业技术骨干和工程技术管理人员 5188 名，为创办高新技术企业打下了人才基础。

基建工程兵两万人调入深圳

　　成立于 1966 年的基建工程兵是一支实力雄厚、机械装备强、技术水平高的部队。兵种人数最多时近 50 万人，是当年我国基建战线的主力军。由于党中央确定改革开放的大政方针，决定中国军队大裁军，1983 年基建工程兵部队被撤销。深圳抓住这个机会，向国务院、中央军委申请，调动基建工程兵两个师两万官兵到深圳、集体转业成为深圳施工队伍。两万官兵中，有党员6000 多人、干部 4000 多人（其中技术业务干部 1088 人），算得上是一支政治素质好、技术业务精、组织纪律性强、年轻力壮的施工队伍。笔者也是这支部队中的一员，转业时的职务是 00049 部队师机关宣传科干事。

　　这是深圳初创时期，调入的一个规模最大的移民群体。调入的部队，加上家属孩子近 4 万人，两倍于深圳特区内的居民（当时深圳经济特区内的居民为两万多人）；这支队伍中仅具有高级职称的技术业务人员就超过 1000 多人，很大程度上解决了深圳当时急缺干部的问题，并一下子整体性地提高了深圳干部队伍的技术业务水平（深圳建市时，全市只有 1 名工程师、两名技术员）。

深圳成为大量引进大学生最多的城市

　　2018 年为写作《深圳拓荒纪实·一座城、二万人、四十年》一书，就深圳引进人才问题，我采访了战友郑举武，他详细介绍了当时的情况。郑举武

（1959—），湖北武汉市人。1983年基建工程兵深圳部队集体转业后，他调入市人事局工作，历任市人事局军转办主任、毕业生分配办主任、调配处处长、人才交流服务中心主任等职，是深圳人才问题的专家之一。

郑举武说他接手负责毕业生工作前，深圳每年接收应届毕业生500多人（本地生源200人、外地生源300人），其中中专生、大专生和本科生各约占1/3，研究生基本上没有。他自作主张，对意愿分配到深圳就业的大学毕业生进行登记，发现多达近万人。在做1988年度毕业生分配计划时，他给市主管领导写了一份言辞恳切的报告，建议就算深圳没有接收应届毕业大学生的计划指标，也应该把这些抱着满腔热情想来深圳的大学生全部接收下来。市主要领导批准了报告。这一年深圳计划外接收了近6000名应届毕业生，生源几乎全部来自国内重点大学。1989年深圳从国内重点高校接收的毕业生超过了1万人，其中有博士生100多人、硕士研究生1000多人。深圳一年接收的高校毕业生，是原来国家分配计划的20倍。对此，国家有关部门默认了。

这期间，市人事局向国家有关部门报送了深圳尝试进行改革的经验材料，将深圳的做法概括为"毕业生可以选择用人单位，用人单位可以选择毕业生"的"在计划指导下的毕业生双向选择制度"。1989年10月，国家教育部正式公布的《教育改革中期方案》中，充分肯定了深圳的做法，并在全国推广。1980—1995年的15年里，深圳累计接收院校应届毕业生4万多人，占全市干部总数的三成。

郑举武后来负责干部调配工作，他又发现了新问题。以前调配工作由人事部门统管，用人单位没有选人权。按照这种做法，经常会出现计划指标与实际需求脱节的问题。郑举武提出了借鉴毕业生双向选择的成功经验，在干部调配上，也将选人、用人权还给企业。他写了一篇《办一个人才大市场如何？》的文章发表在《深圳商报》上，后形成细化方案后上报给上级领导。李子彬市长看到报告，批示同意建立人才大市场。于是，市人事局决定派遣郑举武筹建人才大市场。在他的努力下，人才大市场短时间里开创出了新局面，成为"六个中心"：人才交流中心、信息集散中心、培训中心、文凭验证中心、档案托管中心、人才测评中心。人才大市场的优势很快显现出来，其人才交流总量、人才交流的成功率、进场的单位数量、市场的影响力等十几项关键指标，在10多年里一直保持全国第一。1997年又开发了名为"深圳人才网"的中国第一家人才网站，点击量超过百万次。⑥

想方设法吸引中国留学生回国创业

在吸引国内人才的同时，市领导开始将眼光投向海外，吸引海外中国留学生回深圳创业。

1992年市人大常委会主任厉有为率团到美国招聘留学生。招聘团走访了美国四五个城市、五六家著名大学，受到了中国留学生的热烈欢迎。厉有为宣布政策说："留学生来去自由，回国后想再出去搞研究也可以；把你的技术带来，在深圳创业我们更欢迎……"官方出国招聘留学生，这在深圳是第一次，在中国也是首次。这次在美国招聘留学生活动产生很大影响，吸引了一些留学生带着先进技术项目来深圳创业。

后来在不同时期，还有市政府常务副市长李德成、副市长郭荣俊、市长许勤等市领导，先后带队去欧洲一些国家宣传深圳的创业优惠政策和良好环境，招聘中国留学生回国创业。

深圳为吸引海外留学人员而制定系列优惠政策，加之市领导亲自到国外招聘留学生的努力，在后来的十几年里见到了明显效果，大批留学生回深圳创业。到2016年，深圳累计引进留学人员总数突破7万人，建立30个留学人员创业（产业）园，留学人员创办的企业总数达3900多家，年产值千万以上的企业有198家，产值超亿元的企业达59家。

实行"孔雀计划"大规模引进留学生

深圳从2010年开始实行引进高技术人才的"孔雀计划"。政策规定，经认定的国家级领军人才、地方级领军人才、后备级人才和海外A类、B类、C类人才，分别给予300万元、200万元、160万元的奖励补贴。经评审认定的海内外高层次人才"团队＋项目"，给予最高1亿元资助；对成长性好和业绩突出的团队项目，根据实际需求予以滚动支持或追加资助。

该计划特别强调加强对基础研究人才的稳定支持。对符合条件的、从事基础前沿研究的高层次人才，给予相对稳定的科研经费支持。对于基础前沿类科技计划（专项），可提供若干周期的项目经费支持。

由于深圳市在长时间里连续不断地实行人才引进计划，对许多基础研究给予大量资金支持，所以不断地吸引各种人才落户深圳，出现了"孔雀东南飞"的喜人景象。

人才大军改变了深圳面貌

深圳建市初期是一个人才洼地。这个洼地的海拔水平不是一般地低，就算在全国县一级单位衡量，恐怕也算是最低的洼地之一。所以建市初期必须四处调干部，千方百计地吸引人才进入深圳。中国古代传下来"握发吐哺"的成语，说当年周朝时的周公为求人才，"一沐三握发，一饭三吐哺，起以待士，犹恐失天下之士"。深圳初期市领导求贤若渴的心情可与之相比。

当时的深圳对人才还是有相当吸引力的。由于深圳是国家首批经济特区，吸引了许多在内地感觉难以实现自己人生抱负的人，愿意来深圳闯一闯。尤其是 1984 年和 1992 年小平同志两次来到深圳，给予深圳经济特区充分的肯定和很高的评价，更是鼓舞了全国的有志青年蜂拥到深圳来创业。深圳地处南海之滨、毗邻香港的地理优势，也对北方人颇有吸引力。再加上市领导的积极引进、热情欢迎的态度，吸引大批人才来到深圳，并且能够留得住。于是，随着人才的不断增加，洼地逐渐变平、又慢慢升高，终于让深圳变成了一个人才高地。做事要靠人，有人就有力量。正是靠着人才大军建设深圳、发展深圳，最终让深圳从一个边陲小镇变成了今天的现代化大都市。

有感于深圳作为世界上最大的移民城市，来自五湖四海的移民在这块土地上披荆斩棘，砥砺前行，在 40 年的时间里建设了一座现代化新城，笔者 2018 年写了一首有关深圳的歌词，刊登于深圳报业集团网络版，题目叫作《来了，就是深圳人》。

来了就是深圳人，身上带着五湖四海的水印。

蛇口开山炮，炸响了实干兴邦的强音。

华强北的推土机，推开了中国电子工业崛起的路程。

国贸三天一层楼的速度，将中国工业化提升到了一个新水平。

拓荒牛洒下汗水辛勤耕耘，建起了一座现代化新城。

来了就是深圳人，胸中激荡着五千年的风云。

双手推开国门，精彩的世界逼着我们快步前行。

勇于改革不停顿，强大的力量来自内心。

开拓创新是时代的呐喊，无数个中国第一由此诞生。

中国梦绘出最美的图画，古老的中华文明正在复兴。

大办教育培育人才

深圳的发展，同时也是一部大力发展教育事业、不断提高人力资源水平的人才培养史。

市领导对深圳教育事业的重要性一直有清醒的认识，认为"没有人的现代化，没有教育的现代化，深圳不可能建设成为现代化的国际性城市"。市委、市政府对教育的发展和改革作出了一系列重大决策，20 世纪 80 年代初期提出"教育与经济同步发展"方针。1989 年在市普通教育工作会议上，李灏书记要求"特区的教育事业要走出一条自己的道路，办出自己的特色"。1990 年市委提出"教育适度超前发展"，制定了《深圳教育发展战略》。1994 年全市教育工作会议提出，深圳的教育要努力实现一流的校舍、一流的设备、一流的师资、一流的管理、一流的质量等"五个一流"标准。1995 年召开的第二次党代会和二届人大一次会议确立了"科技兴市"的战略目标和"增创人才新优势，努力建立教育强市"的奋斗目标。2005—2012 年深圳加快实施"人才强市"战略。2013 年以后深圳全面深化教育综合改革，率先探索教育发展新路径。深圳的教育事业按照市委的系列决策，走上了一条高速度、超常规发展的路子。

大办基础教育

特区建立之初，深圳仅有中小学 250 所，在校生 6 万余人。到 2019 年，深圳基础教育阶段共有各类学校 2593 所，在校生 209.2 万人；学校数量增长了 10 倍，在校学生增加了 35 倍，最重要的是办学质量大大提高、面貌全新。

1984 年，深圳对中学的发展开始提速，一年里新建了 10 所中学。深圳实验学校就是这一年建立的，金式如校长以科学的方法对学校进行严格的管理，让学校跻身为全国 300 所名校之列。就是在这一年，深圳"入学难"的问题基本解决。1989 年全市普及了九年制义务教育。1994 年全市又基本普及了高中阶段的教育，比国家规定的时间提早了 6 年。

在短短 40 年里，深圳教育完成了从农村教育到城市教育、再到现代化大都市教育的跨越，建立起从幼儿园到博士培养的学校教育体系，形成了学校教育、家庭教育、社会教育等终身教育的现代化大都市教育体系。近些年，深圳持续加大财政投入力度及学位供应。"十二五"期间新建中小学学位 12.6 万个，是"十一五"时期的两倍；"十三五"期间新改扩建公办中小学 185 所，新增公办中小学学位 23.8 万个以上，较"十二五"时期学位增加 50% 以上，各级各类学校生均经费标准居全国领先水平。2021 年对基础教育的投资继续增加。新开工建成学校 151 所，新增学位 13.1 万个。新增学位数量和增速均居全国首位。[⑦]

截至 2021 年 9 月，深圳共有义务教育学校 713 所，在校生 153.3 万人，专任教师 9.5 万人。在近 3 年广东省对各地政府履行教育职责考核中，深圳得分均在珠三角片区 9 个城市中排名第一。2020 年深圳有 7 个区（全市有 9 个行政区、1 个新区共 10 个区）考核成绩在珠三角 48 个区县中排名前 10。[⑧]

周仲高（广东省社会科学院省人才发展研究中心副主任）认为，优质公众服务的供给对人口吸引的作用越来越明显。人口集聚动因正由父代的经济动力（获得较高的经济收入和发展机会等）转向子代的社会动力（获得更优质的教育条件和成长机会等）。城市提供更具包容性和公平性的公共服务，将成为人口吸引力的核心要素之一。

创办深圳的大学

深圳共有 9 所大学，其中本科为 5 所：深圳大学（创办于 1983 年）、南方科技大学（创办于 2007 年）、香港中文大学·深圳（创办于 2012 年）、中山大学·深圳（创办于 2015 年）、深圳北理莫斯科学院（创办于 2016 年）；专科有 4 所：深圳职业技术学院（创办于 1993 年）、广东新安职业技术学院（创办于 1998 年）、深圳信息职业技术学院（2002 年由深圳教育学院、深圳工业学校、深圳财经学校三校合并组建）、创新创业学院（创办于 2021 年）。下面对本科大学做一些简要介绍：

创办深圳大学最早的决策是在 1983 年 1 月梁湘书记主持的一次常委会上做出的，建校计划投资 5000 万元（占深圳当年财政的一半）。有人质疑花这么多钱行不行？梁湘说："就是卖掉裤子也要把大学建起来！"1984 年 2 月深圳新校舍动工新建，从破土动工到开学仅用了 8 个月时间。首期招收本科生 216

名。该校培养出的著名学生有：创办腾讯公司的马化腾、创业几起几落的史玉柱、创办吉利汽车公司的李书福、华为首席财务官孟晚舟、雪松资本企业家张劲、红豆公司董事长周海江等。近年来深大 6 个学科进入 ESI（基础科学指标）世界排名前 1%，成为内地高校 ESI 排名进步最快的高校。⑨

南方科技大学筹建工作从 2007 年开始。2009 年聘任朱清时院士为南方科技大学（筹）创校校长。2011 年 2 月南方科技大学正式开学，首届 45 名教改实验班的学生入校就读。2012 年 4 月教育部批复同意建立南方科技大学。2020 年南科大新校长为中国科学院院士薛其坤。南科大办学取得了巨大的成功。2020 年中国大学百强榜进步榜上南科大排名第 3 位。在泰晤士高等教育世界大学 2021 排名中，南科大列中国内地高校第 8 位。2022 年南科大入选国家"双一流"高校，这使深圳拥有了本土第一所"双一流"高校，也是"双一流"行列中最年轻（建校仅 11 年）的中国大学之一。

香港中文大学·深圳于 2014 年 3 月经教育部批准设立。港中大·深圳采用中、英双语教学，着重语言及表达能力，培养学生成为面向世界、具有国际视野的领袖人才。

中山大学·深圳于 2015 年 12 月经教育部批准设立，以医科和新型工科为主要学科，将成为辐射粤港澳大湾区及亚太地区的高层次创新人才的重要培养基地。

深圳北理莫斯科学院于 2016 年 10 月经中国教育部批准设立，2017 年 9 月招收首批本科生、研究生。该校是由深圳市政府、莫斯科罗蒙诺索夫国立大学和北京理工大学三方合作创办，将培养通晓中俄文化、掌握中俄英三语、精通专业的高素质创新人才。

重视职业培训

谈一个城市的教育，高技能人才的培训是不可忽视的一块。笔者多次考察德国教育状况，对此有深刻的体会。德国"双元制"职业教育取得了巨大的成功，为"德国制造"享誉世界发挥了重要作用。与德国教育相比，职业教育是我国教育制度的一个短板。这一点在笔者写作的《德国文明与工业 4.0》一书中有详细论述。

随着中国制造业迅速发展，形成对职业人才的大量需求，我国越来越重视职业教育的发展。中共中央《"十四五"规划建议》明确要求,"加强创新型、应用型、技能型人才培养"。深圳在职业教育方面起步比较早,进行了一些有益的探索。例如,1993 年创办深圳职业技术学院,是国内最早独立举办高等职业技术教育的院校之一;2006 年深职院被确定为"国家示范性高等职业院校建设计划"首批立项建设院校;2009 年学校通过验收成为首批国家示范性高等职业院校。

近年来深圳更是全力构筑高技能人才集聚高地,坚持以"政府引导、社会参与、多元培养"为路径,在人才培养、评价、竞赛、激励保障等方面加大改革创新力度,加强产业链、创新链、人才链、教育链有机衔接,加快培养一批技艺精湛、素质优良、适应产业需要的新时代技术技能人才队伍。深圳累计建成市级高技能人才培训基地 242 家、技师工作站 144 家、技能大师工作室 56 家,每年对 90 个市级重点建设项目发放 1820 万元资助。截至 2021 年 12 月,全市技能人才总量达 396 万人。

深圳注重对"工匠"人才的培养。"技能菁英"工程面向战略性新兴产业、未来产业、现代服务业、优势传统产业,每年遴选 100 名有潜力的青年高技能人才,提供 20 万元的经费,资助其到发达国家和地区开展技艺技能研修培训,培养储备一批具备国际视野的青年领军人才。

比武台一设,工匠即出现。深圳市设立了"鹏城工匠"作为技能人才的城市最高荣誉,每年评选 10 人,予以每人 50 万元重奖。认真落实中华技能大奖、全国技术能手等技能领军人才的各种奖励补贴政策。2021 年全市新增全国技术能手 55 人,获奖人数超过"十三五"总和。1 人荣获技能人才国家最高奖的中华技能大奖。获奖者名叫王建涛,在核电一线工作 25 年,数十年如一日,守护核电安全。还有一名叫肖清雄的高级技师(深圳联得自动化装备公司),也获得了 2021 年"全国技术能手"称号。在 2021 年 12 月举办的广东省第二届职业技能大赛中,深圳选手共获荣获 9 金 11 银 6 铜 11 优胜,金牌数、奖牌数稳居全省前列。⑩

共建新型研究院

20 世纪 90 年代深圳连续引进了三所大学研究院。

第一所是清华研究院。有一次采访李子彬市长,当他谈到创办大学城一事时十分兴奋。我有点开玩笑地问:"清华大学是您的母校,清华大学是深圳引进的第一所大学,是不是因为'近水楼台先得月'呢?"他哈哈一笑说:"太夸张了!为了未来,深圳需要大学;而引进清华大学,是因为它是顶尖大学……"

按照子彬市长的回忆,引进清华大学的事情开始于 1996 年春节后。子彬市长与清华大学常务副校长杨家庆见面,第一次开始商谈市校合作议题。杨家庆常务副校长说:"大学每年有大批的技术成果,但难以转化成生产力,我们必须走出校门、寻求与地方政府的合作。考虑了几个城市,学校领导一致认为深圳市的条件最好……"1996 年 12 月 21 日在深圳迎宾馆,李子彬市长与清华大学王大中校长,签署了合作建立深圳清华大学研究院的协议书。研究院组建了 6 大研究所、26 个实验室,汇聚了 300 多位专职研发人员,成为高科技孵化平台。2012 年研究院建成了深圳市第一家企业博士后科研工作站。研究院企业家培训中心为数万名企业家提供培训服务,成为一个名副其实的人才成长摇篮。

第二所是深港产学研基地。该基地由深圳市政府、北京大学和香港科技大学三方合办。1999 年 8 月 16 日在深圳市五洲宾馆,李子彬市长与北京大学校务委员会主任任彦申、香港科技大学校长吴家玮,代表三方签署了合作共建深港产学研基地的协议书。

这个机构的名字有些特别,不叫"大学"或者"研究院",而叫"深港产学研基地",这是为什么呢?我在采访张克科时他解释了这件事。三方对合作办高校的其他问题都谈得很好,但在名字上卡壳了。一个方案是可以叫"深圳北京大学香港科技大学研究院",三方因素都有了,但名字太长了,感觉不好,否定了。吴校长提出要创造深港合作的新动力,按国际惯例运作,采取开放式的模式,在不同的领域吸纳国内外最优秀的教研机构和产业单位参与,实行"3+X"的动态组合,为项目合作提供源源不断的动力。深圳市政府也作出积极回应:将积极支持三方合作的产学研基地的建设,在政策、资金等方面给以扶助,并鼓励开展多层次的双边、三边、多边合作。几个备选名称:深圳香港湾区研究院、深圳香港湾区创新研究发展有限公司、深圳(香港科大 × 北京大学)科技教育产业发展研究院等,也都被一一否决。但大家逐步达成共识,要沿着开放、包容、发展、创新的思路去选择。地域简练表示就是"深港";

北大提出"产学研"是高校改革的方向，可以考虑，香港科大代表对内地的词汇不理解，香港没有产学研这个词，需要再推敲；机构的定位不叫中心，不叫公司，叫"基地"怎么样？又进行了中英文对比。深港产学研基地的名字就这样演化出来。

到了中午吃饭时候了，工作小组还在修改待定稿的三方协议。突然香港科大吴家纬校长从饭堂跑出来，找到还在电脑前加班的张克科大声喊道："今天我收获很大，一餐饭弄懂了一个词，现在我知道'产学研'一词的确切含义了，这是个好词！大家的看法达成一致了，我们合作机构的名字就叫'深港产学研基地'。"

笔者听张克科局长讲的这个细节挺有意思，香港竟然没有"产学研"这个词！可见深圳香港虽然一河之隔，但文化上还是有一些差异，就像深圳人对香港的一些流行语不一定完全理解是一个道理。当吴校长完全搞懂了"产学研"一词的含义，学校的名字就确定下来了。深港产学研基地，英文名为 PKU—HKUST ShenZhen—HongKong Institution，副标题是：INDUSTRY—EDUCA-TION—RESEARCH。香港科大的教授们习惯简称，以后一直以 IER（产学研）来称呼深圳的合作机构。之后，香港科技大学在深圳高新区建立了自己独立的研发大楼，在香港科技大学的体系内，他们也都以"IER—2"来称呼。

深港产学研基地成立 21 年来，一直专注于"做最后一公里的事情"——把科研成果转化摆在首位，加快产业化进程——这正是"产学研"一词的精髓。

第三所是深圳国际技术创新研究院。由深圳市政府与哈尔滨工业大学合作。2000 年 10 月研究院奠基，2002 年 4 月研究院研发大厦正式启用。2007年 6 月中国航天科技集团公司加入进来，三方签署协议，将深圳国际技术创新研究院正式更名为深圳航天科技创新研究院。

建立虚拟大学园

深圳市政府与清华大学合作，建立我国首家新型研发机构研究院的创举，在国内引起了极大反响。国内 20 多家著名高校纷纷来到深圳要求合作办校。深圳特区地方小，土地有限，不可能为每一所大学都提供一块独立的土地和相应的建设资金；但深圳兴办高校、培养人才的决心很大，这种情况下怎么办？刘应力（时任市政府副秘书长、市高新办主任）提出了设立虚拟大学园的创意。

1999 年 5 月市政府决定，在市高新区设立了深圳虚拟大学园。为此建立了虚拟大学园联席会议制度，李子彬市长兼任主席，联席会议作为虚拟大学园的领导协调机构。虚拟大学园对申请入园的高校设立了较高的门槛：一是应为全国重点大学，特别是列入国家"211 工程"的大学；二是其学科与深圳主导产业相适应，对深圳经济发展有推动作用。相应地，深圳为入园大学提供一些优惠的办校条件：市政府建设创新基地大厦（建筑面积为 1.5 万平方米），作为虚拟大学园的综合大楼，为各所大学提供工作场地。前两年的租金、物业管理费由深圳方承担，第三年开始以校方的工作业绩确定租金和管理费减免比例；为每一所大学办理一个赴香港长期通行证；有偿提供计算机网络服务器、公共会议室、车辆、文印等服务。

首批进驻虚拟大学园的有中国工程院、中国科技大学、北京大学、清华大学、北京理工大学、华中理工大学、西北工业大学、武汉大学、南开大学、复旦大学、香港大学等 22 所名校院。李子彬市长对此评价说："深圳无名校，名校在深圳。"

到 2018 年，虚拟大学园已聚集了 60 多所国内外知名院校，包括清华大学、北京大学等 44 所内地院校，香港大学、香港中文大学等 6 所香港院校，佐治亚理工学院等 7 所国外院校，以及中国科学院、中国工程院院士活动基地和中国社会科学院研究生院。虚拟大学园已建成清华大学、北京大学等 15 家产业化基地，12 家产研究院被认定为"广东省新型研发机构"。

各院校累计培训了各类人员 29.7 万人，其中培养博士生 1887 名、硕士生 44243 名、本科生 61761 名。虚拟大学成为为深圳培养高等人才的重要基地。⑪

成立博士后工作站

深圳设立"深圳企业博士后工作站"至今已有 28 年。1995 年 7 月深圳市人事局与全国博士后科研流动站管理协调委员会办公室签订合作协议，深圳由此成为全国第一个由企业设立博士后工作站的城市。

深圳的博士工作站有以下几个特点：一是覆盖面广。博士后站点包括：博士后科研流动站、博士后科研工作站（分站）、博士后创新实践基地、博士后依托校本部招收单位等 4 类。二是人数增长快。近 5 年来每年增速均超过

30%；新引进的博士后，从国内"双一流"高校或境外泰晤士报排名前150高校毕业的有50%左右。截至2021年10月在站博士后首次突破5000人（5013人），其数量在副省级城市中处于前列。28年里深圳累计引进和培养博士后超过1万人。三是科研成果多。28年里深圳博士后站点，获得国家自然科学基金、国家社会科学基金、省部级自然科学基金、省部级社会科学基金，以及博士后科学基金资助的项目达到6300多项；博士后在各类核心期刊发表文章1.78万篇（其中SCI文章8900多篇），出版论著100多本；博士后主持或参与国家、省部级科研项目7840多项；设站单位专利申请数13000多个。四是政策环境优。深圳对博士后站点的优惠政策包括"设站有资助""招收有补贴""进站有补助""出站有扶持"，实现了全覆盖。

博士后站点，成为深圳年轻科技人员源源不断的源泉。2017年以来在累计出站的2623名博士后中，有1750人留深工作，占比66.72%。[12]

引进国家级科研机构

深圳原来无大学、无院士、无国家级科研机构。1983年创办深圳大学实现了大学零的突破；深圳大学引进牛憨笨院士办科研所则实现了院士的突破。牛憨笨（1940—2016），山西壶关人。1966年毕业于清华大学无线电电子学系，1997年当选为中国工程院院士。1999年9月调入深圳大学，组建了深圳大学光电子学研究所，任所长。引进牛憨笨院士的"伯乐"是时任深圳大学党委书记姜忠和校长谢维信。2010年牛憨笨被评为广东省"十大杰出创新人物"。

自牛憨笨后，进入深圳的院士、创办的各类研究院越来越多。根据2022年4月深圳市政府工作报告发布的数字，截至2021年，深圳新当选"两院"院士4人，新增全职院士20人，总数达到74人，其中约六成属于深圳高校；有11家诺奖实验室，其中9家依托高校开展工作。

2013年12月，郭仁忠（在深圳市规划国土局工作）当选为中国工程院土木、水利与建筑工程学部工程院院士，成为深圳市建市以来首位"本土"院士。

2017年，汤涛（时任深圳南方科技大学副校长）当选为中国科学院院士，这是首位由深圳高校推荐并当选的院士。

2021年11月18日，"两院"公布新当选院士名单，其中深圳有4位。夏克青（南方科技大学教授）当选中国科学院院士；徐政和（南方科技大学教授）

当选中国工程院外籍院士；杰曼诺夫（杰曼诺夫数学中心主任）当选中国科学院外籍院士；罗智泉（香港中文大学·深圳教授）当选中国工程院外籍院士。这是深圳入选"两院"院士及外籍院士数量最多的一届。南科大也成为广东省新增院士人数最多的高校。⑬

自 2016 年开始，深圳从国外引进一些诺贝尔奖获得者、院士创办的各种实验室（详见"第十五章 科技先锋"）。

以上科研、教育机构的成立，标志着深圳的研发，从实际应用开始向基础研发迈进。这显然是一条更为艰难的道路，但可以让深圳走得更远，从中可以看出深圳市领导和教育科技工作者的远大抱负和长远眼光。深圳将为中国和世界科技进步作出更大的贡献。

学子敢创业

深圳创业者里，有很多是深圳自己培养出来的学生。讲其中几个创业故事。

汪之涵创办青铜剑公司

汪之涵（1982—），甘肃陇西县人。1994 年 12 岁时跟随父母来到深圳，就读于深圳中学。1999 年高考时，以广东省高考物理第一名的优异成绩考入清华大学电机工程系；之后又就读英国剑桥大学电力电子专业，拿下博士学位。2009 年汪之涵放弃了国外优越的条件，回到深圳创业，与剑桥和清华校友团队创立了深圳青铜剑电力电子科技有限公司（后改名为青铜剑科技股份有限公司）。凭借深圳市政府为留学生提供的创业资助和天使投资人的数百万元投资，一头扎进创业热潮中。

笔者曾两次采访过汪之涵。第一次是 2004 年我率一个文化考察团到了英国伦敦，一天晚上，我们找到刚进入剑桥大学读书的他，转交其父母捎带给爱子的衣服和食品。在遥远的海外他乡遇到深圳的学子，喜不自禁，亲切聊天询问了一些剑桥大学的情况。回来以后将这次见闻写入本人《富人为何喜欢住伦敦》文化游记一书。第二次是 2014 年采访已经回到深圳的汪之涵，写下了他创办青铜剑公司的创业故事。其故事收入本人《深圳财富传奇·品牌定输赢》一书。公司为何起名"青铜剑"？据他解释，"青铜剑"与"甲骨文"对标，饱含中国古文化的特色；同时另有一个含义："青铜剑"与"清同剑"谐音，有"清华同剑桥"的意思。

汪之涵在剑桥大学里学习研究的领域是电力电子专业的核心元器件技术；青铜剑公司的发展方向是研发芯片和元器件。公司获得国家高新技术企业认定，获评"中国留学生留学人员创业园百家最具创业潜力的企业""深圳高科技高成长 20 强"等称号。

2012 年公司研发成功大功率 IGBT 驱动芯片和模块等产品，实现中国首创，打破了国外的技术垄断。IGBT（Insulated Gate Bipolar Transistor，中文的意思是绝缘栅双极型晶体管），是能源变换与传输的核心器件，俗称电力电子装置的"CPU"。IGBT 通过弱电控制强电，对电能进行高效控制，广泛应用于电网、高铁、新能源汽车等机电设备上。公司的产品在一定程度上缓解了中国在此类功率半导体芯片领域依赖进口的被动局面。

人才是企业发展的关键。汪之涵组建了一支以清华大学、剑桥大学、瑞典皇家理工学院、中国科学院等国内外知名高校及研究机构的 10 多位博士为核心的研发团队，拥有国内外百余项发明专利授权，其中一些入选中国专利优秀奖。

2016 年公司不断向电力电子元器件制高点攀登，开始进军第三代半导体碳化硅功率器件的研发与产业化。碳化硅材料具有耐高压、高频、高温的特性，非常适合应用于大功率器件。通过采用碳化硅功率器件，电力电子设备的功率密度可以大幅提升，并能减小 50% 的损耗、40% 的体积和 30% 的重量。这意味着在电池容量相同的情况下，可以实现更长的续航里程，对于新能源汽车、高铁、船舶、家电等用电设备来说，这样的电机控制器更节能环保。

谈到企业发展的未来，汪之涵信心十足地说："就好像挖井一样，要深入挖掘，才能挖出甘泉。创业不能左一榔头右一棒子，三心二意、浅尝辄止。看准方向后，要有长跑的毅力，专注不懈地做下去。"

刘若鹏创办光启研究院

刘若鹏（1983—），陕西西安市人。9 岁时跟随父母从西安来到了深圳，在深圳读完了小学和中学。2002 年保送到浙江大学。后到美国杜克大学读研究生。学成之后，他放弃了在美国当老师的优厚待遇，决定回深圳创业。他联合自己的同学赵治亚、季春霖、栾琳，再加毕业于英国牛津大学的张洋洋，5人在深圳注册了深圳光启高等理工研究院。给研究院起名"光启"是为了纪念中国古代科学家徐光启。

刘若鹏研究的是"超材料"技术。这是一种材料的逆向设计技术，可以根据不同的使用场景，设计出相应的超材料、任意控制调控电磁波的传播。使用超材料，可以使电磁波"转向"或者"负折射"，从而实现隐身效果，有点类似于电影《哈利·波特》中的隐身斗篷。显然这是一个颠覆性的奇特技术。

光启将超材料技术应用到了"临近空间"的飞行气球上。所谓临近空间（Near space）是指距地面20—100公里的空域，这是人类尚未开发的一片空白空间。临近空间是一个低压、低温、强辐射的环境，气压只有地面上的3%，温度零下50多摄氏度，臭氧浓度高，阳光辐射特别强。这种极端的环境对材料的要求特别高，如果材料不过关，气球很容易爆炸、毁掉。虽然光启不属于航空航天的专业公司，但其研发的超材料，在环境恶劣的临近空间使用中显示出明显长处。然而，飞行气球不光对材料有特殊要求，还需要突破众多的技术难点，包括电子信息、数理统计和计算、材料工艺、通讯等，这是一项极具挑战性的任务。公司组织力量研发攻关，最终取得了成果。

公司研发制造的第一批新型空间平台，包括"云端号"（Cloud）和"旅行者号"（Traveler）等。2014年12月22日，在龙岗大康河畔巨大无比的光启阿波罗基地的"1号空间库"里，光启向社会开放了"云端"号的参观活动。"云端"号是一艘充满了氦气、体积达数千立方米、形如水滴的新型空间飞行平台。"云端"号的载重量可以达到数吨，绝对是个"巨无霸"。"云端"号是集通信、互联网接入、大数据收集和分析于一体的云端平台，具有成本低、载荷大、覆盖广的特点，有望成为卫星通信和地面塔台、基站的替代和补充，具备改变通信领域现有格局的潜力。刘若鹏仰望星空，志在云端，决心在浩瀚星空里，放飞自己的创业理想。

2012年12月习近平总书记在广东视察时，曾来到深圳光启高等理工研究院，要求光启"择天下英才而用之"，嘱咐光启人要向老一辈科学家学习，"争做新时代的钱学森们"。刘若鹏铭记总书记的嘱托，光启研究院十年磨一剑，完成了从0到1的超材料工业体系构建，开创了超材料的设计、制造、检测的全产业链体系，于2022年实现了超材料产业化的重大突破，大规模地应用于我国尖端装备领域。2021 年底，光启累计申请专利 5891 件，获得授权专利 3743 件，在超材料领域专利申请总量位居全球第一，实现超材料底层技术专利覆盖。

曹原研究石墨烯

曹原（1996—），四川成都市人。3 岁时随父母迁入深圳。11 岁时被选拔进入耀华实验学校小六超常班，用 3 年时间完成了小学六年级、初中、高中共 7 年的课程学习。14 岁时被中国科学技术大学少年班录取，入选"严济慈物理英才班"。2014 年 18 岁时，毕业于中国科学技术大学本科；后前往麻省理工学院读博，毕业后留在麻省理工学院从事博士后研究工作。

2018 年 3 月《自然》杂志发表了两篇以曹原为第一作者的石墨烯重磅论文。曹原发现当两层平行石墨烯堆成约 1.1° 的微妙角度时，就会产生神奇的超导效应。这一发现轰动国际学界，开辟了凝聚态物理的新领域。

曹原当年荣登《自然》杂志影响世界的十大科学人物榜首；同年入选福布斯（中国）发布的 2018 年中国"30 位 30 岁以下精英"科技领域榜单，成为入选者年龄最小（22 岁）的一位。《自然》杂志称其为"石墨烯驾驭者"；一些媒体报道称其"一举解决了困扰世界 107 年的难题"。2021 年 2 月曹原又发表了关于石墨烯的新论文，再次轰动世界。

有人才才有创业者

人们公认深圳是创业的热土，数据可以证明这一点。按照深圳市人力资源和社会保障局局长赵忠良公布的数据，截至 2021 年 7 月深圳就业人口规模达 1250 万人，为历史高位。全市专业技术人才总量 198 万人，技能人才总量 396 万人，累计认定海内外高层次人才超过两万人，留学回国人数超 18 万人，在站博士后 4606 人[14]。

另据深圳市市场监管局注册局发布的深圳商事主体登记统计分析报告显示，截至 2021 年 11 月 1 日全市商事主体总量达到 373.1 万户，商事主体总量和创业密度居全国大中城市首位。按照《深圳市第七次全国人口普查公报》中常住人口 1756.01 万人计算，全市每千人拥有商事主体 208.6 户，拥有企业

131.5 家，平均每 7 个人里就有 1 个企业家。⑮

　　当然，商事主体、新办企业、企业家数量虽多，并不一定是深圳自己培养出来的，其中有一部分是从全国各地和世界许多国家地区来到深圳创业的。深圳是有吸引力的创业洼地，国内外的创业人才像水一样流向了深圳；深圳又是人才高地，越来越多的顶尖人物到深圳来创业。

汪建带领华大基因南下

　　汪建（1954—），湖南怀化沅陵县人。华大基因公司创始人之一、董事长，深圳华大基因研究院名誉院长。1976 年学习工作于湖南医科大学，1987 年毕业于北京中医药大学，获硕士学位 1988 后先后就读于美国得克萨斯大学、爱荷华大学，获博士学位，后在美国华盛顿大学做博士后研究员。

　　2008 年中国改革开放 30 年时笔者采访过汪建，当时华大基因公司从北京搬来深圳不久，我写下了他的创业故事（收在本人著作《创造中国第一的深圳人》一书中）。汪建、杨焕明等公司的几位创始人都是留美的博士学者，他们心中共同燃烧着开拓中国基因研究领域的一把火。

　　1990 年 10 月，人类基因组计划（Human Genome Project）正式启动，目标是精确测定 30 亿碱基对构成的人类基因组。1998 年美国 CELERA 公司宣布将进行人类基因组计划。杨焕明、汪建等认为，对此项计划中国不能缺席，决定学习法国的做法，以民间身份申请参与这项工作。

　　1999 年初，美、英、日、德、法 5 国政府决定加快完成基因组计划。1999 年 9 月 1 日，国际基因组计划第 5 次战略会议在伦敦召开。在看到中国团队准备的工作文案十分出色后，决定接纳中国团队参加这项任务。中国团队具体承担的任务是完成人类 3 号染色体短臂的测序工作，工作量约占人类整个基因组工作总量的 1%。2000 年 6 月 26 日，美国总统克林顿和英国首相布莱尔同时在美国和英国连线，代表参与国际人类基因组的 6 国(美、英、日、德、法和中国）向全世界宣布，人类基因框架图圆满完成。克林顿在发言中特别指出："我要感谢中国科学家在国际人类基因组计划中作出的贡献。"

　　中国虽然只完成了"人类基因组计划"中 1%的测序工作量，但不能小看这 1%，凭着这张入场券，中国进入了人类基因组计划的国际俱乐部。

　　1999 年 9 月 9 日华大基因研究中心在北京正式成立。为什么起名华大基因？词语来自一副对联，上联：华夏生骄子共奠科学千秋基业；下联：大国有精英同解生命万世因缘。这副对联的第一个字和倒数第二个字连接起来就是"华大基因"。

华大基因的科研成果产生了巨大影响。2003年非典期间，华大科研人员为破译SARS病毒作出了特殊贡献。

2007年4月华大的主力挥师南下，在深圳成立了华大基因研究院，开始了新征途。2007年10月11日完成了"炎黄1号——第一个中国人基因组图谱"。该基因组图谱好比为35亿亚洲人绘制了一份遗传地图，根据这份"地图"，查病、治病就容易多了。2007年12月美国《科学》杂志报道了这件事；同月20日该杂志公布2007年世界十大科学项目，其中"人类基因组个体差异"（黄种人全基因组标准图是其中最主要的组成内容）项目名列第一。2008年11月6日英国《自然》杂志刊登了"第一个亚洲人基因组图谱"学术论文，封面上的图片就是这个项目。

接着"千人基因组计划"开始启动，华大基因又是发起人之一。2008年1月22日宣布，该项目由中国、英国和美国的科学家组成的"国际协作组"联合实施。按照这个计划，华大基因研究中心将再绘制99个中国人个体全基因组序列图，简称"炎黄99"。99+1（已经完成）的基因图，就构成了中国人群遗传和多态性标准图谱，使之成为基因与医疗、健康的关键组成部分。

2020年1月25日大年初一，65岁的汪建带领华大团队逆行武汉推动建设万例通量的检测中心。在抗击新冠疫情最紧张的2月份，华大基因主导设计及运营的"火眼"实验室启动，迅速完成了超过100万人份的新冠病毒检测试剂盒的生产，极大地缓解了试剂盒供应压力。而在长江另一边，华为公司承担了建设火神山医院通讯信息技术支撑的重任。两家深圳的企业为解除武汉疫情险局作出了重要贡献。"火眼"实验室模式迅速复制到全国，先后在深圳、北京、上海、天津、长沙、石家庄、重庆、青岛、昆明等多地落地，启动了大规模新冠病毒样本检测工作。全球疫情爆发后，短短数月华大试剂盒的国际订货量就达到上千万人份，覆盖日本、文莱、泰国、阿联酋等70余个国家和地区。

奥比中光研发 AI 3D 新技术

黄源浩（1980—），广东潮州市人，有"80后潮汕科学家"称号。他是奥比中光科技公司创始人、现任董事长。2020 年入选"深圳经济特区建立 40 周年创新创业人物和先进模范人物"名单。

黄源浩先毕业于北京大学本科，后获新加坡国立大学硕士学位、香港城市大学博士学位。曾在 7 个国际顶尖研究所学习研究，围绕着光学主题，多角度、多系统、多领域研究光学方法及系统，涉及到光学领域十多个细分学科。30 岁时，他已成为光学测量领域最年轻的国际顶尖专家之一。

2013 年黄源浩回国创业。在对多个城市做调研、比较后，他认为深圳的创业环境最好，于是在深圳留学生创业大厦的一个 160 平方米办公室里，注册成立了奥比中光公司。2015 年公司自主研发设计的第一代自动激光投影模组生产线建成，自主研发生产的第一代 ASIC 芯片是中国乃至亚洲第一颗 3D 感知芯片。ASIC（Application Specific Integrated Circuit，中文的意思是专用集成电路），是应特定用户要求和特定电子系统的需要而设计制造的集成电路，用途十分广泛。在黄源浩带领下，奥比中光组建了一支世界级精英研发团队，成员来自美国留学生和世界 500 强企业的技术专家。研发团队入选 2017 年广东省"珠江人才计划"创新科研团队名单。

奥比中光是一家以 AI 3D 传感技术为核心技术的科技创新型企业。所谓"AI 3D"是 AI（AI，Artificial Intelligence，中文的意思是人工智能）+3D（3 Dimensions，中文的意思是三维空间），也就是用人工智能提供三维视觉能力的关键基础共性技术。黄源浩用通俗的语言解释说："奥比中光自主研发的 AI 3D 视觉技术，让智能终端能够拥有像人眼一样感知外界的本事，实时获取高精度三维信息。这是万物互联时代 AI 产业的关键性技术。"奥比中光突破国际技术垄断，拥有从芯片、算法，到系统、框架、上层应用支持的全面技术实力，在 AI 3D 感知领域申请专利 700 件，成为继微软、苹果、英特尔之后的行业全球第四家，占据了行业制高点。

以"让所有终端都能看懂世界"为使命，奥比中光将前沿的 AI 3D 感知技术突破性地应用于移动终端、智慧零售、智能服务、智能制造、智能安防、数字家庭等领域，赋能传统行业转型升级。奥比中光的服务客户遍布全球。2018 年奥比中光获评高成长性企业，成为我国人工智能 3D 视觉头部企业、全球感知智能领域的领跑者。其申报项目"3D 视觉芯片及全平台兼容的高分辨率光学测量系统"，获得 2019 年度广东省科学技术奖科技进步奖一等奖。该项技术，打破了欧美在商业化 3D 感知技术上的垄断，填补了国内 3D 传感器产业的空白，对于促进我国自主核心算法芯片国产化具有重要意义。

得人才者得天下

世界各国的竞争，无论是经济、科技、军事、政治，各个领域里发生的竞争，本质上都是人才的竞争。可以用一个著名事例说明此道理：世界二次大战胜利时，战胜国美国与苏联，对战败国德国，是争抢人才，还是抢夺机器设备？选择不同，结果大不一样。

二战前的德国是世界科学的中心国家，涌现出了众多著名科学家，以至于 1938 年那一届诺贝尔获奖者半数以上是德国人。因此，德国当年被称为科技之国，甚至德文被称为"科学的语言"。1945 年 5 月德国将要战败时，美国制订了一个"回形针"计划，秘密派出特别行动队拿着 1500 名德国顶级科学家的名单，到德国抢夺科学家，最后抢到了 700 名。美国人这一计划取得了巨大成功。二战前德国获得诺贝尔奖的科学家数量是美国的 3 倍，而抢夺人才半个世纪后，全世界自然科学领域诺贝尔奖得主的 40% 变成了"美国人"。美国从德国引进的人才包括发现"相对论"理论的爱因斯坦、德国"导弹之父"冯·布劳恩、量子力学的主要创始人海森堡等。由于拥有了最多数量的顶尖科技人才，美国在原子弹、氢弹、导弹、火箭、宇宙飞船的发射、阿波罗登月计划的实施等许多领域都实现了突破。

而反观苏联，他们主要抢夺的是德国的机器设备。苏联这样做有它的道理：苏联的全民教育搞得比较好，国内也拥有一些顶尖的科学家，对德国人才并不像美国那样渴求；同时由于德国纳粹军队侵略苏联、造成了极大的破坏，苏联急需大量的物资和机器设备来恢复国民经济。事实上苏联在很大程度上达到了目的，因此二战后其工业生产和国民经济恢复得很快。但是，毕竟机器是死的，而人是活的、能够不断进行创造；更何况一旦新技术发明起来，原来的先进设备也就贬值，甚至无用了。

苏美同为占领德国的战胜国，但两者在抢夺战略资源时的不同选择，成为两国在后来的竞争中得失胜败结果不同的重要原因之一。

这个事例说明，人世间，人是最宝贵的资源，人是宇宙的精灵、智慧的花朵，"人是一根会思考的芦苇"（法国作家帕斯卡语）。要想办成任何事，必须有人；有了人，什么人间奇迹都可以创造出来。

然而从教育的角度说，由于受教育的程度不同，导致人的能力不一样。教育可以启蒙人，让人掌握知识，提高人的创造力。没有受到相当教育的人，只能从事简单劳动。只有受过良好教育（包括自学）的人，才有可能成为创新者、设计者、创业者。整个国民的教育水平普遍提高了，这个国家就能享受到人口红利、知识红利，乃至科技红利。

深圳几十年的发展状况，充分地说明了这个道理。作为城市，深圳只有2020平方公里（后来经过精确测绘，只有1960平方公里），面积在副省级城市中最小；从人口情况看，深圳2020年常住人口达到1756万，属于一线城市，而且深圳是全国人口增长速度最快的城市。根据全国人口普查数据，深圳近10年内人口增加了714万，增速高达68.46%。尽管如此，人口并没有成为深圳的负担。截至2021年11月1日全市商事主体总量达到373.1万户，继续保持全国大中城市首位。在全国城市中，深圳注册的商家企业最多，创业者最多，科技企业发展最快，这使深圳成为GDP增长最快的城市。

深圳的经验证明，无论做什么事情，都需要人才；而发展高新技术产业，人才尤其是决定性的因素。人才是经济社会发展的第一资源，也是创新活动中最为活跃、最为积极的因素。抓人才，才能促发展；重人才，才有强实力；没有人才优势，就不可能有发展优势、创新优势、产业优势。深圳要想可持续发展，必须继续发展人才优势，聚天下英才而用之，最大限度激发人才创新创造创业的活力。总之一句话，得人才者得天下。

---

① 邹旭东：《梁湘在深圳 1981—1986》，内部材料，2018 年印刷，第144 页。

② 邹旭东：《梁湘在深圳 1981—1986》，内部材料，2018 年印刷，第146 页。

③ 董滨、高小林：《突破·中国特区启示录》，武汉出版社 2000 年版，第114 页。

④ 深圳博物馆编：《深圳特区史》，人民出版社 1999 年版，第 113 页。

⑤ 深圳博物馆:《深圳特区史》,人民出版社 1999 年版,第 114 页。

⑥ 段亚兵:《深圳拓荒纪实》,人民出版社 2018 年版,第 401 页。

⑦ 孙颖、徐峰:《从"有学上"到"上好学",40 年教育基础发展见证"深圳速度"》,《南方日报》2020 年 9 月 11 日。

⑧ 李舒瑜:《深圳全力推进义务教育优质均衡发展》,《深圳特区报》2021年 12 月 31 日。

⑨ 孙颖、徐峰:《从 1 到 15,深圳高等教育实现"弯道超车"》,《南方日报》2020 年 9 月 11 日。

⑩ 庄瑞玉:《深圳全力构筑高技能人才集聚高地》,《深圳特区报》2021 年12 月 17 日。

⑪ 李子彬:《我在深圳当市长》,中信出版社 2020 年版,第 83 页。

⑫ 钟鸿冰:《深圳博士后工作站建站 26 年引进培养博士后超万名》,《深圳商报》2021 年 11 月 10 日。

⑬ 吴吉:《在深两院院士总数达 74 人》,《深圳商报》2022 年 4 月 25 日。

⑭ 杨丽萍:《深圳市人力资源和社会保障局党组书记赵忠良:就业人口1250 万达历史高位》,《深圳特区报》2021 年 9 月 17 日。

⑮ 李佳佳:《深圳商事主体 373.1 万户》,《深圳商报》2021 年 11 月 2 日。

第九章 破解资金难题

缺钱的深圳经济特区

资金是实体单位生存、运作、经营的血液，无论对政府、企业都是如此。就企业而言，创业需要启动资金，经营需要资金周转，发展需要资金支持。企业经营的目的之一，就是要赚钱；赚了钱再投入经营之中，维持正常生产或扩大再生产，企业才能可持续发展。

深圳企业多，自然需要大量创业资金；但深圳经济特区成立之初恰恰十分缺钱。按照当年市领导的说法，深圳发展靠"三皮"：一靠地皮（要靠2020平方公里的土地想办法），二靠嘴皮（大张旗鼓地宣传特区的优势以吸引国内外投资），三靠不扯皮（靠高效率的工作赢得主动）。因此，自深圳经济特区成立那一天起，如何解决发展资金问题，如何吸引外资和内地资金投资办企业，始终是市委市政府领导们萦绕心头的一个重大问题。

深圳在解决资金问题上，尝试了各种办法，采取了许多创新措施，取得了良好效果。

发展银行事业

既然经营货币信贷业务——也就是"管钱"的金融机构首数银行，深圳发展金融事业当然首先从银行着手。除了积极发挥国家四大银行在深圳分行的作用，深圳也积极发展地方银行。

深圳发展银行

深圳金融界影响最大的事件当数成立深圳发展银行，这件事是李灏书记主政时期做成的。刘自强是深圳发展银行筹备组负责人、银行成立后的代行长。他回忆，1986 年 10 月 12 日深圳正式出台了《深圳经济特区国营企业股份化试点暂行规定》，这是新中国成立以来的第一部国企股份化法规。深圳选择了 10 家国营企业做股份制试点，"深发展"是其中之一。市体改办起草了股份制"深圳信用合作银行"方案（刘自强是起草者之一）。按照方案，以特区内的 6 家农村信用社为基础，组建一家独立经营、自负盈亏的区域性股份制商业银行。李灏书记建议起名为"深圳发展银行"。①

1987 年 5 月经中国人民银行深圳分行批准，筹建中的"深发展"计划发行 79.5 万股进行集资，每股 20 元。实际发行中，仅被认购发行了 30 多万股、集资 790 多万元。当时的深圳市民对股票不认识，销售遇到很大的困难。银行派人四处推销股票，人们反应冷淡。银行负责人王健找到李灏书记"救场"，动员他购买。书记看到银行这么难，就取出存款购买了一些股票。李灏书记带头后，各单位的领导也都跟着带头购买股票，虽然没有完全达到推销股票计划的目标，但勉强解决了银行资金周转困难。

1987 年 12 月深圳发展银行股东大会在深圳欢乐园召开，王健被任命为第一任副总经理主持全面工作（银行当时不设总经理）。1988 年 4 月 7 日"深发展"作为中国第一家股票上市银行，在"深交所"挂牌交易。后来"深发展"股票猛涨，成为名副其实的"深市第一股"。王健（1950—2009），北京市人，1985 年南下深圳在中国人民银行深圳分行工作。1986 年他 36 岁时被提拔为局级干部筹建深圳发展银行；后又负责组建深交所筹备组，出任副总经理（主持工作）。后因病英年早逝。

招商银行

招商银行是中国境内第一家完全由企业法人持股的股份制商业银行，也是国家从体制外推动银行业改革的第一家试点银行。招商银行 1987 年 4 月 8 日成立于深圳蛇口，成立时只有 36 名员工、1 家营业网点、1 亿元的注册资本。行长办公室只有 6 平方米大。首任行长王世桢（1933—），江苏人，1987—1999 年任招商银行行长。他在任期间，通过在全国大量设立分支机构，奠定了招行的全国性银行格局。②

1989—1993 年，招商银行进行了增资扩股和股份制改造。招商银行在业务上不断创新，开创了中国银行业中的多个第一：首个基于客户号管理的借记卡——"一卡通"，首个网上银行——"一网通"，首张国际标准双币信用卡，首个面向高端客户的理财产品——"金葵花理财"等。改革和创新让银行走上了发展的快车道。

30多年后，招商银行成为在沪港两地上市的、跻身《财富》榜前500强企业的大型股份制银行；8次荣膺"中国最佳零售银行"，13次荣获"中国最佳股份制零售银行"国际大奖。2021年7月，国际权威媒体"欧洲货币"（Euromoney）在其官网揭晓"2021年卓越大奖"评选结果，招商银行连续第三年荣膺"中国最佳银行"殊荣。

微众银行

微众银行2014年12月成立于深圳前海，既是国内首家互联网银行，也是首家民营银行。银行董事长顾敏（1974—），2000年加入中国平安，历任平安电子商务高级副总裁，深圳平安渠道发展咨询服务公司董事长等职。

微众银行是注重采纳新技术的典范。在银行成立初期，就率先制定了技术的"ABCD"（AI人工智能、Blockchain区块链、Cloud Computing云计算、Big Data大数据）金融科技战略。由于积极采用先进技术，有效地提高工作效率，降低经营成本，因此有条件为小微企业和民众提供更为优质、便捷的金融服务。2015年1月4日李克强总理亲临微众银行考察，观看了营业经理给一个名叫徐军的卡车司机发放3.5万元贷款的过程。李克强总理热情鼓励了银行领导。

该银行用短短7年时间完成了普通商业银行需要几十年才能完成的跨越。2020年末，微众银行资产总额3464亿元，已跻身中国银行业百强。2021年微众银行管理资产规模突破万亿元。2022年前5个月，其纳税额已经超过2021年全年。其日金融交易峰值达7.98亿笔，接近国内头部银行处理量级。2022年最新的"中国银行业100强榜单"显示，微众银行位列前58，是唯一上榜的民营企业。2022年6月《亚洲银行家》（The Asian Banker）评选出"全球100家数字银行排行榜"，微众银行雄踞首位。国际知名独立研究公司Forrester定义微众银行为"世界领先的数字银行"。

深圳银行中的一些机构是创新的产物，是深圳城市创新精神的缩影。深发展一开始就实行股份制，同时上市；招商银行在业务上有许多创新；微众银行创造了网络银行的新业态等。除了以上 3 家银行，深圳其他外资银行和地方银行也迅速发展。1982 年 1 月南洋商业银行深圳分行开业，成为新中国成立后我国引进的第一家境外银行。2004 年深圳农信社从广东省农信系统中单列出来，改制组建深圳农商银行。

据统计，到 2021 年 6 月末，深圳辖内银行业总资产 10.99 万亿元，居全国大中城市第三位③。深圳的银行业金融机构营业网点总计 2005 个，从业人员达 83623 人，法人机构 35 个，包括大型商业银行、外资银行、信托公司、财务公司等多种机构类型，金融集聚和辐射水平得到显著提升。深圳银行事业的蓬勃发展，让深圳成为中国银行业的重镇之一。

另从 2022 年 4 月公布的"第 31 期全球金融中心指数"显示，深圳金融中心排名大幅提升，跻身全球前 10。从"全球 20 大金融中心"（2016 年）提升到"全球 10 大金融中心"深圳只用了 5 年时间。④

成立交易所以建立资本市场

深圳证券交易所是李灏主政深圳时期做成的又一件大事。禹国刚（1944—），陕西安康人，毕业于西安外国语大学日语专业。他是深圳证券交易所筹备者、创建者之一，第一任副总经理（法定代表人）。2018 年，党中央、国务院授予禹国刚同志"改革先锋"称号。2020 年被评为"深圳经济特区建立 40 周年创新创业人物和先进模范人物"。

1981 年禹国刚从陕西来到深圳爱华电子公司工作。1982 年经考试选中，成为我国首批赴日学习证券的留学生之一，1984 年学成回国。1988 年 11 月深圳市资本市场领导小组成立，禹国刚任属下专家小组组长；后任深交所副总经理（主持工作）。在两年多时间里，他与另一位副总经理王健合作，翻译国外的公司法、证券法、投资保护法等英文资料 200 多万字，汇总成一部规则大全蓝皮书《深圳证券交易所筹建资料汇编》。1990 年，上海市一位领导带领一批金融干部到深交所筹备组"取经"，要走蓝皮书，说是作为上交所筹备的参考资料。不久传来上交所将于年底开业的消息。禹国刚说："听到此消息如当头一棒。"

此事反映给了市领导。11月22日李灏带着几位市领导和几大银行的行长，一起来到新筹建的深圳证券交易所考察。只见宽敞的交易大厅装修一新，整齐地摆放着一排排计算机，身穿黄马褂的交易员们守在自己的岗位上，眼睛盯着屏幕，手指在键盘上飞快地操作着。交易所的负责人汇报说股票交易操作系统已经安装调试好，现在正在做实际操作的模拟训练。

看到准备工作已经就绪、场面像模像样，李灏比较满意。他发问说："既然准备工作就绪了，为什么不开张？"负责人回答说："国家有关部门还没有批下来……"李灏一挥手说："批不批先不管，你们抓紧时间开业。先试验嘛，有问题市政府负责任。12月1日是个好日子，就选这一天试营业！"1990年12月1日深圳证券交易所果真开业。⑤

如此一来，就给史学家们留下了两个交易所，谁是"中国第一交易所"的难题。论实际开张时间，深交所早在12月1日开业（但直到第二年才拿到国家批文，又在1991年7月9日补办了一个开业仪式）；论拿到国家批文的时间，上交所早（但开业的时间晚到12月19日）。采访李灏时我问到了这个问题，他哈哈大笑说："上海是先办手续后生孩子，而深圳是先生孩子后登记……"

深圳证券交易所成立后，深发展、深万科、深原野、深金田、深宝安（俗称"老五股"）成为首批上市公司。1991年，完成了11家上市公司的股份制改组，改组了9家内部股份公司。由于上市公司得到了社会资金的支持，发展十分迅速，多数逐渐发展成为国内外知名的上市公司。

在禹国刚主持工作期间的4年时间里，深交所实现了"四化"：交易电脑化、交收无纸化、通讯卫星化、运作无大堂化。直到如今，全世界能做到电子记账而不用纸质股票的，只有深圳、上海、新加坡三家交易所；而纽约、伦敦、法兰克福、巴黎、东京这些世界著名交易所，由于发行股票的时间长，想要回收大量流通在外的股票极难，因此没有办法实现电子化的交易交收。

由于深交所的"四化"发挥了巨大的技术支撑作用，让深交所2010年冲上IPO（新股发行）全球第一名。这显示了深交所技术先进和运作出色的实力。中国仅有的两个证券市场之一设立在深圳，特别是中小企业板和和创业板设立在深圳，使全国的资金流向深圳，给深圳科技企业特别是民科企业的发展创造了极好的条件。深交所不仅为深圳上市企业提供了大量的资金，也为深圳成为世界著名的金融城市作出了贡献。

截至 2020 年 6 月，深圳本土 A 股上市公司数量累计达 308 家，排名全国第二。2001 年，A 股再迎 IPO 大年。据同花顺数据统计，共有 493 只新股上市，IPO 融资规模约 5987 亿元，IPO 数量及融资额均刷新历史纪录。其中深圳以 41 家 IPO 数量（合计融资额约 326 亿元），居全国各城市第二位，仅次于上海市。截至 2021 年底深圳上市公司达 388 家，位居全国各城市第三，仅次于北京和上海。⑥

深圳上市公司不仅数量多，而且个头大，发展快。数据显示，深圳上市公司总市值约为 8.2 万亿元，在全国城市排名第二（北京第一，16 万亿元；上海第三，5.8 万亿元；杭州第四，2.1 万亿元；广州第五，1.7 万亿元）。在最近 5 年的营收和利润累计增长率方面，深圳是这 5 个城市中唯一一个两项指标均突破 100% 的城市。⑦

以 1990 年深圳证券交易所成立为标志，深圳的资本市场实现了从无到有、从小到大的跨越式发展。2004 年深圳证券交易所设立中小企业板；2009 年 10 月正式启动创业板。经过 30 多年的发展，深圳逐步形成了具备主板、中小板、创业板的多层次资本市场体系，实现了从审批制、核准制到注册制的改革，积极实践"让市场在资源配置中起决定性作用"的理念。

2021 年深交所主板与创业板合并，形成"主板 + 创业板"新格局。深圳股票市场如虎添翼，1493 家主板公司总市值超过 22 万亿元。

用市场手段帮助企业融资

在深圳创业的企业家们，公认深圳是创业的热土。大家普遍认为，深圳市政府制定的优惠政策，给予了企业全方位的帮助；特别是在资金方面的帮助，对企业来说是雪中送炭，让许多企业在创业时期能够躲过高死亡率的威胁。

这个说法是对的。在鼓励金融支持科技企业发展方面，深圳曾经下发过有关文件。2012 年下发《关于促进科技和金融结合的若干措施》；2014 年出台《关于充分发挥市场决定性作用，全面深化金融改革创新的若干意见》等。2018 年 4 月 28 日，在深圳市委常委学习中央有关精神会议上，王伟中书记提出要建立"基础研究 + 技术攻关 + 成果产业化 + 科技金融 + 人才支撑"的全过程

创新生态链，提出了科技金融结合的发展思路⑧。王伟中（1962—），山西朔
州人。2017 年 3 月后任职深圳，先后任广东省委常委、深圳市委书记，广东
省委副书记、深圳市委书记，广东省代省长、深圳市委书记等职。

深圳已经形成了涵盖种子基金、天使投资、创业投资、政府创业投资引
导基金和担保基金等全链条的金融服务体系，覆盖了创新型中小微企业整个生
命周期的成长过程。

特别要强调的是，市政府对企业的资金支持，不是用行政办法，而是采
用市场的手段。例如，通过成立高新投、创新投公司，用符合市场规律的办法
运作，事实证明取得了成功。例如，早在 2003 年，深圳颁布了《深圳经济特
区创业投资条例》。该条例明确指出，深圳创投机构应遵循"政府引导、市场
化运作、面向全国、辐射海外"的原则去发展。因此，深圳较大规模的创投机
构，均在北京、上海、天津等 20 多个省市及大中城市中，与当地民营企业共
同设立各种子基金，由深圳管理机构总部设立的分支机构进行管理。

高新投

"深圳高新投"全称为"深圳市高新投集团有限公司"，是一家专业金融
服务机构。李子彬在《我在深圳当市长》一书中讲述过成立"高新投"的经过。

深圳市政府为了推进产业升级、大力发展高新技术产业，于 1994 年 12
月出资 1 亿元，成立深圳市高新技术产业投资服务公司，专门为中小科技企业
的银行融资提供担保服务，解决中小科技企业"融资难"问题。1998 年起市
财政每年注资 1 亿元，使高新投的资金到 2000 年达到 4 亿元。现高新投已发
展成为"具备资本市场主体信用 AAA 最高评级的全国性创新型金融服务集团"，
在内地设 7 家分公司、25 个办事处。截至 2020 年，公司实收资本为 138 亿元，
净资产超 220 亿元，总资产近 340 亿元⑨。

公司的核心业务为：融资担保、金融产品增信、保证担保、投资、资产管
理等，为企业提供自初创期到成熟期的全方位投融资服务。26 年来，深圳高
新投累计为超过 3.7 万家中小微企业，提供超过 7000 亿元担保服务，撬动新
增产值超过 1.2 万亿元，新增利税超过 2400 亿元，成功助推 300 多家中小微
企业实现海内外上市，被媒体称作资本市场的"高新投系"。

高新投投资的企业中，较为出名的有华为、比亚迪、大族激光、海能达、

沃尔核材等。此处举例说一说帮助比亚迪公司的经过。比亚迪公司成立于1995年。从1996年开始，高新投每年都为比亚迪提供融资担保200万元。1998年是比亚迪发展镍氢、镍镉、锂电子电池研发的关键时刻，急缺资金的比亚迪向高新投申请担保贷款。经过考察，高新投确定为比亚迪提供3年期900万元的贷款担保，从而让比亚迪获得了突飞猛进发展的机会。第二年比亚迪的销售收入达到4亿元、利润5000万元，分别是1997年的2.7倍和2倍。比亚迪由此一跃成为国内规模最大的电池生产企业，跻身世界电池生产企业前6强。迅速成长的比亚迪计划新建占地40万亩的科技工业园，于2000年向高新投提出7000万元5年期贷款担保的申请。这是自高新投成立以来受理的单笔最大的额度担保申请。在高新投的全力支持下，2002年7月31日比亚迪成功在香港交易所正式挂牌上市。2003年比亚迪充电电池日产量达300万粒，锂离子、镍镉、镍氢电池销售量分别居全球第三、第一、第二位，年产值达到40多亿元、净利润近10亿元，每年纳税3亿元，成为深圳民科企业的杰出代表。

深创投

在深圳高新投公司成功运作基础上，1998年市政府决定出资并发起设立高新技术产业投资基金。但是在向国家发改委领导汇报此事时，得到答复说："国家刚刚开始研究制定创业投资基金的管理办法，在管理办法出台之前无法批准深圳设立创业投资基金。"

深圳市的领导在工作上有一股只争朝夕的精神，感觉深圳高新技术产业的发展不能等待。经过研究，决定采取一种变通的办法，把准备设立的创业投资"基金"改名为"公司"。1999年8月26日深圳创新科技投资有限公司（简称深创投）成立。对该公司，市政府注资5亿元，另从企业募集5亿元（实际募得两亿元）。虽然操作手法有所变通，但"深创投"实际上就是中国第一家创业投资基金。按照投资基金里的不同角色，投资人为"有限合伙人"（LP，Limited Partner），基金的管理机构是"普通合伙人"（GP，General Partner）。市政府和投资企业为LP，深创投的员工为GP。

深创投成立6年后的2005年11月，国务院制定的《创业投资企业管理暂行办法》才出台，深圳因提早成立深创投而赢得了6年时间。对于"时间就是金钱"的深圳来说，6年时间意味着创办了成千上万有发展潜力的科创企业，也让深圳的经济发展上了新台阶。因为有"深创投",深圳被誉为"中国本土创业投资基金的策源地"。

抢先成立深创投是一回事,而能不能经营得好是另外一回事。事实说明深创投经营得非常好,这与深圳市领导按照市场规律办事,对深创投进行科学合理管理有很大关系。分管创新投的市领导是副市长庄心一。庄心一(1955—),上海市人。1995年任深圳证券交易所总经理,1998年10月任深圳市副市长,2005年任中国证券监督管理委员会副主席。

庄心一提出对深创投"不塞项目不塞人"。他说到做到,顶住了许多"人情"推荐人和推荐项目。1999年8月26日在五洲宾馆举行新闻发布会宣布深创投成立。第二天有一位副局长到办公室找庄心一,请他批准将自己的夫人调入深创投工作。庄心一不悦地说:"我昨天刚代表市政府表态'不塞项目不塞人'……"副局长说:"那不就是说说而已的嘛。"庄心一气得蹦了起来,开门请他走人。在后来的工作中,庄心一把对深创投管理的原则归纳成了几句话:"你投什么项目政府不管,你用什么人政府不管,你融资多少政府不管,政府只管创业投资要依法合规。"

李子彬市长对庄心一的工作非常支持。对深创投的管理运作提了三条原则:一是确定了"政府引导、市场化运作、按经济规律办事、向国际惯例靠拢"的四句话指导方针;二是所投项目必须是处于初创期、成长期的科技创新型企业,政府"不塞项目不塞人";三是投资方向不受地域限制,立足深圳、面向全国。这些原则的核心理念,是强调市场化运作。正是这些原则给深创投注入了健康的"成长基因",让公司能够放开手脚、驰骋全国市场。

2002年公司由"深圳创新科技投资有限公司"更名为"深圳市创新投资集团有限公司",其发展速度令人瞩目。根据深创投公司网站2021年公布的数据。深创投目前管理的基金包括:149只私募股权基金、13只股权投资母基金、19只专项基金等,总规模4236亿元。

深创投与外资合作,管理着多只商业化基金、中外合资基金。例如:设立全资公募基金子公司——红土创新基金管理有限公司;与新加坡大华银行合作成立中新基金,与以色列政府合作成立中以基金,与韩国政府母基金合作成立中韩基金,与俄罗斯领先者资产管理公司合作成立中俄基金,以及与美国合作成立中美基金等。

截至 2021 年 10 月 31 日，深创投的投资企业数量、投资企业上市数量均居国内创投行业第一位：已投资项目 1350 个，累计投资金额约 755 亿元，其中 199 家投资企业分别在全球 17 个资本市场上市，380 个项目已退出（含 IPO）。

深创投投资的企业，有全球智能手机光学影像领域龙头企业、全球最大薄膜式触摸屏供应商的深圳欧菲光科技公司（2010 年 8 月在深圳中小板上市）；有从事高端钛合金材料研发生产、已成为国内头部的低温超导线材商业化生产企业西部超导材料科技公司（2019 年 7 月在上交所科创板上市）；有全球领先的动力电池龙头制造商企业宁德时代新能源科技公司（2018 年 6 月在深交所创业板上市）；有在肿瘤、代谢性疾病、自身免疫性疾病、中枢神经性疾病和抗病毒等 5 个重大疾病领域开发出一系列包括西达本胺（已上市）、西格列他钠（已递交上市申请并获受理）、西奥罗尼（已进入临床后期）和 CS12192（已获临床试验许可）在内的多个原创新药产品线，开创了从"中国仿制"到"中国创制"先河的深圳微芯生物科技公司（2019 年 8 月在上交所科创板上市），等等。

深创投连续多年摘得"优秀创业投资机构"最高级别奖项。连续 3 年（2011—2013 年）蝉联福布斯"中国最佳创投机构"第一名。根据清科中国创业投资机构年度评选，深创投连续 5 年（2016—2020 年）为本土创投机构第一名；2017 年更是为内外资创投综合排名第一名。深创投不愧为"中国创投的领头羊"。

深圳天使母基金

天使母基金是干什么的？顾名思义，母基金就是天使基金的母体，是其强大的后盾。创新创业项目一般会经过种子期、天使期、成长期和成熟期等几个发展阶段。创投基金也会相应地细化为对创业企业不同发展时期进行投资的风投基金。天使基金是向种子期、初创期企业投资的"阳光雨露"，对企业的重要性不言而喻。但天使基金行业存在的问题是风险特别大、回收周期长。投资人如果没有高水准的眼光、很雄厚的实力，是不敢染指这一块的。为了解决这个问题，就应该给天使基金找一个输送营养的母体，让它们在力量不够的时候能够得到支持。因此，深圳的天使母基金应运而生。

成立天使母基金的最早创意是企业家刘晓松提出来的。他也是笔者的一位老朋友,2008年我写的《创造中国第一的深圳人》书中,写过他的创业故事,当时他是A8音乐公司的创办人。刘晓松(1965—),贵州晴隆县人。1994年还在清华大学上学的他,在深圳实习一段时间后作出决定:博士学位不读了,辍学在深圳创业。2017年已经成为A8新媒体集团董事局主席、青松基金创始合伙人的刘晓松,作为深圳市人大代表写出议案,建议在深圳建设粤港澳大湾区天使基金生态体系。该议案针对的是深圳天使投资行业短板的现实。深圳的天使基金规模不要说与国外先进国家以色列相比相差很远,就是与国内的北京、上海等城市相比,也有比较大的差距。

2018年3月,深圳市天使投资引导基金成立。基金规模为100亿元,是国内规模最大的天使投资类政府引导基金——也就是天使母基金。该基金是由深圳市人民政府投资、发起设立的战略性、政策性基金,补齐了深圳创业投资基金行业的短板。深圳天使母基金管理公司由深投控与深创投联合设立。截至2020年6月,深圳天使母基金已主动接洽创投机构约470家,决策子基金40多只,子基金规模累计达到120亿元。刘晓松的青松基金就是与深圳天使母基金第一批合作的子基金之一。

深圳担保集团

深圳还有一个机构,在为中小企业贷款担保方面发挥了独特的作用。这个机构就是深圳担保集团(其前身是深圳市中小企业信用担保中心)。1999年,根据党中央、国务院关于扶持中小企业发展的精神,为解决中小企业融资难、贷款难问题,原国家经贸委中小企业司在上报国务院的一个专门报告中提出:建立中小企业信用担保体系迫在眉睫,势在必行。这份报告成为我国中小企业担保体系建设的先声。

就在这一年,深圳积极响应中央号召,设立了深圳市中小企业信用担保中心(属事业单位)。2006年深圳进行事业单位体制改革,该担保中心划转归深圳市投资控股有限公司(深投控),成为一家全资国有企业。现注册资金为114亿元,净资产超过180亿元,总资产达到300亿元。获评"全国最具公信力中小企业信用担保机构""全国十大最具影响力中小企业信用担保机构"等荣誉称号。

担保集团对中小企业投融资来说，属于雪中送炭的贴心人。中小企业在贷款时，往往由于没有抵押物而屡屡被银行拒绝。如果通过一般的担保机构担保，收取的担保费过高，让中小企业不堪重负。中小企业"融资难、融资贵"问题，是世界性的中小企业的难治顽症。因此，中小企业创业不容易，在市场打拼更难。深圳成立担保中心（担保集团）要解决的就是这个问题。由于有了其提供的担保，消除了风险，许多银行就同意向中小企业贷款；又由于其担保费大大低于其他第三方机构的担保费（一般为2%，对一些科技企业甚至降到了1.5%），大受中小企业欢迎。2020年为缓解新冠疫情的严重影响，按照市政府的要求，担保集团又将部分担保费降到1%，加上市区两级的补贴政策，符合条件的企业实际上可以享受到零担保费，让中小企业实实在在地享受到了扶持待遇。

在担保集团的服务项目里，"中小企业诚信榜"活动值得单独说一说。该项活动启动于2003年，每2—3年举办一届，至今已经办了7届。对考察评比出的上榜企业，担保集团免抵押、免质押、免留置，予以担保奖励。7届活动中，上榜的中小企业数量逾千家，总授信规模达到360亿元。举办这项活动的意义，不仅是给予优质的中小企业降低资金使用成本的优惠，更重要的是树立诚信企业榜样，营造诚实守信的良好氛围，持续优化深圳的营商环境。

在深圳担保集团成立的20多年里，累计为中小企业提供服务项目3.7万个，业务额4860亿元，新增税收1003亿元，新增就业岗位608万个[10]。深圳中小企业发展情况比较好，其中有他们的一份功劳。

鼓励发展民间创投基金

深圳政府除了自己出资办基金公司外，还鼓励民间成立、发展创投基金，这也是支持高新技术企业发展的一支重要力量。

松禾资本

松禾创业投资有限公司（前身为深港产学研创业投资公司）成立于1996年。根据松禾资本网站公布的信息，其资产管理规模超过180亿元，已投资项目近400个（其中一半为早期科技项目），通过IPO或被上市公司并购退出的项目57家，9家企业登陆科创板。根据清科2019年排名榜，松禾资本为中国创业投资机构第12名。松禾资本的创业合伙人厉伟连续入选"2019年中国最具影响力的30位投资人""2020中国最具影响力的30位投资人"榜单。

笔者20多年前就认识厉伟，感觉他十分儒雅、为人亲和，是很容易交成好朋友的那种人。厉伟的父亲是中国经济学泰斗、中国经济年度人物终身成就奖获得者厉以宁教授，真是虎父无犬子。2012年我写作出版《深圳财富传奇·占领华强北》一书时，通过厉伟荣幸地邀请到厉教授为此书作序。

厉伟是深圳民间创投基金行业里最早的开拓人之一。他之所以在这个行业里做得好、成为成功的投资者，笔者认为与他的做人有很大关系。首先他有健康良好的从业心态。厉伟认为，对深圳的科技创新企业要有耐心。投资者有耐心，不能急功近利、拔苗助长；企业本身有耐心，脚踏实地埋头苦干，要像华为公司那样不追求上市的荣耀，苦干几十年成为民族企业的脊梁；社会要有耐心，成为有利于企业成长的肥沃土壤。幸运的是深圳政府为企业创业营造出了最好的环境。厉伟说："帮助创业者走向成功，我最快乐。快乐不是因为赚了多少钱，而是帮助了多少人。如果我投的企业成长了，为国家和社会作出了重要贡献，我倍感自豪。"

其次，他重视建立一支好团队。厉伟是登山爱好者。从2016年起他就数次来到西藏，完成了一座又一座山峰的攀登。2020年5月28日厉伟成功登顶珠峰。在他看来，基金团队与登山队伍的团队精神对保证事业的成功有几分相似："登山路上，大家生死与共像一家人。在路上没有水了，分享同伴的半瓶水；没有干粮了，分享同伴的半个面包。要想做好基金事业何尝不是这样？"松禾提出的口号"在一起，才能了不起"，激励着每一个松禾人。

再次，他有爱心。作为深圳松禾成长关爱基金会理事长，慈善事业做得有声有色。抗击新冠疫情是最新的一例，2020年1月厉伟捐资1000万元并发起倡议，正式成立规模超过1亿元的"白衣天使守护基金"；接着松禾资本与华大基因、猛犸基金会共同发起"抗疫灭毒联合行动倡议"，再次为战胜新冠而努力。

松禾资本的网站首页上写着一句话：松是本，永续长青；禾为用，不断创新。这是镶嵌"松禾"为字头的对联，颇为传神地揭示了作为深圳最早的创投资金公司经营长盛不衰的秘密。

东方富海

深圳东方富海投资管理公司是创办于 2006 年的深圳创投公司。公司管理的基金超过 50 只，其中包括中小企业发展基金等 3 只国家级产业基金（东方富海是唯一一家受托管理的纯民营机构）。管理基金规模逾 260 亿元；投资超过 550 个项目，退出近 140 个（其中 60 家通过上市退出）。公司多次荣获清科集团"中国投资机构 10 强""中国股权投资市场 20 年常青机构奖"；以及投资中国"中国最佳投资机构"、《福布斯》"中国最佳创投机构"等殊荣。

公司创始合伙人、董事长名叫陈玮。陈玮（1964—），四川泸州市人。2008 年入选"中国金融十大风云人物"和《福布斯》"2008 年中国最佳创业投资人"；入选《财富》"2020 中国最具影响力的 30 位投资人"榜单，列《福布斯》"2020 年中国最佳创投人 TOP100"第 24 位。

陈玮从小在兰州成长、求学，是笔者的老乡、好朋友。他先后毕业于兰州商学院、厦门大学（获博士学位）。1999 年进入深圳，先是就职于深创投公司，7 年后下海创办东方富海。他既是创投理论知识渊博的学者，又是实战经验丰富的创投人，著有《我的 PE 观》一书。因此全国各地的大学、投资公司等不断请他讲课，为全国创投行业的发展和培养人才作出了特殊贡献。笔者听过他讲的课，也经常在聊天中请教一些专业问题，感觉他学养丰厚，知识广博，讲课深入浅出，观点论述透彻，为人儒雅，风度迷人，真是不可多得的人才。

在笔者采访陈玮时，他自豪地说："我们东方富海管理的每一只基金都是赚钱的"。问他选择投资项目眼光精准的秘诀。他说，选择一个项目要看三样东西：一是行业要选准，必须选择成长型的行业，行业本身成长空间大，最好是 10%—20% 双位数成长率；二是领先的技术和创新的商业模式；三是团队，最牛的团队、让人放心的团队，这是最核心的。

问他对项目喜欢早投还是晚投。他说："喜欢早投，做天使、A 轮的项目。"这样做的原因是着眼未来。陈玮说："我觉得中国未来的机会在青年身上，年轻人专业水平高、创新能力强，其朝气蓬勃的面貌代表着中国的未来。我到很多学校讲课，见到青年最具活力；我找新项目时喜欢去现场体验，看到年轻人研发的新技术和制造的新产品将改变世界，这些场景让人很激动……"

　　如今的陈伟已进入"五十知天命"之年，但笔者感觉他的心态仍然年轻。不断有青年学子跟着他学习行业知识的精髓，不断有潜力巨大的科技企业被培育出来，也许这就是他要"一直做下去"的动力吧。

创投基金源源不断为实体经济供应血液

　　英语 Venture Capital（缩写为 VC）中文翻译为"风险投资"或者"创业投资"，指的是向初创企业提供资金支持并取得该公司股份的一种融资方式。风险投资最早出现于 19 世纪的美国，在西方国家发展得比较成熟。

　　对中国大陆来说，风险投资是个新行业。虽然在 20 世纪 80 年代中期，内地一些城市成立了以"风险投资"为名的公司，但其运作方式只能算是一般的投资公司。深圳是"创业投资"出现比较早的城市，国有的深创投和民营的松禾资本，均成立于 20 世纪 90 年代中期。深圳的"创业投资"公司，与西方风险投资公司的运作方式比较接近。

　　由于深圳市政府的大力支持，深圳的创投基金发展非常快。创投基金如果按募集方式区分，可以分成公募基金和私募基金。公募基金是国家有关部门发给正式牌照的金融机构，发行各种各样的理财产品；私募基金则是备案制管理的非银行的金融机构，不在社会上公开募集发行而是定向募集。本书所说的创业投资主要是指私募基金。

　　如果按照对企业项目不同阶段的投资区分，创投基金则可以分为早期投资的种子基金、天使基金，中期的创业投资和后期的股权投资（即 IPO，Initial Public Offerings，其中文含义是首次公开募股，指企业上市）。

　　如果按照以上概念进行计算，如今深圳的资金到底有多大规模呢？银河证券提供的数据显示，截至 2019 年底，深圳地区基金公司管理规模合计超过 6 万亿元。其中公募基金管理规模超过 4.13 万亿元，占全国的 25%，排名全国第二位（前三位的排名是上海 5.99 万亿元，深圳 4.13 万亿元，北京 3.77 万亿元）。深圳的私募基金（投资基金）合计 1.85 万亿元，占全国比重的 27.57%（深圳市投资基金同业公会白皮书提供的数据）。根据以上数据，深圳 6 万亿元的规模占全国的 1/4，金融重镇并非浪得虚名。

　　由于资金充足，深圳企业就有了很好的发展条件。就像肥沃的土地可以长出参天大树，又像大江大海可以深藏大鱼。从深圳 40 年发展过程看，深圳大力发展科技企业源源不断地吸引来金融资本，金融资本反过来又哺育了科技企业，两者的发展形成了共生条件和良性循环。有人认为，深圳已经形成了人才密集、资本密集、大型科技企业集聚的铁三角模式，形成良性循环。因此，可以说深圳是全球最像硅谷的地方，深圳代表着中国创新创业的未来。

说几个在创投基金帮助下快速成长的企业例子吧。

迈瑞医疗

读者们也许记得本书第四章"医疗器械异军突起"一节中说到安科公司被称为"中国电子医疗仪器的黄埔军校"，后来深圳的医疗器械制造行业中有一半以上的董事长或总经理出自安科，其中就包括迈瑞医疗公司。

1991 年，李西廷、徐航、成明和等几位年轻人，怀抱振兴中国医疗器械事业、普及高端医疗科技的梦想，在蛇口金融大厦一间小办公室里创办了迈瑞医疗公司。三人分别毕业于中国科学技术大学、清华大学和上海交通大学，被称为"三剑客"。创业的道路是艰难的。在当时西方国家的医疗设备几乎占据了中国整个高端市场的时候，籍籍无名的迈瑞怎么样才能把自己的设备卖出去呢？公司第一次到北京参加专业展会时，迈瑞只租得起半个展台。还好，竟然有客户看中了他们的设备。李西廷回忆说："当拿到第一笔订单时，我们几个人激动得签字时手抖个不停，撕掉三次草稿才签好了合同……"如何从进口设备的垄断中冲出一条活路？迈瑞决定以低价格突围，价格低意味着要严格控制好成本，否则坚持不了几天自己就会垮台。价格低不等于质量差，产品优质才能走得远。大城市的医院经费比较充足看不上廉价货，迈瑞就从农村医院做起。这一招果然见效，"低价杀手"是迈瑞打开市场的利器。

迈瑞的产品凭什么能够做到"价格低、质量好、性价比高"呢？靠的是持续不断的技术研发。迈瑞成立第三年的 1993 年就被深圳市政府认定为高新技术企业。1997 年市政府依托迈瑞公司组建起"深圳市医疗电子工程技术研究开发中心"。2002 年国家科技部依托迈瑞公司组建起"国家医用诊断仪器工程技术研究中心"。

迈瑞研发的新产品井喷似地不断推出。1992 年以来，在生命信息与支持、临床检验、数字超声、放射影像四大领域，相继推出了拥有完全自主知识产权和专利技术的新产品 70 多项，其中称得上"中国第一"的产品有 20 多项。例如，1992 年的中国第一台血氧饱和度监护仪；2001 年的中国第一台全自动血液细胞分析仪；2009 年的中国第一台中高端台式彩色多普勒超声系统等。2022 年 4 月，国家知识产权局发布报告显示，近 20 年来在我国的监护、体外诊断和超声三大领域中，迈瑞医疗的专利申请和授权数量均位列中国企业第一，交出了一份亮眼的成绩单。

迈瑞在 2005 年荣获深圳市科学技术进步一等奖，这一年董事长徐航还荣获深圳市"市长奖"；2008 年荣获国家科技进步二等奖。迈瑞医疗入选"2019 福布斯中国最具创新力企业榜""2020 福布斯中国最具创新力企业榜"。经过 30 多年的努力拼搏，迈瑞医疗已经成为全球领先、中国最大的医疗器械及解决方案供应商。公司产品覆盖生命信息与支持、体外诊断、医学影像等领域；在监护、麻醉、血球等多个领域已处于全球前列。全球雇员逾 1.4 万人。其产品已进驻 11 万家医疗机构和 99% 以上三甲医院，远销全球 190 多个国家和地区。

迈瑞之所以能够在研发领域不断投入重金，企业因而获得高速发展，与他们善于利用金融资本、创投基金有很大的关系。2006 年迈瑞在美国纽约证券交易所成功上市，这是中国在美上市的首家医疗设备企业。2016 年迈瑞从美股退市。2018 年 10 月 16 日迈瑞医疗正式登陆创业板，上市后迈瑞医疗已经连续 4 年实现营收、净利双增长 20% 以上。

迈瑞是一家充满爱心的企业。抗击新冠疫情期间，迈瑞向武汉火神山、雷神山交付关键医疗设备 3000 多台，向湖北定点救治医疗机构累计捐赠医疗设备总额 3300 万元，为全球紧急交付医疗设备近 40 万台。董事长李西廷（1951—），安徽砀山县人，更是慈善企业家。2020 年 6 月李西廷向母校中国科技大学教育基金会捐赠 1.068 亿元设立"李西廷基金"，用于学校人才引进和培养优秀学子。他因此列"2021 福布斯中国慈善榜"第 42 位。

华大智造

华大智造成立于 2016 年。华大制造与华大基因同属华大集团，集团董事长是汪建，说起来是一家人。如果说华大基因是研究细胞的，更多一点像研究院；那么华大智造则是为研究基因而专门制造各种设备的，属于制造业。

笔者在第八章"人才高地"一章中介绍过华大基因，公司成立于1999年。2007年汪建率华大的主力挥师南下，在深圳成立了华大基因研究院。由于华大基因在十几年里在基因科学领域里的辛勤耕耘，让人们对基因技术有了广泛的认识，华大智造立项时成为各创投基金热捧的对象就不是什么奇怪的事情了。2019年5月华大智造宣布首轮募资规模超过两亿美元；2020年5月又宣布完成超过10亿美元B轮融资。华大智造的吸金能力惊人。

华大智造主要产品及服务涵盖基因测序仪业务、实验室自动化业务等几大板块。公司研发制造各种新奇的设备，其目的就是让基因测序自动化、智能化，工作效率越来越高，让测序基因的成本越降越低。记得当年采访汪建时我问过一个问题："基因测试价格很高，普通市民群众能不能负担得起啊？"汪建回答说："随着技术的发展，测试成本会迅速降低，到最后测基因就像验血一样普遍。"时间证明汪建的话不是忽悠人。以华大2018年研发制造的"MGISEQ—T7"基因测序仪为例，具备超快速、超高通量的测序能力，一天就可以完成60例个人全基因组测序，日产出数据高达6Tb，是目前全球日生产能力最强的基因测序仪，堪称"超级生命计算机"。有了这个强大的测序仪，就可以大大降低成本，让汪建设想的"基因组测序100美元"时代加快来临。

武汉发生新冠疫情时，华大智造大显身手。2020年2月6日武汉"火眼"实验室开始试运行，核心实验区装备的就是华大研发制造的高通量测序设备。华大的远程超声机器人陆续出现在武汉黄陂方舱医院、雷神山医院、武大中南医院等，让医生能够实现远程实时会诊病患，有效地保护了医务人员。该远程超声机器人MGIUS—R3获得第三届中国医疗器械创新创业大赛暨医疗器械创新大赛一等奖。

2018年华大智造用于检测DNA片段的碱基序列的微流控芯片被国家知识产权局授予"第20届中国专利优秀奖"。2019年华大智造被国家工信部评为"制造业'双创'平台试点示范"。华大智造名列2020中国新型创新企业50强第16位。

柔宇科技

刘自鸿是深圳市柔宇科技股份有限公司的创始人、董事长。刘自鸿（1983—），江西抚州市人，典型的"理工男"。他在中学时曾获全国数理化奥赛物理一等奖、化学一等奖;21 岁获清华大学电子工程学士,23 岁获硕士学位,26 岁获美国斯坦福大学电子工程博士学位;2009—2012 年任美国 IBM 公司纽约全球研发中心顾问级工程师及研究科学家。

2012 年,刘自鸿在美国硅谷、中国深圳、香港同步创立柔宇科技(Royole Corporation),任董事长兼 CEO。该公司是全球柔性显示、柔性传感、虚拟现实显示及相关智能设备的领航者。2014 年公司发布了全球最薄、厚度仅有 0.01 毫米的全彩 AMOLED 柔性显示屏,卷曲半径小至 1 毫米,并实现了与手机平台的成功对接。2015 年 7 月柔宇科技的世界首条超薄柔性屏大规模量产线,在深圳正式启动(2018 年 6 月投产)。同年 9 月柔宇科技发布全球首创的可折叠式超高清 VR 智能移动影院 Royole—X。2016 年 9 月柔宇发布全新产品 3D 头戴影院 Royole Moon,构建了一种"如影随形"的全新观影方式。2017 年 1 月柔宇首次发布可卷曲穿戴手机原型 Flex Phone^{TM},这是首款柔性可卷曲穿戴手机原型。2018 年推出全球首款"柔派"(FlexPai)可折叠柔性屏手机。

柔宇的柔性科技产品通过几场大型晚会而让广大观众熟识。2019 年在北京人民大会堂舞台上,为庆祝新中国诞生 70 周年举办的《奋斗吧 中华儿女》大型文艺晚会隆重上演。众演员们手举着 1500 块轻、薄、柔、艳的柔性屏组成的巨幅显示屏,在舞台上演绎了一场视觉盛宴。伴随着悠扬的音乐,柔性屏不断变换着高清艳丽的图片和视频。巨幅柔性屏根据舞台剧情需要,可以弯折与分拆。合则为巨幅屏幕,展现锦绣河山、万千气象;分则为众多小屏,分身有术、色彩斑斓。柔宇的黑科技柔屏震撼了全场观众。这是柔宇继庆祝改革开放 40 周年文艺晚会、2019 央视春节联欢晚会后,又一次闪亮展现在国家舞台上。

掌握这么先进的技术,想不融资都难。柔宇在成立仅两年多的时间里,获得国内外著名风投机构的四轮风险投资;深创投、松禾资本等深圳多家创投基金也都对柔宇科技有投资。2019 年公司估值超过 60 亿美元,成为全球成长最快的独角兽科技创业公司之一。

柔宇科技产品受到了国家领导人的重视。2015 年 10 月"全国大众创业万众创新活动周"中,李克强总理参观了柔宇科技的展位。2016 年刘自鸿应邀参加习近平总书记主持召开的座谈会,在会上他向总书记汇报了公司科技创新的情况。这一年他荣获第 20 届"中国青年五四奖章"。国际上刘自鸿获得了福布斯"中美十大创新人物"、世界经济论坛"全球青年领袖"等多项殊荣。
2020年柔宇科技进入"2020胡润全球独角兽榜";同年位列《中国企业家》发
布的2020年度"中国科创企业百强榜"榜首。

① 深圳市政协文化文史和学习委员会编:《追梦深圳·深圳口述史精编》
(上卷),中国文史出版社2020年版,第216页。

② 邹媛:《招商银行"零售"崛起之路》,《深圳特区报》2018年11月30日。

③ 邹媛:《深圳银行业成为金融"压舱石"》,《深圳特区报》2021年10月
10日。

④ 谢惠茜:《深圳跻身全球十大金融中心》,《深圳商报》2022年4月19日。

⑤ 王穗明主编:《深圳口述史1980—1992》(上卷),海天出版社2015年版,
第155页。

⑥ 钟国斌:《去年IPO数量深圳跃居第二》,《深圳商报》2022年1月5日。

⑦ 王小广、杨柳:《催化与裂变·科技联姻金融》,海天出版社2020年
版,第45页。

⑧ 王小广、杨柳:《催化与裂变·科技联姻金融》,海天出版社2020年
版,第129页。

⑨ 王小广、杨柳:《催化与裂变·科技联姻金融》,海天出版社2020年
版,第146页。

第十章　市场经济与科技创新

深圳是市场经济的试验田

在笔者看来，中国自 1978 年改革开放以来，理论上最大的突破可能要算"计划经济转变为市场经济"。那么，"市场经济"的概念最早是谁提出来的呢？

据笔者看到的一些资料，最早提出"市场经济"概念的是邓小平同志。1979 年 11 月 26 日小平同志在会见美国和加拿大客人时说："说市场经济只存在于资本主义社会，只有资本主义的市场经济，这肯定是不正确的"，"社会主义也可以搞市场经济"[①]。此为这一理论观点的第一次提出。

小平同志对于市场经济理论思考成熟，并正式提出来是在 1992 年的南方谈话中。邓小平说："计划多一点还是市场多一点，不是社会主义与资本主义的本质区别。计划经济不等于社会主义，资本主义也有计划；市场经济不等于资本主义，社会主义也有市场。计划和市场都是经济手段。"[②]

深圳萌发"市场经济"概念的时间也算是比较早的。

在 1982 年定稿的《深圳经济特区社会经济发展规划大纲》中，提出了深圳经济特区"四个为主"方针："建设资金以吸收和利用外资为主，经济结构以中外合资和外商独资经营为主，企业产品以出口外销为主，经济活动在国家计划经济指导下以市场调节为主。"[③]"四个为主"的提法，表明深圳市委不仅决定深圳的经济发展"以市场调节为主"，而且打算积极参与国际经济市场的竞争。

关于市场经济理论方面的探索，深圳最早的提法是"按国际规则打篮球"。此说法正式见诸市领导讲话，是 1986 年 11 月 10 日李灏在日本"深圳协力会"成立会议上的讲话中。[④]按照李灏书记后来的解释："所谓'按国际规则打篮球'，就是要在深圳建立一个符合国际惯例、实行公平竞争的市场经济的游戏规则，以利于引进外资，也为全国提供借鉴，肩负起中央交给深圳的使命。"⑤概括地说，按国际规则打篮球，就是按国际规则办事。所谓"国际规则"，就是欧美国家的经济规则，也就是市场经济规则。也许出于策略，其观点表达比较隐晦，但深圳的做法就是按照市场经济规律办事的。

深圳自成立经济特区一开始，就按照市场经济规律做事，有两方面的原因：一是解放思想，敢闯敢试，这本来就是中央交给深圳最重要的探索任务；二是深圳的许多经济活动，被限制在国家计划经济体制之外进行。其原因，估计是国家有关部门不愿让深圳干扰国家经济的"存量"部分，而是想让深圳在"增量"方面有一番作为。最典型的例子是深圳华强北街电子配套市场的创造和发展（其故事详见第二章"依靠内联"）。

深圳科技创新的成功来自市场经济

实行市场经济与深圳的科技创新之间有什么关系呢？可以说深圳创新科技能够取得成功，完全是按照市场经济规律办事的结果。

深圳市政府对鼓励高新技术产业发展，制定、颁发了系列文件，形成了完整的思路、严密的框架。在这里对市政府历年的做法做一个简要归纳，便于读者形成完整的概念。

深圳有关高新技术产业发展的措施可以分为以下几类：指导思想和工作方针；按照市场规律办事，建立完善的规章制度；用政府财政资金给予支持，并动员社会资金出力。举其大者分列如下。

第一类：指导思想

首次提出"科教兴市"发展战略。1985 年 11 月深圳市召开第一次全市科学技术工作会议。市委书记梁湘在《加速发展特区科技事业，发挥"窗口"和"辐射"作用》讲话中提出了这一战略构想。

1986 年 11 月深圳市委市政府颁布《关于加强科技工作的决定》，提出"经济建设必须依靠科学技术，科学技术必须面向经济建设"的方针。

1990 年 9 月深圳市政府颁布《深圳市 2000 年科学技术发展规划（草案）》，标志着科技发展成为深圳市政府的重要工作。

1995 年 7 月深圳市政府召开全市科技大会贯彻全国科技大会精神，提出实施科技兴市战略，明确了信息产业、新材料、生物技术为深圳今后发展的三大支柱产业。

1995 年 10 月深圳市委市政府颁布《关于推动科学技术进步的决定》，明确"以高新技术产业为先导"的战略思想，以高新技术产业的发展，促进社会经济质量提高，加快深圳市经济增长方式由粗放型向集约型的转变。

2001 年 7 月深圳市委颁布《中共深圳市委关于加快发展高新技术产业的决定》，作出建设高新技术产业带的战略决策。该产业带由市高新区、留仙洞、大学城、石岩、光明、观澜、龙华、坂雪岗、宝龙碧岭、市大工业区（出口加工区）、葵涌、大鹏和生态农业片区组成，其中规划高新技术产业用地面积 50.9 平方公里。同年 9 月国家科技部正式复函深圳，同意加快建设深圳国家高新技术产业区（带）。这标志着全长 100 公里、规划总面积达 152.62 平方公里的深圳高新技术产业带，正式跻身国家级高新园区。

第二类：制度建设

1986 年深圳市政府颁布《深圳经济特区国营企业股份化试点暂行规定》，标志着国企改革走出了一条新路子。

1987 年深圳市政府颁布《关于鼓励科技人员兴办民间科技企业的暂行规定》（18 号文），打响了吸引人才"孔雀东南飞"的发令枪。

李灏书记特别重视这两份文件的出台。他在许多场所多次提到这两份文件，认为文件"对深圳高新技术企业的发展打下了基础，是一项重要的制度创新"。

1991 年 6 月深圳市政府颁布《关于加快高新技术及其产业发展暂行规定》，这是深圳首次为发展高新技术产业立法。该部法规规定了深圳特区发展高新技术的技术领域、产品认定及标准，明确了组织领导、企业认定、优惠扶持政策等。

1993 年 6 月深圳市政府颁布《深圳经济特区民办科技企业管理规定》，对内地科技人员来深圳创办科技企业实行优惠政策，使来深圳创办民营科技企业的科技人员短时间内大量增加。

1994 年 3 月深圳市政府颁布《深圳经济特区无形资产评估管理办法》，这是全国第一部具有法律效力的无形资产评估的地方法规。此法规为高新技术产业无形资产的交易、入股提供了制度保障，也由此催生了一个新行业在中国兴起。

1995 年制定了《深圳经济特区技术入股管理办法》和相应的政策，初步形成了与国际惯例接轨的、符合高新技术企业特点的、以保护知识产权为核心的分配制度和经营管理制度，有力地推动了高新技术企业的技术引进，加快了产业化的步伐。

1995 年 11 月深圳市人大颁布《深圳经济特区企业技术秘密保护条例》，这是全国第一部规范竞业制度、保护技术秘密的地方性法规。这项法规给深圳的企业家吃了定心丸，保护一批民营科技企业能够正常发展。

有两个文件特别值得重点解读一下。1998 年 2 月和 1999 年 9 月，深圳市政府先后颁布两份文件，文件名称均为《关于进一步扶持高新技术产业发展的若干规定》。为区分开来，前一份俗称"旧 22 条"，后一份俗称"新 22 条"。这是全面规范推动深圳高新技术产业发展的政策措施大全。"旧 22 条"的内容包括减免税收、减免土地使用费、减免城市增容费、解决户口指标、提供微利商品房、办理赴港长证、安排科技贷款等优惠政策。

"新 22 条"在引导和扶持高新技术产业发展方面，涉及的范围更广，扶持的力度更大，操作性更强。内容包括：推动建立和完善投融资体系，促进高新技术成果产业化；鼓励国内外风险投资机构来深设立风险投资机构；支持国内外著名院校和科研机构来深合作创办产学研基地、科研成果转化基地；鼓励内地科技人员和出国留学人员来深设立科技型企业。在税收方面，高新技术企业所得税从"两年免征，六年减半"放宽到"两年免征，八年减半"。此外还有新的优惠政策：免收土地使用出让金，技术入股可占注资资本 35% 等。这两份文件，对深圳高新技术产业发展的优惠支持力度空前，实实在在地帮助企业迅速发展。

2000 年 10 月成立深圳国际高新技术产权交易所，这是全国首家以公司制形式运作的技术产权交易所，为深圳及全国的高新技术产权交易提供了平台。

2003 年 2 月深圳市人大颁布《深圳经济特区创业投资条例》，这是全国首部关于创业投资的地方性法规。

2007 年 4 月深圳市政府颁布《关于制定深圳市知识产权指标体系的意见》，深圳由此成为国内首个出台知识产权指标体系的城市。6 月深圳市荣获"国家知识产权示范城市创建市"荣誉称号。

第三类：资金支持

1991年8月深圳市委市政府颁布《关于依靠科技进步推动经济发展的决定》，把发展科学技术摆到经济和社会发展的首要位置，明确规定市、区、县的科技三项费用要占当年财政预算的1%—2%；市级科技基本建设投资应占市级基本建设投资总额的2%—3%。

1993年5月深圳市政府颁布《深圳市企业奖励技术开发人员暂行办法》及《深圳市企业技术开发经费提取和使用的暂行办法》，进一步增加企业科技投入、加速科技成果商品化能力。

2003年4月深圳市政府颁布了《深圳市鼓励科技企业孵化器发展的若干规定》，要求从科技三项费用中安排资金支持孵化器建设。

2004年11月深圳市政府颁布《深圳市科技计划项目管理暂行办法》和《深圳市科技研发资金管理暂行办法》，规范、整合市财政各类科技资金，按照功能分类设置专项资金、统筹使用，将科技三项经费与软件产业专项资金整合为深圳市科技研发资金。

2007年3月深圳市政府颁布《深圳市科技创新奖励办法》，对深圳市实施了25年的科学技术奖励进行重大改革。深圳市科技创新奖，由政府设立的奖项和民间设立的奖项两大部分构成。政府设立的科技创新奖下设市长奖、创新奖和专利奖。市长奖奖励对象为个人，创新奖和专利奖的奖励对象既有企业、高校、科研机构、事业单位，又有团队、个人。

民间科技奖项方面的一个突出例子，是2000年广东省政府批准深圳设立的首个民间"彭年科技奖"。余彭年先生出资450万元奖励深圳的科技人员，其中特等奖奖金数额为100万元。余彭年（1923—2015），湖南娄底涟源市人。香港知名商人、著名慈善家，深圳市荣誉市民。余彭年是中国大陆第一个建立超10亿美元民间慈善基金会的慈善家。

制度建设发挥了五大机制作用

笔者对每个被采访者问了这样一个问题：促进深圳高新技术产业良好发展

的主要因素是什么？普遍的回答是"制度建设"。其中李灏与厉有为的回答比较有代表性。

李灏书记特别强调思想解放与制度创新的关系。他说，只有思想上解放了，才敢于在制度上创新，如果只有前者没有后者就相当于纸上谈兵；"但科技创新的动力来源于体制机制，尤其在 20 世纪 80—90 年代的转型时期。如果没有这一点，就不可能有科技的突破和发展。所以制度、体制、机制创新，是实现技术创新最重要的基础。"⑥

厉有为书记认为，由于制度创新，形成"五大机制"，推动深圳科技产业出现爆炸性发展的势头：一是企业内部的动力机制。国有企业之所以需要改制，是为了解决企业内部动力不足的问题。通过改制，将企业的发展与员工个人的经济利益结合起来，将眼前利益与长远利益结合起来，让企业的经营者、科技人员、员工都真正成为企业的主人，企业发展有了内部自发动力。

二是市场公平竞争的压力机制。企业企业行不行，要经过市场的检验。俗话说，是骡子是马拉出来遛遛。被市场接受的企业，会迅速发展壮大；不被市场接受的企业，最终会被淘汰掉。企业优胜劣汰是市场竞争的结果。

三是法制的强制力机制。市场经济是法治经济，市场的运行靠法律保障。法律的特点就是有强制力。深圳拥有立法权后，制定了一系列有利于高科技企业发展的立法。企业内部的职工持股、技术及产权交易等做法，都对高新技术企业的发展发挥了很好的约束、保护作用。

四是风险投资的推动力机制。高新技术企业为什么融资难？是因为缺乏退出机制。没有退出机制，不能形成循环，就没有办法利用社会资金。深圳成立证券交易所、发展创业板，都是通过市场机制解决对高新技术企业的投融资问题。在创业板没有开通时，政府积极采取变通办法发挥了一些市场作用，通过成立深创投、高新投公司等，建立了资金退出机制。结果政府用少量的财政资金撬动了社会上的大量资本，形成了对高新技术企业投融资的资金池，不仅有力地支持了高新技术企业的发展，深创投、高新投两家企业本身也迅速发展壮大。

五是道德的自制力机制。法制和道德是一个铜板的两面。法制是他律、是强制性的，道德是自律、是柔性的。企业讲道德最重要的是讲信用，经营不能玩猫腻，质量不能以次充好、坑害用户。深圳建立起了在市场经济条件下的一套道德规范机制，对市场经济的运行发挥了重要作用。⑦

如果对深圳通过市场经济机制促进高新技术产业发展的经验进行总结，大概是走出了这样一条路子：一是通过国有企业制度的改革，发挥科技人员的积极性；通过颁布鼓励科技人员创办民科企业的 18 号文件，给予民间科技人员拥有创办科技企业的权利。二是通过一系列立法，将科技人员的技术发明等无形资产变成有价值的资产，既允许技术人员将自己的研究成果以股份的形式投入企业，也能够让企业通过证券市场等对技术产权进行交易。三是通过开办高交会搭建一个技术成果展示和交易的平台。四是通过鼓励成立创业投资基金（风险投资基金）和证券交易市场，聚集社会资金投入高新技术产业。如此一来就建立起了一个能够自我发展的良性循环体系，于是深圳的高新技术产业就蓬蓬勃勃地发展起来了。

深圳科技创新的路径

一段时间里，周路明写的一篇《深圳科技成果转化与企业创新模式研究》文章，在网上火了起来。为了更加准确地理解他文章的观点，笔者专门到深圳高新区周路明办公室里对他做了一次深度采访。周路明是原深圳科技局副局长、市科协主席，现任深圳市太空科技南方研究院院长、深圳太空科技有限公司总经理。

他的文章对深圳高新技术产业发展经验进行总结，提出了一个问题：深圳高新技术产业发展好的原因是什么？深圳科技创新的路径，走的是"技术成果转化"还是"市场导向技术创新"的道路？如果是前者，就是科研体系说了算；如果是后者，就是市场经济规律发挥主要作用。

周路明认为深圳走的是后者。之所以选择走这条路子，一半是主动，一半是无奈。因为原来的深圳没有国家科技部门和大学的科研机构，没有条件走技术成果转化的路子；但正是由于选择了"市场导向技术创新"的路子，却使得深圳的民科企业蓬蓬勃勃发展起来，最终让深圳成为国家级创新型城市。

笔者请他解释一下这两条道路有何不同？周路明认为："'技术成果转化'模式是美国硅谷的套路在中国的变种：国家把创新资源投入到大学和科研机构的实验室里，弄出一些以专利等知识产权为表现形式的成果，然后通过向产业推销技术，实现技术成果向生产力的转化。"美国这样做有它的道理，西方发达国家本来实行的就是市场经济体系；这种体制下它们只需要把技术本身做好了，市场经济体系会很顺畅地帮助企业完成商业化的过程。

但这条路子未必适合中国国情。我们是在计划经济向市场经济转轨的过程中，开展科技创新活动的。消除阻碍创新的制度因素，要比技术实现本身重要得多。深圳在这方面走出了一条不同的路子。深圳通过改革构建起了市场经济的基本框架，把资源配置方式从计划转向市场主导，包括鼓励兴办私营企业、引进外资、土地和住房制度改革、建立证券交易所等等，这些看似与科技创新没有直接关联的动作，却为深圳后来走向创新之都奠定了重要的基础。

美国硅谷通过斯坦福实验室引领的创新，是全世界公认的最高境界。因此很长时间里，是由美国人在定义科技创新的模式。这个定义影响了中国数十年，直到今天"技术成果转化"依然被视为主流的创新模式。但中国的科研系统与美国不是一回事，高度行政化的科研板块与市场化的企业联结之间，存在诸多难以逾越的障碍，使得转化变成了一件极为低效率的事情。"技术成果转化"在中国实际上是一个失败的制度安排。

周路明在文章中表明观点：可惜的是，深圳"市场导向技术创新"的做法，没有得到系统的总结。因此，学术界在"这两条道路之间有什么不同""如何选择正确的路径"等问题上认识模糊。甚至连深圳自己也经常表错情，在总结自己成功经验时常常"落入所谓技术成果转化的俗套"。因此，尽管深圳有成功的实践经验，却无法对国家的决策提供有益的借鉴。

周路明的结论是："深圳成功的技术公司，大多不是怀揣一个成果转化的梦想去做一个公司；而是以先做一个适合市场的产品卖出钱来，让企业生存下去为优先目标。然后通过产学研合作的方式，选择合适的技术来不断提升产品的性能和品质。深圳关于创新的 4 个 90%（90%以上研发人员集中在企业、90%以上研发资金来源于企业、90%以上研发机构设立在企业、90%以上职务发明专利来自企业），实际上反映的是按照经济规律组织创新活动的事实。

可以说深圳科技创新秘诀里很重要的一条在于：深圳是中国第一个把创新从纯科研的活动，转变成为经济活动的城市。这使得科技创新投入产出的效率，得到了极大的提升。深圳过去 40 年，在创新方面取得的成功从来都不是技术的胜利，而是基于市场经济原则下制度建设取得的成绩。在市场化的进程中，不断通过制度创新，消除阻碍技术创新的体制机制因素，激发企业家的创新热情，把技术实现的环节交给企业，通过产学研合作或自己研发来解决问题，从而实现了高效率的创新。"

深圳科技企业成功与失败的案例

笔者认为，周路明文章提出了一个关于高层决策的重大问题，因此在后来的采访、研究中一直在思考这个问题。我认为周路明的观点是对的。可以举一些成功和失败的企业例子来说明这个问题。

华为成功的关键在于制度建设

厉有为书记在分析建立企业内部动力机制时，举了华为公司的例子。华为注重企业制度建设，先是请中国人民大学的几位教授制定《华为基本法》（有为书记亲自参与了《华为基本法》的设计）；后来又花重金邀请美国 IBM 公司的专家顾问，为华为设计了公司的管理运营机制。制度建设极大地调动了科技人员的积极性。华为公司从一开始就是股份制企业，股份制将企业的发展与个人的利益紧密地结合了起来。任正非作为公司创始人和总裁，个人的股份只占公司股本的 1.94%。由于实行了科学的内部动力机制，30 年时间里让华为从一个弱小的民科企业发展成为世界著名的高科技企业。

我们也可以对华为与中兴通讯的情况做一些对比分析。两个公司同属通信行业，起步的时间也差不多。论条件，中兴更好一些。侯为贵原属航天部西安 691 厂，其职业背景与通信行业接近；任正非也是技术人员出身，原任职基建工程兵 22 支队科研所所长，在参加辽阳化纤总厂工程建设任务时发明的"空气压力天平"获奖，但其专业与通信相距甚远。中兴通讯早早上市，基本上没有为资金发过愁；而华为始终资金紧张，遇到过数次"华为的冬天"。

周路明认为，华为与中兴最初都是从产品代理开始，在销售产品的过程中寻找市场机会，然后尝试自己研发技术、制造产品，逐步形成了自己的研发体系。但后来发展过程中两个公司的选择有所不同。华为和中兴的差距主要不是在技术方面，而是企业制度的不同，这使得二者逐渐拉开了距离。华为能够成为力压群雄的高科技企业，是重视组织管理创新的结果。

比亚迪随市场需求而起舞

比亚迪公司是从研发电池技术起步的。王传福根据市场追求"合适的技术"。其实对企业来说，合适的技术才是好技术；企业家的能力就体现在发现、鉴别合适的技术。王传福创业时有一个基本的判断：在中国做制造业，必须利用人口红利来降低制造成本。这成为比亚迪技术创新模式的基本逻辑。

周路明文章中讲到了一个细节：有一年内地有一位领导干部参观比亚迪公司。当他看到车间里简陋的生产线和大量的干活工人，很不以为然地议论说："这不是一个血汗工厂吗，哪里有高科技啊？"这是内地许多干部普遍拥有的思维定式：衡量一个企业，注重看其是否拥有"高档先进的技术设备"，而不是性价比高的"合适技术"。这位领导不明白的是，这恰恰是深圳与众不同的地方："按照经济规律创新"，而不是背离市场需求地单纯追求"高新技术"。按照市场规律的需求，王传福在电池生产线中能不用机器的地方尽量用人工，同时采用必要的技术保证产品的质量。比亚迪就是用这种方式打败了跨国公司。短短几年时间里，比亚迪公司发展成为中国第一、全球第二的充电电池制造商。

在做电池的基础上，王传福预见到市场的下一个风口在汽车，于是2003年开始向汽车行业投资，收购了陕西秦川汽车厂。此举引起了公司股东的一片反对声，资本市场也不看好，比亚迪股价迅速下跌。王传福却不为所动，他认为，电动汽车的关键是电池技术。中国的电池产业发展很快，有发展电动汽车的有利条件，因此中国会走在这个行业的前头。后来的发展证明了王传福的市场眼光。比亚迪又成为中国电动汽车公司的领军者。总之，比亚迪走的就是按照市场经济节拍创新技术的路子。

周路明在深圳科技部门工作多年，按照他的观察，深圳的技术公司都是"从奴隶到将军"、从产业链的低端慢慢爬上来成为国际一流公司的，很少有通过某一项技术一夜暴富的案例。2005年深圳科技局做的一项调研也证明这一点，深圳97%的科技公司都是通过需求导向模式、开展技术创新而发展壮大的，极少有通过技术成果转化的方式取得成功的例子。

不按照市场需求而盲目研发技术是失败公司的共同特点之一

周路明列举了失败的一些例子。市政府曾经看好一家金刚石镀膜技术的公司，投入了巨资。这个项目说起来好听，但并没有得到市场的认可，最后失败。政府在这个项目上得到了教训，努力转变角色，后来将精力放在了营造良好创业环境方面。政府创造条件，让民营企业自己去折腾；政府不再直接投资企业，而是成立深创投、高新投这一类的创业投资基金公司，用市场经济的办法扶持高新技术产业的发展。实践证明这条路子走对了。

西方发达国家政府怎样管理经济？

讨论"市场经济导向科研创新"这个话题，会引来另外一个问题：既然强调市场导向，那么政府是不是什么事都不要做、袖手旁观才好？在回答这个问题前，先讲李灏书记率团访问港英政府的一件往事。

1987年应香港总督卫奕信邀请，李灏带队正式访问香港。香港方面很重视这次访问，先安排深圳客人乘坐直升机考察市容，然后在港督府举行会谈。会谈中，双方各自介绍了己方的情况和发展思路。听完港督介绍的发展计划后，李灏提出了一个问题：港方政府对发展高新技术产业有什么考虑？卫奕信总督脱口回答说："那是民间的事，我们政府不管。"话头卡住，没法往下讨论了。

深圳的客人这才知道，虽然一河之隔，但深圳河两边政府的工作思路完全不同，港英政府对经济发展采取"积极不干预政策"。这种政策，按老百姓的话可以概括成四句话："你登记我批准，你赚钱我收税，你犯法我拉人，你破产我不管。"⑧

其实港英政府的"积极不干预政策"，是西方古典经济学中的流行观点。亚当·斯密在他经典的《国富论》著作对此有详细的论述。按照通俗的话说，政府在国家经济管理中应当扮演"守夜人"角色。政府不对经济做出过度的干涉，当然也不是完全放任自由。其角色有点像夜间管理航道灯塔的人，只要点亮灯塔灯光，防止夜行的航船不发生危险就可以了。

既然深圳是市场经济的试验田，要按照国际规则打篮球，那么深圳是不是也应该像港英政府一样，在经济发展、高新技术产业发展方面什么都不要管呢？答案当然是否定的。自从党的十一届三中全会做出了改革开放的决策以来，就开始探讨在中国特色社会主义市场经济体制下，政府与市场之间应当建立什么样关系的理论问题。党的十八届三中全会指出："经济体制改革是全面深化改革的重点，核心问题是处理好政府和市场的关系，使市场在资源配置中起决定性作用和更好发挥政府作用。"对于政府和市场的关系，有一种说法可以概括为"国家调节市场，市场引导企业"。有学者认为，在社会主义市场经济条件下，政府的作用可以称之为"赋能型政府"。按照这种理论，政府对市场主体资源配置和竞争保持中立立场，以实现市场增进、分配优化与整体可持续增长。⑨

其实，西方发达国家对于要不要扶持高新技术产业发展问题上，也是有不同理解、不一样做法的。港英政府秉承的是英国政府的一贯做法。我们可以另外看看美国的例子。

2021 年 5 月中信出版社重新出版了美国范内瓦·布什著的《科学：无尽的前沿》一书。范内瓦·布什（1890—1974），麻省理工学院前副校长、卡内基科学研究院负责人。这本书写于 70 多年前的 1945 年。当时二战刚结束，美国罗斯福总统要求任职于国家科学研究与发展办公室的布什博士，就国家如何发展与管理科技问题提出建议。于是布什写了这份报告。报告提出政府要对科学的发展制订长期的资助计划并实施。时至今日，该书仍然得到众多学者和企业家的赞誉。该书之所以重要，是因为它是美国科学政策的开山之作，成就了美国科技强国的地位，也改变了全球科技与产业发展的格局。书中有一段话说得非常精彩："无论手艺多娴熟，如果基础科学的新知识依靠他国，该国的工业进步不可能快，在世界贸易中的竞争地位不可能强。"

阅读这本书有两点值得注意：一是政府要不要对科学技术甚至科技产业给予资助？这个问题在当时的美国是有争议的。布什认为政府应该对此给予长期有计划的资助，成立国家科学基金会执行。这样的政府与执行"积极不干预政策"的港英政府相去甚远。二是资金使用的方式，是由政府直接管好，还是由民间管好？布什的报告写了 8 个月时间，上交时已经是杜鲁门任美国总统了。杜鲁门总统倾向于由总统直接任命基金会主席，让政府直接决定基金投向何处。但布什设法说服总统批准法案，由一个独立的理事会任命基金会主席。这样一来，政府对基金的管理方式就变成了间接管理，而不是直接管理。这样做当然有利于基金以市场经济的方式进行运作。⑩

对照港英政府与美国政府的不同做法，我们就可以理解深圳市委市政府做法的合理性。首先，深圳自建市一开始就重视经济的发展，特别是重视科技产业的发展，以保证深圳能够持续不断地发展。这样的政府是积极有为的政府。其次，深圳对经济的管理方式，不是用人治的方法、计划经济的方法，而是用法治的方法，通过制度建设用市场经济的方法管理经济活动。

关于第一点，可以说全国各个城市的政府都是这样做的。关于第二点，深圳做得可能更好一些。正因为如此，深圳的高新技术产业能够在40多年里不断地快速发展，最终取得了辉煌的业绩。

我们可以用运动场的比赛规则，类比深圳市政府的做法。首先，政府不能自己下场当运动员。直接当运动员，失败的概率很高，这一点深圳从几个投资失败的项目中得到了教训。其次，政府可以当裁判员，但充其量只算得上是小半个裁判员，更重要、更权威的裁判员是市场。企业的产品行不行，甚至某个产业行不行？最终由市场说了算。因此，政府最合适的角色只能是服务员。但就算是服务员，服务工作也是千头万绪，怎么才能做好？

深圳的做法：一是制定好法规，营造一个公平竞争的环境。不需要政府当伯乐，发现千里马；而是准备好赛场，让马儿都上场奔跑，千里马自然会脱颖而出。

二是制定优惠政策，帮扶企业发展。初创时期的企业，与幼小的婴儿有几分相像，必须靠大人呵护，需要母亲喂奶。制定优惠政策，是给那些前期创业、最需要得到帮助的企业喂一段奶渡过难关，加一把柴让这个产业燃起熊熊大火旺起来（但是政府的资金毕竟有限，所以后来变成鼓励创投基金行业发展，用市场的办法解决这个问题）。

三是创建高新技术园区，重点扶持企业。选出种子选手、招来种子企业进园区，给它们吃小灶，帮助它们更快地成长壮大。当然，就算是进入高新园区，也保证不了企业100%取得成功。最终还是市场说了算。

四是创办高新技术交易会，打造出一个进行技术买卖交易的平台。这个平台上，有三种角色：卖家、买家，还要有一个重要角色，就是金主——资金的提供者，也就是风险投资公司（或者叫创业投资公司）。没有这第三个角色，前面两者的交易很难成功。

这几件事情做好了，就像是建起了一条渠道，活水开始在里面流动起来，自己循环、涓涓不息，不需要政府做更多的事情了。这就是深圳政府在40年里做的事、所发挥的作用。

市场竞争中优秀的企业脱颖而出

由于深圳建起了市场经济的体制，搭建了一个良好的平台，众多企业就在深圳这块热土上创业、发展、壮大。深圳培养出了许许多多著名的企业，这里讲其中几个佼佼者的创业故事。

华星光电

深圳市华星光电技术有限公司，是在深圳市政府支持下，TCL 集团与深圳的深超科技投资公司合资，于 2009 年 11 月 16 日成立的高新技术企业。该企业是首批国家智能制造试点示范单位。2019 年 11 月"深圳市华星光电技术有限公司"正式更名为"TCL 华星光电技术有限公司"。

TCL 集团是广东惠州的一家电视机生产企业，在中国彩电生产高峰时期曾是国产彩电主要生产厂家之一。至今 TCL 彩电仍是中国的名牌彩电之一。如果要论 TCL 对中国彩电产业做出的最大贡献，可能要数它自主创新研发生产出的新一代液晶显示面板。

我们曾经在第一章"引进外资"里讲评过彩电显示技术换代的事例。在彩电显示技术从阴极射线显像管技术（CRT）向液晶面板换代时，中国的技术专家和企业家们看走了眼，固守旧有技术，结果全体败走麦城。这是一个惨痛的教训。

1968 年世界彩电屏幕技术，面临技术巨变的关口。美国人这一次又走在了前面，发明出液晶显示技术，却没能坚持下来。日本人买下了美国的技术，开始引领整个产业的发展。然后韩国靠"反周期投资"击败了日本。在液晶显示技术逐渐成为主流的情况下，中国彩电制造巨头们痛定思痛，准备进军液晶面板技术领域。为此，TCL、创维、康佳与长虹携起手来，发起成立了深圳聚龙光电有限公司，准备研发与生产液晶显示屏。然而，在五洲宾馆签约的合同墨迹还没有干，几家合作方就貌合神离，开始分道扬镳。桌面上喊着要大合作、桌子底下做着小动作的举动着实让人叹息。长虹彩电已经在离子屏领域投入重金，退出液晶面板领域是无奈之举（长虹在等离子屏技术上再次押错了宝）。康佳电子因为与台湾一家液晶面板公司谈好合作条件，感觉投资更有把握，也退出联盟。只有 TCL 初心不变，决定独立投入巨资，扛起发展国产平板显示屏的大旗，在国外巨头的围堵中杀出重围。

关键时候，TCL 得到了深圳市政府的大力支持，为 TCL 与深圳企业合作牵线搭桥合资公司注册资本为 100 亿元，总投资达 245 亿元。这是深圳建市以来单笔投资额最大的项目。然而投资大，不等于就能建成世界一流的生产厂家。问题的关键不在于资金，而是缺乏专业人才。对中国大陆来说，这是一个全新的产业，从零开始起步攻关的难度可想而知。

华星光电项目的建设再一次体现出"深圳速度"。2010 年 1 月其主体厂房在深圳光明新区开工建设，2011 年 8 月建成投产，10 月开始量产。其产品包括 26 英寸、32 英寸、37 英寸、46 英寸以及 55 英寸液晶面板，设计产能为月加工玻璃基板 10 万张。2012 年 3 月华星光电在北京宣布，全球最大的 110 寸 4 倍全高清 3D 液晶显示屏——"中华之星"自主研制成功。这标志着我国显示器时代向前迈出关键一步，实现了中国视像行业先进显示技术的历史性突破，使中国成为继日韩后又一个掌握自主研制高端显示科技的国家。同年 9 月，华星光电 8.5 代液晶面板量产 10.8 万片，良品率达到 95%。

2012 年 TCL 华星被认定为"广东省第一批战略性新兴产业基地（深圳液晶平板显示）"。"华星光电"有效地带动了深圳在显示产业链条上，包括电子玻璃基板、彩色滤光片等上下游关联行业的加速集聚，形成年产值超过千亿元的显示产业群，成为深圳又一个新的高科技产业增长点。更重要的是，这一项目将改善我国液晶彩电产业核心部件对外依赖的现状，提升我国平板显示产业的国产化配套能力和国际竞争力，增强我国整机企业在液晶电视市场上的国际话语权。国家工信部副部长杨学山赞扬说，华星光电在显示面板项目上取得的宝贵突破，体现了中国显示技术产业的中国速度、中国质量，证明中国在显示技术产业上实现跨越，逐步从"受制于人"走向"世界先进水平"。2012 年，华星光电投产当年实现盈利。随后 10 年时间里，TCL 陆续又投建了 7 条生产线。2020 年，TCL 面板的市场占有率全球第二，主流的 55 英寸面板市场占有率全球第一。

如今的全球半导体显示产业赛场上，中韩国两国在进行激烈的对抗赛。而在中国半导体显示产业领域，TCL 华星与京东方是双雄。2021 年，TCL 华星和京东方的液晶面板产能已经占到全球的 40%。这两家中国高科技企业"双寡头"逐渐掌握千亿美元面板市场的定价权，全球面板产业的新格局已然形成。据报道，三星 2022 年将从京东方和 TCL 华星公司分别采购 350 万块和 300 万块智能手机 OLED 面板，是上一年采购量的 8 倍。三星手机多年里全球销量第一，能得到三星的认可，证明了 TCL 华星产品的实力。

金蝶软件

金蝶软件（中国）有限公司于 1993 年 8 月成立于深圳。金蝶的创办人名叫徐少春（1963—），湖南益阳沅江市人。1979 年他考入南京工学院（现东南大学）计算机科学与工程系。1985 年他又考上财政部科研所财会电算化研究生。他学的这两个专业，成为他后来创业时双脚踩着的两块基石。

1990 年徐少春南下深圳，向岳父借来 5000 元钱买了一台 286 电脑武装自己，走上了一条艰难的创业道路。1991 年 7 月，徐少春创办深圳爱普电脑技术有限公司。11 月徐少春独立开发的爱普电脑会计系统 V1.0 版通过了深圳市财政局的评审，为推动深圳市会计电算化提供了重要的技术保障，打破了外资企业财务管理软件完全依赖进口的局面。

徐少春解释过为什么给公司起名为"爱普"，就是想"让爱普洒人间"。具体在产品上，就是想通过开发出一个财务软件，把财务人员从记账、做账的苦海中解脱出来。公司和产品都表现出了徐少春创业的情怀。从那以后两年里，徐少春带着独立开发的"爱普财务软件"，在深圳逐门逐户地上门推销，亲自演示软件，获得了用户的信任。

借此势头，1993 年徐少春创办金蝶公司，寓意它能够像一只蝴蝶，飞进万千财务人员的窗口，帮助他们从繁重的财务处理业务中解放出来。金蝶之名的灵感来源于乔羽为歌曲《思念》创作的歌词：你从哪里来，我的朋友，好像一只蝴蝶飞进我的窗口。

不久，徐少春听到一个重要信息：微软的 Windows 操作系统开始全面取代 DOS 系统。敏感的他立即组织科研人员，昼夜加班研究基于 Windows 操作系统基础上的财务软件。1994 年，金蝶推出 V3.0 财务软件。全国政协原常委、著名会计学家杨纪琬教授为金蝶题词："账海无边，金蝶是岸。"他用的是佛家的说法，感觉颇为传神。

1996 年，金蝶发布中国第一个基于 Windows 平台的财务软件——金蝶财务软件 V2.51 for Windows，被中国软件评测中心确认为中国首家优秀级 Windows 版财务软件。1997 年，金蝶又推出了基于 Windows 平台的决策型财务软件，在国产 Windows 版财务软件评测活动中获总分第一。这一系列举动促成了财务软件由 DOS 向 Windows 平台的迅速转移，并彻底改变了财务软件格局，金蝶一下子从业内不起眼的小角色变成了领导者。中国财务管理软件发展史上"南金蝶、北用友"的竞争格局由此形成。

金蝶公司的发展路程不算顺利，直到 1997 年金蝶还只是一家员工不到100 人的小公司。办公室不大，显得拥挤，技术支持部甚至在走廊里办公。1998 年美国著名的风投公司——国际数据集团（IDG）慧眼识宝，给金蝶投资2000 万元人民币。签约时，美国老板麦戈文送给徐少春两件礼物：一架单筒望远镜和一只水晶拍卖锤。笔者认识麦戈文老板，他曾在 IDG 中国合伙人熊晓鸽的陪同下，到深圳市中小企业发展促进会拜访孙利会长，我当时在场。麦戈文身材高大，皮肤细白，头发卷曲，笑容满面，给我留下良好的印象。揣摩麦戈文送给徐少春礼物的寓意，应该是鼓励徐少春做生意要有前瞻性、看得远，可以借助望远镜放远眼光；而在捕捉商机时，要果断行动，敢于拍板，看准了机会要一锤子砸下去。麦戈文的 2000 万元，对金蝶来说是初春的及时雨、旺火的一把柴。有了这笔钱，金蝶建起了覆盖全国的销售服务网络，分支机构由21 家猛增到 37 家，代理商增加到 360 多家。

1999 年全国首款基于互联网平台的三层结构的 ERP——金蝶 K/3 发布，荣列国家级火炬计划，项目亮相第一届高交会。

2001 年金蝶在香港联交所创业板挂牌上市，成为国内第一个在海外上市、登陆国际资本市场的独立软件厂商。金蝶并购了在 ERP 领域深耕多年的软件企业——北京开思软件公司的 9 成股份，从而稳定了金蝶在中国 ERP 行业的龙头地位。2003 年金蝶发布国内首创的、以 BPM 为核心的战略企业管理解决方案——金蝶 K/3V10.0。

2005 年 3 月，金蝶国际软件公司与 IBM 在京签署了战略合作协议，金蝶由此成为 IBM 在中国签约的第一个跨国合作的独立软件开发商。金蝶国际软件公司规模迅速扩大，拥有员工 9000 余人，在深圳、上海与北京设立 3 个软件园；在深圳、上海、北京和新加坡 4 地设立研发中心。至此，金蝶国际软件公司已经成长为一个大公司了，客户达 80 万家，遍及亚太地区。

2011 年，"金蝶微博"诞生。金蝶提出，以移动互联网、社交网络、云计算等新兴技术为依托的云管理战略，进行继 Windows 版财务软件转型、ERP 转型后的又一次转型。至此金蝶进行了三次转型。第一次转型是 1994 年，从 DOS 到 Windows；第二次转型是 2014 年，从财务软件到 ERP；第三次转型是 2017 年，从 ERP 到云管理的转型。徐少春既然将公司定名为金蝶——金色的蝴蝶，是不是就预示着公司在发展过程中一定会出现"蝶变"的转型升级？事实确实如此。金蝶经过几次转型，终于从有点丑样的毛毛虫，到闷头积蓄力量的茧宝宝，再到美丽的彩蝶飞舞于空中。

到 2021 年，金蝶用户已超过 8000 万，超过 2000 家合作伙伴选择金蝶作为共创共赢的发展平台。早在 2007 年，徐少春获得深圳市"市长奖"。在 2020 年（第五届）大数据产业生态大会上，金蝶入选 2020 数字赋能先锋企业 30 强。2021 年金蝶荣获 IDC 2020 SaaS ERP（全球）客户满意度大奖（所谓 SaaS，是"软件即服务"的意思）。

海普瑞

深圳市海普瑞药业股份有限公司创办于 1998 年 4 月，公司创始人是李锂、李坦夫妇。李锂（1964—），四川仁寿县人。1981 年李锂考入成都科技大学（后并入四川大学）高分子化学专业。李坦是其同学，后来两人喜结良缘，一同创业。

李锂属于科技人员类型，身上有一股子不同寻常的研究劲头。1984 年读大三时，李锂感觉自己的一项研究到了重要关头，为此他不惜休学，集中精力搞研究，在校园里引起了轰动。两年后他重新入学，毕业时的论文内容就是自己对肝素钠的研究心得。

1992 年，由于感觉到在工作单位中很难实现自己的研发新想法和将技术成果产业化，他下海承包了重庆一家生物制品公司，并于 1997 年完成了对该公司的收购。1998 年李锂夫妇到深圳创办海普瑞算是他们的第二次创业。李锂后来说："海普瑞如果不是有幸在深圳创业，肯定没有今天。"

海普瑞公司的产品主要是肝素钠原料药，是一种从猪小肠粘膜中提取的硫酸化天然黏多糖生物活性物质。该产品具有抗凝血、抗血栓功能，临床广泛应用于预防和治疗血栓性疾病、心脏病等，也是用于血液透析的重要药物。

我国是全球第一大生猪饲养国，生猪存栏量、出栏量均占世界一半以上，这为肝素钠的生产提供了极为丰富的原料来源。然而由于提纯技术达不到欧美的标准，对猪小肠中的残留物清除不干净，以前我国出口的肝素钠药原料数量并不多。

这个问题由海普瑞解决了。经过李锂长期艰辛的技术研究，从"传统沉淀"到"离子交换"，再到"标准精品肝素钠原料药生产技术"，最后终于在纯化、病毒灭活、组分离和活性基团保护等各项指标上，海普瑞的技术工艺达到了全球领先水平。

海普瑞凭着产品的高质量，终于敲开了最难进入的美国药品市场。2005年海普瑞获得了美国食品药品监督管理局（U.S.Food and Drug Administration，简称FDA）的认证，由此获得了药品全球销售的通行证。美国人对药品质量的管理绝不含糊。2008—2011年里，美国FDA连续3次对海普瑞进行现场检查，每次的检查结果都是"零缺陷"。2008年海普瑞又获得了欧盟的"欧洲药典适用性认证"（Certification of Suitability to Monograph of European Pharmaco-poeia，早期简称COS，现称CEP）。到现场检查的德国专家评价说："海普瑞的内部管理跟德国企业一样，所有员工超乎寻常地训练有素。"

2007—2009年3年里，海普瑞的营业收入从2.99亿元增加到22.24亿元，增加了6.58倍；净利润则增加了10倍多。2007年美国高盛通过增资，将对海普瑞的股份增加到了12.5%。高盛大赚特赚乐得合不上嘴巴，同时也帮助海普瑞成为全球肝素钠原料药产业生产规模最大、装备最先进的供应商。于是，海普瑞上市成为瓜熟蒂落的事了。

2010年5月6日，海普瑞在深交所A股中小板上市。上市的几天里，海普瑞股价坐了一回过山车。发行价出现每股148元的A股最高发行价，让李锂夫妇当天以身价超过500亿元成为中国新首富；但对海普瑞的质疑声一时甚嚣尘上，3天内海普瑞股价大幅跳水，累计跌幅近三成。随着近百亿元蒸发，"首富"桂冠易主。

对海普瑞的广泛争议，变成了一次科普活动。在这一行里，"原料"和"原料药"一字之差，意思却判若云泥。"原料"门槛很低，谁都可以做；而只有"原料药"才能以药品的身份进入美国医疗市场。海普瑞就是完成了从"肝素钠原料生产商"到"肝素钠原料药生产商"的转变,才成为全球著名的生物技术公司。其产品不仅完全达到美国 FDA 的严格标准,而且成为 2009 年美国《药典》关于肝素钠新标准修订的重要参与者。在积极参与国际主流医药市场竞争中海普瑞成为一个典范。

海普瑞先后于 2014 年和 2018 年全资并购、收购了美国的 SPL、多普乐公司,整合建立起了全球供应链,打通了肝素钠全产业链,成为全球最大的肝素钠原料药企业和全球第四大依诺肝素钠制剂企业。2020 年海普瑞又成功在港交所 H 股上市。

海普瑞先后承担了国家生物高技术产业化示范工程项目、国家火炬计划项目等。公司获得多项"国家技术创新优秀新产品奖"等奖项。2010 年海普瑞荣获"深圳经济特区 30 年杰出贡献企业"荣誉,李锂被评为"深圳经济特区 30 年行业领军人物"。2012 年李锂获深圳市"市长奖"。2020 年海普瑞药业集团以 320 亿元人民币市值位列"2020 胡润中国百强大健康民营企业"第 44 名。

越疆科技

讲一个"80 后"青年企业家刘培超创业的故事。

笔者是于 2019 年在德国汉诺威工业展上见到刘培超并采访他的。汉诺威工业展号称全球工业第一展。参展企业除了主场的德国企业外,中国企业数量第二多;而深圳企业参展数量占了中国参展商的 1/10,是中国城市中规模最大的参展团。深圳展团由深圳市政府主办,深圳市中小企业发展促进会提供组团带团服务。

刘培超(1986—),山东日照人。毕业于山东大学机械工程学院机械自动化专业,他在大学期间经常捣鼓机器人。毕业后刘培超到中国科学院苏州研究所工作。

刘培超在做实验时经常要用到机器人。但由于机器人与实验场地工作台有一段距离,使用很不方便。他突发奇想:为什么不研发能够放在桌面上使用的小型机器人呢?一了解真还没有这种机器人。他又想:那我能不能研发这样的机器人呢?创业的念头一旦出现,就整天在脑海里转来转去、挥之不去。听说机器人生产链在深圳、东莞一带最为发达完整,于是 2014 年刘培超南下深圳创业。

　　来到深圳人生地不熟，怎么能够让投资商了解你的研发实力呢？只能先做出一个样机给大家看。刘培超一动手研发，就发现了这项工作挺艰巨。当时国内没有生产桌面型机械臂的厂家，也就是说还没有这类产品的供应链。国外的机器人生产厂家实力强大。机械臂行业有四大"卡脖子"技术：电机、伺服驱动（为机械臂提供动力）、运动控制、减速机（用于提高机械臂的动作精确度），这些核心技术多被"四大机器人巨头"（瑞士 ABB、日本发那科、日本安川电机、德国库卡）所垄断，产品价格昂贵，从这些厂家购买需要的零部件想都不要想。这意味着，要想做出一款精致的小型机械臂，其电机、控制器等核心零部件都得从头开始研发。

　　那段时间里，刘培超约到几位山大校友一同搞研发。白天他们在各自的城市里做本职工作，晚上通过网络讨论研发样机。吃过晚饭马上开始，一直要忙到凌晨三四点钟，天天如此。经过 8 个月的攻关，终于研发出了第一代样机。小巧可爱的机械臂，可以摆放在桌面上，像使用电脑一样方便。机械手不仅能够写字绘画，还会穿针引线。刘培超把样机的资料上传到美国一个众筹网站上，仅仅 1 个月里就收到 1000 多台订单，筹到 62 万美元（约合人民币 440 万元）。这个结果让刘培超直呼："没有想到！"

　　2015 年 7 月深圳市越疆科技有限公司在南山注册成立。公司从底层的控制系统开始布局，花了 5 年时间，才逐步攻克几项"卡脖子"技术。如今，越疆科技在机械臂行业已取得 1067 项知识产权，发明专利超 700 项，其产品和技术的国产化率达到 90%。

　　2021 年越疆科技的机械臂销量达到 1.2 万台，业绩同比增长超过 1 倍多。在此之前，越疆科技的工业机器人已经连续 3 年（2018—2020 年）创出国产品牌机器人出口量第一的纪录。在全球桌面型机械臂市场上，越疆科技的占有率超过 70%。也就是说，世界上每卖出 10 台桌面型机械臂，就有 7 台出自越疆科技。

　　越疆的产品不但出口成绩出色，而且对国内普及机械臂有十分重要的意义。中国是世界上第一大机器人应用市场，但高端机器人仍然依赖进口。由于国外几大机器人厂家垄断了高端技术，所以进口机器人产品的价格十分昂贵，不是人人能够用得起的。越疆横空出世，其产品以技术先进、品质优良、价格低廉而大量出口，也为国内普及使用桌面机器人提供了条件。例如，2021 年

10月越疆发布了国内首款可远程操作的机械臂产品。刘培超介绍说，这款产品基于5G技术，力反馈精度、视频流畅度等指标都达到了国际领先水平。国外这样一台设备定价约100多万元，而越疆将其降到了20多万元。

有读者可能还能记得起2018年的小年夜，一款叫"嘟宝特"的机器人在央视网络春晚上火了。蘸墨、舔笔、勾勒……机器人一气呵成，分毫不差地复现了主持人在平板电脑上写的春联，俨然一副书法家的模样。这就是是越疆科技旗下的"魔术师"机械臂（Dobot Magician，"嘟宝特"就是 Dobot 的音译）。越疆积极推进人工智能技术的产学研结合学科的普及教育，已累积为全球百余家各类高校及教育机构提供了一站式解决方案。越疆产品已经投放到全国上千所学校，公司成为教育部教师信息技术培训（Teacher Information Technology Training，简称"TITT项目"）授课企业，教育培训覆盖人数超过上百万人。

关于"越疆"一名，在汉诺威展会上笔者采访时问过其含义。刘培超解释说："越疆的名字来自唐代诗人陆龟蒙的一首诗：'越疆必载质，历国将扶危'，意思是开拓疆场要有责任和素质，生在祖国就要有扶危的担当精神。我们采用诗句中的'越疆'两字是表明我们的心愿：用技术创新树立民族工业品牌，跨越边界，走向世界。"

刘培超被评为"改革开放40周年影响深圳装备工业创新发展创新人物"。2021年越疆科技入选国家专精特新"重点小巨人"企业。

---

① 《邓小平文选》第二卷，人民出版社1994年版，第236页。

② 《邓小平文选》第三卷，人民出版社1993年版，第373页。

③ 邹旭东：《梁湘在深圳1981—1986》，内部材料,2018年印刷，第17页。

④ 《李灏深圳工作文集》，中央文献出版社1999年版，第82页。

⑤ 深圳市政协文史和学习委员会编：《深圳·一个城市的奇迹》，中国文史出版社2008年版，第292页。

⑥ 深圳市政协文化文史和学习委员会编：《深圳四大支柱产业的崛起·高新技术》，中国文史出版社2010年版，第41页。

⑦ 深圳市政协文化文史和学习委员会编：《深圳四大支柱产业的崛起·高新技术》，中国文史出版社2010年版，第49页。

⑧ 深圳市政协文史和学习委员会编：《深圳·一个城市的奇迹》，中国文史出版社 2008 年版，第 153 页。

⑨ 黄先海、宋学印：《赋能型政府——新一代政府和市场关系的理论建构》，《新华文摘》2022 年第 7 期。

⑩ ［美］范内瓦·布什、［美］拉什·D. 霍尔特：《科学，无尽的前沿》，崔传刚译，中信出版社 2021 年版，第 22 页。

第十一章　企业家

企业家的定义

上一章分析了深圳市政府在科技产业创新中扮演的角色、发挥的作用。这一章接着讨论科技产业创新中的主要角色——企业家，看看他们发挥了一些什么样的作用？在研究这个问题前，应先对"企业家"的概念做出定义，以方便我们的讨论。

"企业家"，英语 Entrepreneur，其原意是指"冒险事业的经营者或组织者"。在现代企业中的"领导角色"大体分为两类：一类是企业的"所有者"（也称之为工厂主），许多情况下他们既拥有企业，同时也管理企业；另一类是受雇于所有者的企业管理者。一般情况下"企业家"指的是第一类人，第二类人则被称作"职业经理人"。

就笔者读过的专业书而言，感觉约瑟夫·熊彼特、马克·卡森、马特·里德利三位理论家的理论比较有启发性。在这里对其人及其理论观点做一些简单的介绍。

约瑟夫·熊彼特（Joseph Alois Schumpeter，1883—1950），奥匈帝国摩拉维亚省人（今捷克境内），移居美国后一直任教于哈佛大学。他被誉为"创新理论"的鼻祖，其观点集中体现在 1912 年出版的《经济发展理论》一书中。他最著名的观点之一是提出了"创造性破坏"观点（英文原文 creative destruction），这句话影响巨大，被引用率仅次于亚当·斯密的"看不见的手"（英文原文 invisible hand）。熊彼特认为，在没有创新的情况下，经济增长只是数量的变化，这种数量关系无论如何积累，本身并不能创造出具有质的飞跃的"经济发展"。只有企业家进行创新——"创造性破坏"，打破经济循环的惯行轨道，推动经济结构从内部进行革命性的破坏，才能真正让经济发展。因此，企业家是推动经济发展的主体。

中国有"不破不立，破字当头，立就在其中了"这样一句话。"破"就是破坏，但是破坏的目的是要"立"，也就是创造。把熊彼特"创造性破坏"的话语，与中国这句话对照理解，能够更好地领会熊彼特话语的意思。

经济学家张维迎对熊彼特的观点有解读，他说："在我总结的斯密—熊彼特增长模型中，企业家处于中心地位。市场不是自然存在的、谁都可以看得见的。市场是被发现、创造出来的，企业家的一个重要工作就是发现市场、创造市场。分工和专业化其实也是企业家创造出来的。创造新的市场、新的产业，靠的是企业家的创新。经济增长之后，要把增加的财富变成新的市场，也要靠企业家的创新。一般经济学家做研究时，假定产业是给定的，但实际上并不是。产业是企业家创造出来的。"①

马克·卡森（Mark Casson，1945—），英国经济学家。其创业理论的内核是"创业家式判断"（Entrepreneurial judgment）。卡森认为，企业家具有创新和套利、制造市场两种功能；认为创业家是"专门就稀缺资源的协调做出判断性决策的人"，创业家之所以有出色的判断力，是因为具有掌握"特别资讯"的能力。

马特·里德利（Matt Ridley，1958—），英国著名科普作家、牛津大学动物学博士。他的《创新的起源：一部科学技术进步史》一书出版后影响广泛，书中富有启发性的观点比比皆是："创新总是渐进的，而不是突然发生的"；"每项技术都是其他技术的组合，每个想法都融合了其他想法"；"当想法发生时创新才会发生。创新发生在人们见面并交换商品、服务以及思想的地方"；"创新是一项团体运动……知识存储在人与人的头脑之间，而不是在个人头脑之中"。②

综合以上三位理论家的观点，我们可以试着对企业家做一个定义。

企业家是什么？首先，企业家是创造者而不是管理者。按照熊彼特说法的意思，管理企业的人可以者分为企业家和经理人。绝大多数管理企业的人是职业经理人，而非企业家；一般来说职业经理人做事具有四平八稳、墨守成规的特点，只有那些具有"创造性破坏"能力的人才称得上是企业家。所谓"创造性破坏"说的是创新能力，是别出心裁、与众不同、具有颠覆性的创新力。

而且更为重要的，企业家不是终身制的，更不可能继承。一个企业创办人，在创业时可能是企业家，而一旦企业经营成功转入守业时，就变成了经理人；父亲创业是企业家，而儿子接班不再创业，就成了经理人。熊彼特是这样说的："一旦当他建立起他的企业以后，也就是当他安定下来经营这个企业，就像其他的人经营他们的企业一样的时候，他就失去了这种资格。"

其次，企业家当然要赚钱，但更重要的是要创新。按照卡森的说法，企业家具有"套利"和"创新"的素质，不赚钱，企业无法维持、不能可持续发展，当然不行；而只会赚钱的人可以称为"赚钱能手"、"商业奇才"，但不能称之为企业家。企业家更本质的特性在于创新，而创新能力主要体现在"制造市场"上。企业家固然要按照市场需求生产产品，但有时候先研发生产出新产品而被消费者接受、从而形成庞大市场的情形也时常出现（美国的史蒂夫·乔布斯发明出智能手机是典型的例子之一）。

在这个问题上熊彼特持有大概相同的看法。他认为，对企业家从事"创新性的破坏"工作的动机，固然是以挖掘潜在利润为直接目的，但不一定出自个人发财致富的欲望。他指出，企业家与只想赚钱的普通商人或投机者不同，个人致富充其量仅是他的部分目的，而最突出的动机来于"个人实现"的心理，即"企业家精神"。

再次，创新是一个渐进的过程，是积小胜为大胜的过程。虽然就个人而言，在创新过程中可能会有头脑风暴的时刻，也会有灵光乍现的迸发，但从企业发展的角度说，创新是一个渐进的过程；从创新是"一项团体的运动"的角度说，创新是人与人之间互相交换思想的过程，企业家在与顾客的交往中、在与同行的交流中、甚至是在与陌生人之间的交谈中，都有引发创新念头的可能。因此，创新的思想一定是产生于集体之中（后人继承前人思想知识的情形，可以视作一种时空延续的集体行为）；对人类经济和社会影响广泛的创新，都是由企业家完成的。

如果同意以上理论观点，我们就有了思想工具，可以用来解读深圳企业家的创业心路和其成就的意义。

任正非的战略眼光

任正非（1944—），贵州安顺市人。任正非是深圳二万基建工程兵中的一员，笔者在多本书里写过他的故事。1983 年基建工程兵撤销时，他随部队调入深圳集体转业。1987 年任正非创立华为技术有限公司，任总裁。从企业家的角度分析任正非，我感觉他有以下特点。

一是极强的创新精神。华为成立于深圳，但当时的深圳在通信产业方面是一张白纸。任正非转业前的职务是师科研所所长（副团级），虽说是一名科技人员，但隔行如隔山，在通信技术方面他当时还是门外汉。从后来的发展看，华为技术有限公司果然是为技术而生，创新是公司的灵魂。华为是以研发 C&C08 电话交换机起步的。在国内企业中，华为在技术研发上的投入长时间里一直是最高的。有一次，我去华为调研时，了解到他们的研发投入多年达到利润的 10% 以上，最高一年达到 15%，我感觉有些不可思议。因为当时就算比较好的企业，研发投入也只占到 3% 左右。将公司赚来的钱大量投入研发中，而研发出来的技术究竟有没有相应的回报不太好说。这样做事，要有多么长远的眼光、多么大的魄力！我深感惊讶。

华为的创新不光体现在技术研发上，制度方面的创新也很瞩目。华为发展迅速、公司规模变大后，任正非认为，华为急需从创业时的游击队转变成正规军，才能可持续发展。为此，必须进行制度创新。他先是请北大的教授们制定了《华为基本法》；后来又重价请美国 IBM 公司的专家们为华为设计了集成供应链管理制度。正是制度创新，让华为脱胎换骨，变成了让欧美公司生畏的竞争对手。

二是独特的利益观。按照前面几位理论家的看法，企业家赚钱、个人致富"充其量仅是部分目的"，更重要的是实现个人价值。用这个观点解读任正非的人格再合适不过。随着华为变成了世界级大公司，任正非的个人财富当然数额不菲。华为是股份公司，任正非个人的股份是多少呢？按照华为公布的财务报表，他个人的股份约为 1.94%，当然这个数额是公司里最大的个人所占股份。但就我了解的深圳企业情况而言，没有一家公司老板的股份比例有这么低。华为的绝大部分股份分配给了创业的数万员工。华为员工每年的分红上千万、数百万的比比皆是。相比华为员工的高工资，员工骨干们每年靠股权分配的收入更多。可以说，任正非带着团队往前冲，大家同甘共苦、荣辱与共。也许正是靠着这种股权结构，让华为迅速发展成为一家世界级大公司。每当研究这些资料时，我心中感慨万分，《大学》中的"财聚则民散，财散则民聚"

的话语涌上心头。任正非的利益观，既符合理论家们说的企业成长规律，更符合中国传统文化对个人品德修养的要求。

三是非凡的企业发展战略眼光。早年的任正非很低调，很少出来谈论企业的发展战略问题。但是从华为所走的路子，可以领会华为的发展思路，能够看出任正非时时都有将华为做成行业领军者的抱负。所以，他才会在技术研发上狠下工夫。想将华为培育成参天大树，必须让树扎根很深；想将华为建设成摩天大楼，一定要打好坚实的基础。也许，从敢于与美国思科公司打官司开始，华为就开始为打造世界级科技企业而亮剑。

其实，任正非的目标还不仅仅在于战胜美国公司，而是有为实现人类共同理想而奋斗的理念。他曾经说，华为与欧美公司的竞争，有点像双方在珠穆朗玛峰两侧攀登，总有一天双方会在山顶相遇。后来的发展过程确实如此。但按照任正非的想法，两军在山顶相遇、会师后，可以合力为人类的美好未来共同努力。但是对手的想法却不一样，华为受到了美国政府的残酷打压，差点被置于死地，这是任正非没有想到的。双方的想法不同，有利益之争、政治考量，也有文化背景的差异。美国要维持自己的霸权，不允许任何对手出现；而中国文化的精髓是"和合"。虽然出现了这种最糟糕的局面，但任正非并不怕，他仍然按照自己的目标往前发展。因此，人们评价华为是民族的脊梁。就技术研发而言，华为是无畏的探索者、不怕牺牲的前驱者；作为企业，华为是英雄的民族企业。

马化腾创造新的生活方式

马化腾创业的过程在本书第七章"高交会"中已经讲述过，这里从企业家的角度对马化腾的贡献做一些分析点评。马化腾刚发明 QQ（基于互联网的即时通信技术）时，消费者并不怎么了解它，腾讯公司一时也没有找到合适的经营模式，因此公司经营状况一直十分困难，几乎陷入绝境。但年轻的消费者们很快就发现这是一个很好的交际聊天工具，结果 QQ 征服了中国的消费者，又风靡世界。早在 2010 年 QQ 的在线用户数突破了 1 亿人，不同国家、不同地域、不同语言文化的人们，通过一个通讯工具同时彼此交流，这是人类社会文化的一个奇观，更是现代网络技术创造出的奇迹。

马化腾发明 QQ 技术、经营腾讯企业，最具有熊彼特"创造性破坏"的特征。QQ 这种新的通信技术发展起来后，极大地挤压了传统通信工具的经营空间。特别是腾讯后来又发明微信后，功能更加强大，使用更加方便，更是对传统的通信方式造成了毁灭性打击。QQ 与微信对社会的影响不光是在通信领域，更重要的是对人们的生活方式和工作方式造成了极大的影响。马化腾获得 2006 年度深圳市"市长奖"。

马化腾厥功至伟。

梁光伟嫁接科技与文化

梁光伟（1963—），浙江临海人。梁光伟是笔者的战友，他 1980 年入伍到承担鞍钢建设的基建工程兵一支队 1 团，1981 年 3 月随着连队调入深圳。在调入深圳的基建工程兵部队中，是最早进入深圳的一员。我们也是同学，一起在职考入武汉大学行政管理学院，硕士毕业，后来他继续深造，攻读武汉大学经济学博士学位。

1983 年深圳基建工程兵部队集体转业时，华强电子公司选中了正在深圳大学读电子专业的梁光伟。他调入华强公司后，从注塑车间做起，先后任职团委书记、总裁办主任、总裁助理兼投资管理部部长、副总裁、总裁、董事长，几十年时间里一步一个脚印，最后成为华强集团公司的掌舵人。

在华强公司，梁光伟决定收购一家军办高科技公司，成立华强方特公司。方特公司在全国开发建设了方特主题乐园系列项目，2016 年华强方特已成为全球最大的主题乐园的设计、研发、建设及营运的全产业链运营企业。华强方特同时大力研发数字动漫技术，动画作品在国内 200 多家电视台热播，创造央视少儿节目开播以来最高收视纪录获得多个频道的收视冠军，网络动漫点播超过 3000 亿次，动画片出口至美国、英国、德国、俄罗斯、新加坡等 130 多个国家和地区，多项作品获得国际、国内大奖。

不仅如此，通过华强方特公司的带动，整个华强公司的业务从原来的电器制造业转型成为"科技 + 文化"模式。科技 + 文化是个了不起的发明。科技提升了文化的表现力、传播力和附加值，文化为科技提供了新的发展通路和内涵价值，两者分则无力，合则两利。通过文化与科技的完美结合，华强为消费者提供了新颖丰富的娱乐休闲产品，改变了人们的生活方式。华强科技＋文化的创新发展模式，让中国古老优秀的文化以崭新的面貌出现在人们面前，让中国文化走出了国门。可能就是这个原因，中央和国家领导十分看重华强集团，多位中央领导先后考察华强集团，鼓励华强集团不断努力进步。

2010 年在"深圳经济特区成立 30 年 30 位杰出人物"评选活动中，梁光伟获得"杰出创新人物"称号。

王传福善于搞技术集成

王传福（1966—），安徽无为市人。1995 年 2 月王传福从中国有色金属研究总院辞职下海，在深圳注册了比亚迪公司。短短几年时间，比亚迪发展成为中国第一、全球第二的充电电池制造商，王传福 37 岁时成为闻名全球的"电池大王"。2003 年比亚迪又进入汽车行业发展。王传福是比亚迪股份公司董事局主席兼总裁、比亚迪电子（国际）公司董事局主席。

作为企业家，王传福拥有能够看破技术实质的犀利眼光。按照他的说法："有时候技术就像一层窗户纸，一捅就破。"在做电池时，从国外引进一条生产线价格高昂到不可思议，王传福就自己动手做设备。由于有对技术的透彻了解，他把生产线分解成一个个可以人工操作的工序，建立起具有"比亚迪特色"的生产线。该生产线简单到对一线工人的技术要求几乎为零，而成本价格则低到只有进口生产线的 5%。"适合的技术"让比亚迪拥有了低成本的巨大优势，从而打败了日本制造商。

做汽车时，他买来几十台价格最昂贵的高档进口汽车，让技术人员们拆卸开来研究技术难点。经过 20 多年的研发，比亚迪已经成为全球唯一一家对电池、电机、电动"三电"技术拥有完全自主知识产权的新能源汽车企业。比亚迪技术创新的亮点很多：DM 系统、e 平台 3.0、刀片电池、IGBT，等等。比亚迪成为最具创新能力的汽车企业之一，没有任何一个国家、机构能够对其在技术上"卡脖子"。

2021 年 5 月比亚迪第 100 万辆新能源车下线，成为首个跨入新能源汽车"百万辆俱乐部"的中国品牌；其市场占有率超过 16%，稳居全球前列；市值最高超过了 8000 亿元，成为市值最高的中国车企，国际车企排名也仅次于特斯拉、丰田和大众。王传福在"e平台3.0"的发布会上说:"2021年是中国新能源车的风起之年。"2022年4月,国内乘用车市场销售同比下降35.5%。比亚迪却逆市走强,以突破10万辆的销售数据成为车企销量冠军,同比增长高达138.4%。

卡森理论的内核是"创业家式判断"(Entrepreneurial judgment),他认为,企业家是专门就稀缺资源的协调做出判断性决策的人。按照这个观点衡量,王传福算得上是出色的企业家。他打破国人身上比较普遍表现出来的"高新技术恐惧症",做好技术集成,制造出了中国最好的新能源汽车,敢于与欧美汽车进行竞争。

2010年比亚迪率先提出了"城市公交电动化"战略。经过7年努力,深圳成为全球第一个公交实现100%纯电动化的城市。2020年比亚迪纯电动大巴和出租车的足迹已遍布全球6大洲、50多个国家和地区、300多个城市。比亚迪将为中国承诺2030年前实现碳达峰、2060年实现碳中和的目标做出努力,为全人类的福祉做贡献。

王传福获2004年度深圳市"市长奖"。

徐少春的金蝶数次"蝶变"

徐少春创业的故事在上一章中已经讲述,现在我们要从企业家的角度研究徐少春,我认为可以用两个词来概括他作为企业家的特点:"执着"与"快变"。

少年时代的徐少春其实酷爱文学,整天做着文学的玫瑰梦。从文学转向技术是因为听到表哥的一句话。一天晚上他们两人走在田间的小路上,表哥用手往上指着深邃的天空对他说:"你知道吗?我们的头顶上有中国制造的人造卫星飞过,它在天空中播放着《东方红》的音乐,而这个音乐是由计算机演奏的……"表哥没有想到,他的这句话改变了表弟的人生志向。从此以后徐少春开始对计算机技术有了不同寻常的学习热情,也因此先后报考南京工学院计算机科学与工程系、财政部科研所财会电算化研究生,走上了专业技术的道路。

从此以后徐少春的志向再没有变过,执着是他人生的一大特点,也是他创业成功的宝典;"坚持"成了他的口头禅。他执着创业的故事在前面已经讲述过，这里探讨一下他为何如此执着的原因。徐少春说自己是"坚持信念、坚持信任、坚持行动"。"坚持信念"摆在首位。他认为："金蝶所做的是一个永恒的行业，只要地球上还有企业存在，就会有我们发光发热的地方。"执着来自信念。

下面我们重点分析他"快变"的特点。

徐少春在创办金蝶的过程中，对新技术十分敏感，在行业内总是最先产生变革的想法。他对时代脉搏的敏感可以用"春江水暖鸭先知"来形容，而对新技术的抢先研发又可以用"寒风中的报春花"来描述。这让他的竞争对手们又羡慕又害怕，一方面嘲讽他"最善变"，另一方面又惧怕落在他"快变"节奏的后面。金蝶公司技术上的三次转型最能说明徐少春"善变、多变、快变"的特点。

第一次转型：从 DOS 到 Windows。徐少春对基于 Windows 基础上财务软件的研究，大概开始于 1994 年。当时很多人认为太超前了，Windows 要取代 DOS 怎么还得要好几年时间。但徐少春已经有了紧迫感，他带着研发部门昼夜加班，终于在 1996 年春节过后搞出了新的金蝶软件。新财务软件不但好用，而且树立起了金蝶新潮流领导者的形象。

第二次转型：从财务软件到 ERP。ERP 的全称是 Enterprise Resource Planning，中文的意思是"企业资源计划"。这个软件的概念是 1990 年美国 Gartner Group 公司提出的。如果说原来的财务软件主要是服务于企业财务管理的话，那么 ERP 软件其功能已经扩充到了企业的全面管理，成为企业进行生产决策管理的平台工具。金蝶通过并购和研发，推出了自己的 ERP——金蝶 K/3。金蝶的新产品获得成功，一段时间里金蝶在该领域的占有率增长了 62%。

第三次转型：从 ERP 到 EBC。EBC 的全称是 Enterprise Business Capability，中文的意思是"企业业务能力"。两者有什么不同呢？徐少春这样解释："我常常提到一个公式：Capability（企业业务能力）= Mindset（思维模式）×Technology（数字化技术）×Practice（企业实践）。在这其中，每个因素都是很重要的因子，尤其是思维模式。"金蝶由此提出了"数字战斗力"的概念，此概念用于企业管理，就出现了"数治企业"和"韧性成长"的企业管理发展策略。

从以上过程可以看出徐少春已经开始思考，要想管理好一个企业，管理的技术手段虽然重要，但更重要的因素是思维模式。他接着解释说："对一个企业来说，真正'卡脖子'的，不是技术，而是我们的思维模式；卡我们的不是别人，正是我们自己。"从这样的解释中，可以领悟到徐少春对企业管理的着眼点，已经从"术"的层面，上升到了"道"的层面。2019年10月19日，金蝶首发《2019年产业互联网白皮书》，提出"企业数字化已从ERP（企业资源计划）时代进入EBC（企业业务能力）时代"。

与此相联系的，是徐少春将金蝶软件的管理工具从服务器转向了"云"——金蝶云。为理解这两者之间有什么不同，需要讲述徐少春的三次"砸烂"举动。

第一次"砸"发生在2014年5月4日。徐少春特别选在了青年节这一天，当着大伙的面，他把自己的笔记本电脑砸了，宣布以后凭手机移动办公。他鼓励员工们说："同志们必须要加油啊，马化腾两三年前已经开始移动化办公了，我们要跟上。"

第二次"砸"发生在2014年8月。在公司成立21周年庆典会上，徐少春装扮成海盗船长，亲手抢起大锤砸掉客户的服务器。砸掉服务器是什么意思？不服务了、歇业不干了？不是。徐少春正式宣告成立"ERP云服务事业部"，主推金蝶K/3 Cloud。演出这戏剧性的一幕，是要逼着自己的公司迅速向云服务转型。在2016年中国管理全球论坛暨金蝶用户大会上，徐少春提出重新定义ERP的六大特性——智能、共享、移动、社交、大数据、云计算。

第三次"砸"发生在2017年。徐少春把自己千辛万苦开发出来的ERP软件砸了。5月4日金蝶在北京大学宣布将"金蝶云ERP"正式升级为"金蝶云"。徐少春一锤下去砸掉了象征老板身份的办公椅，砸掉了CEO的身份。砸掉ERP，不仅仅是砸掉一个产品，而是象征着砸掉了自己过往的事业，心疼啊！当时销售经理迷茫地问徐少春，砸掉了ERP，公司以后卖什么呀？他回答说："破釜沉舟，没有退路了！不能再卖ERP这样落后的软件了，我们以后卖'云'。砸掉ERP，就是逼着我们去研发新的'云朵'。"于是，天空中升起了一朵朵金蝶云——金蝶云·星空，金蝶云·苍穹，金蝶云·星辰，金蝶云·星瀚HR（与华为公司合作）等。徐少春总结说："我们的云是一朵朵砸出来的。"徐少春真有一股子狠劲儿。

徐少春经常会说几句话，笔者感觉这几句话是对他"砸砸砸"动机的一个解释。笔者与企业经理人聊天，经常遇到这样的情况：有的人对经济形势比较悲观，还有的人总是抱怨经营压力很大。徐少春与这些人的观点大不相同。他常常讲以下 3 句话："经济不是在下行，而是在酝酿新的增长"；"不是没有市场，而是市场发生了变化"；"伟大的公司总是孕育在大变局中"。

具体解读一下这几句话：第一句话比较好懂。如果指的是传统行业，确实是在大量减少，呈现下降的态势；但如果观察新经济的增长，反而增长得很快。关于第二句话，是徐少春对他公司员工说的。金蝶公司的一些销售经理反映说，在推广"云产品"时，大家都不知道"云"是什么，所以"云产品"可能没有市场。徐少春说："你给客户讲清楚了'云'是什么东西了吗？'云'能帮助公司降低成本——催生新的商业模式，对此你自己有没有理解透彻？你有没有解释到位？"关于第三句话，道理最深奥。徐少春说："没有变化，局面就死水一潭，就不会有超越的机会。因此每当遇到变化时，我都感到很兴奋，因为我们有机会再为这个世界奉献一次。"徐少春的话符合中国最古老的《易经》哲学"阴阳互变、生生不已"的精神。根据《易经》的观点，世界上唯一不变的就是变化本身。笔者感觉徐少春的经营哲学最符合辩证法，对此赞叹不已。

徐少春获 2007 年度深圳市"市长奖"。

李东生勇做改革先锋

李东生（1957—），原籍广东揭阳，出生地是惠州市，也是在惠州土地上成长起来的企业家。深圳人熟悉他是因为几件事：1993 年 TCL 通讯在深交所挂牌，被称为"电话大王"，李东生是负责人之一。2004 年 TCL 集团在深圳证券交易所整体上市，李东生任董事长兼 CEO；2009 年 11 月 TCL 集团与深圳的深超科技投资公司合资，创办了深圳市华星光电技术有限公司，他任董事长。此外他还是腾讯的独立董事。

李东生是 1977 年我国恢复高考后的首批考生，考入了华南工学院的无线电技术专业（后来该校升格为华南理工大学）。大学毕业后，李东生一直在 TCL 企业里发展，最后做到了公司董事长。1997 年 5 月李东生代表企业与惠州市政府签订协议，开始了"授权经营、增量奖股"的国有资产授权经营试点。其规则简单说，企业已有的净资产算存量，为国有资产；以后经营所得的算增量，根据经营业绩实行奖励制度。增值多奖励多，达不到 10% 的增长指标，李东生卷铺盖走人。笔者感觉这个规则有点像当年中兴通讯实行的"国有控股、授权（民营）经营"的模式。5 年时间里，TCL 的销售收入增长了 3 倍、利润增长了 2 倍、品牌价值增长了 4 倍，TCL 从一个地方小企业成长为中国消费电子领域里的领军企业。

2001 年中国加入 WTO，心存远大志向的李东生开始放眼全球市场。为开拓欧美市场，2004 年 TCL 收购了法国汤姆逊全球彩电业务和阿尔卡特手机业务。从积极意义说，这是中国企业海外并购史上的开创性举措；从消极影响说，国际收购不能说成功，拖累得 TCL 差点全军覆没。

汤姆逊的彩电显示属于旧的显像管技术，TCL 一收购就面临着技术过时、被淘汰的局面。2006 年 TCL 彩电的海外业务，以每天 500 万的速度累积亏损。收购阿尔卡特手机后，TCL 的海外业务也很快出现巨额亏损，2005 年整个集团亏损了 9 个亿。这是 TCL 创立 23 年来，第一次出现的严重经营性亏损。

对于汤姆逊和阿尔卡特的巨亏状况，李东生采取了收缩规模、精简业务、大量裁员的措施，想尽一切办法止血止损，只求能活下来。直到 2007 年 10 月，TCL 才再次盈利，九死一生，终于缓过气来。如今 TCL 彩电销量跨入全球前三，并稳居美国市场前二。

在潮起潮落的经营生涯中，李东生遭遇过惨痛挫折，也享受到了成功的喜悦。2009 年李东生与深圳合作，成立了华星光电公司。TCL 华星创造了一个奇迹，它是半导体行业迄今为止唯一一家建设速度超常、研发生产没走弯路、经营未发生过亏损的企业（TCL 华星创业的故事写在第十章"市场经济与科技创新"中）。

如果从企业家的角度看李东生，笔者认为他最大的特点在于胸怀远大抱负，敢于挑战自我；不怕挫折失败，越战越勇越强。李东升是那种胸中时刻装着祖国命运、民族利益的企业家，所以他能够说出"挺起中国经济的脊梁"这样的话语。他传承了中国近代史上一些爱国民族企业家的精神，具有"实业报国"的坚强信念。李东升说："实业虽然艰难，但必须坚守，因为坚持实体经济是中国经济竞争力的基础，实业的根越深，中国经济的脊梁越硬。"[③] 他心态开放，眼光长远，敢于参与国际竞争，让中国的企业立于世界企业强手之林。

2012 年，李东生被新华网评为"最具社会责任感企业家"。2018 年 12 月在"庆祝改革开放 40 周年纪念大会"上，李东生被党中央、国务院授予"改革先锋"称号。2022 年 1 月 11 日，被评为"中国梦杯·中国经济新闻人物——2021 十大经济年度人物"。

汪建，基因技术的拓荒者

汪建 1994 年回国创建北京 GBI 生物技术有限公司，任董事长兼总裁。1999 年创立华大基因公司。2007 年汪建率华大基因主力南下深圳，成立了深圳华大基因研究院任院长，并任深圳华大基因科技有限公司总裁。当年华大团队完成绘制第一个中国人基因组图谱任务，2008 年后陆续启动"炎黄计划""千人基因组计划"及人类胃肠道菌群元基因组等研究工作。

汪建酷爱登山运动，任深圳市登山户外运动协会会长。在汪建看来，登山运动与他对企业家事业的追求其实有相似的地方。首先，登山人喜欢到别人没有到过的地方去探险，享受发现未知世界的乐趣。汪建创办华大基因也是如此，华大在生物基因这块尚未开垦的处女地上探索，帮助人们深入了解生物细胞微观世界的奥秘，树立身体健康的正确观念。

其次，登山运动的最高境界是征服一座座绝壁险峰。2010 年 5 月 22 日，汪建与王石等人组成的登山队从南坡登顶珠穆朗玛峰，刷新了国内登顶珠峰"最年长团队"纪录。登顶之日清晨，汪建（56 岁）要了一点小聪明，提前出发，先于这支队伍中年龄更大的王石（59 岁）登上珠峰，他为此高兴了很长时间。他把登山的劲头用到了管理企业上，带领华大成为全球生物基因测试技术上的佼佼者。

攀登险峰是要冒风险的，追求卓越也是这样。2020 年 1 月 25 日大年初一，65 岁的汪建带领华大团队逆行到武汉，在极短时间里设计建造并运营"火眼"实验室，为战胜新冠疫情作出了贡献。

作为企业家，汪建从事的研究和经营，让人们对人体身体健康观念有了颠覆性的改变。华大的目标是通过干预修复基因缺陷，消除疾病隐患，保证人们身体健康，延长人类寿命。汪建认为人的正常寿命应该是 120 岁，因此他要求华大基因的职工们要以活到 120 岁为奋斗目标。汪建评价自己是 12 个字：

"贪生怕死，自私自利，贪婪懒惰。"汪建正话反说，如果从褒义的角度琢磨这几句话，就能明白汪建对待生命、对待健康的独特态度。

基因技术的研究最早是从西方科学家开始的。按照里德利"创新是渐进的""创新是团体运动"的观点，科技创新就是一种相互借鉴、你追我赶的过程。经过汪建等勇士努力发奋追赶，中国科学家和企业家在人类基因研究应用技术方面有了许多独特的创造和贡献。

汪滔让机器人飞起来

不管是作为科技人还是企业家，汪滔最大的特点可以用"坚韧"两字来形容，他认准了自己奋斗的人生目标后，一生坚韧不拔去奋斗。汪涛从小喜欢航模。他16岁时由于中考成绩名列前茅，父亲奖给他一架价格不菲的直升机遥控玩具，由于对其飞行性能不满意，被他拆得七零八落进行研究。

高考时汪滔考入了华东师大，读到大三时感觉所学专业与自己的志向不符，就中途退学来到深圳，在深港产学研基地学习。2003年汪滔作为基地的选派生，考入香港科技大学电子计算机工程学系就读。他选择自己喜欢的无人机项目进行研究。2006年汪滔创办了深圳大疆创新科技公司。"大疆"的名字倒是传神地体现了他的志向：大志无疆！既表明了自己坚定不移的志向，又想象着自己研发的无人机翱翔空域无边无际。

汪滔在深圳福田区莲花村的一间民居里创业，手下只有3名员工，全都挤在一间20平方米大的仓库房间里搞研发。工作条件极其艰苦，又缺资金，有人感觉创业太艰难萌生退意，但是汪滔不为所动。

十几年过去，汪滔带领大疆公司在经营上取得了辉煌的成绩。他位列《财富》杂志"2019年中国40位40岁以下商界精英榜单"第三。相对于在财富上取得的巨大收获，他可能更喜欢这样一个荣誉：2019年12月国际影艺联盟在法国举办的"纪念摄影术诞生180周年"活动中，汪滔被评选为"摄影术诞生180年180人"之一。给汪滔这样高的荣誉不为过，因为有了大疆无人机的照相设备，把原来只有乘坐直升机进行航拍的高难度摄影术，变成了人人可以掌握的普通摄影术。汪滔在给新员工的一封信中写过这样一段话："DJI（大疆）是一方净土，只有纯粹的创业和为梦想而生的艺术家。"

作为企业家，汪滔表现出了"制造市场"（卡森语）的超人能力。如果不是汪滔带领大疆开发制造出用途多样、性价比高的系列产品，怎么会有那么多年轻人迷上无人机呢？大疆以一家公司的力量占领了全球高端无人机70%的市场。大疆的无人机无处不在、无处不飞，就连美国军队虽然有高官禁令但仍然难以禁止军人使用物美价廉的大疆无人机。

据说汪滔将人分为笨人和聪明人两种。他说的"聪明"不是指是否具有智商高，而是是否拥有"追求事物本质的意愿和能力"。这可能是他对"企业家本质"的一种解释。他认为真正能够配得上"企业家"称号的人，除了他自己，还有任正非。

汪滔获2015年度深圳市"市长奖"。

刘若鹏是复合型人才

刘若鹏留学美国杜克大学，师从大卫·史密斯教授，成为超材料领域最早的研究学者之一。毕业以后，他振臂一呼，带领几位一起留学的同学到深圳创办光启研究院。师傅领进门，修行靠个人。人们想象不到，几位中国留学生能够在一种全新的材料研究学科方面作出出色的成果，并快速实现了产业化。这一点让他们的老师大感惊讶，史密斯教授评价说："刘若鹏的研究成果与此前的成果相比，就像白天与黑夜一样具有颠覆性意义……"

所谓"超材料"，是自然界中并不存在而由人造微结构的一种新材料。该材料具有超越自然界材料电磁响应极限的特性功能，能够使电磁波"转向"，或者"负折射"，甚至可以引导电磁波像流水一样绕过一个物体，从而实现隐身的效果。看过电影《哈利·波特》的人，都对哈利穿的隐身斗篷感兴趣。如果有一天真的造出这种隐形斗篷，一定要靠超材料。由此可以想象超材料对未来世界的重要意义。比如说，超材料运用于飞机、坦克等许多隐形军事武器上的潜力不可估量，而隐形武器可能是未来战争中决定胜负的利器。

如果从企业家的角度观察，刘若鹏也不简单。2014年他发现商机，到香港证券联交所收购企业，借壳上市，三个月内股票从8分钱上涨到6.38元，公司市值超过了200亿元。公司的发展走了捷径，创业不久的光启研究院成为一家有实力的上市公司。

2015 年笔者写作《深圳财富传奇·品牌定输赢》一书时，采访、研究光启研究院的创业故事。写作中，我不断地想：这么年轻的留学生竟然取得了这么出色的成绩，绝非等闲之人！事实确实这样，有一年刘若鹏受国务院邀请赴北戴河休假，他当时 28 岁，是休假中最年轻的专家。2012 年习近平总书记来深圳调研时，第一个调研的企业是光启研究院，嘱咐创建团队要争取成为"新时代的钱学森们"。

研究刘若鹏的事迹，我感觉他不仅拥有从事科学研究的才能，也有比较强的社会交际能力和协调组织能力，能够调动对创业有利的方方面面的资源。这就是卡森所说的"就稀缺资源的协调做出判断性决策的人"，这是企业家的素质。就我采访和研究过的许多企业家而言，有一部分人属于技术研发能力很强的"科技男"。但是，同时具备科研能力和经营才干两种本事的人并不多，刘若鹏无疑是一个文武双全的奇才。

2012 年刘若鹏荣获"中国青年五四奖章"，获 2016 年度深圳市"市长奖"。

郑卫宁，身残志坚的创业者

郑卫宁（1955—），山东日照人。因先天遗传血友病致残。血友病为一组遗传性凝血功能障碍的出血性疾病，得了这种病，死神如影随形，要靠定期输血维持生命。2018 年国家卫生健康委员会将血友病列入第一批罕见病目录中。由于患病身残，郑卫宁自幼寸步难行，无法上幼儿园，只能天天坐在地板的草垫上度日。读书成了他生活的唯一快乐，他特别喜欢高尔基的一句话："小鸟的美在羽毛，人的美在心灵。"他领悟到体力上不如正常人、就必须在知识上比别人强的道理，读书成为他必不可缺的精神食粮、快乐的源泉。1982—1991 年 10 年苦读，他获得了电大中文、法律、企业管理三个大专文凭。

1993 年郑卫宁来到了深圳。之所以来深圳，是因为姐姐在这里。姐姐告诉他深圳是当时全国唯一一个志愿献血的城市，"在深圳输血有安全保障，不会互相感染"。

郑卫宁创业的念头出现于 1999 年的深圳首届高交会。他参观展会时，听了诺基亚一位副总裁的现场演讲，演讲中说道："没有互联网的时候，人们在知识的海洋上漂泊；有了互联网之后，知识的海洋就从每个人的身边流过。"

这句话像夜空中的一道闪电，照亮了他面前的创业道路。说干就干，郑卫宁联系深圳义工联，先后招募到 5 位平时比较活跃的残疾人创业。他从武汉请来老师，教大家学会使用电脑；建立了公司网站，招揽制作网站的生意。第一单生意是受一个人的委托制作网页，没想到交货后对方却不付钱、玩失踪，无耻地欺骗了残疾人。虽然艰难万分，经营业务倒也慢慢地开展起来了。公司招聘来了更多的残疾人，大家一起创业、工作。郑卫宁自豪地说："'残友'发展 18 年来，没有领过政府补贴，没有拿过社会贷款，从五六个人发展到在全国成立 34 家公司、拥有 5000 名员工。说明市场肯定了我们残疾人的创业努力。"

2009 年在中央有关部门支持下，成立了郑卫宁基金会。企业赚了钱捐给基金会，基金会有了钱向社会组织购买服务、关爱残疾员工，这样就形成了良性循环。如今有一个上百人的社工团队精心地管理着庞大的残友集团，24 小时全天候服务，服务对象从海南的海口到新疆的喀什，标准化的工作流程，制度化的管理制度，工作秩序井井有条。

笔者与郑卫宁认识比较早。20 世纪 90 年代我在市文明办当主任时去看望过他们。当时在福田区领导的支持下，将莲花北的一个场地改造成为残友们的工作、生活活动中心。我去时见到了郑卫宁，虽然是残疾人、坐在轮椅上，但是他精神饱满，态度真诚，说话声音洪亮，对人生时事理解深透，给我留下很深的印象。

20 年多年后我又见到了郑卫宁，他热情地邀请我们到他的残友集团大楼里去参观。市政府关心残疾人事业，在西丽街道科苑北路批给残友集团一块地，他们与别人合作建起了共享大厦。残友集团分到了大厦里 7000 多平方米的使用场地。就在这不大的场地里，郑卫宁竟然开办了在全国水平最高的生物技术公司，这让我万万没有想到，突然心头涌现出一句话："梦想有多大，人生的舞台就有多大。"

郑卫宁自己操作着轮椅行走在前面，引导我们参观，还亲自当解说员。我们来到了一间会议室，一面墙是大型的屏幕，屏幕展现的是公司所有的场地，只见画面变换自如、场景一目了然。他点着鼠标引导我们进入每个房间参观，而不必到真的房间去。我们看到这家生物公司里有超洁净的封闭实验室，残疾人员工穿着防尘工作服坐在工作台前做实验，极冷的冰库里保存着各种生物药剂，医疗康复室里配备着从德国等国家进口的最高档的医疗设备，操作设备的多是从国外留学回来的一流专家、医生……真没有想到，国际一流的生物实验室竟然坐落在一座不起眼的大楼里；创办这家生物企业的是郑卫宁等残友们。

郑卫宁给我们讲述了一个重大喜讯：2021 年 10 月 21 日—29 日国家"十三五"科技创新成就展在北京展览馆展出，残友集团研发的"全自动智能化细胞工厂机器人系统与数字孪生细胞工厂"软件平台受邀参展。习近平总书记及政治局全体常委到展馆参观，表扬、鼓励了参展商。我们在这个大楼里参观时，看到的也正是去北京参展产品的部分功能。

郑卫宁是一位残疾人，也是一个特殊的、成功的企业家。看着他坐在轮椅上工作的模样，听着他介绍自己艰苦的创业历程，实在让人心酸；但接近他的人，感觉更多的是一种鼓舞人向上的正能量和催人奋进的强精神。如果没有人管护，残疾人可能会是社会的负担；但是因为有了郑卫宁，5000 名残疾人就能够体面地工作，享受生活的乐趣，变成了为社会作贡献的一股力量。残疾人员工坐在电脑前，做着与网络有关的工作；穿着白色工作服，从事尖端的生物研发工作……不了解情况的人难以相信这些，但这是我们亲眼所见的真实场景。郑卫宁率领残疾人团队，在市场经济的大海里游泳，身手矫健并不输于正常人。2008 年 8 月奥运火炬在深圳传递，郑卫宁是第 43 棒火炬手；他被评为"深圳经济特区 30 年行业领军人物"；先后 5 次受到胡锦涛总书记接见。残友集团是国家科技部评定的双软认定企业，荣获国家高新技术企业称号。

我问郑总残友集团有什么独特的特点？郑总说："企业分为两种，一种是普通的商业企业，其目标是用商业的手段盈利赚钱；另一种企业叫社会企业，用商业的手段解决社会问题。2008 年世界进入金融危机，对世界经济造成了极大的破坏。联合国有关部门在调查中发现，金融危机给了普通工商企业巨大打击，但一种以服务社会为宗旨的企业群，不但所受影响有限，反而普遍发展。他们就将这种企业定义为社会企业。所谓'社会企业'，就是用商业的手段解决社会问题。如果单靠由政府和社会资助的公益手段解决社会问题，会遇到能否可持续发展的问题；而用商业手段解决社会问题，只要企业经营得当，就会良性发展、会有无限的生命力。残友集团就是这样的社会企业。"

我们了解到，经过多年发展，残友集团已经成为全球社会企业的一个标杆。有两件事可以提供证明：一是 2013 年英国伦敦召开全球社会企业的评选大会，全球有 2800 家企业参评，深圳残友集团获得了金奖。二是残友集团获得全球社会企业金奖后，美国哈佛大学邀请金奖企业创始人郑卫宁到波士顿，在哈佛大学的红砖大礼堂里演讲获得极大成功。哈佛大学将郑卫宁的演讲列入了哈佛大学的教案系统。

从企业家的角度看，郑卫宁成功地创办了一家与普通企业不同的社会企业，开拓了残疾人这一特殊人群的创业事业，帮助越来越多的残疾人有尊严地工作和生活。也可以从慈善家的角度看，通过企业运作的方式可持续发展地做慈善事业，将中国残疾人的慈善事业打造成了一个世界典范。因为有了郑卫宁，中国的残疾人事业才显得如此崇高而辉煌。

2008 年郑卫宁被评为"中华慈善行为楷模"，2010 年荣获"深圳经济特区 30 年 30 位杰出人物"称号。

企业家成长的沃土

先问一个问题：深圳是企业家成长的沃土吗？数据最有说服力。

深圳是商事主体登记数量最多的城市

深圳近 3 年商事主体数量逐年增长。2019 年 327.7 万户，2020 年 358.6 万户，2021 年 380.4 万户，市场主体活跃度达 75.8%，总量和创业密度继续稳居全国第一。

深圳为什么商事主体数量多？说明深圳的营商环境好。水往低处流，人往高处走。资本是逐利的，投资资金像水一样流动；投资者用脚投票，哪里环境好他们就往哪里去。深圳营商环境好，证明了深圳建立起了健康良好的市场经济的运行机制，也是政府用心培育公正良好营商环境的结果。吴思康（深圳市政协科教卫体委主任）认为："高创业密度表明了投资者对深圳营商环境的认可。"从 2018 年以来，深圳明确把优化营商环境列为全市"一号改革工程"；特别是 2022 年 5 月深圳市发改委正式发布《深圳市建设营商环境创新试点城市实施方案》，从健全透明规范的市场主体准入退出机制、强化企业各类生产要素供给保障、构建精准主动的企业服务体系等 12 个领域，推出 200 多条改革措施。深圳的营商环境从 1.0"搭框架"、2.0"夯基础"、3.0"补短板"、4.0"促提升",步入了 5.0"抓试点"阶段。④2020 年营商环境评价中,深圳市"创新创业活跃度"指标被国家发改委列为全国标杆。

深圳是"双创"最活跃的城市

2022 年 5 月,由王京生(国务院推进政府职能转变和"放管服"改革协调小组专家组专家)领衔所做的《"大众创业、万众创新"研究报告——以制度开放促进高标准创新市场体系建设(2021)》发布。报告显示,深圳"双创"综合指数连续 6 年排名第一,在 30 项指标中,深圳 10 项排名第一,6 项排名第二,"双创"绩效实现能力引领全国。

根据研究报告提供的数据,深圳市每万人拥有企业 1288 家,平均每 10 人中就有 1 名创业者,创业密度稳居全国第一。⑤

深圳是中小企业最富有活力的城市

2018 年深圳市中小企业服务署公布了一组关于深圳中小企业发展势头良好的数据:

一是创业密度。深圳 305 万户商事主体中,企业为 193 万余户,其中近 190 万户为中小企业,而这些企业又以民营企业居多。无论是单位土地面积上的企业数量、还是人均拥有企业数量,深圳均居全国大中城市前列。

二是创新特质。全市拥有国家级高新技术企业 1.12 万家,中小企业占比超过 80%,而深圳具有"专精特新"特色的创新型中小微企业超过 5000 家,位居国内城市前列。

三是上市数量。深圳境内外上市企业累计 405 家,其中中小板和创业板上市企业总量达 202 家,首发募集资金合计 1380 多亿元,企业数量与融资额连续 12 年居国内大中城市之首。⑥

深圳是研发资金占财政比例最高的城市

深圳市不断完善"基础研究 + 技术攻关 + 成果产业化 + 科技金融 + 人才支撑"全过程创新生态链,构建起"以企业为主体、市场为导向、产学研资深度融合"的技术创新体系。实施财政支持基础研究补短板工程,市级财政科技专项资金 3 年实现翻番，2019 年基础研究投入占比达 37%。深圳市研发投入占 GDP 比重达 4.93%⑦。

深圳是专利等知识产权登记最高的城市

2020 年 4 月深圳市有关部门公布了知识产权等方面的数据：

一是专利申请和授权量。2019 年深圳的专利申请量、授权量、授权量增速、有效发明专利 5 年以上维持率、PCT 国际专利申请量 5 项核心指标居全国第一。国内专利申请 26.15 万件，其中发明专利申请 8.28 万件；国内专利授权 16.66 万件，其中发明专利授权 2.60 万件；累计有效发明专利量 13.85 万件。PCT 国际专利申请 1.75 万件，约占全国的三成，连续 16 年居全国大中城市首位。

二是商标申请和注册量。商标申请 50.09 万件，商标注册 39.52 万件，累计有效注册商标 139.67 万件，总量居全国大中城市第三。

三是知识产权创新成果。第 21 届中国专利奖评审公示中，深圳获中国专利金奖 3 项，中国外观设计金奖 2 项，占全国总数 12.5%；专利银奖 4 项，外观设计银奖 2 项，专利优秀奖、外观设计优秀奖分别为 55 项和 4 项。

这些数据说明了深圳技术研发的效率。其中一个数字令人印象深刻：深圳每万人口发明专利拥有量 106.3 件，为全国平均水平的 8 倍。⑧

深圳技术创新的主体是企业

深圳确立了企业技术创新的主体地位，形成了"6 个 90%"的技术创新格局：90% 以上的研发机构设立在企业、90% 以上的研发人员集中在企业、90% 以上的研发资金来源于企业、90% 以上的职务发明专利出自企业、90% 以上的创新型企业是本土企业、90% 以上的重大科技项目由龙头企业承担。⑨深圳的"6 个 90%"说明了深圳企业积极研发新技术的热情和重要作用。世界知识产权组织（WIPO）发布的《2021 年全球创新指数报告》显示，深圳—香港—广州科技集群综合实力位列全球第二。

深圳是 GDP 增长最快的城市

据深圳市政府有关部门统计的数据，2020 年深圳 GDP 总量为 2.77 万亿元（精确数字为 27670.24 亿元），人均 GDP 为 15.75 万元。⑩

深圳的 GDP 从 1980 年的 2.7 亿元增至 2019 年的 2.7 万亿元，增长 1 万倍；财政收入从不足 1 亿元增加到 9424 亿元，也增长 1 万倍。中国城市 GDP 排名，深圳第三名（仅次于上海、北京）；在亚洲城市中排名第五（前 4 位是东京、上海、北京、首尔）。GDP 数据最能说明深圳 40 年里经济迅速发展、创造的奇迹。对此习近平总书记给予了高度评价。2020 年 10 月 14 日习近平总书记在深圳经济特区建立 40 周年庆祝大会上讲话中说："深圳广大干部群众披荆斩棘、埋头苦干，用 40 年时间走过了国外一些国际化大都市上百年走完的历程。这是中国人民创造的世界发展史上的一个奇迹。"⑪

从以上几个方面的数据能够看出深圳是如何创造奇迹的。事情是人做的，深圳能够创造经济奇迹，企业家立了首功。因此可以得出结论：深圳是创业的热土，是盛产企业家的苗圃，是财富倍增的神奇土地，是无数企业家实现创业梦的伊甸园。

那么，深圳为什么会成为盛产企业家的沃土呢？可能有以下几个方面原因：

1. 深圳的企业享受到了经济特区的优惠条件

经济特区的深圳实行企业税收优惠条件（例如 15% 的所得税等），有效地降低了企业的创业成本。概括说，深圳享受到了中国改革开放的红利。

2. 移民城市有利于企业家成长

深圳是全国最大、移民度最高的移民城市。像生物杂交产生优势一样，移民城市在思想文化观念方面也会拥有巨大的优势。在这座城市里，中外思想交流碰撞，异地文化融会贯通，呈现出一种兼容并蓄、丰富多彩的移民文化形态。胸怀博大，"深圳，与世界没有距离"；不排外，"来了，就是深圳人"。这种文化提供了"鼓励竞争，宽容失败"的良好生存环境，特别有利于企业家成长。创业具有高失败率的特点，成功了，举杯相庆；失败了，从头再来。

3. 口岸城市拥有便利的交通条件

深圳是口岸城市，也是交通枢纽城市。深圳拥有空港、海港、公路、铁路（通向香港）4 种交通通道，这在全国城市中是独一无二的。当然对这一条的重要性不应过分强调，因为沿海城市都有比较好的交通条件。而且随着技术的发展，地理位置的优越性其实也在不断发生变化。20 世纪 90 年代时由于广深高速公路建成，让东莞成为第一个接纳深圳企业外迁的城市；而后来随着高铁的发展，为深圳服务的产业链链条越来越长。

4. 市场经济为企业家创业提供了良好条件

深圳市场经济的模式极大地发挥了企业家的积极性，让他们愿意在深圳创业。按照唐杰的分析，深圳被誉为"中国民营企业之都"，其社会原因可以归纳为成熟的市场经济体系和发达的社会网络，使深圳形成大量本土产业集群，民营企业如鱼得水。与北京、上海、天津、广州等城市相比，深圳市值千亿级以上的企业数量与他们差异不大，差异在于金字塔之下的层次，深圳拥有百亿级以上的企业有上千家，十亿级的企业有上万家，亿级企业数不胜数，而这些百亿、十亿级别的企业往往与顶端大企业之间存在密切的业务联系，是产业集群的一部分。国内其他一线城市经济顶端的往往是大型国有企业和合资企业，国有企业和外资企业往往与本地经济关联度不高，甚至还可能有"挤出效应"，并不像深圳这样，位于金字塔上中下不同位置的众多民营企业相互之间，产生着丰富广泛的业务交叉。深圳的社会网络像高速公路一样四通八达，为民企的产生和发展提供肥沃的土壤，深圳也因此得到"中国民营企业之都"的头衔。

本书第十章和第十一章两章分别讨论了政府和企业家，在深圳科技创新发展中发挥的作用。这两者之间有密切的相关互动关系，政府选择了市场经济，市场培育了企业家。这就是深圳在没有国家级大学和科研机构、缺少科技专业人才、极度缺乏资金的不利条件下，能够发展高新技术产业，并在全国城市中脱颖而出的最根本原因。

用一个小插曲结尾。2021 年在全国"两会"上，全国政协经济委委员、研祥公司董事局主席陈志列在发言中脱口而出一句话："改革开放让我们深圳的土特产早就不是荔枝了。现在，深圳的土特产是企业家。"这句话被报道后引起了强烈反响。陈志列说："我的手机信息都'爆'了，大家都很赞同。"回想当年深圳市领导决定将深圳的荔枝节改变为高交会（故事写在第七章"高交会"），当年的一个决策，20 多年里产生了这样大的变化！估计这一点当时谁也想不到，但是谁都会高兴。

① 张维迎:《经济学家如何理解经济增长》,《凤凰网·财金资讯》2021年8月4日。

② 马特·里德利:《创新的起源:一部科学技术进步史》,机械工业出版社2021年版。

③ 新华网:《折射时代自豪感,大国品牌 TCL"向伟大时代致敬"》,2018年11月1日。

④ 陈思琦:《深圳市政协科教卫体委主任吴思康:高创业密度表明了投资者对深圳营商环境的认可》,《21世纪经济报道》2022年5月25日。

⑤ 林捷兴:《深圳双创综合指数连续6年排名第一》,《深圳特区报》2022年5月18日。

⑥ 杨勇:《民营中小企业成深圳重要创新力量》,《深圳特区报》2018年10月24日。

⑦ 闻坤:《深圳产学研资深度融合激发创新创业活力》,《深圳特区报》2020年11月30日。

⑧《深圳市2019年知识产权发展状况白皮书》,《深圳特区报》2020年4月22日。

⑨ 刘忠朴:《坚持创新是第一动力,在全球科技革命和产业变革中赢得主动权》,《深圳特区报》2021年10月19日。

⑩ 沈勇:《2020深圳GDP总量2.77万亿元》,《深圳特区报》2021年2月3日。

⑪ 习近平:《在深圳经济特区建立40周年庆祝大会上的讲话》,人民出版社2020年版,第2页。

第十二章　创建国家创新型城市

新世纪机遇与挑战并存

深圳自 1980 年建经济特区以来，经过前 20 年的奋斗取得了突出成绩，可以说基本上打开了局面，经济发展上升到一个高度，城市建设初具规模，在国内外有了一定的知名度。

此时，新一任班子上任。这一届班子的书记是黄丽满，市长是李鸿忠。我当时任职市委宣传部文明办主任，跟随他们工作几年，对两位领导的工作思路和风格比较熟悉。

黄丽满（1945—），辽宁盖县人。1964 年 8 月参加工作。1992 年后调任深圳市委副秘书长。1995 年任深圳市委副书记。2001—2005 年期间任广东省委副书记、深圳市委书记、市人大常委会主任。黄丽满任市委副书记期间，主抓深圳市精神文明建设，曾率队到大连、青岛等城市学习交流精神文明建设工作，我是随团成员之一。丽满副书记随和又健谈，一路上与我们聊天讲她的经历。她毕业于哈尔滨军事工程学院自动控制系；1970—1991 年一直在四机部、电子工业部工作。从学习的专业和工作经历看，她对高新技术有广泛的见识和深刻的理解。

李鸿忠（1956—），山东昌乐人。毕业于吉林大学历史系。1985—1988 年期间在电子工业部办公厅工作。2003 年调入深圳，任广东省委常委、深圳市委副书记、代市长。2004 年任市长。2005 年任深圳市委书记、市人大常委会主任。鸿忠市长来深圳前曾任广东惠州市长、书记，有抓全面工作的经历和经验。鸿忠同志来到深圳，特别是任市委书记后，给我的印象是有强烈的事业心和责任心。他不尚空谈，工作务实。例如，针对当时深圳城市建设比较乱、交通不畅通的问题，抓好"梳理行动"和"净畅宁工程"，让深圳城市面貌大变，市民群众感觉满意。

鸿忠书记对高新技术产业的发展抓得很紧。有一次参加会议，听到他说的一段话给我留下深刻印象。他说："深圳经济特区的意义，不在于是一块高产田，能够生产多少粮食。这么大一块地方，再高产总量也是有限的。深圳应该是一块实验田，能够在体制机制、发展模式、物质文明与精神文明两手抓两手都要硬等方面不断创新出思路，总结新经验，争当好典型，这样做才会对国家有大的贡献，深圳才能体现出自己的价值。"这段话说得形象、准确。中央办深圳经济特区，目的就是让深圳成为开拓的闯将、试验的样板、创新的先锋。不管取得成功的经验，还是失败的教训，都能为整个中国的改革开放提供宝贵的借鉴。

新班子上任后，经过调查研究、深入分析，很快摸清楚了实际情况。当时的深圳，可以说成绩与问题都有，机遇与挑战并存。

深圳取得的成绩前面各章有一些论述，不再赘述；存在问题中，最突出的要算发展遇到了瓶颈。就像一个小孩长大成人，从生理到心理都会遇到各种各样的问题。这是发展遇到了束缚、成长中体量变大的烦恼。凡是发展迅速的地方，估计都会遇到此类问题。

市领导将此概括为"四个难以为继"：深圳的土地、空间有限，难以为继；能源、水资源短缺，难以为继；人口不堪重负，难以为继；环境承载力严重透支，难以为继。这是制约深圳发展的"硬约束"，是头顶上的"天花板"。

说具体一点，在中国副省级以上城市中，深圳面积最小，精确测绘后的深圳土地面积为 1960 平方公里。将北上广深 4 个一线城市的情况作个横向的比较，就能看清楚深圳的劣势：北京市面积 1.64 万平方公里，人口 1230 万人（人口密度 750 人 / 平方公里）；上海市的土地面积 6340.5 平方公里，人口 1711 万人（人口密度 2698 人 / 平方公里）；广州的面积为 7434 平方公里，人口 972 万人（人口密度 1307 人 / 平方公里）；深圳常住人口 778.27 万人（其中户籍人口 150.93 万人，暂住人口 627.34 万人），人口密度 3970 人 / 平方公里，人口密度为全国第一（以上人口统计的数据采用的是 2003 年的数字）。

深圳城市面积小，但人口不算少，主要是增长速度太快。深圳 1980 年成立经济特区时，人口只有 31.5 万人（其中特区内只有数万人）。短短 20 多年的时间里，这座城市的人口增长到近 800 万人，增长了约 25 倍。2003 年后深圳的人口继续快速增加。到 2012 年，深圳实际常住人口达到了 1300 多万，步入了全球特大城市的行列。根据 2010 年美国《福布斯》杂志公布全球人口最稠密城市排行榜，深圳人口密度列全球第 5 位。深圳的环境压力开始变得突出。这就是黄丽满、李鸿忠这一届领导班子上任时深圳的实际情况。

深圳建市以来始终以工业为主导，努力发展高新技术产业。既然高新技术产业用人比传统产业要少，深圳的情况会不会好一点呢？在这个问题上，虽然经过历届领导班子的不懈努力，在培养高科技产业方面经过艰苦努力，做出了巨大成绩，深圳的高科技产业规模在全国城市中算得上名列前茅。但是，如果与国际先进水平相比，差距仍然非常明显。

可以将深圳的高新区与台湾新竹工业园作一番比较：两地的工业用地面积大致相当，但两者在容纳企业数量、企业规模、产值、就业人数等方面相差甚远。2002 年，新竹工业园就业人数接近 10 万人，实现产值折合人民币 2200 亿元；而同一年深圳全市高新技术产品产值为 1709.92 亿元（2003 年才迈上了第二个千亿台阶，达到 2482.1 元）。[①] 数十平方公里的一个新竹工业园，其高新技术产品产值竟然与深圳全市相当。

深圳与台湾新竹工业区差距比较明显的原因在于：相对而言，深圳的发展仍属于粗放型。如果不改变这种旧的粗放式发展模式，想要增加更多的产值，就意味着需要兴办更多的工厂，增加更多的工人。但迅速增长的人口数量已经给这座城市带来了难以承受的压力。很明显，深圳以前那种粗放型的发展路子肯定走不通了。

与新竹工业区等先进地区相比，深圳高新技术产业存在的另一个问题是核心技术缺失。按照当时的统计数字，表面上看深圳高新技术产品中，拥有自主知识产权的产品产值占到了 55%，但核心技术其实并不多。例如，IC（芯片，全名为 Integrated Circuit Chip）、CPU（中央处理器，全名为 Central Processing Unit）、操作系统等都不是自己的；高新技术产业中一般加工装配的比例仍然比较高。这样的产业产品不仅利润低，而且会受制于人。这种状况潜在的问题和不利后果多年后果真出现了，美国对华为芯片的供应封锁和极端打压就是例子之一。

以创建国家创新型城市为突破口

差距就是目标，压力就是动力。深圳的出路在何方？

其实没有别的办法，深圳依然必须以发展高新技术产业为突破口，不断提高高新技术企业在整个产业中的比例。这样做，既是应对"四个难以为继"的有效办法，也是深圳高科技产业不断发展提高的必然路径。

2003年12月，深圳市委召开三届第八次全体扩大会议，提出了努力建设"五个城市"定位目标。"五个城市"具体是高科技城市、现代物流枢纽城市、区域性金融中心城市、美丽的海滨旅游城市、高品位的文化—生态城市。其中，高科技城市列在首位。

2004年1月18日，市委市政府颁布该年的"一号文件"——《关于完善区域创新体系，推动高新技术产业持续快速发展的决定》。从文件内容看，市领导已经意识到，决定高新技术产业胜负的不仅仅是能否制定和落实各项优惠政策，更重要的是营造创新环境、建设创新体系。其具体内容包括：建设高新技术公共技术平台，完善高新技术产业链，培育科技孵化体系，拓展高新技术发展空间等。在"一号文件"出台的当天，召开了全市高新技术产业工作会议。代市长李鸿忠在讲话表明决心，要旗帜鲜明、毫不动摇地把发展高新技术产业摆在更加突出的位置，作为建设国际化城市的第一动力。

2005年是深圳建立经济特区25周年。在5月召开的市委第四次代表大会上，正式提出了"实施自主创新战略，建设自主创新型城市"的目标。深圳开始向新的高度攀登。

深圳市创建自主创新型城市的努力，得到了国家领导人的肯定和支持。2005年9月13日温家宝总理来深圳考察，并召开经济特区工作座谈会。温总理在会上讲话评价说："深圳是我国最早成立的经济特区之一，也是办得最好、影响最大的一个特区。"他充分肯定了深圳自主创新的思路，明确提出要求："将深圳特区建设成为国内重要的高新技术产业基地和国家创新型城市。"温家宝总理的讲话给予深圳全市人民极大鼓舞。

为落实温总理的讲话精神，12月深圳召开市委四届四次会议，确定了"建设自主创新型城市"的城市发展战略。2006年1月4日，深圳市委市政府又一次以新年"一号文件"的形式，颁布了《关于实施自主创新战略，建设国家创新型城市的决定》，明确提出创建国家创新型城市的目标："以创新作为新的历史条件下深圳发展的生命线和灵魂，把深圳建设成为重要的高新技术产业基地和国家创新型城市"。为了把工作落到实处，市政府组织 20 个部门研究制定了 20 个配套政策，形成了推动自主创新的"1+20"政策框架。

深圳的工作创新，再次踏准了国家发展的节拍。2006 年 1 月 9 日—11 日，北京召开全国科学技术大会。这是我国科技发展史上的一个里程碑。会上，胡锦涛总书记发表了题为《坚持走中国特色自主创新道路 为建设创新型国家而努力奋斗》的重要讲话。

此时已任深圳市委书记的李鸿忠参加大会，并在大会上作《把创新作为城市发展的主导战略》的发言。更早一些时候的 2005 年 8 月，鸿忠书记还在《人民日报》发表《实施自主创新战略 建设创新型城市》的文章，表示深圳要坚定不移地走自主创新的路子。

深圳以创建国家创新型城市为抓手，打了一套组合拳，不仅表明了深圳要继续发展高新技术产业的决心，而且制定了多项优惠的配套政策，形成了一套完整的工作思路。

2008 年 10 月，《深圳经济特区科技创新促进条例》通过深圳市人大审议，颁布实施。该条例是经济特区第一部关于科技创新的基本法，进一步把自主创新的制度机制保障上升到法律层面，对后来深圳的科技创新产生了深远影响。

也就是在这一年，深圳被批准成为全国首个国家创新型城市。该年 9 月，深圳市政府联合国务院多个部门编制《深圳国家创新型城市总体规划（2008—2015 年）》。这是我国第一部国家创新型城市规划指引文件。

又过 6 年后的 2014 年 6 月，国务院批准深圳建设国家自主创新示范区。深圳成为我国首个以城市为单元的国家自主创新示范区。

回过头来看，21 世纪伊始，深圳提出"创建国家创新型城市"的目标具有十分重要的意义：一是把深圳的科技创新上升到了国家战略的层面，国家完全认可深圳在 20 多年里发展高新技术产业取得的成绩；在全国科学技术大会上宣传深圳的经验，更说明国家已经将深圳作为典型进行推广，以推动全国科技创新事业的迅速发展。二是让深圳的科技创新产业发展，从单靠特区优惠税收、政策扶持等做法，开始向系统工程发展，以创造出有利于科技创新发展的环境。这是工作思路上的重大变化。后来的深圳基本上沿着这条路子不断向前发展。

深圳科技创新出现飞跃式发展势头

深圳通过开展创建国家创新型城市、加快科技创新的步伐，取得了显著效果。具体表现在以下几个方面：

1.深圳高新技术产业增长速度明显加快

自2004年以后，全市实现高新技术产品产值的统计数字为：2004年3266.52亿元，2005年4885.26亿元，2006年达到6293亿元，2007年达到7598亿元，2008年达到8710亿元。5年里，深圳高新技术产业产值1年增长1000亿元。

不但速度加快、增长幅度明显，而且质量也有很大提高。具体呈现出如下特点：一是拥有自主知识产权的高新技术产品产值，占高新技术产品总产值的比例逐步增加，2004—2008年5年里，这一比例分别为56.73%、57.81%、58%、58.6%和59.1%，约平均每年增加1%。

二是高新技术产品产值占工业总产值的比例逐步增加，5年里这一比例分别为50.18%、51.06%、52%、54.93%和54.92%，约平均每年增加1%。

三是全市高新技术企业不断增加，5年里经认定的高新技术企业总数分别达到943家、1144家、1505家、2748家和3086家，约平均每年增加27%。

四是企业规模达到了一个新水平，首次出现了超千亿元的企业。截至2005年底，高新技术产品产值超1000亿元的1家，超200亿元的5家，超100亿元的8家，超50亿元的14家，超20亿元的32家，超10亿元的49家，超亿元的308家。

深圳形成了一批拥有自主知识产权的本土企业群体。从2004年起，实现了"两个50%"的超越，即高新技术产品产值占工业总产值超过50%，其中自主知识产权产品产值又超过全部高新技术产品产值的50%，这一比例在全国遥遥领先。[②]

2.全国创建创新型城市活动形成了你追我赶的势头

深圳开展创建国家创新型城市开了一个好头，为在全国开展这项活动提供了一些经验。从2008年开始，科技部、国家发改委先后支持78个城市(区)

开展创新型城市建设活动。为评估这项活动的实际效果，国家科技部和中国科学技术信息研究所分别制定出测评体系，并分别公布《国家创新型城市创新能力监测报告 2020》和《国家创新型城市创新能力评价报告 2020》。

2020 年 12 月 26 日公开发布评价报告。根据该报告，深圳、广州、杭州、南京、武汉 5 个城市，居国家创新型城市创新能力指数前 5 强。其中深圳的得分为 87.79 分，位居第一。③

深圳深入实施创新驱动发展战略，2019 年深圳全社会研发投入经费达到 1328 亿元，占 GDP 的比重达到 4.9%，居全国前列。2018 年深圳 PCT（国际专利申请量）达到 1.75 万件，占全国 1/3，已连续 16 年居全国各大城市首位。据 2019 年的统计，深圳已累计建成基础研究机构 12 家、诺奖实验室 11 家、省级新型研发机构 46 家，各类创新载体达 2642 家。建成 6 个国家重点实验室、36 个国家工程实验室（工程研究中心）、13 个国家工程技术研究中心。截至 2019 年底，深圳拥有的国家高新技术企业数量超过 1.7 万家，居全国大中城市第二位。

报告发现，38 个城市固定资产投资与地区生产总值之比低于同期全国平均水平。其中，深圳、广州、杭州、南京、武汉、苏州、厦门、无锡、宁波等城市低于 60%。数据表明，这些城市已摆脱投资依赖，走上了科技创新驱动高质量发展之路。

深圳开展的创建国家创新型城市，不仅对深圳发展高新技术产业注入了新的动力，为城市可持续发展提供了支撑；而且为全国普遍开展这项活动提供思路，为全国高新技术产业的发展作出了贡献。

3. 深圳经济登上 3 万亿元新台阶

2021 年，经过 40 多年历届班子坚持不懈的努力，在深圳开展创建国家创新型城市 15 年后，深圳的经济实力上了一个新台阶。

早一年的 2020 年，根据国际货币基金组织统计，全球有 10 个城市 GDP 超过 3 万亿元人民币，分别是：超过 6 万亿元的纽约、东京；接近 5 万亿元的洛杉矶；3 万亿—4 万亿元的伦敦、上海、北京、巴黎、芝加哥、费城、休斯敦。首尔 2.88 万亿元，位列第 11；深圳 2.77 万亿元，位列第 12。

2021 年深圳上了 3 万亿元的新台阶。深圳地区生产总值的精确数字是

30664.85 亿元，列国内城市中的第三位（仅次于上海、北京）；在世界城市排名中，深圳占据第 12 位。按年度平均汇率计算，深圳 GDP 约为 4750 亿美元。根据 2021 年全球 196 个国家和区域组织的 GDP 统计预测排名，除中国外，只有 25 个国家超过 4750 亿美元。换言之，深圳 GDP 超过 170 个国家和区域组织，包括爱尔兰、奥地利、挪威、新加坡、以色列等发达国家。[④]

从环境保护的角度看，深圳创造出单位平均面积最好的经济指标。据学者测算，2021 年深圳每平方公里 GDP 产出约 15 亿元（相比之下，上海 6.3 亿元，广州 3.7 亿元，北京 2.41 亿元）。15 年前深圳开始创建国家创新型城市时"四个难以为继"的担心，已在很大程度上得到了缓解。

深圳成为总部经济成长的沃土

深圳最初发展的基础极其薄弱。在荒原僻壤建厂，从边陲小镇起步，一张白纸上绘画新图，这些话没有夸张的意思。因此，深圳初创时期的工业发展，只能从"三来一补"小企业开始。随着深圳逐步发展起来，积蓄了一定力量之后，就开始想方设法吸引著名大企业将总部设在深圳。深圳发展总部经济，既是深圳经济从无到有、从小到大、由低到高发展的逻辑使然，也是深圳市委市政府几十年时间里坚持不懈努力的结果。

早在 2008 年深圳就吹响了发展总部经济的号角，出台《深圳市总部企业认定办法》和《关于加快总部经济发展的若干意见实施细则》；2012 年出台《深圳市鼓励总部企业发展暂行办法》；2017 年进一步加大政策支持和服务力度，发布《深圳市鼓励总部企业发展实施办法》；2018 年出台《深圳市总部项目遴选及用地供应管理办法》。最新的文件还有 2021 年 2 月颁布的《深圳市鼓励跨国公司设立总部企业办法》；2022 年颁布的《支持贸易型总部企业发展的实施意见》《深圳市跨国公司总部企业奖励实施细则》《深圳市支持金融企业发展的若干措施》等。以期吸引更多跨国公司在深圳设立总部企业。

深圳重视引进外资，特别是发展总部经济，首先，有这个需要。"总部"（或者叫头部企业）具有非常高的经济效益，引来总部经济有事半功倍、立竿见影的效果，当然是谁都乐意做的事情。根据有关部门统计的数据，外商投资企业仅占深圳全部商事主体的 2% 左右，每年却创造了深圳约 1/5 的 GDP（2021

年，深圳的 GDP 突破 3 万亿元，1/5 就是约 6000 亿元）；40% 的进出口贸易额（2021 年深圳的进出口贸易总额是 3.54 万亿元，40% 就是 1.4 万亿元）；近三成的税收（2021 年深圳的各项税费总额达到 1 万亿元，三成就是近 3000 亿元）。数据表明外资企业对深圳经济的发展，确实贡献巨大。

其次，有这个可能。深圳经过几十年的发展，城市实力增强，对外资总部企业具有很强的吸引力。深圳能够吸引 500 强总部扎堆深圳，证明深圳已经进入新的、加速发展阶段；投资深圳，有比较好的回报。蛋糕做大了，分得的份额比较多，外商自然乐意参与、出力。实际上，投资深圳的确是个双赢的举动。外商总部企业进入深圳，当然赚到了钱，但同时也为深圳的经济发展作出了很大贡献。

正因为这个原因，2020 年深圳经济特区成立 40 周年时，市政府表彰了一批有突出贡献的外资企业。其部分名单如下：

沃尔玛（中国）投资有限公司（全球 500 强排名第一企业——美国沃尔玛的中国总部）。

西门子（深圳）磁共振有限公司（全球领先的精准医疗和影像诊断设备制造商）。

杜邦太阳能（深圳）有限公司（中国第一家外商独资投资性公司）。

安谋科技（中国）有限公司（英国 ARM 公司的中国总部。安谋是当前全球最核心、最重要的集成电路设计知识产权提供商）。

深圳赛诺菲巴斯德生物制品有限公司（第一家进入中国的外资疫苗企业）。

深圳村田科技有限公司（由全球第一的陶瓷电容器供应商——日本 MU-RATA 设立）。

艾杰旭显示玻璃（深圳）有限公司（由全球第一综合性玻璃生产商——日本旭硝子设立）。

港铁轨道交通（深圳）有限公司（全球唯一盈利的地铁营运企业）。

先进半导体材料（深圳）有限公司（全球最大半导体和 LED 集成封装设备制造商）。

富泰华工业（深圳）有限公司（富士康集团在深主力工厂）。

再次，树立了标杆。外资 500 强企业总部设在深圳，产生了榜样效应。既然外资 500 强企业愿意在深圳设立总部，说明了深圳营商环境的优越，有利于企业发展，能够取得比较好的经济效益。外商企业的行动，自然对内地企业产生影响，因此内地的大企业也开始将总部设立在深圳。外资企业和内地企业纷纷将总部设立在深圳的行动，也启发了深圳政府和本土企业。既然外商企业愿意做，内地企业做得到，难道深圳企业就做不到吗？于是，深圳企业努力拼搏、厚积薄发，也开始产生具有全国和世界影响的著名企业。2020年《财富》世界500强榜单中，就有8家总部设立于深圳的本土企业。分别是：中国平安保险（集团）股份有限公司、华为投资控股有限公司、正威国际集团、中国恒大集团、招商银行、腾讯控股有限公司、万科企业股份有限公司、深圳市投资控股有限公司。

2021年随着中国电子信息产业集团总部的迁入，深圳本土世界500强企业数量已增至9家。

据深圳市发改委统计的数据显示，截至2021年底，全市拥有市级认定总部企业300家、跨国企业35家、本土世界500强企业9家、中国500强企业32家、中国民营500强企业28家、上市企业369家。⑤

深圳拥有369家上市公司总部这件事值得强调一下。深圳上市公司数字超过了香港、上海和北京，全国第一，全球第三，仅次于纽约和东京。上市公司的效益确实好。2021年前三季度，深圳上市总部企业实现营业收入4.11万亿元，较上年增长16.46%。其中营业收入超百亿元的上市总部企业有51家；超千亿元的8家，包括平安银行、中集集团、顺丰控股、比亚迪、招商银行等。

历届领导班子锲而不舍久久为功

说到这里，我们可以对深圳科技创新的过程，大致做一个总结。笔者认为，深圳的发展道路可以用"铺摊子、搭架子、变路子、上台子"4句话来概括。

铺摊子

这是梁湘主政时期的主要特点。对"铺摊子"这个词，人们一般用在贬义语境中。许多人说起深圳早期的发展喜欢用"铺摊子"这个词，意思大概就是深圳早期的发展贪大求快、急于求成。其做法有点像摊煎饼，平均用力铺开战场；建设缺乏重点，只要能够引来投资者投资建厂就行；对产业没有挑选，捡到篮子里的都是菜。

而我用这个词是用其褒义。当年的深圳，一张白纸绘新图，荒山野岭摆战场。在偏僻荒凉、交通不便、城市设施不全、基础条件很差的地方，能够铺开摊子是一件很难的事情。要求开拓者具有很大的魄力和长远的眼光，这对领导人的能力是严峻的考验。当年与深圳同时起步的经济特区有好几个，为什么只有深圳能够一马当先，能够迅速打开局面？其他许多地方在很长时间里发展没有起色，原因就是铺不开摊子，打不开局面。开局不利，三板斧没甩开，别的就更谈不上了。

搭架子

这是李灏主政时期的特点。搭架子就是立规矩、建立制度。"按国际规则打篮球、按国际惯例办事"，既是深圳发展外向型经济的实际需要，也是对建立市场经济制度的一种变通说法，说明深圳开始探索如何在社会主义市场经济方面走出一条新路来。搭架子很重要，就像一个人的成长一样，身子骨架长不好，人不可能长成魁梧的身板；要想长成一个彪形大汉，从小要养出一副好骨架。

变路子

这是厉有为、李子彬一届班子主政时期的特点。深圳在这个重要的转型时期，将粗放型转变成为集约型发展方式，把依靠"三来一补"转变为自主创新为主。这个转变不容易，深圳以壮士断腕的决心，实现经济发展方式的转变；以腾笼换鸟的措施，发展高新技术产业。

上台子

这是黄丽满、李鸿忠一届班子主政时期的特点。决心改变深圳"四个难以为继"紧约束的被动局面，以创建国家创新型城市为突破口，以国外先进城市的发展标准为参照系，进一步改变经济发展方式；摸索走出一条环境友好、可持续发展的路子，提高深圳经济发展的标准，形成自主创新的体系，让深圳登上了新台阶。再加上后来历届班子坚持不懈地共同努力，才有今日深圳举世瞩目的亮丽成绩。这是"欲穷千里目，更上一层楼"的坚持；是"会当凌绝顶，一览众山小"的超越。

也可以变一种说法：深圳40多年里，成功地实现了几个方面的转变：发展的方法，从一开始"求外人"变成了主要"靠自己"；从大量引进"三来一补"，变成了培育自主创新企业。发展的标准，从速度型变成质量型，从三天一层楼的"速度深圳"（国内媒体的评价）变为"质量深圳"（许勤语）。发展的类型，从粗放型变成集约型，增长的标准从单纯追求数量变成了数量／单位的性价比衡量。发展的方式，从注意力主要放在制造业上变成了科研与制造并重，不是仅靠引进先进技术发展制造业，而是通过自主研发掌握制造业的核心竞争力。

40年的时间不算长，弹指一挥间，但深圳的变化可以用"天翻地覆"几个字来形容。从原来盛产荔枝、种田打鱼为业的农业县，变成为国家科技工业强市；从经济特区的高产田，变成为颇有影响力的"东方硅谷"（国外专家的评语）；从偏僻落后的边陲小镇，变成为现代化的国际大都市。

① 统计数字来源：钱汉江主编，《深圳电子三十年（1980—2010）》，深圳报业集团出版社2017年版，第215页。

② 深圳市政协文化文史和学习委员会编：《深圳四大支柱产业的崛起·高新技术》，中国文史出版社2010年版，第25—26页。

③ 王海荣：《2020国家创新型城市排行榜出炉创新能力深圳居首》，《深圳商报》2020年12月27日。

④ 杨勇、沈勇：《为你点赞，"三万亿先生"》，《深圳特区报》2022年2月15日。

⑤ 邹媛：《深圳总部经济蔚然成风》，《深圳特区报》2022年4月20日。

第十三章　优势产业与产业选择

深圳建市伊始，坚持发展工业，而在工业发展中又提出了以电子技术为先导的方针。由于历届市领导班子始终坚持这一方针，深圳的工业，特别是科技产业逐渐发展起来，让深圳成为以高新技术制造业为其特征的一个城市。但是制造业是一个很宽泛的概念，那么深圳究竟擅长做什么？深圳的优势产业是什么？这是一个饶有兴趣的问题。

四大支柱产业

在深圳经济特区成立近30年的2009年，时任中共中央政治局委员、广东省委书记汪洋向深圳发出"三问"，其中第一问是："过去30年深圳立起了什么？靠什么实现了'三十而立'？"为回答此问，深圳市委领导组织全市各有关单位和学者，对深圳做了一个深入系统的研究，研究形成了丰厚的资料。从深圳产业发展的角度，深圳市政协编纂了名为《深圳四大支柱产业的崛起》的4本一套丛书（中国文史出版社2010年出版）。"深圳四大支柱产业"的说法由此传开。

深圳的四大支柱产业的具体内容是：高新技术产业、现代物流产业、金融业和文化创意产业。为什么是这4个支柱产业，而不是别的产业在深圳崛起？究其原因，既是深圳历届领导决策的选择，也是深圳发挥城市自身优势因素、避开不利条件制约，扬长避短而形成的结果。

高新技术产业

深圳之所以选择发展高新技术产业，是基于高新技术产业本身具备的特点：一是发展高新技术产业（就深圳的早期发展而言，主要是电子产业），具有投资少、门槛低的特点，从西方先进国家而来的技术转移、扩散相对容易。二是高新技术产业的产品多为电子消费品，有庞大市场需求的支持，产业容易发展起来。三是高新技术具有很强的渗透力，特别是电子产业属于信息产业，对各个行业多少都有渗透作用，不仅本身市场潜力巨大，而且对其他各个行业发展的推动作用明显。

实际上，"高新技术产业"是一个内容宽泛的概念，深圳城市面积狭小、力量有限，还需要在其中选择重点。深圳选择了电子与信息、先进制造和新能源产业为三大主力产业，这是深圳经济的主要增长点。

物流业

物流业的发达、畅通，是打造高新技术产业产业链的必备条件。深圳具有发展物流业的"地利"优势。作为沿海港口城市，深圳拥有良好的交通枢纽发展条件；经过多年的发展，深圳成为全国城市中唯一具备空港、海港、铁路和公路 4 种交通方式均可通往境外的城市。

空港方面，深圳宝安国际机场于 1991 年 10 月正式通航。2018 年深圳机场迎送旅客 4934.9 万人次，货邮吞吐量 121.9 万吨、起降航班 35.6 万架次。同年 5 月，深圳宝安国际机场获"世界十大美丽机场"桂冠。2019 年吞吐量全国排名第五。

海港方面，深圳港是个集群港，拥有蛇口、赤湾、妈湾、东角头、盐田、福永机场、沙鱼涌、内河等 8 个港区。截至 2018 年，深圳港共开通国际集装箱班轮航线 239 条，覆盖了世界 12 大航区，通往 100 多个国家和地区的 300 多个港口。深圳港在全国港口中排名第七、在全球港口中排名第九。深圳港的长处在集装箱。2020 年深圳港集装箱吞吐量为 2654.8 万标箱，年集装箱吞吐量位于全球第四。

铁路方面，深圳铁路经过罗湖桥站通往香港。广深铁路的历史最早可以追溯到清朝宣统元年（1909 年），距今一个多世纪。2005 年 12 月开始修建广深港高速铁路，其中广深段于 2011 年 12 月通车运营，香港段于 2018 年 9 月通车运营。2021 年 9 月随着前海深港现代服务业合作区的发展，又开始酝酿建设港深西部铁路。3 条铁路将十分有利于深港两地间人员的往来和货物的运输。

公路方面，深圳通向香港的公路口岸就更多了，其口岸从西往东数有西部通道、黄冈、福田、罗湖、文锦渡、沙头角等口岸。这些口岸车水马龙、川流不息，为两地人员往来和经济发展搭起了一座座金桥。

良好的交通条件，既让人员往来十分方便，也有利于发展物流业；对产业发展来说，有利于形成通畅的产业链。这些都是深圳发展现代物流业的良好的软硬件基础条件。

金融业

发展金融业是发展高新技术产业的另一个必备条件。资金是企业运营的血液，高新技术产业尤其是一个吞金兽，没有海量资金的不停输血，很难让这只猛兽活得生龙活虎；如果金融业不发达，高新技术肯定无法发展。反过来说，高新技术企业又是聚宝盆。高新技术企业的资金周转快、回报率高，这是深圳能够吸引全国，甚至国外金融企业扎堆在这里的原因。

如今深圳的资金规模到底有多大呢？据银河证券提供的数据显示，截至2019年底，深圳地区基金公司管理规模合计超过6万亿元。其中公募基金管理规模超过4.13万亿元，占全国的25%，排名全国第二位（前三位的排名是上海5.99万亿元，深圳4.13万亿元，北京3.77万亿元）；深圳的私募基金（投资基金）合计1.85万亿元，占全国比重的27.57%。深圳6万亿元的资金规模占全国总量的1/4，深圳"金融重镇"并非浪得虚名（可参阅第九章"资金流动"中的内容）。

文化创意产业

深圳的文化产业，自2011年以来增加值年均增速近15%，高于同期GDP增速。全市有超过100家各类文化产业园区，文化企业10.2万家，从业人员103万，规模以上文化产业3157家，打造了文博会、文交所等多个国家级文化产业发展平台。深圳的数字文化产业、高端文化装备、动漫游戏等实力位居全国前列；深圳是国内第一个被联合国教科文组织授予"设计之都"的城市，在平面设计、建筑设计、工业设计、时装设计等领域，占据国内较大市场份额；文化贸易总量占全国1/6左右，位居国内大中城市前列。

2021年，全市文化产业增加值超过2500亿元，同比增速超过15%，占全市 GDP 比重超过 8%，位居全国前列。2022 年 6 月 9 日，国务院办公厅印发《关于对 2021 年落实有关重大政策措施真抓实干成效明显地方予以督查激励的通报》，深圳市被认定为"文化产业和旅游产业发展势头良好，文化和旅游企业服务体系建设完善、消费质量水平高的地方"。①

发展文化创意产业，是一个城市经济发展到了一定阶段必然会出现的结果。王京生（深圳市委原常委、宣传部长，国务院参事）早在 21 世纪初就提出了一个观点："深圳已由拼经济、拼管理进入到拼文化的新阶段。"深圳文化产业发展中有一个现象特别值得注意，文化创意产业与高新技术产业关系特别亲密。似乎可以这样理解两者的关系：文化是技术的底蕴，文化为技术研发提供了源源不断的养分；技术是文化发展和传播的利器，先进技术为创意文化产业赋能，两者联姻有利于双方发展。

就中国的经验而言，中国人聪明好学、接受新鲜事物快；勤劳能干、能够吃得下各种苦；中国人的数学基础比较好，掌握科技知识相对容易。中国人有许许多多的优点，归根结底来源于中国优秀传统文化的底蕴。具体说到深圳，其移民城市的特点，有利于中国传统优秀文化在深圳交流、融汇、生长。在深圳，文化产业与科技创新形成了一种特别良好的互动关系。借助科技的力量，文化作品有了更丰富的内容，具备更多样、更先进的表现手段和方式，也更有利于中国文化"走出去"。这一点尤其在华强公司的"文化＋科技"模式中充分表现出来。

七个战略性新兴产业

2010 年 10 月 10 日，国务院下发了《关于加快培育和发展战略性新兴产业的决定》。文件要求国家在节能环保、新一代信息技术、生物、高端装备制造、新能源、新材料、新能源汽车七大产业，用 20 年时间达到世界先进水平。

下达文件前中央已经做了充分的调查研究和宣传工作。2009 年 9 月温家宝总理召开了三次新兴战略性产业发展座谈会；11 月 3 日温总理在人民大会堂向首都科技界发表了题为《让科技引领中国可持续发展》的讲话，一年后下发了国务院的上述决定。

下发此文件标志着中国的经济发展到了一个重要的转型关头。首先，发展战略性新兴产业，已成为世界主要国家抢占新一轮经济和科技发展制高点的重大战略，中国不能再次失去历史选择的时机。其次，加快培育和发展战略性新兴产业，是中国全面建设小康社会、实现可持续发展的必然选择。中国面临着改善国计民生和资源环境恶化的双重压力，只能靠技术创新、产业升级走出困境。

深圳市领导早几年就已经感觉到了"四个难以为继"的环境压力，因此对国务院的决定举双手赞成，并迅速开始贯彻落实。深圳先后出台并实施了新一代信息技术产业、互联网产业、新材料产业、生物产业、新能源产业、节能环保产业和文化创意产业七大战略性新兴产业的发展规划及配套政策。

虽然提法都是"七大新兴产业"，但对照一下就可以知道，深圳选择的项目与国家强调的项目有所不同，或者前后顺序有所调整。这是因为深圳市领导从实际出发，制定的产业规划更加符合深圳的实际情况。深圳将"新一代信息技术产业"列为首位（国家列为首位的是"节能环保"），深圳最早是从电子产业开始起步的，该产业在深圳一家独大，这不仅是深圳发展的基础，也是深圳可以大有所为的领域。新材料、生物、新能源产业与国家的要求一致（顺序有所不同）。深圳单独列出了互联网产业和文化创意产业，前者在国家所列项目中是包含在新一代信息技术产业中的。深圳有以腾讯为代表的互联网企业，单列出来可以让企业更加重视这个行业；而文化创意产业则属于深圳四大支柱产业之一，既因为已经有了较好的基础，同时更加强调了深圳文化立市的决心。深圳没有单独列出的是高端装备制造业和新能源汽车产业，前者并非深圳的长项；后者也许是因为底气不足，但后来比亚迪成为全国乃至全球新能源汽车的领军者，这一点出乎人们之所料。这说明，政府的引导只能是大致指出一个方向，而市场发展自有其发展规律和内生动力。

在国家和深圳市委市政府的引导下、优惠政策的扶持下，深圳的"七大新兴产业"发展表现出强劲的增长势头。先是 2010—2015 年 5 年间，新兴产业规模从 8750 亿元增长到 2.3 万亿元，年均增长 21.3%；增加值从 2760 亿元增长到 7000 多亿元，年均增长 17.4%，远远超过同期经济增长速度，成为经济发展和产业升级的主引擎。新兴产业增加值占全市生产总值比重提升至40%（相比之下，全国的这一比重是 8%）。②

接下来的 2015—2019 年 4 年间，战略性新兴产业增加值从 7000 多亿元增长到 10155 多亿元。2019 年，深圳市新一代信息技术产业增加值 5086.15 亿元，数字经济产业增加值 1596.59 亿元，高端装备制造产业增加值 1145.07 亿元，绿色低碳产业增加值 1084.61 亿元，海洋经济产业增加值 489.09 亿元，新材料产业增加值 416.19 亿元，生物医药产业增加值 337.81 亿元。战略性新兴产业增加值占全市生产总值比重仍然保持在 40% 左右，远高于全国平均水平，仍然是深圳经济发展和产业升级的主引擎。③

2020 年，全市战略性新兴产业增加值 10272.72 亿元，增长 3.1%，战略性新兴产业占地区生产总值比重为 37.1%。其中，新一代信息技术产业增加值 4893.45 亿元，增长 2.6%；高端装备制造产业 1380.69 亿元，增长 1.8%；绿色低碳产业 1227.04 亿元，增长 6.2%；海洋经济产业 427.76 亿元，增长 2.4%；生物医药产业 408.25 亿元，增长 24.4%。④

2021 年深圳市战略性新兴产业增加值合计 12146 亿元，比上年增长 18%，占地区生产总值比重 39.6%。其中，软件与信息服务、新能源、智能网联汽车等细分产业增加值保持两位数增长；新一代信息通信、先进电池材料等 4 个集群入选国家先进制造业集群。制造业竞争力稳步增强。新增规模以上工业企业 1769 家，国家制造业单项冠军企业 19 家。一批新的规模项目开工建设。例如，荣耀 3C 产品线建成投产，华星光电 T7 项目一期达产，中芯国际芯片生产线扩产等项目加快推进，包括比亚迪深汕汽车工业园、重投天科第三代半导体等。

选择六个未来产业

如何界定未来产业？目前国内外学术界对此尚无统一定义。按照周波、冷伏海等学者的观点，未来产业具有三个特征：一是具备科技和产业的双重属性。二是处于技术和产业发展的早期，技术和市场都尚不成熟。三是将在未来社会中对产业、经济、科技和生活等方面产生重大变革。全球未来产业的演进呈现三大趋势：一是未来产业朝着智能、低碳、健康方向演进。二是通过加速新兴技术与传统产业的融合以发展未来产业。三是从重视技术创新到同时重视技术创新、研发模式、生产方式、业务模式和组织结构的革新。⑤

美国白宫科技政策办公室对未来产业的范围有一个概括，认为包括人工智能（AI）、量子信息科学（QIS）、先进的通信（5G）、先进制造和生物技术等。此概括可以作参考。

就我国情况而言。2015 年 5 月 19 日经国务院总理李克强签批，国务院印发了《中国制造 2025》。这是部署全面推进实施制造强国的战略文件，是中国实施制造强国战略第一个十年行动纲领。《中国制造 2025》提出的产业发展计划包括十大领域：新一代信息技术产业、高档数控机床和机器人、航空航天装备、海洋工程装备及高技术船舶、先进轨道交通装备、节能与新能源汽车、电力装备、农机装备、新材料、生物医药及高性能医疗器械。

自 2013 年开始，深圳按照国家制造业的战略意图，结合自身实际情况，制定出了"未来产业"发展政策。深圳制定未来产业的规划在全国城市中算是第一家。

深圳未来产业规划，开始确定的是 3 项：生命健康、海洋、航空航天产业。2014 年，深圳又出台《深圳市机器人、可穿戴设备和智能装备产业发展规划（2014—2020 年）》。2017 年，深圳开始实施"十大行动计划"。打算在生命健康、海洋经济、航空航天等未来产业领域规划建设 10 个集聚区，培育若干千亿元级产业集群。

最后深圳确定的"未来产业"聚焦在 6 个领域：生命健康产业、海洋产业、航空航天产业、机器人产业、可穿戴设备产业、智能装备产业。

规划制定好后，深圳对支持这些产业的发展实行了一系列优惠政策。例如，从 2014 年开始连续 7 年，市财政每年安排 10 亿元专项资金，用于支持产业核心技术攻关、产业链关键环节培育和引进、重点企业发展、产业化项目建设等。

深圳在发展未来产业中，采取了成立和培育一批未来产业聚集区的策略。也许由于深圳曾经在建立高新技术区方面取得了成功的经验，因而准备在培育和发展未来产业中继续这一做法。按照规划，深圳将建设十大未来产业集聚区，培育 2—3 个千亿元级产业集群、若干个百亿元级产业集群，使其成为深圳未来产业发展的重要载体，打造经济持续发展的新增长极。2017 年已经在其中的 7 个区挂牌，分别如下：

龙岗阿波罗。引进光启理工研究院、中航技无人机和邦彦信息技术等，重点打造军民融合产业和无人机、航空电子、卫星导航、航空航天材料等产业。

南山留仙洞。引进大疆创新、航天科工、乐普医疗等行业代表性企业，重点发展航空航天、机器人、生命健康等。

龙华观澜高新园。进驻华润三九、致君制药、三一科技、汇川技术等企业，重点发展生命健康、生物医药、智能装备制造、新一代信息技术等产业集群。

大鹏坝光生物谷。引进国家级创新平台 1 个、省级创新平台 2 个、高水平医学机构 4 个、特色学院 1 个等，重点发展生命信息、生物医学工程、生物医药与高端医疗、生命健康服务、生物资源开发等产业。

坪山聚龙山。进驻雷柏科技、佳士科技、昂纳科技、中芯国际、鸿合创新等企业，重点发展机器人、智能装备等产业。

宝安立新湖。进驻大族激光、艾默生网络能源、伟创力、理光高科技、日立金融设备系统、长盈精密等智能制造领域企业，重点发展机械、汽车、电子、航空、军工等智能装备等产业。

深圳高新区北区。进驻国家级高新技术企业 199 家，重点发展智能制造、机器人、可穿戴设备、航空航天等产业。

这些区涵盖生命健康、生物医药、高端医疗、航空航天、军工、汽车、机器人、可穿戴设备、智能装备等未来产业，规划用地总面积约 50 平方公里，预计总投资超 2000 亿元。[⑥]

2022 年 6 月，深圳市科创委发布《深圳市培育发展未来产业行动计划（2022—2025 年）》。文件指出，坚持全市统筹、差异布局、协同发展，以光明科学城、河套深港科技创新合作区、前海深港现代服务业合作区、西丽湖国际科教城、东部滨海国际生物谷、红岭新兴金融产业带和深圳国家高新区南山园区、坪山园区、宝安园区、龙岗园区、龙华园区作为未来产业"6+5"核心承载区，根据核心承载区资源禀赋与产业创新基础，优化整体布局，合理规划产业发展，提升未来产业发展能级。深圳对未来产业聚集区规划进行调整，气魄更大，步伐迈得更快。

发展产业集群再发力

2022 年 6 月 6 日，深圳出台《关于发展壮大战略性新兴产业集群和培育发展未来产业的意见》重要政策文件。培育发展壮大"20+8"产业集群，即发展以先进制造业为主体的 20 个战略性新兴产业集群，前瞻布局 8 大未来产业，稳住制造业基本盘，增强实体经济发展后劲，加强建设具有全球影响力的科技和产业创新高地。

20 个产业集群是：网络与通信、半导体与集成电路、超高清视频显示、智能终端、智能传感器、软件与信息服务、数字创意、现代时尚、工业母机、智能机器人、激光与增材制造、精密仪器设备、新能源、安全节能环保、智能网联汽车、新材料、高端医疗器械、生物医药、大健康、海洋产业。

8 大未来产业包括：合成生物、区块链、细胞与基因、空天技术、脑科学与类脑智能、深地深海、可见光通行与光计算、量子信息。

为发展壮大"20+8"产业集群，采取了一些有力措施。比如，在完善产业空间保障体系方面，坚持集中连片、集约节约，突出高端先进制造，在几个区域内，规划建设总面积约为 300 平方公里的 20 个先进制造园区，形成"启动区、拓展区、储备区"空间梯度体系。这 20 个先进制造园区中，宝安区（含前海）4 个：燕罗、石岩、新桥东、福海—沙井；龙岗区 3 个：西部、中部、东部；龙华区 3 个：九龙山、鹭湖—清湖、黎光—银星；坪山区 3 个：金沙—碧湖、高新南、高新北；光明区 4 个：凤凰、马田、玉塘、公明；盐田区—大鹏新区合建 1 个：东部滨海；深汕特别合作区两个：鹅埠—小漠、鲘门。

再比如，在健全市场主体培育体系方面，实施培育壮大市场主体"30条"，推进"个转企""小升规""规做精""优上市"，实施企业上市发展"星耀鹏城"计划，培育壮大国家高新技术企业，打造一批国家级专精特新"小巨人"企业，形成一批专注于战略性新兴产业集群的"隐形冠军"企业。

以创新驱动的"20+8"产业集群体现出产业链、创新链、人才链、教育链的交叉融合，将在产业集群中实现市场、信息、知识的资源共享，推动战略性新兴产业集群和未来产业成为深圳构建高质量发展高地的重要战略支点和品质保障。

"20+8"产业政策的发布，不是为了"稳增长""稳住经济大盘"的一时之需，而是站在全局、战略的高度，从深圳发展的内在需求和长远战略出发，为深圳战略性新型产业集群和未来产业发展谋划发展路径和未来方向，彰显了推动高质量发展的"深圳视野""深圳格局"和"深圳作为"。[7]

刘保奎（国家发改委区域战略中心研究室主任）评论了深圳的《意见》。他充分肯定了深圳近年来的发展成绩：总体上看，《意见》提出的 20 个重点培育的战略性新兴产业集群，都是深圳具有坚实发展基础和竞争优势的领域。深圳规上工业总产值连续 3 年居全国城市首位，4 个集群入选国家先进制造业集群，3 个集群入选首批深圳国家级战略性新兴产业集群发展工程。他评价说："《意见》提出培育若干具有世界级竞争力的战略性新兴产业集群，抢占未来产业发展先机，将提升深圳现代产业体系竞争力，支撑深圳成为全球制造业高质量发展标杆城市，为深圳建设中国特色社会主义先行示范区提供有力支撑。"[8]

郑永年对深圳布局"20+8"产业集群评价说："目前我国产业发展正在从'追赶'迈向'引领'阶段。'20+8'产业集群政策，基本涵盖目前世界上最具潜力的新兴产业，彰显深圳科学预判未来产业发展的能力。"他认为，目前深圳大多数产业处于世界第二梯队，不久将会跻身世界第一梯队。[9]

三个产业、一条红线

从以上资料，可以看到深圳在 40 多年时间里，先后形成、确定的"三个产业"发展阶段：支柱产业，战略性新兴产业，未来产业。三者既有先后发展的承接关系，也有发力点不同的特点。

"支柱产业"是依靠全市人民的智慧和力量，花费几十年的时间，聚集中外技术创新智慧于一城，付出千辛万苦的努力得来的。深圳艰苦创业、从无到有，能够拥有"四个支柱产业"，既是历届市领导选择决策的努力，也是深圳不断打破自身条件的约束限制而发展起来的硕果。这四个支柱产业是深圳发展的"支柱"，让深圳有了从一个边陲小镇发展成为国际化大都市的底气。支柱产业既是深圳已经取得的成果，也是深圳继续发展的基础。

"战略性新兴产业"，即新兴的、前沿的产业，而不是传统的、落后的产业，因此无论对一个国家、还是一个城市的发展都具有重要的战略性意义。

"未来产业"，说的是现在只是有一点苗头，或者只能感觉其未来潜力的、但尚未形成规模发展的产业。然而这些产业可能具有颠覆性的力量，对未来的发展具有重大意义。"未来产业"，其实是一个好多年前就已经出现的概念。

早在在 20 世纪 80—90 年代深圳市的领导们就仔细读过阿尔文·托夫勒写的《第三次浪潮》、约翰·奈斯比特和帕特丽夏·阿伯丹合写的《2000 年大趋势：90 年代十大新趋向》等书，已经接触到了未来学的许多新概念。正式提出"未来产业"并产生比较广泛影响的，是由美国学者亚力克·罗斯写作的《新一轮产业革命·科技革命如何改变商业世界》一书。再后来，关于未来理论、未来产业的书越来越多。阅读这些书，可以对未来产业产生一个清晰的概念。写这些书的学者们认为，谁能先看到未来、发展未来产业，谁（国家）就有光明的前途。

2020 年 3 月，习近平总书记在浙江考察时指出："要抓住产业数字化、数字产业化赋予的机遇，加快 5G 网络、数据中心等新型基础设施建设，抓紧布局数字经济、生命健康、新材料等战略性新兴产业、未来产业，大力推进科技创新，着力壮大新增长点、形成发展新动能。"⑩

仔细研究深圳提出的三种产业概念，中间贯穿的一条红线是科技创新。通过引进、模仿到自主研发，不断掌握先进技术，这既是深圳过去能够快速发展的秘诀，也是未来继续发展的利器。创办经济特区之初的深圳，既没有技术也没有产业。深圳先是引进企业，开始模仿、研发技术；在掌握先进技术以后，促进产业更快地发展。如此循环往复、形成了良性循环，让技术不断提高，让产业迅速发展。

有一些学者认为，相比只是单纯地努力在研发先进技术方面不断取得的成绩，深圳更重要的收获是"在引进产业时积累技术，在研发技术中发展产业"，深圳由此走出了一条将技术与产业紧密结合起来的路子。深圳在这方面取得的经验、并由此形成了示范作用，这后者对全国工业化发展的参考借鉴意义更加重要。

深圳如何再上一层楼？

在前面（第六章"产业链"）时，我们曾经引述了唐杰副市长关于深圳未来发展后劲的分析。在这里我们要再次深入讨论这个问题：深圳是否还有经济发展的后劲？深圳的经济能不能再上一层楼？

虽然深圳的经济已经取得了举世瞩目的成绩：2021 年超过 3 万亿元而成

为中国的经济明星城市，排名仅次于上海与北京。但是对于深圳冲刺"4万亿元"的时间表，学者们看法并不一致，一些人对此底气不足。还有一点也能说明这个问题：深圳近年来未曾有长成参天大树的创新企业，独角兽企业数量大幅落后于北京和上海。这似乎预示着曾经培育出华为、中兴、腾讯、比亚迪、大疆等巨星企业的势头在放缓。

在唐杰副市长看来，城市经济的增长可以划分为两个部分：一是内生性的。企业长大成长之后，内在结构会不断发生变化。华为等大企业能不能有持续的生命力是问题的关键，它们的生命力就是深圳的生命力。二是外部增加的，不断有新的产业进入。深圳未来不断产生新的创新型企业更重要。深圳的成功不在于出现了大企业，而在于出现完整的产业链系统，创新存在于产业链的各个分工环节中。⑪

唐杰的论述是否可以这样概括：深圳的大企业是否还有科技创新的潜力；而分布在产业链各个环节上的中小企业群体，能否继续在良好的生态环境中成长发展。

大企业科技创新继续迈步

可喜的是深圳的大企业在继续创新发展。例如华为，在不断拓展新的创新领域。2021年6月华为数字能源总部及研发基地启动，总投资40亿元，项目内容包括在线能源计量技术研发、新型能源技术研发、能量回收系统研发等。10月华为携手山东电力建设第三工程有限公司签约了全球最大的储能项目——沙特红海新城储能项目，规模达1300MWh。此外，这一年华为也开始向新能源汽车操作系统进军。

例如腾讯，在研发创新的道路上未曾歇脚一步。2018年腾讯提出"拥抱产业互联网"，不断努力加速融入实体经济。2019年以来，腾讯先后建立人工智能、机器人、量子计算等前沿科技实验室矩阵。在服务器、操作系统、数据库等底层能力上，腾讯已经基本实现全自研。2021年腾讯开始进行第四次战略升级，一方面持续加大对硬核科技领域的投入，强化在前沿科技领域的自主布局；另一方面继续推进数实融合建设，特别把研发重点放在助力数字经济上。这一年年初，腾讯在央视黄金时段推出品牌形象片，主题为"以数字技术，助力实体经济"，令人耳目一新。

例如中兴通讯，绝地突围。2021 年研发资金达到新高，188 亿元投入占营业收入比例的 16.4%。在研发方向上，坚持向下扎根，对底层核心技术、泛5G 数字化等关键领域持续下工夫；聚焦关键技术，在操作系统、数据库、中台、算法、架构、关键材料等方面都布局进军。中兴属下的中兴微电子公司自主研发、并成功商用的芯片有 100 多种，服务全球 160 多个国家和地区，先进制程在国内排第一、产品研发能力排第二、市场销售规模排第三。2022 年在第 23 届中国专利奖评比中，中兴通讯第十次拿下中国专利金奖。

例如比亚迪，在新动力汽车攻关上继续攀登。比亚迪宣布自 2022 年 3月起停止燃油汽车的整车生产，由此成为全球首个正式宣布停产燃油汽车的车企。

中小企业生存环境待改善

从一些统计数据看，尽管受到疫情等因素的影响，经济增长受到很大压力，但深圳的市场主体仍然活跃。2022 年一季度，深圳新登记商事主体 88065户，其中新登记"七大战略新兴产业"企业 15122 户，同比上升 34.9%。深圳商事主体累计总量达到 385.4 万户。由于商事主体活跃，就业人数继续增长。截至 2022 年 3 月，深圳企业职工总数达 1131 万人，同比上升 4.42%。其中信息传输、软件和信息技术服务业的职工人数同比增长了 14.68%，达到了 52 万人。深圳仍然是很多创业者、求职者的首选之地。

笔者经常与一些学者专家和企业家讨论深圳中小企业生存生长的环境问题，普遍的看法是中小企业在深圳的发展条件逐渐变得艰难。究其原因，除了新冠疫情影响时间长等普遍遇到的问题不论，深圳独特的问题，主要有市场经济机制需要深化与创业成本上升两个问题。

先说市场经济机制需要深化的问题。由于深圳是中国社会主义市场经济的试验地，深圳的企业家对市场经济的做法比较适应。深圳的企业外向型能力普遍比较强，其表现之一就是外贸数据。从 1993 年开始，29 年里深圳的出口额一直是我国城市中的第一位。

如今由于中国的外贸环境明显变化，国家提出了"构建国内国际双循环相互促进的新发展格局"，外循环经济辅助内循环经济，做到双循环经济共同发展已成为国家战略。就深圳许多企业家的体会而言，感觉做内地生意比较难。原因是我国国内的统一市场条件不够成熟，深圳企业到内地去经营不确定因素比较多，会增加一些额外的成本。内地一些地方到深圳招商引资时承诺了很多优惠条件，但等到深圳企业真的到内地投资设厂，发现不仅当地承诺的条件难以落实，有的甚至血本无归。国内统一市场是个大问题，这要靠国家来解决。

著名学者郑永年对此问题有比较深入的研究。他认为："是否具有一个全国性统一大市场是近代国家与传统国家的本质区别之一。传统国家的市场是地方化、本地化、分割的小市场，而近代国家的市场是全国统一市场。"[12]

统一的市场就要有统一的规则。市场经济条件成熟国家中，企业商家都自觉接受这些规则，所以投资经营比较顺利。在市场经济环境中成长起来的深圳企业商家，对市场经济的规则概念比较强，这是深圳企业更愿意与外商做生意的原因之一。

自中国开始接受市场经济观念，建立全国统一市场应是题中应有之义。1992年邓小平南方谈话后的中国共产党第十四次代表大会上，正式确定要建立社会主义市场经济；在市场经济体制建设中，提出要建立一个开放统一的市场经济。

2022年4月10日，《中共中央 国务院关于加快建设全国统一大市场的意见》发布。该意见要求，加快建立全国统一的市场制度规则，打破地方保护和市场分割，打通制约经济循环的关键堵点，促进商品要素资源在更大范围内畅通流动，加快建设高效规范、公平竞争、充分开放的全国统一大市场；进一步降低市场交易成本，促进科技创新和产业升级，培育参与国际竞争合作新优势。[13]这对深圳企业是利好消息，既有利于深圳产业集聚，也有利于深圳企业向内地投资、深圳的技术向内地扩散。

再说创业成本上升的问题。由于深圳城市土地资源稀缺，企业发展遇到环境"紧约束"问题，加剧了企业创业成本急剧上升的难题。虽然深圳政府不断采取一些新措施，但"用地少"的问题难以解决。深圳只能进一步挖掘土地使用的潜力，同时鼓励企业将制造业扩散到内地附近地区和一些新兴发展国家中去。深圳企业"走出去"，是解决土地资源稀缺和经营成本上升的长远之计。截至2022年3月底，深圳企业已在全球146个国家和地区投资设立了8307家企业及机构，累计中方协议投资额734.21亿美元。[14]

争夺未来产业的制高点

2015 年，国家制定《中国制造 2025》行动纲领时，国际形势发生了转折性变化。世界各主要工业国家，在研发先进技术和发展高端制造业的竞争开始变得激烈。在这一方面，德国先知先觉提出了先进制造业的新概念。德国总理默克尔 2013 年在汉诺威工博会上提出了"德国工业 4.0"计划。

也许是受德国的启发，世界各主要工业国也都先后提出了自己的制造业升级转型的计划。其中，美国有"美国先进制造业国家战略计划""美国制造业创新国家网络计划"，英国有"英国工业 2050 战略"，欧盟有"欧洲工业数字化战略"，法国有"新工业法国计划"，俄罗斯有"国家技术计划"，日本有"机器人新战略"，印度有"印度制造计划"，等等。《中国制造 2025》就是在这种各国激烈竞争、占领制造业制高点的背景下制定的。

《中国制造 2025》计划引起了美国的强烈反对，这预示着争夺未来科技产业制高点的竞争战开始打响。美国为什么会反对中国的产业计划呢？这是因为美国开始感觉到中国对自己的霸权产生了威胁。美国之所以能够称霸世界，主要由于在金融、军事和科技三个领域领先，其中高科技领域更是其最核心的竞争力。中美关系的破冰是从 1972 年尼克松访华开始的。美国与中国大做生意、愿意将低层次的产业转移到中国、支持中国加入 WTO 组织，实际上是有条件的，就是要求中国只能发展低档次的产业，为美国提供廉价的日用品，好让美国过上高档的生活。

中国自然有自己的打算。从 1986 年的"国家高技术研究发展计划"（简称"863"计划）、1997 年的国家重点基础研究发展计划（简称"973"计划）、2010 年的加快培育和发展战略性新兴产业的决定，再到《中国制造 2025》计划，中国自主研发、产业升级的步伐一直没有停止；从低档、到中档、再到高档，这其实是符合产业自身发展规律的。经过几十年的努力，中国的高新技术产业有了长足的进步。《中国制造 2025》涵盖了高新技术产业的方方面面，其中的许多方面已经取得了很大的进步。

但美国却认为中国的升级转型发展是动了自己的奶酪，于是特朗普先是发动打两国之间的贸易战，很快又蔓延到了科技战，对华为的打压只是其中的一个典型例子。极力维护自己世界霸权的美国人，不愿意看到中国在科技方面取得进步，特别是特朗普总统上台后开始了对中国的打压；拜登总统上台后又维持了前届政府的错误做法。美国对中国发起的进攻，迅速地从贸易战转向科技战，更说明了科技才是国家间竞争的核心领域。

这方面有两件事值得特别注意：一是美国国会参议院于 2021 年 4 月推出的《无尽前沿法案》（Endless Frontiers Act），要求政府将发展关键产业科技上升到国家战略高度，加大对科技领域的扶持和投资，使美国在全球范围内继续保持科技领先优势。根据该法案，美国将人工智能、高性能计算机技术、量子计算、机器人技术、灾害预防、通信技术、生物技术、网络安全、能源技术、材料科学等 10 个方面列为未来和中国竞争的主要领域。我们可以看到，美国法案的 10 个领域几乎包括了先进技术与未来产业的方方面面，实际上是摆出了全方位、立体式与中国竞争的姿态。看到这个《无尽前沿法案》，很容易让人想起 1945 年由范内瓦·布什提交的《科学：无尽的前沿》。两个报告相距 70 多年。后者让人看到美国在国力上升时期生气勃勃的精神状态，而前者让人感受到走下坡路的美国不愿甘拜下风。中美两国将在科技领域中发生暴风骤雨式的竞争，这一点是确定无疑的。不管美国做什么，我方努力做好自己的事情，才是中国正确的做法。对此，深圳尤其应该做出正确的选择。

二是美国学者的态度。2021 年美国哈佛大学教授格雷厄姆·埃利森领衔写了一份名为《科技大竞争：中国对美国》(The Great Tech Rivalry: China vs U.S.) 的报告。埃利森教授是《注定开战：美国和中国能否逃脱修昔底德陷阱?》一书的作者，他在该书中提出了一个论点：中美两国可能会陷入新兴大国挑战守成大国的"修昔底德陷阱"。埃利森的新报告认为，"中国在 21 世纪关键技术上已成为美国的主要竞争对手。具体说，人工智能、5G、量子信息技术已经超过美国；而半导体、生物技术和绿色能源等领域，如果按目前的轨迹发展，也将在今后 10 年内超过美国"。不知道埃利森教授的看法是否正确，但从这篇报告可以看出美国的学者、智库对中国科技发展极端关注，反映出美国人在科技发展上唯恐落后的焦虑。他的结论是：科技竞争是最终决定美国与中国未来究竟谁会胜出的核心问题。

究竟鹿死谁手，未来终将在科技竞争上见分晓。

① 马璇：《深圳文化产业增加值年均增速近 15%》，《深圳特区报》2022 年 6 月 14 日。

② 王苏生、陈博等：《深圳科技创新之路》，中国社会科学出版社 2018 年版，第 72 页。

③ 闻坤：《战略性新兴产业成为深圳经济新增长点》，《深圳特区报》2020 年 10 月 27 日。

④ 王苏生、陈博等：《深圳科技创新之路》，中国社会科学出版社 2018 年版，第 72 页。

⑤ 周波、冷伏海等：《世界主要国家未来产业发展部署与启示》，《新华文摘》2022 年第 6 期。

⑥ 吴德群：《深圳规划建设十大未来产业集聚区》，《深圳特区报》2017 年 8 月 22 日。

⑦ 吴德群：《深圳坚持制造业立市之本，重磅产业发展举措出台》，《深圳特区报》2022 年 6 月 7 日。

⑧ 庄宇辉、李萍：《国家发展改革委区域战略中心研究室主任刘保奎：前瞻布局 系统推进 重点突破》，《深圳特区报》2022 年 6 月 7 日。

⑨ 吴徐美、吴德群：《郑永年谈深圳布局"20+8"产业集群》，《深圳特区报》2022 年 6 月 17 日。

⑩《人民日报》2020 年 4 月 2 日报道。

⑪ 王帆：《深圳 GDP"后 3 万亿"时代如何走?》，《21 世纪经济报道》2022 年 5 月 9 日。

⑫ 郑永年：《为什么要及如何建设全国统一大市场?》，广州粤港澳大湾区研究院微信公众号，2022 年 4 月 14 日。

⑬ 安蓓、潘洁：《中共中央 国务院关于加快建设全国统一大市场的意见》，新华社北京 2022 年 4 月 10 日电。

⑭ 刘琼：《深企已在全球设立 8307 家企业及机构》，《深圳商报》2020 年 4 月 25 日。

第十四章　领军企业

衡量一个城市高新技术的水平，要看其高新技术的研发能力，也要看其高新技术产业化的能力，甚至后者可能更重要一些。为什么这么说？就一项高新技术而言，首先遇到的是能不能被市场接受的问题。经常能看到一种现象：被市场接受的，往往是"最合适的技术"，而不是"最高端的技术"。一项新技术，如果不能被市场接受，就很难产业化，投入研发的企业也就没有办法回收资金、形成良性发展；或者说新技术在很长时间里不被市场接受，过去很久后更新的技术会被研发出来，结果原有的技术还没有被采用就过时、落后了。所以说，高新技术能不能实现产业化，是关系到企业生存发展的重大问题。深圳就是在产业化方面闯出了一条路子，拥有完整的产业链、高新技术产业化的能力比较强，因而被称为"中国的硅谷"。

深圳经国家有关部门认定的"国家高新技术企业"和"专精特新'小巨人'企业"，具有数量多、潜力大、贡献强的特点，可以代表深圳制造业的先进水平，称得上是"领军企业"。所谓领军企业，不仅要在研发上善于创新，能够看准方向、把握未来，不断研发出新技术；而且善于产业化，让新技术体现在产品上。研发新技术和对新技术产业化，这两个方面的要求有点不一样，前者主要是科学家、研发人员的任务，后者主要是工程师的工作，而能够把两者统一起来的是企业家。

这一章通过讲述一些领军企业创业发展的具体事例，来看一看深圳各个高新技术行业在技术研发和产业化上，取得了什么样的成绩，达到了什么样的水平。

互联网

发明互联网技术的是美国。该技术起源于美国军方 20 世纪 80 年代的军事实验项目，后来发展成为全球的 Internet 网络技术。中国于 20 世纪 90 年代初作为第 71 个国家级网加入 Internet。互联网以信息交流为主，算是第一代网络技术。互联网能够运行，靠的是一系列技术，包括传感技术，如条码阅读器，用来获取信息；通信技术，用来传递数据和信息；计算机技术，对信息进行处理等。

物联网要实现"万物互联"，是第二代网络技术。"物联网"的概念是在互联网的基础上产生的。如果说互联网主要实现人与人之间的联系与沟通，物联网则要实现物与物之间的联系。实现万物互联，要靠射频识别技术、传感器技术、功能更加强大的计算机技术、网络技术等，让所有的物品信息互相连接、进行交换。与此相关的还有云技术和区块链技术等。

微信通信一骑绝尘

深圳从电子工业起步，因此互联网技术发展的情况比较好，腾讯公司是其中的优秀代表。腾讯公司先是发展出了以 QQ 为代表的即时通讯工具（马化腾创业故事见第十一章），后来又发展出以微信为代表的无线网络技术。说到微信就要提到张小龙。张小龙（1969—），湖南邵阳市洞口县人。毕业于华中科技大学电信系、硕士学位。

2010 年底的一天，腾讯下属公司的张小龙给马化腾发出一封邮件，建议腾讯做移动社交软件。他认为，与电脑互联网相比，移动互联网更加方便和快捷。完全可以预测，移动互联网方面将会出现新的通讯工具，将对 QQ 造成极大威胁。如果我们不做、别人抢先了，腾讯将会处于极大的被动之中。马化腾的回复邮件很快就到，完全赞同他的想法。马化腾批准项目正式立项，任命张小龙为负责人带领腾讯广州研发部开始研发，并给这款产品起名"微信"。腾讯公司推出微信的时间是 2011 年 1 月。

张小龙带领的研发团队日夜奋战，很快取得突破。与预料的完全一致，微信推出后受到用户的热烈欢迎。微信两年时间里积累了两亿用户，这是一个惊人的数字。又过两年后的 2013 年 1 月 15 日深夜，微信用户数突破 3 亿。微信的影响力不仅遍及中国大陆，也吸引了香港、台湾、东南亚等地区的大量华人，甚至一些西方人也对微信产生了兴趣。截至 2017 年 9 月 30 日，微信账户数达到 9.8 亿，QQ 月活跃账户数达到 8.43 亿。十几亿的华人中竟然有近十亿人用微信（没有用微信的人群中还应当刨除年纪太大的人和不懂事的小孩），这是一个惊人的事实。这说明，我们每天通过微信传递的信息要远远超过口头对话的数量。我们通过微信安排工作和生活事项，购物时用微信付款，行路时用微信发送定位，该吃饭时用微信点餐，旅行时用微信订机票、火车票、安排酒店。更不必说我们每天在手机上阅读各种新闻报道，订阅纸质报刊的读者因此迅速减少而冲击了传统媒体。微信覆盖同时也颠覆了我们生活的方方面面，确实深刻地改变了我们的生活方式。

本人是在去美国时一个华人朋友介绍我用微信的。他们住在美国，需要不断地跟国内联系，电话费太贵了，发现使用微信既方便又便宜，爱不释手。受他们影响，我回国后也成为微信用户。

张小龙如今任腾讯公司高级副总裁，江湖上称之为"微信之父"。因为发明微信，他被《华尔街日报》评为"2012 中国创新人物""2013 中国科学年度十佳新闻人物"等。不夸张地说，腾讯为技术创新而生，以技术创新作为公司的立身之本。从互联网技术影响人类生活的角度看，如果说 QQ 是腾讯的第一次生命，微信则是它的第二次生命。有两条生命的企业自然要比别人活得更安全、更长久、更滋润。

网络云强手争锋

云技术（Cloud technology）是规模巨大的网络技术。云技术起源于美国，最早出现的大规模分布式计算技术是云技术概念的起源。云计算普遍被认为具有三个特点：虚拟化、超大规模和高扩张性。

云技术要解决的关键问题，一是巨量的储存规模。随着媒体进入"读图""视频"时代，数据的储存和传输技术成为网络发展的巨大瓶颈。在云技术 1.0 时代，其主要任务是解决海量数据的存储问题。可以从存储的角度，将"云"简单地理解为巨大无比的"硬盘"，可以让人们方便地将天量的数据储存到"网络云"上。二是计算能力的提升。云技术也可以称为云计算，其运作和发展要靠先进的算法和算力支撑。在云技术 2.0 时代，用户出现了各种各样的技术服务需求，因此对云技术公司提出了能够为客户"赋能"的更高要求。从有利创业的角度说，云平台相当于一个助力器。进入云平台创业的公司，好像是站在了巨人的肩膀上；站得高则望得远，可以为创业公司节省时间、选择捷径，让创业公司尽快成功。三是可靠的安全性。把保密的信息或关系到个人隐私的信息存在云端，保证不会被泄露出去，这是摆在云公司面前的巨大挑战。

云技术的好处无可限量。最新的一个例子，就是 2022 年北京冬季奥运会使用阿里巴巴"Cloud ME"云技术为新闻转播服务。北京冬奥期间，奥林匹克广播服务公司（OBS）制作了 6000 小时的奥运片段，在超过 220 个国家和地区播出。由于采用阿里云技术，各新闻机构不再需要在现场建设 IT 基础设施建设和安放转播车等大量的采编设备，而是可以直接使用云上的各种新闻素材，给各国体育迷观众提供高清晰、低延时、优质量、极具现场感的各种精彩赛事场面。国际奥委会电视和营销服务首席执行官兼常务董事蒂莫·卢姆评价说："北京冬奥会转播内容小时数、数字媒体和线上直播的数据都创历史新高。"

要论全球云技术公司的发展，美国公司技术最先进、实力最雄厚。根据网上的一些排名，美国亚马逊旗下的 AWS、微软的 Azure、谷歌的 GCE、IBM 的 Softlayer、甲骨文公司等排在最前列。

再看国内云计算市场发展情况。我国云计算产业近年来年增速超过 30%，是全球增速最快的市场之一。有一种"中国 4 朵云"的说法。根据国际分析机构 Canalys 发布的 2021 年中国云计算市场报告显示，中国的云基础设施市场规模已达 274 亿美元，由阿里云、华为云、腾讯云和百度智能云组成的"中国4 朵云"占据 80% 的中国云计算市场，稳居主导地位。"4 朵云"的侧重领域各有不同。阿里云在国内起步最早，最初主要用于阿里电商平台，近年在努力建立从底层数据中心，到上层产品解决方案的整套云架构。华为云具备软硬件集成交付能力，在政府云和私有云领域始终保持领先地位。腾讯云布局社交、游戏、视频和金融等方面，主要深耕音视频直播、文娱游戏行业，在金融云市场也位居前列。百度云将 AI 技术与云基础设施服务相结合，聚焦"云智一体"的技术和产品。①

按照国内一些网站对国内云计算公司的排名，其顺序是：阿里云、电信云、腾讯云、中国联通的沃云、华为云、中国移动云、百度云等。其中第三位的腾讯云和第五位的华为云是深圳的云公司。下面对腾讯云和华为云分别做一些介绍。

腾讯云 腾讯公司1998年成立从QQ起步，其实QQ就是一朵云的雏形。2010年腾讯做出了一个重大决策：开放平台。其目的为在腾讯开放平台上的创业者，提供稳定、可靠、安全的底层架构，成就创业者的创业梦想。随着腾讯开放平台接入首批应用，腾讯云正式对外提供云服务。腾讯开放平台取得了很好成绩。2015年10月在年度腾讯全球合作伙伴大会上，腾讯集团的首席运营官（Chief Operating Officer，缩写COO）任宇昕表示，腾讯开放平台5年里接入应用数已超过400万，平台上的合作伙伴的收益分成已超过100亿，相当于诞生了50个亿万富翁，孵化的上市或借壳上市的公司已经超过20家。在鼓励创业方面腾讯云作出了重要贡献。

腾讯云的剧变出现在2018年，这一年9月腾讯最高决策机构"总办"在香港召开了一次会议，敲定了腾讯"930变革"的方向。腾讯明确了"扎根消费互联网，拥抱产业互联网"的战略方向，将业务从C端的消费生态转向To C（消费者）与To B（企业）并重。腾讯成立了技术委员会，大力推进"自研上云"和"开源协同"。后来该项目的负责人汤道生评价说："四年后看'自研上云'，可谓是腾讯在阳光灿烂的时候修屋顶。""930变革"取得成功，不但逼着腾讯内部所有部门全部上线，而且对腾讯云的发展产生了强大的推动作用。

目前，腾讯已经形成了两大共享创新平台：腾讯云与腾讯开放平台。2017年腾讯全球合作伙伴大会上的数据显示，腾讯合作伙伴总数已超过1300万个，创造就业岗位2500万个，累计总分成超过230亿元。腾讯云为开发者及企业提供云服务、云数据、云运营等整体一站式服务方案。

2022年腾讯云在贵州成立了贵安七星数据中心，计划存放30万台服务器；腾讯云还在京津冀枢纽的怀来瑞北和东园部署了两个数据中心，规划服务器都超过30万台；此外还设有长三角枢纽的青浦数据中心、成渝枢纽的重庆部署云计算数据中心。

2017年德意志银行发了一份报告，认为阿里云正在高速增长，很快会追上亚马逊；腾讯云也在缩短与阿里云的距离。中国最终的云计算市场，可能跟美国相似，成为两巨头格局（亚马逊的AWS和微软的Azure）。

华为云 华为云成立于2005年，虽然起步不算早，但后来的发展非常迅速。华为云之所以能够后来者居上，是因为在"云"这方面有十分厚实的基础。首先，华为拥有良好的云技术基础。许多云公司是从互联网公司发展起来的，互联网公司占据了行业的先天优势。华为虽然不是互联网公司，却是互联网基础设施的服务公司，有"互联网应用"方面的优势，熟悉行业，客户也多，发展新的业务并不十分费力。其次，在不同阶段客户的要求不同。在云技术 1.0 阶段，客户要求的主要是解决储存问题，这是互联网公司的长处。但是在 2.0 阶段，客户的要求提高了，转向了云应用、云服务，这就大大提高了对网络算法算力的要求。许多互联网公司在这方面跟不上，而这方面却是华为公司的长项。因此华为虽然发力晚，却迅速在行业中脱颖而出，是符合其发展逻辑的。

2017 年 3 月，华为宣布成立专门负责公有云的 Cloud BU，又将其升级为一级部门，举全公司之力来做云计算，由此掀开了从云计算 Cloud 1.0 到 Cloud 2.0 进化的新篇章。这一年华为提出了"南贵北乌"的云数据中心布局，即在贵安新区和乌兰察布大数据产业园均规划建设超大型数据中心基地，远期服务器均达到 100 万台以上。2021 年，根据 IDC 发布的《中国公有云服务市场（2020 第四季度）跟踪》报告显示，2020 年第四季度中国 IaaS 市场规模为 34.9 亿美元，华为与腾讯并列第二。而华为云的发展后劲仍然很足。

物联网产业发展迅猛

物联网的概念是由美国的微软创始人比尔·盖茨提出的。他于 1995 年在《未来之路》一书中提出了物联网概念，但由于前景过于模糊，未引起世人的重视。接着，1998 年美国麻省理工学院创造性地提出了当时被称作 EPC 系统的"物联网"的构想。1999 年美国 Auto—ID 提出了"物联网"建立在物品编码、RFID 技术和互联网基础上的技术方案。2005 年 11 月 17 日在突尼斯举行的信息社会世界峰会（WSIS）上，国际电信联盟（ITU）发布了《ITU 互联网报告 2005：物联网》，正式提出了"物联网"的概念。

所谓物联网（英文称作 Internet of things，缩写 IoT），即"万物相连的互联网"。这是在互联网基础上，通过各种信息传感器、射频识别技术、全球定位系统、红外感应器、激光扫描器等技术手段，延伸扩展的巨大网络。通过物联网将实现物与物、人与物之间在任何时间、任何地点信息实时的互联互通。物联网的基本特征可概括为整体感知、实时传输和智能处理。这是打造智慧社会的必备条件。有专家称："物联网是继计算机、互联网之后世界信息产业发展的第三次浪潮。"

中国科学院早在1999年就启动了传感网的研究（在中国，物联网开始被称为传感网），建立了一些适用的传感网。经过20多年的发展，2021年7月13日中国互联网协会发布了《中国互联网发展报告（2021）》，物联网市场规模达1.7万亿元，人工智能市场规模达3031亿元。有机构研究认为，2019年中国已经成为全球最大的物联网市场。

据《2017深圳市物联网产业现状市场研究报告》提供的资料，2017年全国物联网业务相关的企业大约有7.3万家。其中，广东省的物联网企业数量超过2.6万家，深圳市的物联网企业数量达到1.1万家。深圳的物联网企业分别占全国的15%和全省的42%。②

从产业链角度分析，物联网产业可以分为上游感知、中游传输、下游应用三部分。上游包括芯片、射频识别、全球定位系统、北斗技术等；中游包括有线与无线传输的技术设备；下游包括大数据、云计算、云存储、用户分享、各行业的应用技术等。按照另一些专家的观点，物联网产业可以分为支撑层、感知层、传输层、平台层、应用层5个层次。

深圳拥有完整的物联网产业链企业群，上中下游都有大量的企业投入巨资、常年研发、深耕细作，整个产业显得很有朝气。行业里，既有华为、中兴、腾讯等资格老、实力强的老将，也有不断加入进来、表现出后来者居上势头的新秀，整个行业显示出一种长江后浪推前浪的浩荡气势。

这里讲一个深圳市远望谷信息技术股份有限公司创业的故事。该公司1999年12月成立于深圳蛇口。

远望谷专注于研发RFID射频识别系统技术，由电子标签、读写器和计算机网络构成。属于物联网产业中的上游感知领域。远望谷的业务主要聚焦于铁路、图书、零售等业务范围。

这里重点讲一个事例：远望谷是如何解决中国铁路信息管理系统拦路虎问题的。早在20世纪80年代，中国铁路7万公里铁路线上的货车运行靠的是人工管理，全国铁路为此配备了3万名"车号员"。他们白天黑夜轮班，风霜雨雪无阻，奔波在铁路车站货场上，抄录每辆车的编号，逐级上报到运输管理部门汇总处理。按照这种传统作业方式，劳动强度大不说，工作效率低、差错率高，影响了全国铁路运营效率的提高。

此时，中国开始了铁路管理系统的信息化技术改造计划。于是，1993 年有几个胸怀远大理想的年轻人，以铁路车号自动识别系统技术为目标开始创业。经过 8 年的艰苦努力，终于成功研制出具有完全自主知识产权、全国产化的微波射频识别系统——"XC 型自动设备识别系统"。

远望谷的产品具有技术先进、成本低廉、可与美国同类产品技术兼容的特点，得到了铁道部的认可。2000 年铁道部投资 4 亿多元实施铁路车号自动识别系统工程，为全国铁路 40 万辆货车、1 万多台机车安装了电子标签；在全国铁路主要编组站，安装了 2000 多套地面识别设备。这套系统投入使用后列车正点率提高了三成，产生了巨大的社会和经济效益，让中国铁路的车辆管理一跃进入世界先进水平。

后来，伴随着我国铁路建设迅速发展、车速不断提高的进程，远望谷毫不松懈、不断进行技术升级。先是研发出新的、升级版的电子标签专业芯片，以适配车速 200 公里 / 小时以上要求。2015 年按照铁道部门关于客、货车车号识别系统兼容的新要求，研发出了适配两种标签数据格式的地面识别设备。紧接着，行车速度达到 380 公里 / 小时的高铁成功运行后，远望谷又按照铁路管理部门要求，及时研发出了适配 400 公里 / 小时的车号识别系统。

由于远望谷的技术研发取得成功，原来我国铁路运输的一个卡脖子问题得到解决。原来美国企业卖给我国货车电子标签，售价 150 美元 / 个。随着远望谷研发出国产芯片，迫使美国产品跳水式降价到了 20 美元 / 个。

远望谷发展稳健。2002 年 7 月深圳市政府批准依托远望谷公司组建"深圳市射频识别工程技术研究开发中心"。2003 年 5 月"便携式标签读出器"被国家科技部列为 2003 年国家火炬计划项目。2003 年 12 月国家人事部批准设立博士后流动工作站。2007 年 8 月远望谷 A 股在深交所上市。2008 年 4 月远望谷被评为深圳市自主创新行业龙头企业。2008 年 12 月远望谷被国家科技部评定为深圳市第一批国家高新技术企业。如今的远望谷公司，已成为全球领先的射频识别技术产品和解决方案供应商，是中国物联网产业代表企业。

区块链异军突起

区块链是网络技术的新模样，与原来的网络技术相比，具有去中心化、不可伪造、可以追溯等特点。区块链技术的原理是将数据组合成链式数据结构，并建立以密码学方式保证其不可篡改和不可伪造的分布式账本。区块链技术解决了数据的安全与隐私问题，奠定了坚实的"信任"基础，因而具有广阔的运用前景。2019年1月10日，国家互联网信息办公室发布《区块链信息服务管理规定》。2019年10月24日，在中央政治局第十八次集体学习时，习近平总书记强调："把区块链作为核心技术自主创新的重要突破口……加快推动区块链技术和产业创新发展。"业内专家认为，区块链已经成为一个时代的特征，带来的不仅仅是技术的革新，更是生产关系的重塑，其市场前景可能达到当年互联网出现的盛况。

深圳也有研发区块链技术的公司。这里讲一个用区块链技术解决印章防伪问题的企业例子。沈远彪（1953—），四川内江市人。他1971年入伍到基建工程兵，与笔者是战友。1983年部队调入深圳，集体转业成为深圳市属企业。他先是在商贸行业发展，后来按照上级领导的要求开始在印章行业创业。1997年投资成立了北海国盾防伪技术实业开发有限公司，与公安部有关部门合作，将印章的制作从手工刻制转变为电脑制作，为印章业信息化作出了最原始的贡献，是目前印章数据实现全国联网备案的重要基础。如果说电子印章算是新时代印章1.0技术的话，区块链技术就是2.0技术。

2019年沈远彪在深圳南山区注册了易签链（深圳）科技有限公司，再次投入巨资研发区块链技术，旨在解决当前印章业无法实现互通互认、线上线下兼容的问题。通过多年的研发投入和努力坚持，将"区块链"+"物电同源"两项技术进行融合实现互通互认的突破，填补了区块链和印章业结合落地的空白。为将研究成果更好地服务社会，公司联合工信部标准研究院完成了《区块链电子签章参考架构》标准编制和发布，并启动了国家标准编制；同时公司获得了全国首个由工信部标准研究院颁发的《区块链电子签章签名系统功能测试证书》。通过了公安部门检测中心对在电子签章签名上应用区块链技术的检测，获得了《计算机安全专用产品检测证书》和《安全等保三级证书》。公司与公安部合作，为各省、区、市搭建起"区块链物电同源电子印章公共服务平台"，实现了"源点生成、同源监管、变源应用、全国互通"，不仅在全国范围内解决了社会电子公章身份唯一性问题，而且为"跨省通办、全国通办"提供了强有力的技术支撑。

5G 通讯技术

所谓 5G 技术，就是第五代移动通信技术（英文全称：5th Generation Mobile Communication Technology，简称 5G）是新一代宽带移动通信技术。

国际电信联盟（ITU）曾定义了 5G 的三大类应用场景：即增强移动宽带（eMBB）、超高可靠低时延通信（uRLLC）和海量机器类通信（mMTC）。"增强移动宽带"主要针对移动互联网流量爆炸式增长，为用户提供更流畅的应用体验；"超高可靠低时延通信"主要针对工业控制、远程医疗、自动驾驶等对时延和可靠性具有极高要求的应用需求；"海量机器类通信"主要针对智慧城市、智能家居、环境监测等以传感和数据采集为目标的应用需求。按照 ITU 的定义，对 5G 技术应用场景的要求主要是"高速率"（1Gbps）、"低时延"（1ms）、"大连接"（100 万连接/平方公里）三方面要求。

移动通信技术发明于美国、提高于欧洲，大约以每 10 年一代技术的发展规律，历经从 1G、2G、3G、4G 的发展。1G、2G 时代中国毫无发言权；3G 时中国开始追赶；4G 时步入世界前列。4G 标准制定时，欧洲的 LTE—FDD 和中国 TD—LTE 脱颖而出。

5G 时代以华为为代表的中国通信技术已经成为全球第一。2016 年 11 月 17 日在国际无线标准化机构 3GPP 组织的 5G 短码方案讨论中，华为公司的 Polar Code（根据土耳其教授 E. Arikan 提出的极化码研制）方案胜出，成为 5G 控制信道 eMBB 场景编码最终方案。这件事对中国通信技术发展有重大意义。

2019 年 6 月 6 日，工信部正式向中国电信、中国移动、中国联通、中国广电发放 5G 商用牌照，中国正式进入 5G 商用元年。在接下来的 5G 网络建设中，中国更是远远走在前面。

2021 年 12 月 6 日，国际移动通信（即 IMT 组织，英文名称是 International Mobile Telecommunications）2020（5G）大会在深圳举行。根据大会透露的信息，截至 2021 年 10 月底，中国累计建成 5G 基站 129.2 万个，覆盖全国所有地区以上城市市区、超过 97% 以上的县城城区和 50% 的乡镇镇区。另有行业虚拟专网数量超过 2300 张。我国建成的 5G 基站占全球 70% 以上，是全球规模最大、技术最先进的 5G 独立组网网络；5G 终端用户达到 4.7 亿户，用户渗透率达到 28.7%，占全球 80% 以上。③

我国信息通信技术正在实现从"跟跑""并跑"向"领跑"转变。数字消费市场规模全球第一，我国网民规模连续 13 年位居世界第一，2021 年 6 月已达 10.11 亿。"十三五"期间，我国电子商务交易额年均增速达 11.6%，连续 8 年成为全球规模最大的网络零售市场。④

2021 年 12 月 6 日，深圳千兆城市发展峰会在深圳举行，市工信局和市通信管理局联合发布《深圳千兆城市发展白皮书》。据白皮书透露的信息，截至 2021 年 11 月，深圳的城市家庭千兆网络覆盖率达 106.3%，重点场所 5G 网络通达率 91%。深圳累计建成 5G 基站逾 5 万个，基站密度达每平方公里 24.68 个，位居全国第一。⑤深圳成为"全球 5G 第一城"。深圳已经实现 5G 独立组网全覆盖，率先进入 5G 时代，被工信部评为"5G 独立组网最佳城市"。

由于深圳的网络与通讯产业高速发展，深圳企业从 3G、4G 时代的跟随者，成为 5G 时代的全球领跑者。在这一产业中，深圳已形成较为完整的产业链、供应链和创新链。深圳既有华为、中兴通讯等年产值超过千亿元的企业，也有比亚迪、欣旺达、立讯精密等年产值超过百亿元的企业，还有国人科技、麦捷科技、电联技术、摩比天线等一批上下游行业的龙头企业。产业覆盖了通信系统设备制造、通信终端设备制造、电线电缆制造、广播电视节目接收设备、电信服务等行业小类。2021 年深圳网络与通信产业增加值达 2046 亿元，成为全市工业经济发展的重要力量。⑥

放眼全球，5G 技术领域激战正酣，已成强手搏杀的红海，6G 技术的战火又开始点燃。美国为了改变自己 5G 技术落后的不利局面，拉拢欧洲、日本等盟友，成立 6G 研发"小圈子"，将 5G 技术领先的中国排除在外。但中国也已开始早早布局。据《日本经济新闻》调查显示，6G 相关核心技术的专利申请数量，中国占 40.3%，处于全球领先地位。排在后边的是美国（占 35.2%）、日本（占 9.9%）、韩国（占 4.2%）、其他国家（占 10.4%）。⑦

芯片（集成电路）

芯片也叫集成电路（英语 integrated circuit，缩写 IC），是由美国人杰克·基尔比于 1958 年发明的。芯片制作完整过程包括芯片设计、晶片制作、封装制作、测试等几个环节，其中晶片制作过程尤为复杂。

芯片被发明出来仅半个多世纪就变得无处不在，计算机、网络、手机和许多电子产品中都要大量使用芯片。学者们认为，由集成电路带来的数字革命是人类历史中最重要的事件之一。可以预料，随着信息化产业、物联网，特别是智能社会的发展，人类社会将越来越依赖芯片。

深圳的战略性新兴产业规划将"新一代信息产业"作为首位产业，因此芯片技术产业将会是核心产业之一。2021 年深圳市 IC 产业主营业务收入收入超过 1100 亿元，位居全国前列。

深圳芯片产业发展情况如何呢？为此我采访了深圳市芯片产业协会监事长吴征。他介绍说，芯片产业链分为设计、制造、封装测试、流通、应用设备、原材料等几个环节。所有产业链环节深圳都有企业在做。但深圳的芯片技术产业不算是强项，这与产业起步晚、基础十分薄弱有关。经过 20 年的发展，深圳的芯片企业数量增多、规模变大，分工越来越细，研发制造水平不断提高。

芯片设计

在芯片设计领域，深圳的表现最为出色。在深圳整个芯片产业中，与芯片设计相关的企业数量占比超过了七成，其产业规模居全国前三。涌现出了海思半导体、中兴微电子、汇顶科技、比亚迪半导体、国威电子等一批龙头骨干企业。

芯片设计的第一名当数华为的海思半导体公司。该公司成立于 2004 年 10 月，其任务就是研制芯片。在当时情况下，华为不愿意与上游企业直接进行竞争，因此芯片研发业务在华为只是作为"备胎"。2019 年在美国极端打压华为的关键时刻，海思的芯片派上了用场。海思总裁何庭波在一封致员工的信中说："所有海思曾经打造的备胎，一夜之间全部转正！"华为拥有麒麟、巴龙、昇腾和鲲鹏四大芯片系列。虽然海思的麒麟 9000 芯片已经成为全球顶级手机芯片，但海思只负责设计，没有到延伸到生产领域。所以当美国进一步全面封杀时，华为加大了芯片研发力量。

深圳华大北斗科技股份有限公司 2016 年落户龙岗。该公司从事导航定位芯片、算法及产品的自主设计研发，曾发布全球首颗支持新一代北斗三号信号体制的多系统多频高精度 SoC 芯片。以华大北斗为代表的北斗芯片已经深入到北斗卫星导航应用的各个领域，包括智能手机、车载设备、穿戴设备、物流跟踪、道路设施、无人机，以及无人驾驶的研发测试中。

这里还要介绍一下深圳市智想科技有限公司突破"中国芯"底层技术专利的事例。2022 年 2 月国家知识产权局，对该公司自主研发，并具有完整功能 RISC CPU 的 OURCORE 指令集系统和架构授予专利权。智想科技成为中国首个取得完整指令集和架构专利技术成果的公司，在"中国芯"底层自主关键核心专利领域实现突破。该公司总经理周黄，江西九江市人。20 多年前到深圳创业，2002 年成立深圳芯世威科技有限公司，2013 年又成立了深圳市智想科技有限公司，成功研发了"智芯 1 号"32 位 MCU，打破了国外发达国家长期垄断 MCU/CPU 格局。[8]

芯片制造

芯片制造是最难的环节，但也有许多企业不畏困难积极攻关。这方面最早的开拓者是成立于 1988 年的深圳深爱半导体公司。该公司规模虽然不算大，但其设计、制造、检测、分装全覆盖，是国家级"高新技术企业"和"国家高新技术产业化示范工程单位"，拥有 4 英寸、5 英寸生产线各一条，具有一定的生产规模。深圳北大方正微电子公司拥有两条 6 英寸晶圆生产线，月产能达 6 万片，产能规模居国内 6 英寸线前列，0.5 微米 /6 英寸工艺批量生产能力居国内行业第二。成立于 2004 年的比亚迪微电子公司，建立了从设计、晶圆制造，到封装测试的完整产业链条，研发生产的芯片广泛地运用于汽车、能源等行业。

芯片制造的领军企业要数 2008 年 6 月成立的中芯国际集成电路制造（深圳）有限公司（简称"中芯深圳"）。中芯国际是世界领先的集成电路晶圆代工企业之一，也是中国大陆集成电路制造业领导者，拥有领先的工艺制造能力，向全球客户提供 0.35 微米到 14 纳米不同技术节点的晶圆代工与技术服务。中芯深圳公司拥有 8 英寸芯片和 12 英寸芯片生产线各一条。8 英寸生产线于 2014 年正式投产；12 寸生产线于 2016 年 11 月启动建设。这是华南地区第一条 12 英寸集成电路生产线。2021 年 3 月中芯国际发布公告，公司与深圳市政府签订合作框架协议，依照计划，中芯深圳将重点生产 28 纳米及以上的集成电路和提供技术服务，2022 年实现每月约 4 万片 12 英寸晶圆产能。

芯片封装与测试

芯片封装方面最早起步的是深圳赛意法微电子公司，21 世纪初一段时间里，年销售额达到 30 亿元、为全国第一，但是后来发展的步伐没有跟上。

芯片的封测方面，华为有一项新技术。2022 年 4 月 5 日，国家知识产权局官网公开的信息显示，华为技术有限公司公开了"一种芯片堆叠封装及终端设备"专利。这项技术简单来说，是"用面积换取性能、用堆叠提高速度"。在我国芯片制造技术工艺短时间里难以突破情况下，采用这种新的封测技术也许能够在提高芯片性能方面另辟蹊径。

芯片流通

芯片的流通领域里深圳最强。其原因：一是深圳由于拥有中国电子第一街华强北，成为全国甚至全球最强大的销售中心之一。二是有毗邻香港的地利优势，有条件从香港大量采购进口高档芯片。所以，芯片在深圳的流通量非常大。深圳至少有 5 家著名的本地分销商，每家每年的营业额超过百亿元。

芯片应用

深圳有许多被称为 OEM（英文 Original Equipment Manufacturer，缩写为 OEM）的企业。OEM 企业就是代工生产厂家，例如富士康、比亚迪、长城等公司。这些企业是芯片应用方面的大户。因此深圳在芯片应用方面，呈现出规模大、能力强的态势。

至于芯片制造设备和原材料等方面，深圳比较弱。这方面华东地区比较强。

人工智能

人工智能是研究怎样让计算机做一些需要有智能才能做的事情。人工智能是计算机学科的一个分支，20 世纪 70 年代以来被称为世界三大尖端技术（空间技术、能源技术、人工智能）之一；也被认为是 21 世纪的三大尖端技术（基因工程、纳米科学、人工智能）之一。

2017 年 7 月，国务院发布了《新一代人工智能发展规划》，规划我国人工智能的发展计划，目标是到 2030 年我国的人工智能理论、技术与应用总体达到世界领先水平，成为世界主要人工智能创新中心。

有一种观点认为，在人工智能方面中国可能会走在前面，因为中国是巨量大数据拥有的大国之一。人工智能的发展与大数据的丰富量有很大关系。人工智能是要靠数据喂养的，吸收的数据越多就越有条件变得更聪明。人类的生产生活活动中产生的数据，像"滚雪球"一样会日复一日地快速增长。中国人口众多，使用互联网的网民人数也多，因此产生的大数据在世界上排名靠前。有了大数据的喂养，人工智能技术的进步速度会越来越快。⑨

就深圳而言，"四大支柱产业"中的"高新技术产业"，"七大新兴产业"中的"新一代信息技术产业"中，都包括有计算机技术和人工智能技术；"未来产业"产业 6 个领域中，更是将机器人产业作为其中一项。机器人产业，本质上是人工智能技术的继续延伸。

深圳发展人工智能产业具有一定的优势，机器人、可穿戴设备和智能装备产业已经形成相当规模。据《2017 中国人工智能产业报告》显示，在人工智能企业数量占比方面，深圳以 15.5% 的比例仅次于北京和上海，位列全国第三。在无人机领域，仅大疆一家企业生产的无人机就占据国际市场近 80% 的份额。此外，还有专注于数据挖掘和机器分析的碳云智能公司，有投入研究智能机器人、人脸识别技术的优必选科技公司，有研发计算机视觉、裸眼 3D 的超多维科技公司等。

腾讯、华为等大企业在人工智能技术研发方面也有大手笔。2016 年 4 月，腾讯正式成立 AI Lab 人工智能实验室，2017 年腾讯内部有超过 4 个团队在进行人工智能的研发，并提出了一项"AI 生态计划"。该计划将通过开放 100 项 AI 技术，孵化 100 个 AI 创业项目，推出 300 个"云 + 创业百万扶持计划"，为 1000 个合作伙伴赋能。

华为加大人工智能研发投人，2017 年全球第一款人工智能手机芯片在华为 Mate 10 手机应用。新能源汽车操作系统是华为一个重要的技术创新发展领域。2021 年 4 月，北汽新能源旗下高端品牌——极狐汽车，联合华为发布了极狐阿尔法 S 华为 HI 版，不仅搭载了华为 HI 解决方案，同时也是首款搭载华为激光雷达方案的智能电动车。有人评价说,这是"华为第一车"。

机器人技术独领风骚

人工智能产业的内容十分丰富,本书重点说一说机器人技术的发展。深圳从电子工业起步,经过几十年发展电子工业一家独大。在人工智能技术领域,深圳的基础比较好,机器人更算得上是深圳人工智能产业的一朵新花。机器人是"具有类似某些生物器官功能、用于完成特定操作或移动任务的应用程序控制的机械电子自动程序"。根据这个定义,无论是天上飞的,地上走的,还是水中游的,都可以称之为机器人。

深圳如今已发展成为全国机器人产业链最为完整的城市。据中国科学院深圳先进院、深圳市机器人协会发布的《深圳机器人产业发展白皮书(2021年)》提供的数据显示,2021 年深圳市机器人产业总产值为 1582 亿元,同比增长 10.3%;企业总数量达到 945 家,同比增长 12.2%。深圳在机器人产业上游的控制器、伺服电机、减速器三大核心零部件,中游的机器人本体和下游的系统集成皆有布局,形成了较为完备的产业链,涌现出细分领域的一批龙头企业。在机器人控制器、伺服系统领域,固高科技是国内机器人控制器领域的龙头企业,汇川技术是国内机器人伺服系统领域的龙头企业,整体优势较为突出。在机器人本体领域,深圳拥有众为兴、大族机器人、华数机器人、汇川技术、华盛控等知名企业,其中众为兴 SCARA 机器人连续 3 年出货量居国产品牌首位。

2017 年召开的第五届中国电子信息博览会论坛上,全球电气和电子工程师协会(IEEE)前主席霍华德谈起了 20 年前后他到深圳考察的不同感受。他说,20 年前深圳的机器人和人工智能技术非常稚嫩,20 年后深圳的技术创新突破了他的想象。他评价说:"深圳机器人技术可谓一日千里。"⑩

对"天上飞的机器人",在本书"产业链"一章中分别讲述了大疆科技无人机、天鹰兄弟无人机和高巨创新无人机的故事。

笔者对"水中游的机器人"的情况不甚了解,不知道深圳有没有公司在研发。笔者曾在 2019 年德国汉诺威工博会上看到过水中的鱼形机器人,是由德国菲斯托(FESTO)公司展出的。我看到,在一个透明管道的清水里,有一条游动的机械仿生鱼。这条鱼不是侧立在水中,而是趴在水中,很像广东人说的濑尿虾模样。这条鱼不是靠摆动尾巴游水，而是用身上两边的裙边翻动着游水。鱼身子很柔软、可以 90 度转弯。其先进的技术令人叹为观止。

至于说"地上走的机器人"，研发生产的深圳企业很多，举例说说其中的优必选科技公司。

优必选的机器人

深圳市优必选科技有限公司成立于 2012 年，创始人名叫周剑，上海人，公司董事长兼 CEO。优必信公司有几个特点：一是技术先进。有一个排名榜可以说明这一点。2019 年优必选的步行者（Walker）机器人被美国机器人行业媒体 *The Robot Report* 评选为 5 大人形机器人，优必选是其中唯一一家中国企业（入选榜单的其他 4 款人形机器人分别是美国波士顿动力的 Atlas、美国敏捷机器人公司的 Cassie、日本丰田的 T—HR3s 和本田的 E2—DR）。

二是产品有影响。优必选的机器人被全国人民所熟知，是因为曾 4 次登上央视晚会。2016 年 Alpha 机器人首次登上央视元宵晚会，人形模样萌态可爱，舞台动作整齐划一，特别是多达 540 台的机器人阵势逼人，一亮相就受到了观众的喜爱。2018 年央视春晚开场节目中，优必选狗年特别版机器人"Jimu 汪汪"亮相，台下笑声一片。2021 年牛年春晚舞台上，优必选的首款大型四足机器人化身"拓荒牛"，与刘德华等演员表演《牛起来》，再次征服了观众。当然，优必选的机器人不光可以在舞台上表演，它已经深入家庭给孩子们上课；在新冠疫情中帮医务人员做了许多工作。2020 年优必选科技入选国家工信部"在科技支撑抗击新冠肺炎疫情中表现突出的人工智能企业"榜单。

三是企业发展快。优必选科技入选 2017 中国独角兽企业名单。2020 年 7 月，在艾媒金榜（iiMedia Ranking）发布的《2020 中国新经济独角兽硬件设备领域 TOP5 榜单》中优必选排第二名。

镭神智能的激光雷达

深圳市镭神智能系统有限公司成立于 2015 年。公司专攻 TOF（时间飞行法）、相位法、三角法、调频连续波等各种激光雷达技术，深度集成垂直产业链资源，已具备从关键核心器件到整机全链条的设计、研发、工艺、制造、测试能力，均达到行业领先水平。镭神智能已完成激光雷达专用芯片、1550nm

光纤激光器、10 多种高功率核心器件等关键核心器件的自研自产，以及半导体激光器和探测器封装工艺，致力于实现激光雷达产品纯国产化。其不同技术路线的激光雷达具有不同的技术优势，可广泛应用于自动驾驶、智慧交通、轨道交通、通用航空、智慧物流、机器人、工业自动化等领域。短短 7 年时间里，镭神智能已经成为全球领先的全场景激光雷达及系统化解决方案提供商。

公司创始人、董事长、CEO 名叫胡小波（1977—），湖南人。笔者曾两次到镭神智能公司参观调研，对胡小波比较熟悉。2000 年他来到深圳。2004 年胡小波开始人生的第一次创业，他带领团队实现光纤激光器多个领域的技术突破，成功改写中国光纤激光器行业的格局，成为原国内最大的光纤激光器企业创鑫激光的创始人，并于 2014 年作为国内杰出的十位青年代表之一跟随李克强总理访问俄罗斯参加青年百杰论坛。

镭神智能是他于 2015 年开始在深圳的二次创业的成果。为什么要确定以激光雷达为研发方向呢？这跟他本人亲身经历的一次重大的交通事故有关。2015 年他去辽宁出差，在从鞍山赶往沈阳机场时，由于司机疲劳驾驶、开车时打盹，飞驰的车辆失去控制导致翻车事故。胡小波随车翻滚，撞得头破血流、死里逃生。

这场严重的车祸，让他做出了研发激光雷达的决定："如果汽车实现了自动驾驶，能够避免很多事故，因为机器既不会疲劳，更不会酒驾……"

笔者在调研中，看到过公司最早的激光雷达样品。胡小波操作着一个拳头大的激光雷达，可以将所有遇到的障碍物点云信息显示在电脑屏幕上。我心中多少有些担心：就这个小玩意儿能够在汽车飞驰时指挥正确的方向吗？能够在出现紧急情况时避免事故吗？

胡小波详细介绍后，我了解到激光雷达具有超强的环境感知能力，可创建各种应用场景的 3D 环境点云图，并能获得环境物体的距离、方位、高度、速度、姿态、形状等信息，最远探测距离可达数百米，距离精度达厘米级，点云成像分辨率极高，并且抗干扰能力强，支持全天时工作，为自动驾驶提供精确的决策信息，进而为安全驾驶保驾护航。

还有一次调研时，胡小波说他的"激光灭蚊炮"可以灭掉蚊子。我说："这个好！等你的产品上市了，我买一个放在家里打蚊子。"但我又有点怀疑：这个激光雷达怎么能够识别出蚊子呢？比如说，如果有人腿上的汗毛比较重，走过去时会不会被当成蚊子给一家伙呢？胡小波听后哈哈一笑说："您这个担心多余了。我们的激光灭蚊炮可以从复杂的环境背景下对微小的目标，如蚊子、苍蝇等进行探测、识别、动态跟踪、锁定，然后进行持续打击消灭。"胡小波小声解释说，它的工作原理就像是微型国家激光导弹防御系统。

后来不断从微信群里听到镭神智能研发新产品发布的好消息。2021年6月，在北京国家会议中心召开的世界交通运输大会（这是我国规模最大的交通运输行业盛会）上，镭神智能展示出自己的系列明星产品：车规级CH系列混合固态激光雷达（128/120/64/32/16线）、LS系列1550nm车规级混合固态激光雷达、HS系列高速扫描激光雷达、CX系列机械式360°多线激光雷达（32/16线）等，以及多种赋能智慧交通的应用解决方案。胡小波自豪地介绍说："镭神智能的产品已覆盖自动驾驶、智能交通、轨道交通、机器人、物流、测绘、安防、港口和工业自动化九大产业圈。在这个产品领域，镭神智能已经达到了世界第一梯队水平。根据2018年科技日报公布的中国35项'被卡脖子'的关键技术，镭神智能已经替国家彻底攻克解决第十项'激光雷达'技术，并且TOF车规1550nm光纤激光雷达性能做到世界第一，没有之一！"

自2018年开始，公司已经分别在荷兰以及中国的北京、上海、广州、深圳、苏州、重庆、西安、郑州、许昌、常州等70多个城市布设自动驾驶和智能网联测试区，覆盖了高速路口、大型十字路口、园区、停车场、隧道等多种场景。2021年11月，在北京召开的2020年度国家科学技术奖励大会上，镭神智能公司参与完成的"厘米级型谱化移动测量装备关键技术及规模化工程应用"获得国家科技进步二等奖。凭借雄厚实力和优秀业绩，镭神智能还成功入选"国家工信部新一代人工智能产业创新重点任务优胜揭榜单位"，被广东省科技厅认定为"广东省激光雷达工程技术研究中心"，斩获2019广东省重点领域研发计划"新能源汽车"重大科技专项，成功入选2021年度深圳市"专精特新"中小企业。

华傲数据的大数据技术

深圳市华傲数据技术公司成立于2011年。公司创办人贾西贝（1975—），先后毕业于大连理工大学、北京大学、英国爱丁堡大学。入选2008年爱丁堡皇家学会Enterprise Fellow（这个名称的中文意思是"企业会士"，其学术地位与"院士"相当）。

人工智能与大数据，这两个词关系最为密切。事实上，在当前科技领域里，这是两个最重要、最热门的概念。可以将两者的关系做个比喻。如果说人工智能是拉着火车前进的机车头，那么大数据就是充足的燃料；如果说人工智能是模仿人脑功能的"机器大脑"，那么大数据就是填饱肚子的食物，没有营养丰富食物喂养，大脑没有办法变得聪明。说得更准确一些，两者是一种互为条件、互相促进的相辅相成关系，缺了哪一方都不行。如果没有各种承载人工智能的硬件（例如巨型电脑），人类社会每天产生的海量数据就无法储存，即使储存了没有办法进行分析，这些数据就是没有意义的数字碎片。但如果没有大数据的喂养，再复杂的机器也没有办法让自己变得聪明（智能）起来。

贾西贝可能是对大数据理解最深刻的学者之一。在国内，他创办的华傲数据公司可能算得上是处理大数据技术最为先进、在此行业里成绩最出色的公司。

按照贾西贝的归纳，华傲数据公司驰骋的技术领域就是"三算一景"：即算力（计算能力）、算法、算料（用于计算的生产资料，即数据）、应用场景（或业务场景）。"三算"必须为"一景"服务，贾西贝称之为"一景领三算"。一景其实也可以说成是"三景"（政府景、社会景、经济景），指的是在数字政府、数字社会、数字经济建设场景中面临的涉及国计民生的各种业务问题。

在贾西贝看来，"数字政府"让政府实现了政府治理能力的提升，提供了政府转型的技术条件。公司成立的第二年，华傲开始参与全国第一个大规模城市数据治理工程——深圳"织网工程"。通过艰辛努力，实现了深圳36个委办局数据的汇聚与治理，实现了对深圳市实有人口、法人、房屋的数字化管理。据了解，一个城市的政务服务有五六千项，对于大部分服务项目，深圳实现了无感申办、免证办、免申即享等。贾西贝说，深圳政务审批事项中，实现"秒批"的有300多项，"无感申办"的也有300多项。政府办事效率高的背后，离不开华傲持续治理数据要素的突出贡献。

2013年，深圳被国家五部委授予"政务信息共享示范城市"称号，这是全国首个，也是当时全国唯一的一个。2014年深圳又获得了全国"信息惠民示范城市"称号，在第一批获得该称号的80个城市中排名第一。

在 2020 年新冠疫情爆发的紧急时刻，华傲数据的大数据技术大显身手。华傲和腾讯公司一起在深圳推出了健康码，华傲负责数据处理、融合和态势分析，腾讯负责制码和用户交互（自主申报，扫码亮码），这使得深圳成为全国最早凭健康码出行的城市之一。

经过 11 年的发展，华傲已成为中国大数据领域的头部企业。在《哈佛商业评论》绘制的的世界大数据各信息处理环节企业占位图中，华傲是数据治理领域唯一入围的中国企业。⑪

生物医药

生物经济被认为是继农业经济、工业经济、信息经济之后，推动人类社会永续发展的全新经济形态。加快发展生物经济，是把握未来竞争主动权、实现经济社会高质量发展、保障国家安全的重要手段。我国"十四五"规划和2035 年远景目标纲要提出，推动生物技术和信息技术融合创新，加快发展生物医药、生物育种、生物材料、生物能源等产业，做大做强生物经济。

我国的生物医药产业，主要包括生物药、化学药、中药及天然药物、细胞和基因产品等领域。深圳作为首批国家生物医药产业基地和国家自主创新示范区，生物医药产业发展起步早、基础好，培养出了一批优秀生物医药企业，产业规模不断扩大，新业态不断发展。资料显示，深圳市生物医药产业已连续多年列国内前 10 位，处于我国生物医药产业的第一方阵。2021 年，深圳生物医药产业营业收入为 461 亿元。

深圳已基本形成较为完整的生物医药产业链，在细分领域已涌现出海王生物、海普瑞、翰宇药业、北科生物、信立泰等一批国家级龙头企业和创新型企业。南山高新区、坪山国家生物产业基地两大产业集聚区已初步形成。深圳成为继上海之后，全国第二个拥有国家药监局分中心的地区，这将有利于加速创新药、生物技术产品注册上市，为生物医药产业发展创造更好的政策环境。⑫

生物医学工程产业与制药产业是现代医药产业的两大支柱，生物医药产业由生物技术产业与医药产业共同组成。这里重点介绍一下基因技术、细胞治疗技术和脑科学技术等产业的发展情况。

基因技术

基因技术最先出现在美国。1953 年沃森和克里克发现了 DNA 分子的双螺旋结构，开启了分子生物学的大门，奠定了基因技术的基础。基因由人体细胞核内的 DNA（脱氧核糖核酸）组成，基因排序决定了人类的遗传变异特性。破解人类自身基因密码，以促进人类健康、预防疾病、延长寿命，其应用前景极其美好。

20 世纪有三大科学工程被认为是最伟大的科学工程，这就是曼哈顿原子弹计划、阿波罗登月计划和人类基因组计划（HGP）。三项科学工程中，前两项我国无缘参加，第三项基因组计划，是我国几位留美学生以民间身份参与的。2009 年为写作《创造中国第一的深圳人》一书，笔者到盐田华大基因总部采访了汪建（华大基因和汪建的故事见本书第八章"人才高地"、第十一章"企业家"等章节内容）。他对我讲述了参与国际人类基因组计划的经过，这是我听到的最精彩的故事之一。

华大基因从北京搬到深圳后如鱼得水，事业发展非常快，不但在科学研究方面成果频出，其许多论文都被世界一流的《科学》《自然》杂志刊登，而且企业也发展很快。2016 年成立了华大制造公司，生产了拥有自主产权的国产测序仪 BGISEQ—500 平台，创造了 600 美元个人全基因测序的低成本新纪录。[13] 迄今为止，只有美、中、英三个国家具备制造测序仪的能力，其中只有美国的 Illumina 和中国的华大基因拥有可以对人类进行全基因检测的平台。

在这里想引用未来学家亚力克·罗斯的一段评语。他在《新一轮产业革命》一书中说："在人类基因组系列研究开始之后的 15 年之内，中国逐渐成为基因研究的领头人。华大基因已不再仅仅是 1% 序列的贡献者；它现在已经是全球最大的基因研究中心，所拥有的有关基因序列的器械比整个美国的都要多。"[14]

2011 年 10 月国家有关部门批准，由深圳华大基因研究院组建及运营国家基因库。该库是继美国国家生物技术信息中心（NCBI）、欧洲生物信息研究所（EBI）、日本 DNA 数据库（DD—BJ）之后全球第四个国家级基因库，综合能力位居世界第一，填补了我国长期缺少国家级基因数据中心的空白。

深圳国家基因库已存储多种生物资源样本 1000 万份，将成为全球最大的基因数据产出平台。开放数据中心将公开发布癌症数据集成与整合分析平台、人体微生物数据库、罕见病数据库、免疫数据库、人类遗传变异数据库等数据，努力打造成为为国家生命科学研究和生物产业发展提供基础性服务的公益性平台。

细胞治疗技术

除了基因测序技术，深圳的生物行业细胞治疗技术研究也走在前列。细胞是生命的基本单位，众多的细胞（约 100 万亿个）组成了人体中各种各样的组织结构和器官系统，维系着灵活协调的生理机能。基因是细胞核里的染色体（数量是 23 对），储存有生物的遗传信息。细胞里最神奇的是干细胞（stem cell）。干细胞是人体中具有增殖和分化能力的一类多潜能细胞。干细胞疗法的原理就是让干细胞分化成人体所需的细胞，从而修复人体受损的器官和组织。利用干细胞修复人体的伤病，是潜力无限的研究领域。

成立于 2005 年的深圳市北科生物科技公司，是中国专业从事干细胞基础研究、临床应用研究及干细胞技术支持服务的生物高科技企业。该公司的干细胞研究技术一段时间里甚至领先全球。2008 年美国《商业周刊》曾评论说："寻找干细胞科技的前沿不在剑桥，不在斯坦福，也不在新加坡，而在中国深圳。"截至 2020 年 8 月，北科生物科技有限公司在细胞领域已申请 219 项专利，其中 60 项获得授权；承担 60 余项各级政府项目，其中 6 项国家级项目（2 项属于国家 "863" 计划项目）。

2017 年北科生物成立深圳赛动生物自动化公司。刘沐芸总经理介绍，公司经过两年奋战，研发出全球首套干细胞自动化制造装备——Cellauto-Stem-cell。这套装备实现了 "细胞行业中大规模、全自动、全封闭" 工艺。通过自动化装备这一新赛道，突破了现有 "人工制备" 赛道中国际巨头的垄断，重构细胞产业供应链。这是干细胞医疗发展中的重要突破。⑮

脑科学技术

2015 年，中国在《"十三五" 国家科技创新规划》中将 "脑科学与类脑研究" 列入 "科技创新 2030——重大项目" 之一，并提出 "一体两翼" 的中国脑科学计划，以脑认知原理为主体，以类脑计算与脑机智能、脑重大疾病诊治为两翼，搭建关键技术平台，抢占脑科学前沿研究制高点。以期在未来 15 年内，使我国的脑科学处于国际前沿地位，并于 2015 年在北京、上海成立两大脑科学研究基地。

深圳高度重视脑科学研究，将其纳入了生物与生命健康产业的战略性新兴产业和未来产业的资助支持范围，同时布局了诸多实验室和研发平台，涌现出了一批脑认知、脑疾病和类脑智能方面的优秀团队。一是中国科学院深圳先进技术研究院的脑科学研究，具备国内领先优势。2014 年，中国科学院深圳先进技术研究院脑认知与脑疾病研究所（以下简称"脑所"）成立，定位为构建一个从分子、细胞等微观层面，到动物整体等宏观层面，多角度研究脑疾病的，非人灵长类动物模型公共技术服务平台。脑所借助香港脑科学取得的成绩，吸引国际顶尖创新团队，经过 3 年发展，从刚开始不到 50 人，发展到现在的 150 人。脑所已经具备多种国际先进研究技术，例如光感基因神经调控技术、光神经界面技术和神经机器接口技术等，并取得了许多研究成果。

中国科学院也与深圳在脑科学研究方面加强合作。具体在脑解析与脑模拟、类脑产业发展、生物制药等领域开展研究，共同推进相关重大科技设施、研究机构的建设。

二是深圳的高等院校在脑科学研究领域下工夫。深圳大学脑科学研究实力显著。截至 2017 年底，深圳大学已经建立了深圳市情绪重点实验室、儿童发展国际实验室、深圳神经科学院等。脑科学研究团队里有院士 2 名、长江学者 1 名，以及青年"千人计划"、特聘教授等脑科学研究领域的优秀人才。2016 年，深圳大学还成立了由两名院士领衔的人工智能与人脑工程中心。南方科技大学、北京大学深圳研究生院、清华大学深圳研究生院等，也都在加大脑科学研究方面的人才和设备建设。

三是深圳不断夯实发展脑科学的产业基础。在生物领域，深圳已经拥有 300 家各级各类创新载体，其中国家级 21 家，主要产业园区包括国际生物谷、深圳高新技术产业园、坪山国家生物产业基地等。深圳还努力搞好脑科学研究的学术生态。2015 年深圳大学谭力海教授等和美国宾夕法尼亚州立大学李平教授倡议设立"深圳脑科学论坛"，并确定深圳为永久举办城市。综合以上条件，深圳有潜力成为科学前沿和药物研发并重的"脑科学城市"。⑯

新能源

新能源又称非常规能源，是指传统能源之外的各种能源形式，如太阳能、地热能、风能、海洋能、生物质能和核聚变能等。

深圳的"七大战略性新兴产业"中包括"新能源产业"。就深圳目前产业的情况看，与太阳能有关的产业有一定程度的发展。此外，以电力为主的"储能"是深圳的长项之一。储能本身并无新旧能源之分，储存的是太阳能等新能源，就属于新能源范畴；如果储存的是"煤电"一类的电能，就算不上新能源。但是电流有一个特点，一旦发出来不储存起来，就会白白浪费掉。因此不管是新能源、旧能源，电流能否储存起来不浪费掉对"环保节能"意义重大。而环保节能也是深圳新兴产业的一个重要领域。下面举例说明深圳新能源产业发展的情况。

创益科技的太阳能薄膜电池

深圳市创益科技发展有限公司创建于 1993 年。企业创始人名叫李毅（1969—），北京人。笔者曾在 20 年前的 2003 年采访过李毅，其创业故事写在《小巨人崛起》一书里（作者孙利、段亚兵，中国时代经济出版社 2003 年出版）。

李毅父母亲都是高级工程师，因支援三线建设全家迁至西安，后来南下深圳。李毅在深圳读中学，1987 年考入深圳大学电子精密机械系，1991 年毕业。

大学毕业后，李毅开始在中国（深圳）物资工贸集团工作。他第一次接触太阳能电池是在一次参观港资企业的过程中，他感受到了太阳能电池的环保节能优势和广阔的市场前景。港商拿着一块又小又薄的太阳能电池，询问深圳有无工厂可以生产。就是在这一刻，李毅有了创业的冲动。

从香港回来李毅马上做了一番市场调研，决定下海创业。1993 年李毅与一家公司老板聊到太阳能电池进口成本太高的问题，这位老板希望能从国内厂家进货。李毅脱口说出："我可以研发生产太阳能电池……"老板大喜，当即表示出资 600 万元支持李毅生产太阳能电池。第二年年底，创益科技生产出了合格的手表计算器电池。从此以后，李毅在太阳能电池的研发道路上越走越快。

创益科技研发的是非晶体硅太阳能薄膜电池，属于第二代太阳能电池技术。第一代晶体硅太阳能电池每兆瓦需用硅材料约 13 吨；而非晶硅薄膜太阳能电池每兆瓦只需硅材料 0.12 吨，两者相差 100 倍。创益科技产品的优势明显。非晶体硅太阳能薄膜电池用途广泛，一是用于消费类电子产品；二是户外建筑，这类市场前景更广阔。早在 2006 年，中国的太阳能电池产能已经超过美国，成为继日本、德国之后的世界第三大太阳能电池生产国。而这一年，创益科技在薄膜光伏产业中居中国第一、世界第六。

李毅曾提出过一个很有名的问题："沙子值钱，还是金子值钱？"在建筑物用的玻璃膜里使用黄金，可以防止宇宙射线，但其成本可想而知。假如能将沙子（硅）当作玻璃膜的原料，能够达到与镀金一样的质量和效果，这样一来沙子岂不是与金子等值。从这句话里可以明白，李毅选择非晶硅薄膜太阳能电池技术研发方向有其充分的理由。只要人类的技术能够达到相应的水平，阳光就是取之不尽的清洁能源。

创益科技的产品，广泛地应用于太阳能电子地图牌、太阳能公用电话亭、太阳能科普长廊、光伏玻璃幕墙等众多项目上。经过 20 多年坚持不懈地辛勤耕耘，李毅的非晶硅薄膜太阳能电池技术终于取得骄人成绩。2004 年、2006 年公司的"非晶硅薄膜太阳能电池及制造方法"专利先后获得巴黎国际发明专利金奖和中国发明专利金奖。2006 年公司提前完成国家科技部"低成本的光伏玻璃幕墙"的科研课题并通过国家专家小组验收；同年 9 月成功中标广东省和香港共同招标的"低成本光伏玻璃幕墙组件开发和产业化应用"粤港项目。2009 年以"低成本非晶硅光伏建筑一体化幕墙组件"技术，荣获年度全球可再生能源领域最具投资价值十大领先技术"蓝天奖"。李毅个人拥有 140 余项专利。公司先后获得"全国节能行业杰出贡献奖""中国绿色之行"企业称号等。

近几年创益科技的非晶硅薄膜太阳能电池技术取得良好收益，发电 3000 万度，碳排放减排 1 万多吨。在我国努力实现碳达峰、碳中和"双碳"战略目标上，创益科技将作出独特的贡献。

比亚迪独特的电池技术

深圳比亚迪公司成立于 1995 年。创立人是王传福（其公司发展与个人事迹写在本书第十章"市场经济与科技创新"、第十一章"企业家"、第十六章"享受高科技生活"等章节里）。比亚迪公司现有员工超过 22 万人，业务横跨汽车、轨道交通、新能源和电子四大产业，在香港和深圳两地上市，营业收入和市值均超千亿元。这里重点讲一下比亚迪电池技术的情况。

比亚迪早在 20 年前的 2003 年就已经是全球第二大充电电池生产商，比亚迪充电电池走的是磷酸铁锂电池的技术路线。在电池领域，比亚迪具备 100% 自主研发、设计和生产能力，产品覆盖消费类 3C 电池、动力电池（磷酸铁锂电池和三元电池）、太阳能电池，以及储能电池等领域，并形成了完整的电池产业链。比亚迪采取磷酸铁锂技术的"刀片电池"是世界上独一无二的技术，在安全性上达到最高标准，通过了行业最苛刻的针刺试验；且兼具长寿命、长续航的优点。此产品 2020 年 3 月正式推出。在同年世界新能源汽车大会上，该电池技术获得"全球新能源汽车创新技术"大奖。除新能源车和轨道交通外，比亚迪的电池产品广泛用于太阳能电站、储能电站等多种新能源解决方案，比亚迪已成为全球领先的太阳能和储能解决方案供应商。2015 年，比亚迪荣获联合国成立 70 年来首个针对新能源行业的奖项——"联合国特别能源奖"。比亚迪的新能源和储能技术能够为中国实现碳达峰、碳中和目标作出重要贡献。

英飞源的能源转换技术

2021 年 11 月为宣传"专精特新小巨人"企业，我到地处深圳宝安石岩街道的英飞源企业参观调研，采访了企业创始人、董事长朱春辉。朱春辉（1971—），江苏南通人。原来在一家外资企业工作。2014 年国家开始鼓励发展电动汽车充电基础设施建设，朱春辉感觉到创业的机会来了，他说："相当于到了一个从黎明前黑暗到了太阳升起的机会。"于是与一些同事、伙伴相约来到深圳创业，成立了深圳英飞源公司。公司主攻研发充电模块，这是电动汽车充电桩的核心部件。2016 年推出了技术成熟的产品。公司的充电模块技术有一个优点："需要功率大，就多拼一些模块；需要功率小，就少拼一些，十分灵活。"

由于有国家政策的鼓励，当时行业内都认为这是一个创业的风口。据统计，国内充电桩企业数量一度曾达到千余家。2018 年起由于出现资金困难等问题，许多企业或倒闭或退出，充电桩行业出现了剧烈的洗牌过程。但深圳英飞源技术有限公司却脱颖而出，创业几年时间成为充电桩行业中的领头羊。公司营业收入从 2015 年的不到 1 亿元增长到 2020 年的 5.89 亿元，员工从 20 多人增加至近 200 人，其中研发人员占多半。由于英飞源的产品技术先进、质量良好，国内国外都有良好的销路；特别是外销产品销售价格并不低，改变了中国产品质次廉价的形象。朱春辉董事长自信地告诉我说："在国际上，我们的产品可以跟任何一家著名公司竞争。"2022 年公司营业收入达到 14.29 亿元，出口销售收入约占 50%，数据亮眼。公司先后获得国家高新技术企业、国家级"专精特新小巨人"企业等多项荣誉称号。

新材料

材料是人类赖以生存和发展的物质基础，是人类进步的标志物。历史学家们甚至以材料及其器具作为划分时代的标志：从旧石器时代开始，人类社会经历新石器时代、青铜器时代、铁器时代、钢铁时代、高分子时代、高性能陶瓷时代，直到复合材料时代。因此，材料产业的重要性毋庸置疑。20 世纪 70 年代，学者们把信息、材料和能源誉为当代文明的三大支柱；80 年代出现新技术革命，又将新材料、信息技术和生物技术并列为新技术革命的重要标志。"新材料"指的是，新出现的具有优异性能的结构材料和有特殊性质的功能材料等，或是传统材料改进后性能明显提高或产生新功能的材料。

深圳的"七大新兴产业"中包括"新材料产业"。根据中国百强研究院发布的《百强观察：2018 年深圳市新材料产业报告》，2017 年深圳新材料产业规模达 1968 亿元。2021 年深圳新材料产业增加值达到 324 亿元。全市新材料领域规模以上相关企业超过 500 家，拥有新材料上市公司超过 40 家。

深圳重点发展的新材料产业主要包括新能源材料、电子信息材料、生物医用材料、先进金属材料、高分子材料、绿色建筑材料、前沿新材料等七大领域。深圳对新材料支撑领域（电子信息材料、新能源材料、生物材料）、优势领域（新型功能材料、功能结构一体化材料）、新兴领域（超材料、纳米材料、超导材料等）的研发及产业化项目都有政策支持[17]。

深圳新材料企业数量众多、产品丰富，我们在前面章节中已经讲过几个例子。深圳烯旺新材料科技公司 2018 年研发的石墨烯智能发热服装，让穿着这种服装的中国演员在韩国平昌冬季奥运会上表演动作轻盈优美的舞蹈（内容见第五章"产业园"）；大疆公司研发的无人机技术之所以能够在深圳发展良好，与深圳发达的碳纤维产业基础有关系，完善的碳纤维产业链为无人机的生产准备好了合适的材料（内容见第六章"产业链"）；光启研究院研发的超材料开创了材料史上的新领域，将在航天航空领域发挥重要的作用（内容见第八章"人才高地"）；柔宇科技公司发明的柔性显示屏，不光在手机领域惊艳亮相，而且将会在可穿戴设备中大显身手（内容见第九章"资金流动"），等等。这里再举几个有特点的企业例子。

烯湾科技的碳纳米管纤维

深圳烯湾科技公司成立于 2016 年，创始人名叫邓飞。邓飞，江西人，公司的创始人之一，企业首席科学家。邓飞出生于材料世家，邓飞的父亲是中国首批公派留学日本的学生，在东京大学陶瓷专业攻读博士学位。邓飞随父母前往日本读完小学和初中。进入高中后，父亲感觉儿子中文学得不够好，就让他回到江西南昌读高中，加强母语学习。

在读硕士期间，邓飞了解到高性能纤维复合材料是航空航天产业最重要的材料之一，便努力想进入该领域的权威学术圈——东京大学武田展雄研究室攻读博士学位。但日本不允许中国籍学生从事碳纤维专业学习，他便在导师的指引下进入了碳纤维的下一代研究领域——碳纳米管材料专业。这是碳纤维研究领域的"无人区"，连导师也没有涉足过。邓飞成了当年东京大学唯一从事碳纳米管材料专业研究的学生，也由此成为全球最早进入这一领域的科学家之一。

纳米材料被誉为 21 世纪最重要的先进材料，而其中的碳纳米管材料，其强度是钢的 270 倍，而密度却只有钢的 1/6，同时还拥有很好的柔韧性，被称为"纳米材料之王"。产品广泛用于制造航空器机体及军事等领域，被誉为 21 世纪的"黑色黄金"。从 2012 年开始，邓飞在美国特拉华大学任职期间，白天做研究员，晚上回实验室进行碳纳米管材料研究。经过 3 年坚持不懈的研究，他终于研发出可量产的高性能碳纳米管纤维，邓飞成为该领域顶级专家。邓飞的科技成果，与目前美国、日本、澳大利亚和韩国研究团队做出的碳纳米管纤维相比，在强度和杨氏模量两个最关键的指标数据上遥遥领先，其性能达到甚至优于目前最先进的 T800H、S 碳纤维，其断裂应变性能是后者的 5 倍。

邓飞 2016 年回国创办企业，带领研发团队与全球 20 多个研发团队竞争，率先突破难点实现碳纳米管纤维产业化，于 2019 年实现了百吨级全线量产。在 2019 年 8 月召开的第 22 届国际复合材料大会（ICCM22）上，烯湾科技正式发布了全球首张大尺寸碳纳米管纤维编织布，惊艳会场。

清溢光电的掩膜板

深圳清溢光电股份有限公司成立于 1997 年，由著名爱国实业家、全国政协原常委、香港工业总会名誉主席唐翔千先生投资创办。公司主要从掩膜板的研发、设计、生产和销售业务。所谓"掩膜板"，通俗讲是一种类似于电影胶片的"底片"。这种高精密材料是承接图形设计、工艺技术等知识产权信息的载体，被广泛地应用于平板显示、半导体芯片、触控屏、电路板等下游行业产品制造中。2016 年清溢光电成功研制 AMOLED 高精度掩膜板，成为全球第六家具备该产品生产能力的商用厂家，打破了国内产品依赖国外进口的局面。

清溢光电经过 20 多年的摸索与积累，已成为国内成立最早、规模最大、技术最先进的专业制作高精度掩膜板和相关精密设备的国家高新技术企业之一。2018 年公司荣获由中国电子材料行业协会授予的"中国新型显示产业链发展贡献奖之特殊贡献奖"。2019 年清溢光电登陆创业板。

华科创智的纳米银线

深圳市华科创智技术有限公司成立于 2014 年。华科创智的创始人名叫喻东旭。喻东旭（1971—），湖北人。毕业于华中科技大学本科，后就读于香港中文大学—清华大学 MBA。2012 年开始自己创业，2014 年任深圳市华科创智技术有限公司董事长兼 CEO。

创办华科创智是缘于他遇到了自己事业上的贵人——温维佳教授。温维佳（1956—），重庆开县（现开州区）人。温维佳先是在重庆大学读完本科、硕士，后入中国科学院攻读物理学博士。1995 年温维佳入香港科技大学读博士后课程，1997 年远赴美国加州大学洛杉矶分校继续博士后研究。1999 年毕业后回到香港科技大学任教。2014 年 1 月，温维佳和研究团队在国家科学技术奖励大会上，其"巨电流变液结果和物理性质的研究"获得国家自然科学奖二等奖。

就在 2014 年 8 月，喻旭东遇到了温维佳教授。温教授向喻旭东介绍了纳米银线透明导电薄膜技术。随着电子器件、特别是平板显示朝着轻薄化方向发展，大尺寸触摸屏和柔性屏的市场空间巨大。在这方面，纳米银线技术在工艺成熟度、成本、可弯折性等方面具有很大的优势。温教授认为："纳米银线优异的可弯曲性是未来曲面、可折叠、穿戴等智能终端唯一的解决方案。"喻东旭对温教授的科研成果非常信服，于是两人一拍即合，决定创办华科创智公司。2016 年深圳市政府与龙岗区政府给予这个创业团队高达 4000 万元的资助，并由深创投完成了首轮融资，于是公司迁址到龙岗区宝龙工业区进行扩产。

公司的技术研发、量产进展迅速而顺利。在材料端，公司的纳米银线合成技术已处于全球领先地位，其自主研发的第五代纳米银线墨水平均直径小于 8 纳米，在导电性、透光性、弯曲性、稳定性等方面拥有绝对优势；在部件端，公司的电容屏标准从 10.1 英寸到 110 英寸全线覆盖，超大尺寸电容屏已在全球首家批量出货。公司已实现从纳米银线墨水合成、涂布、大规模工程应用，再到智慧终端全产业链的布局，成为行业的隐形冠军。经过短短 3 年时间，公司资产从 300 万元发展到估值 10 亿元，成为一家独角兽企业。

① 《"中国四朵云"飘来新机遇》，内部材料，《决策资讯》2022 年 5 月 6 日。
② 王小广、杨柳：《承载与远见·机制催生创新》，海天出版社 2020 年版，第 102 页。
③ 吴凡：《2021 年 IMT-20205（G5）大会在深举行》，《深圳特区报》2021 年 12 月 7 日。
④ 国家发改委：《大力推动我国数字经济健康发展》，《新华文摘》2022 年第 7 期。
⑤ 吴凡：《光纤到房间，深圳建设千兆城市》，《深圳特区报》2021 年 12 月 7 日。
⑥ 陈姝：《网络与通信产业集群打造全球高地》，《深圳商报》2022 年 6 月 15 日。
⑦ 《中国 6G 专利申请数量全球第一》，新华社北京 12 月 5 日电。
⑧ 吴吉：《"中国芯"底层专利有突破》，《深圳商报》2022 年 2 月 23 日。

⑨ 王苏生、陈博等:《深圳科技创新之路》,中国社会科学出版社 2018 年版,第 194 页。

⑩ 王小广、杨柳:《承载与远见·机制催生创新》,海天出版社 2020 年版,第 56 页。

⑪ 刘娥等:《华傲数据:精准防疫的"幕后英雄"》,《深圳特区报》2022 年 6 月 27 日。

⑫ 吴吉:《深圳生物医药产业聚集效应凸显》,《深圳商报》2022 年 6 月 30 日。

⑬ 尹烨:《生命密码》,中信出版社 2018 年版,第 294—299 页。

⑭ [美] 亚力克·罗斯:《新一轮产业革命》,浮木译社译,中信出版社 2016 年版,第 65 页。

⑮ 李斌等:《未来产业:塑造未来世界的决定性力量》,北京联合出版公司 2021 年版,第 160 页。

⑯ 王苏生、陈博等:《深圳科技创新之路》,中国社会科学出版社 2018 年版,第 199 页。

⑰ 王小广、杨柳:《承载与远见·机制催生创新》,海天出版社 2020 年版,第 113 页。

第十五章　科技先锋

在这一章里，我们要对深圳在科技创新方面取得的成绩做一番梳理。

怎样衡量深圳科技产业在技术上达到的水平呢？技术是专业的，又十分抽象，作为普通的读者不太容易把握得住。因此，笔者考虑设立几个衡量的标准：一是高级别技术研发实验室的数量和水平。二是城市获得的专利等知识产权的数量（包括研发资金的投入量）。三是国家认定的高新技术产业数量和国家认定的专精特新小巨人企业数量。四是国家级科技成果得奖数量。通过这几个指标，相信就是对技术专业不太熟悉的普通读者，也能对深圳科技水实力有个大致的印象。

国家级重大科技基础设施项目

深圳建市之初，科研机构白纸一张。经过几十年的发展，深圳开始拥有高级别科研机构。其类别，一是国家级重大科技基础设施（政府直接参与）；二是诺贝尔奖获得者实验室（主要设在各大学里）；三是工程技术中心（主要落户在企业里）。

深圳已拥有3家国家级重大科技基础设施项目和3个"准国家级研究机构"。

国家超级计算深圳中心

国家超级计算深圳中心（深圳云计算中心），是国家"863"计划、广东省和深圳市的重大项目，建在深圳南山区。该项目于2009年由中国科学院、深圳市政府共同建设，2011年11月投入运行，总投资12.3亿元，是深圳自建市以来由市政府投资最多的国家级重大科技基础设施。该项目配备的主机是由中国科学院计算技术研究所研制、曙光信息产业（北京）有限公司制造的曙光 6000 超级计算系统。该机 2010 年 5 月经世界超级计算机组织实测确认，运算速度达每秒 1.271 万亿次（峰值 3000 万亿次），排名世界第二。其惊人的计算能力超过 20 万台普通笔记本电脑的计算能力。超级计算中心是一个国家和地区自主创新能力和综合竞争力的具体体现。

超算中心对深圳有什么意义呢？简单说，凡是需要使用到计算机来解决问题的技术，都可以称之为计算机技术，计算机技术已经成为人类社会不可缺少的技术工具。计算机技术应用于人类生活的方方面面，小到日常生活算账，中到工作学习，大到预测天气变化、大型水利工程的管理、核爆炸模拟运算等计算项目，都离不开计算机技术。随着科学技术的发展和信息社会的到来，对算法、算力的要求越来越高。就深圳的产业发展而言，计算机技术其实就是未来新一代信息技术、人工智能技术、生物医药技术等产业发展的基础技术。因此深圳建立国家超算计算中心，将对深圳的未来发展产生深远的影响。

深圳国家基因库

深圳国家基因库于 2011 年 10 月由国家发展改革委员会、财政部、工业和信息化部以及卫生部四部委批复，由深圳华大基因研究院组建及运营。这是我国唯一一个获批筹建的国家基因库，填补了我国长期缺少国家级基因数据中心的空白。如果在国际上作一个比较，该基因库是继美国国家生物技术信息中心（NCBI）、欧洲生物信息研究所（EBI）、日本 DNA 数据库（DD—BJ）之后全球第四个国家级基因库（其英文名称为 China National Gene Bank，简称 CNGB），相比之下其综合能力位居世界第一。

深圳国家基因库位于深圳市大鹏新区，建设规模 11.6 万平方米，已存储多种生物资源样本 1000 万份，已经成为全球最大的基因数据产出平台。基因是万物生存发展之源，生物体的生、长、衰、病、老、死等一切生命现象，都与基因息息相关。基因资源也是国家的重要战略资源，保存、保护和合理利用基因资源，将成为未来维护国家安全、打造核心竞争力的坚实基础和有效保障。深圳的"七大新兴产业"里包括"生物产业"；"六项未来产业"里包括"生命健康产业"。因此将国家基因库建在深圳，对深圳新产业的发展具有极其重要的意义。

大亚湾中微子实验项目

设立大亚湾中微子实验室的设想产生于 2003 年，项目建设得到科技部、中国科学院、国家自然科学基金委员会、广东省、深圳市和中国广东核电集团的共同支持，项目总投资 1.6 亿元，是我国基础科学领域最大的国际合作项目。

实验室位于深圳市区以东约 50 公里的大亚湾核电站群附近，紧邻世界上最大的核反应堆群之一的大亚湾核电站和岭澳核电站。核反应堆群在运行过程中，会产生出大量的中微子，这为实验室的科学实验提供了优越的条件。

实验室成立不久，就在中微子实验中取得了重大成果。2012 年 3 月实验室宣布发现新的中微子振荡模式，在精确测量值方面达到国际领先水平，这是中微子物理实验的一个里程碑。该实验结果，入选美国《科学》杂志 2012 年度"十大科学突破"成果，接着又入选"2012 年中国十大科技进展"成果。说一句题外话：韩国科学家在中微子振荡模式研究上也取得了成果，但时间比中国方晚了 25 天，而科学发现的标准是只承认第一、不承认第二。

除了以上 3 个国家级实验室，深圳还有 3 个研究机构也值得介绍。这些研究机构由院士领衔，可以称之为"准国家级研究机构"，或"国家实验室的预备队"。

中国科学院深圳先进技术研究院（简称"深圳先进院"）

深圳先进院成立于 2006 年 2 月，是由中国科学院、深圳市政府及香港中文大学共同建立、实行理事会管理的科研机构。据 2017 年 3 月研究院官网显示，研究院拥有徐扬生、陈国良、汪正平等中国工程院院士 3 人，现任院长樊建平。先进院下属 6 个研究所，分别为：先进集成技术研究所、生物医学与健康工程研究所、先进计算与数字工程研究所、生物医药与技术研究所、广州中国科学院先进技术研究所、SIAT—MIT 麦戈文联合脑认知与脑疾病研究所。2006—2015 年期间，共建设 62 个国家 / 省部及市级创新载体。其中：国家级创新载体 7 个；重点实验室 22 个，包括中国科学院重点实验室 2 个，广东省重点实验室 4 个，深圳市重点实验室 16 个；工程实验室 18 个；工程中心 6 个；公共技术平台 16 个。

鹏城实验室

鹏城实验室始建于 2018 年 3 月。实验室为广东省级，主任为中国工程院院士高文。该实验室主要研究方向是网络通信、网络空间和网络智能，主要使命任务是聚焦服务国家宽带通信和新型网络战略，服务于国家粤港澳大湾区和深圳中国特色社会主义先行示范区建设。计划于 2035 年建成，预计总投资为 135 亿元。

实验室下属 5 个研究中心，均由中国科学院院士或中国工程院院士负责。分别为：人工智能研究中心，责任院士为高文；网络通信研究中心，责任院士为刘韵洁；网络空间安全研究中心，责任院士为方滨兴；机器人研究中心，责任院士为徐扬生和封锡盛；量子计算研究中心，责任院士为俞大鹏。此外还有由赵沁平院士、丁文华院士、于全院士、郑志明院士、陈杰院士、桂卫华院士、吴建平院士等领导的 8 个院士工作室。

2022 年 4 月 28 日，鹏城实验室研制的"鹏城云脑Ⅱ"重大科技基础设施项目——"AI 集群软硬件系统"顺利通过项目验收。该项目曾在 AIPerf 500、IO500 全节点和 10 节点榜单中荣获 3 项世界第一。

2022 年 6 月 15 日在首届华为伙伴及开发者大会（2002）上，"中国算力网—智能网络"正式上线。中国算力网是鹏城实验室推进的算力网络计划，提出"像建设电网一样建设国家算力网，像运营互联网一样运营算力网，让用户像用电一样使用算力服务"的发展愿景。能够想象，这将是对中国社会经济发展产生重大影响的一项智能网络计划。

深圳湾实验室

深圳湾实验室，又名生命信息与生物医药广东省实验室，于 2019 年 4 月正式揭牌，由深圳市科技创新委员会和北京大学深圳研究生院共同举办，属于第二批广东省实验室之一。实验室主任为中国工程院院士詹启敏。深圳湾实验室学术委员会包括 9 位中国科学院院士、1 位中国工程院院士、两位美国科学院院士、1 位美国国家工程院院士和 1 位美国医学与生物工程院院士。学术委员会主任委员为中国科学院院士张明杰。该实验室坚持"立足深圳、问题导向、汇聚人才、支撑发展"的发展理念，建设中国华南地区生命科学和生物医药领域的学术研究中心，力争成为生命科学和生物医药领域的国家实验室。

深圳规划建设的国家试验项目还有：国家未来网络科技基础实验设施（由深圳市政府联合教育部、中国科学院共同建设）；人工智能与数字经济广东省实验室（深圳）；岭南现代农业科学与技术广东省实验室；深圳综合细胞库，深圳（北科）区域细胞制造中心；以及深圳第一个卫生系统 P3 实验室等。

深圳诺奖科学家实验室

2018 年深圳市科技创新委员会和深圳市财政委员会出台了《深圳市诺贝尔奖科学家实验室组建管理办法（试行）》。在政府政策支持下，深圳各所大学积极行动，已经建起了 13 家诺奖实验室。下面按照成立时间顺序做一些简介。

中村修二激光照明实验室

该实验室成立于 2016 年 12 月。在李屹博士（深圳光峰科技股份有限公司创始人）热情邀请下，诺奖得主中村修二接受邀请，来深圳建立实验室并任主任。该实验室致力于研发全球领先的激光照明技术。

据说李屹邀请时，打动中村修二的一句话是："想再获一次诺奖吗？来广东吧，让深圳速度给你加速。"中村修二（1954—），日裔美籍电子工程学家。1993 年首次开发出蓝高亮度蓝光 LED，使 LED 能够产生红绿蓝三原色；他还攻克了蓝光 LED 工业化生产遇到的诸多世界性难题。这一技术带来节能明亮的白色光源，瑞典皇家学院将中村修二誉为"21 世纪的爱迪生"。2014 年他因这项发明获得诺贝尔物理学奖。他也是蓝色激光的发明者，被誉为"蓝光之父"。

李屹（1970—），光峰科技公司创始人、董事长兼 CEO。先后获得清华大学学士学位，美国罗切斯特大学硕士、博士学位。2006 年 10 月创办深圳市光峰光电技术有限公司。光峰科技运用中村修二的蓝光技术，加上荧光法，研发出 ALPD 激光荧光显示技术，打破了长期以来制约激光显示的技术瓶颈，被视为下一代的理想光源；并率先实现了激光显示光源的产业化。

中村修二曾多次预言："未来的照明领域将进入激光时代。"李屹则说："将激光用于照明，一个激光灯可以照亮一个篮球场。"2022 年 2 月北京冬奥会开幕式暖场演出中，光峰科技在深圳分会场以云层为纸，以 5 盏高光通量的激光投射灯为笔，在夜空中书写下"天下一家"4 个字，并在云端投射出奥运五环标志，制造出奇幻景象。李屹还有一个"野心"：把激光打到月球上去。初一时分月球被地球挡住看不见，李屹要用一束激光把月亮照亮；而在十五月圆时，要用激光把深圳的地标图案打到月球的环形山上去。这是没有人敢想的勃勃雄心，但愿能够实现。2020 年，李屹被评为"深圳经济特区建立 40 周年创新创业人物和先进模范人物"；同年荣获深圳市"市长奖"。

瓦谢尔计算生物研究院

瓦谢尔计算生物研究院成立于 2017 年 4 月，依托香港中文大学（深圳），由阿里耶·瓦谢尔教授领衔。阿里耶·瓦谢尔（1940—），出生于以色列，美国和以色列双重国籍。美国国家科学院院士、英国皇家化学学会荣誉会士，计算机模拟生物分子功能技术的先驱。2013 年他与美国另外两位科学家（马丁·卡普拉斯、迈克尔·莱维特）因给复杂化学体系设计了多尺度模型而获得诺贝尔化学奖。该研究院通过大数据、人工智能与机器学习等现代科技手段来发现新的生物标记，开展药物开发以及生物机制的探索等，这也将是未来计算生物的趋势。

科比尔卡创新药物开发研究院

科比尔卡创新药物开发研究院成立于 2017 年 4 月，依托香港中文大学（深圳），由科比尔卡教授领衔。布莱恩·科比尔卡（1955—），出生于美国明尼苏达州利特尔福尔斯古城。美国国家科学院院士、斯坦福大学医学院分子与细胞学教授。2012 年他与美国科学家罗伯特·莱夫科维茨，因在 G 蛋白偶联受体方面的研究获得 2012 年诺贝尔化学奖。

该研究院的目标是力争站在世界药物研发科学的前沿，应用各种先进技术研制新药，做出高端的成果，把深圳的新药研究与产业化带入世界高水平。

格拉布斯研究院

格拉布斯研究院成立于 2017 年 12 月，依托单位是南方科技大学。格拉布斯（1942—），是加州理工学院终身杰出冠名教授，也是美国科学院、工程院、艺术与科学学院三院院士，2015 年当选为中国科学院外籍院士。由于他在烯烃复分解反应领域做出了划时代贡献，于 2005 年荣获诺贝尔化学奖。格拉布斯教授的主要研究领域是"催化化学以及高分子合成化学"，他的研究技术对新医药、新材料和新能源领域的发展有重要的影响。这几个方面都是深圳未来产业发展的方向。

盖姆石墨烯研究中心

盖姆石墨烯研究中心成立于 2017 年 12 月，以清华—伯克利深圳学院和清华大学深圳研究生院为依托单位，盖姆教授任主任。安德烈·盖姆（1958—），荷兰籍人。出生于俄罗斯索契市。他目前同时受聘于英国曼彻斯特大学和荷兰奈梅亨大学。2004 年安德烈·盖姆和康斯坦丁·诺沃肖罗夫发现了石墨烯材料，为此瑞典皇家科学院宣布将 2010 年诺贝尔物理学奖授予两人。石墨烯被誉为材料之中的"黑金"和"新材料之王"，随着石墨烯材料的深入研究和广泛应用，已开始引发电子、能源、生物等一系列产业的变革。有科学家预言，石墨烯将彻底改变 21 世纪。该中心将重点攻克石墨烯材料在基础前沿研究和高端产品产业化方面遇到的关键难题。可以预料，至少在可穿戴电子装备、可再生能源、高端装备等领域，石墨烯材料将大有用武之地。

沃森生命科技中心

乐土沃森生命科技中心成立于 2018 年 3 月，落户于风景秀丽的大鹏湾深圳国际生物谷坝光核心启动区（坝光生物谷是深圳已建 7 个未来产业区之一），由诺贝尔生理学或医学奖得主沃森为带头人。詹姆斯·沃森（1928—），美国伊利诺伊州芝加哥人，世界著名分子生物科学家、遗传学家。由于 1953 年他与克里克发现 DNA 双螺旋结构，1962 年共享诺贝尔生理学或医学奖，被誉为"DNA 之父"。DNA 双螺旋结构的发现和相对论、量子力学一起被誉为 20 世纪最重要的三大科学发现。在沃森等人的推动下，人类基因组计划成功实施，人类第一次拥有自己的基因图谱（深圳华大基因主动参与该项目，出色地完成了 1% 的基因测序工作）。该科技中心的目标是要建立"国际一流的生命科技英雄汇聚之港、世界顶级健康科技的研创教育圣地、全球生命科技产业转化高地和深圳创新精准医疗体系的稳固基石"。

2017 年沃森 89 岁时，曾亲自来到大鹏新区深圳国际生物谷考察。在展厅的参观结束时，展厅内响起了"祝你生日快乐"的乐曲，主人为沃森送上生日蛋糕和一碗长寿面，为沃森过了一个中西结合的温馨生日。这一安排让沃森感动不已。第二年 3 月 16 日在乐土沃森生命科技中心启动仪式上，年届 90 的沃森神采奕奕地出席仪式，并致辞说："相信在过去 50 多年的研究基础之上，将破解人类基因的秘密，寻找人类生命的源泉。"

切哈诺沃精准和再生医学研究院

切哈诺沃精准和再生医学研究院成立于 2018 年 3 月，依托于香港中文大学（深圳），由阿龙·切哈诺沃教授领衔。阿龙·切哈诺沃（1947—），以色列海法市人。以色列生物化学家、以色列人文和自然科学学院院士，美国国家科学院外籍院士、美国国家医学院外籍院士、美国艺术与科学院外籍院士，中国科学院外籍院士。2004 年因发现泛素调节的蛋白质降解而获得诺贝尔化学奖。

该研究院主要关注两个研究领域：癌症和传染性疾病诊治的精准医疗；以干细胞疗法治疗中风、帕金森、阿茨海默症、糖尿病等疾病的再生医学。攻克这两个领域中的疑难杂症，对保护人类健康具有重要的意义。研究院利用已有的技术优势与世界知名科学家的国际影响力，短期内发展成为世界一流的研发机构，为深圳和粤港澳大湾区的医疗事业发展作出重要贡献。

杰曼诺夫数学中心

杰曼诺夫数学中心成立于 2019 年 2 月，依托南方科技大学，埃菲·杰曼诺夫任主任。埃菲·杰曼诺夫，俄罗斯裔美国数学家，美国科学院院士，菲尔茨奖获得者。现任美国加州圣迭戈大学讲席教授，中国科学院外籍院士。他的重要的贡献是解决了 1902 年提出的伯恩赛德猜想（Burnside conjecture），而于 1994 年获得菲尔兹奖，该奖有"数学界的诺贝尔奖"之称。该数学中心将以纯粹数学和应用数学的重要研究领域为发展方向，以提升和引领深圳、粤港澳大湾区在基础数学、应用数学、计算数学等方面的科学研究，服务国家和地方的重大需求。

内尔神经可塑性试验室

内尔神经可塑性实验室成立于 2019 年 3 月，这是深圳首个脑科学诺奖实验室，依托的是深圳先进院，内尔教授担任实验室主任。厄温·内尔（1944—），德国巴伐利亚人。他因发明脑神经科学中的"脑片钳"技术，而获得 1991 年诺贝尔生理学或医学奖。他曾担任德国马克斯·普朗克生物物理化学研究所所长。2011 年首任我国科技部高端外国专家。该实验室的建立，代表着深圳拥有了中国唯一的脑认知技术和脑疾病研究实验机构。该实验室将研究的重点放在药物成瘾、学习记忆、疼痛等方面，其研究成果将对人类社会产生重要影响。

马歇尔生物医学工程实验室

马歇尔生物医学工程实验室成立于 2019 年 3 月，依托于深圳大学，巴里·马歇尔任主任。巴里·马歇尔（1951—），澳大利亚卡尔古利市人。任美国弗吉尼亚大学、澳大利亚西澳大利亚大学教授。2003 年出任西澳大利亚大学幽门螺杆菌实验室首席研究员。2011 年被评为中国工程院外籍院士。他与罗宾·沃伦因发现了幽门螺杆菌，认清了这种细菌在胃炎和胃溃疡等疾病中的作用，被授予 2005 年诺贝尔生理学或医学奖。

该实验室将围绕消化疾病的临床需求，开展重大基础研究，攻克消化疾病的精准、高效诊疗的核心关键技术，并在大鹏新区实施转化，从而推动深圳市乃至全国医疗健康产业的发展。其中幽门螺旋杆菌的研究治疗尤其具有现实意义。中国有将近 8 亿人携带幽门螺旋杆菌，是比例最高的国家。建立此实验室，推动生物医学诊断和治疗，将对保护我国民众身体健康发挥重要作用。

索维奇智能新材料实验室

索维奇智能新材料实验室成立于 2019 年 4 月，依托于哈尔滨工业大学(深圳)，索维奇教授任实验室主任。让-皮埃尔·索维奇（1944—），现任法国斯特拉斯堡大学教授，法国科学院院士，中国政府友谊奖获得者。2016 年因在分子机器设计与合成方面的突出贡献，而获得诺贝尔化学奖。

索维奇教授的科学研究，集中于制造模拟机器功能的分子。他设计的合成分子"最小的机器",直径只有一根头发丝的千分之一细。该实验室的一个研究领域是"卡颂智能壁材",利用智能的分子机器技术,使甲醛在室内可见光下转化为无害的水与二氧化碳,实现吸附有害气体的智能化分解。卡颂智能壁材的大量使用,将有利于《"健康中国 2030"规划纲要》的实施。

斯发基斯可信自主系统研究院

斯发基斯可信自主系统研究院(RITAS)成立于 2019 年 11 月,依托于南方科技大学,南科大计算机系杰出兼职教授约瑟夫·斯发基斯任荣誉院长。约瑟夫·斯发基斯(1946—),希腊伊拉克利翁市人。法国国家科研中心(CNRS)的研究总监,是法国著名 Verimag 实验室创始人。斯发基斯由于对计算机技术的特殊贡献而获得图灵奖。该奖项 1966 年由美国计算机协会(ACM)设立,有"计算机界诺贝尔奖"之称。该研究院着眼于"人机共融"的计算机技术,针对各种系统对"可信"的共性需求,研究领域覆盖可信计算智能、可信软件、可信自动驾驶、可信智慧城市和可信智慧医疗等重点前沿方向,开展基础理论研究与关键技术研发。

帕特森 RISC—V 国际开源实验室

帕特森 RISC—V 国际开源实验室成立于 2019 年 11 月,依托清华—伯克利深圳研究院,帕特森担任实验室主任。大卫·帕特森,美国科学院、工程院、艺术与科学学院三院院士,伯克利加州大学电子工程与计算机科学学院荣誉教授,2018 年获颁清华大学名誉博士学位。帕特森教授最早提出了"精简指令集"(RISC)体系,RISC 指令集完全开源并免费。为此他与约翰·轩尼诗获得了 2017 年度图灵奖。

第五代精简指令集(RISC—V)是目前最新一代伯克利 RISC 处理器指令集,由帕特森教授带领的伯克利加州大学团队于 2011 年首次发布。RISC—V 的硬件和软件技术发展,吸引了世界各国的关注。

该实验室将建设以深圳为根节点的 RISC—V 全球创新网络,聚焦于 RISC—V 开源指令集 CPU 研究领域,包括极低功耗的新型内存技术、开源处理器芯片的开发与优化等。实验室的研究方向完全符合深圳战略性新兴产业和未来产业的布局。

附：深圳诺奖科学家实验室（13 家）一览表

诺奖实验室名称	落户单位
中村修二激光照明实验室	深圳市中光工业技术研究院
瓦谢尔计算生物研究院	香港中文大学（深圳）
科比尔卡创新药物开发研究院	香港中文大学（深圳）
格拉布斯研究院	南方科技大学
盖姆石墨烯研究中心	清华—伯克利深圳学院 清华大学深圳研究生院
沃森生命科技中心	乐土投资集团
切哈诺沃精准和再生医学研究院	香港中文大学（深圳）
杰曼诺夫数学中心	南方科技大学
内尔神经可塑性实验室	深圳先进院
马歇尔生物医学工程实验室	深圳大学
索维奇智能新材料实验室	哈尔滨工业大学（深圳） 深圳标朗环保新材料科技有限公司
斯发基斯可信自主系统研究院	南方科技大学
帕特森 RISC—V 国际开源实验室	清华—伯克利深圳学院

重点实验室和工程技术中心

以上说的国家级科研队伍，或者国际大科学家领衔的科研队伍，是深圳科技创新队伍中的尖子、标杆、领军者。但这种顶尖的科学家和实验室毕竟数量不可能太多；而深圳还有众多的重点实验室，他们是深圳科技创新的主力军，撑起了深圳科技创新的一片天。

据到 2017 年底统计的数字，全市共拥有重点实验室 271 家，其中国家级重点实验室 14 家、省级重点实验室 24 家、市级重点实验室 233 家。高等院校、科研机构是重点实验室的依托单位，数量占绝大多数，占比超过 70%。由高校（包括研究生院）组建的重点实验室 96 家，占总数的 35.4%，其中深圳大学 35 家，哈尔滨工业大学深圳研究生院 4 家，清华大学深圳研究生院 23 家，北京大学深圳研究生院 18 家，其他高校 16 家；依托研究院组建的重点实验室 84 家，占总数的 31%；依托医疗卫生机构组建的重点实验室 34 家，占总数的

12.5%；依托公司组建的 19 家，占总数的 7%；依托其他机构的 16 家，占总数的 5.9%。①

截至 2021 年末，重点实验室数量增至 312 家，其中国家部委级重点实验室 15 家，广东省级重点实验室 60 家。仅 2021 年立项的重点实验室就有 30 家，包括深圳市材料界面科学和工程应用重点实验室、深圳市生物医药病毒载体重点实验室等。

名叫"实验室"的各类科研机构，一般以基础理论研究为重点。深圳还有大量从事应用技术研究的机构，一般称之为"工程技术中心"，这些机构基本上都设在企业内。深圳的技术研发最早是从企业开始的，在很长一段时间里扮演重要角色。

据 2017 年底的统计数字，深圳的工程技术中心达到 569 家，具体又分为"工程"与"技术"两类。工程中心数量为 334 家，其中国家级 7 家，省级 130 家，市级 197 家；技术中心数量为 235 家，其中国家级 24 家，市级 211 家。②两者的重点有所不同。"工程中心"一般是指覆盖行业和领域的综合性科研机构，能够提供综合性技术服务；技术中心则多指为某种类型企业服务的科研机构，其研发注重结合企业遇到的实际问题，研究的问题注重加具体，更接地气。

截至 2021 年 9 月，深圳的工程中心数量增加至 1198 家，包括国家部委级工程中心 18 家，省级 885 家，市级 295 家。深圳建成的国家级企业技术中心数量达到 35 家。其中包括华为技术公司技术中心、创维—RGB 电子公司技术中心、中广核集团公司技术中心、大疆创新科技公司技术中心、深圳拓邦公司技术中心等。

专利等知识产权的数量

以国家为单位计算专利数量

2022 年 2 月，世界知识产权组织（WIPO）在日内瓦公布了最新数据。通过世界知识产权组织《专利合作条约》（PCT）提交的专利国际申请量，是衡量创新活动的一项重要指标。2021 年，通过 PCT 提交专利国际申请最多的国家是中国，共 69540 件，同比增长 0.9%；之后是美国(59570 件)、日本(50260

件）、韩国（20678件）、德国（17322件）。

根据世界知识产权组织公布的数据，中国于2019年超过美国成为国际专利申请量最多的国家。

按照国家有关部门公布的数据，截至2020年，国内发明专利有效量达到223.1万件，每万人发明专利拥有量达到15.78件，大大超过"十三五"规划规定的目标任务（12件）。中国注册商标576.1万件。2020年中国专利密集型产业增加值达12.13万亿元，占GDP比重为11.97%，比上年提升0.35%。2021年中国授权发明专利增至69.6万件，受理PCT国际专利申请7.3万件，收到马德里商标国际注册申请5928件。③

以城市为单位计算专利数量

据《深圳市2019年知识产权发展状况白皮书》统计，深圳市专利申请量为26.15万件，占全国的6.23%、全省的1/3，居全国首位；专利授权16.66万件，居全国首位；每万人口发明专利拥有量达106.3件，约为全国平均水平（13.3件）的8倍。有效发明专利5年以上维持率达85.22%，居全国大中城市首位（不含港澳台地区）。2019年深圳市PCT国际专利申请量为1.75万件，占全国总量近三成，连续16年居全国首位。

在商标和软件著作权方面，深圳的数量增长也比较快。2019年，深圳市商标注册量为39.52多万件，同比增长20.90%；商标有效注册量为139.67万件，同比增长36.11%，居全国第三。其中，深圳拥有的中国驰名商标累计183件（截至2018年底）。

以企业为单位计算专利数量

据世界知识产权组织发布的数据，2021年华为技术有限公司以6952件PCT国际专利申请排名第一，并且连续5年独占鳌头。其中在欧美发达国家的累计有效授权专利为4万件。华为在中国国家知识产权局和欧洲专利局2021年度专利授权量均排名第一，在美国专利商标局2021年度专利授权量位居第五。截至2021年底，华为在全球累计申请量超过20万件，累计授权量超过11万件，PCT超过6万件。

另有两家中国企业位居前十大申请人榜单，分别是中国广东欧珀移动通讯有限公司（OPPO）和京东方科技集团股份有限公司。

深圳有 7 家企业闯入"国际专利申请 50 强"，除了华为公司外，还有平安科技（第 6 位），中兴通讯（第 13 位），大疆创新（第 20 位），瑞声声学科技（第 29 位），华星光电（第 33 位）和腾讯科技（第 42 位）。

另有 19 所中国高校进入全球教育机构 PCT 国际专利申请人排行榜前 50位，深圳大学以 202 件专利列第 12 位。④

2019 年，深圳的创新主体在美国、欧洲、日本、韩国 4 个经济体中的发明专利公开量，分别为 7308 件、7636 件、897 件、988 件，以较大优势位列全国各大城市第一名。

中国专利奖是我国知识产权领域的最高奖项，也是我国唯一的专门对授予专利权的发明创造给予奖励的国家级奖项，由国家知识产权局和世界知识产权组织共同颁发。深圳企业在国家专利奖评审中有比较出色的表现。2018 年在第 20 届中国专利奖评审中，深圳共获得专利金奖 4 项（获奖企业是信立泰、主力智业、源德盛、优必选），占全国总数（30 项）的 13.3%；专利银奖 9 项；外观设计银奖 3 项；专利优秀奖、外观设计优秀奖分别为 51 项和 8 项。2019年在第 21 届中国专利奖评审中，再获金奖 5 项。⑤

在 2022 年第 23 届中国专利奖评审中，华为大有斩获，获奖项目名为"一种射频接收机及接受方法"（发明人易岷、梁建、朱年勇）；华为终端的"手机（九十九）"也进入外观设计金奖前十。同进外观设计金奖前十的还有深圳市奥沃医学新技术发展有限公司的"伽马刀"。

中兴通讯上榜的项目是《切换方法及装置》（发明人施小娟、方建明），该项目是 4G、5G 标准的必选技术。中兴通讯在中国专利奖评选中已累计获得 10 项金奖、两项银奖、38 项优秀奖，是通讯行业获中国专利奖最多的企业。中兴通讯目前位列全球专利布局第一阵营，是全球 5G 技术研究、标准制定主要贡献者和参与者。截至 2021 年公司拥有约 8.4 万件全球专利申请、历年全球累计授权专利约 4.2 万件。

据深圳市知识产权局提供的数据，2021 年全市企业发明专利授权量突破 4 万件，同比增长 44.02%，高于全省及全国平均水平。全市 1/5 的高新技术企业，获得全市 3/4 的发明专利授权，其中华为、腾讯发明专利授权量分列全国第一、第二位。⑥

城市科技投入数量

与知识产权产出数量有关的另一个数据，是一个城市的科技投入。国际上通常用一个专用词"R&D"（Research and Development，翻译成中文就是研究与试验发展）表示，指的是在科学技术领域，为增加知识总量以及应用这些知识去创造新的应用，而进行的系统的创造性活动，具体包括基础研究、应用研究、试验发展等三类活动。国际上通常用采用R&D活动的规模和强度指标，反映一国的科技实力和核心竞争力。

据广东省统计局数据，"十三五"期间，深圳R&D经费增长106.3%，位列全国第三。2020年深圳的年度科技研发经费投入1510.8亿元，占GDP总量27670.2亿元的5.46%。2021年深圳全社会研发投入占GDP比重再次达5.46%，居全国前列；战略性新兴产业增加值达1.12万亿元，占GDP比重达38.6%；市级科技研发资金投向基础研究和应用基础研究的占比为46%，基础研究能力在稳步提升。[⑦]

《福布斯》杂志中文版对城市GDP达到一定规模以上中国大陆城市进行调查，并参考新申请专利数（人均及总量）、科技三项（新产品试制费、中间试验费和重大科研项目补助费）支出占地方财政支出比例、发明专利授权量（人均及总数）、国际专利/PCT申请量（人均及总量）等指标，加权计算出相应城市的创新能力并排名。自2010年评价排名产生以来，全国城市中深圳8次居榜首。[⑧]

国家高新技术企业

深圳市的领导比较早地认识了高新技术产业化的重要性，因此一直重视抓好高新技术企业的培育和认定工作。这是深圳高新技术产业发展比较好的原因之一。早在1996年10月，深圳就制定了《深圳市高新技术企业认定办法》和《深圳市高新技术项目认定办法》，规范了全市"开发型"、"生产型"、"应用型"和"投资型"4类高新技术企业及其产品的认定范围、标准化和必要条件，也确定了全市"开发型"和"生产型"高新技术项目审批认定的办法。到1999年3月，深圳特区已经认定的高新技术企业129家。[⑨]

后来国家也开始抓好高新技术企业的培育和认定工作。其标志是 2008 年国家科技部、财政部、国家税务总局联合下发的《高新技术企业认定管理办法》。按照国家有关规定，深圳开始升级对高新技术企业评定工作。在市级高新技术企业的基础上，评选出省级高新技术企业，再选出国家级高新技术企业。1996 年深圳只有 60 多家高新技术企业。2016 年后深圳的国家高新技术企业数量逐年增长。2016 年有 8379 家；2017 年有 1.12 万家；2018 年超过 1.4 万家；2019 年超过 1.7 万家；2020 年 1.86 万家；2021 年超过两万家。深圳拥有的国家级高新技术企业数量居全国大中城市第二位。[⑩]

专精特新小巨人

"专精特新"与"小巨人"是两个概念，但两者密切关联。

"专精特新"中小企业是指具有"专业化、精细化、特色化、新颖化"特征的中小企业；而"小巨人"指的是专精特新发展情况比较好、实力雄厚的领军中小企业。

2012 年 4 月 26 日，国务院发布《关于进一步支持小型微型企业健康发展的意见》。文件首次提出："鼓励小型微型企业发展现代服务业、战略性新兴产业、现代农业和文化产业，走'专精特新'和与大企业协作配套发展的道路，加快从要素驱动向创新驱动的转变。"

深圳由于中小企业发展得比较早、成长情况比较好，"专精特新"和"小巨人"的概念早在 21 世纪初就初步形成了。当时深圳市政府主管部门提出在深圳中小企业中，培育一批"小巨人"和"小伙伴"。所谓"小巨人"指的是一个行业中的领军人物；"小伙伴"说的是为大企业配套的专业公司。2003 年，深圳市中小企业发展促进会副会长兼秘书长孙利和笔者合作写过一本专著，书名就叫《小巨人崛起·中小企业发展之路》。书中论述了"小就是好"的观点，指出"小而专、小而新、小而特、小而精"是中小企业发展的正确道路（当时说法是"专新特精"，其文字排列顺序与现在的"专精特新"有些差别）；书中记述了一些小巨人企业成长的故事[⑪]。

截至 2021 年，我国专精特新"小巨人"企业数量已达 4762 家（2019 年第一批 248 家，2020 年第二批 1744 家，2021 年第三批 2930 家）。广东省拥有国家级专精特新"小巨人"企业数量 429 家，总量位居全国各省份第二（仅次于浙江省的 470 家）。深圳共有国家级专精特新"小巨人"企业 169 家，位居全省第一、全国第四 ⑫。深圳拥有广东省级专精特新"小巨人"企业 870 家，总量居全省第一。

在这里单独说一说"深圳市自主创新百强企业评选活动"，这项活动的开展推动了深圳企业自主研发技术活动。该项活动由深圳市科技创新委员会、深圳市中小企业服务局、中国中小企业协会指导，深圳市中小企业发展促进会和深圳特区报社主办，启动于 2006 年，每两年一届，已成功举办 6 届（2021 年第 7 届评选活动正在进行）。历届活动中，参评企业 3.5 万多家。通过评选活动，发掘和培育了一大批"专精特新"中小企业，其中大量企业是行业中的隐形冠军、创新型企业的佼佼者，见证了一批批创新型中小企业的崛起。

组织开展这项活动的深圳市中小企业发展促进会，被中小企业亲切地称之为"娘家人"。深圳市中小企业发展促进会成立于 1999 年。促进会现任会长王顺生（1949—），河北邢台南宫人。曾任珠海市市长、深圳市政协主席。创始人孙利（1960—），山东临沂人。出生于江苏南京市。深圳市人大代表，现任促进会执行会长。促进会作为政府与中小企业之间的纽带，在 20 多年里对深圳中小企业的发展作出了贡献。2007 年被广东省知识产权局授予"广东省知识产权试点单位"；2009 年被市民政局授予"深圳 5A 级社会组织"；2010 年被国家民政部评为"全国先进社会组织"；2016 年荣获国家级"中小企业创新服务先进单位"以及深圳市"首届十大杰出贡献社会组织"称号，跻身于全国最具影响力的先进协会行列。

先进科技获奖榜

企业获得国家科技奖的数量，也可以作为衡量深圳高新技术水平高低的一个标准。

国家科技奖是国家最高科技先进水平的奖项，具体分为国家科学技术奖、国家自然科学奖、国家技术发明奖、国家科学技术进步奖、中华人民共和国国际科学技术合作奖等 5 项。

根据深圳市科创委和新闻媒体不完全统计和报道，截至 2020 年，深圳共获得国家科技奖项达到 159 项（获奖名单附书后）。

深圳获奖情况有以下几个特点：一是获奖的数量开始少、后来多，说明深圳的科技研发不断进步。从有关资料看，2002 年深圳只获得 3 项奖；而 2019 年获得 20 项奖，是深圳得奖最多的一年。

二是深圳的奖项开始只有国家进步奖，后来逐渐延伸到国家技术发明奖和国家自然科学奖，这说明深圳科技研发的领域在扩大；而且后来获得国家技术发明奖的奖牌不断增加，这说明深圳的原创发明技术越来越多。

三是获奖的级别逐年上升，说明深圳科技研发的水平不断提高。2011 年深圳实现了国家技术发明一等奖的突破，拿到两个一等奖：第一个项目是"宽带移动通信容量逼近传输技术及产业化应用"（获奖单位是东南大学移动通信国家重点实验室与华为公司）；第二个项目是"国家游泳中心（水立方）工程建造技术创新与实践"[获奖单位是中国建筑公司与中建国际（深圳）设计顾问公司]。值得一提的是 2016 年获得国家科技进步奖特等奖，项目是"第四代移动通信系统（TD—LTE）关键技术与应用"（获奖单位是华为、中兴、宇龙三家深企），获得此项奖说明深圳在 4G 通信时代已经走在了全国前列。

四是早期的获奖单位主要是企业；后来深圳的大学、科研机构科研单位也慢慢增多，说明深圳培育和支持基础研发力量的努力开始见效；再后来机关单位也开始拿到奖项，例如 2011 年深圳市卫健委国家科技进步奖二等奖，项目是"面向数字化医疗的医学图像关键技术研究及应用"。这种情况说明深圳的科研队伍不断扩大、覆盖面变广。

除了获得国家奖项和广东省科技奖项，深圳也设立了市科技奖，深圳科技奖项中最有特色的要算深圳市"市长奖"。该奖设立于 2003 年，开始奖金额为人民币 50 万元；从 2006 年后升为 100 万元。名单如下：

深圳市"市长奖"名单（33 名）

年度	获奖人	代表单位	奖金数额
2003 年首奖	谢大雄	中兴通讯副总裁	50 万元
2004 年	王传福	比亚迪公司	
2005 年	徐航	深圳迈瑞生物医疗电子公司董事	

续表

年度	获奖人	代表单位	奖金数额
2006 年	马化腾	腾讯公司董事会主席兼首席执行官	100 万元
	张学斌	创维集团董事局主席兼 CEO	
	高云峰	深圳市大族激光科技公司董事长	
2007 年	徐少春	金蝶国际软件集团董事会主席兼首席执行官	
	郭德英	宇龙计算机通信科技（深圳）公司总裁	
	陈志列	研祥集团董事局主席	
	邓国顺	朗科科技公司董事长	
2008 年	杜宣	深圳市金证科技股份公司名誉董事长	
	杨洪	深圳市盛航电子公司总裁	
	陈清州	海能达通讯公司董事长	
2009 年	曾胜强	深圳市证通电子股份有限公司董事长兼总裁	
2011 年	李锂	海普瑞药业董事长	
	冯冠平	清华大学深圳研究院院长	
	饶陆华	深圳科陆电子董事长	
2012 年	王俊	深圳华大基因研究院院长	
2013 年	樊建平	中国科学院深圳先进技术研究院院长	100 万元
	蔡志明	第二人民医院院长	
2014 年	李景镇	深圳大学教授、博导	
2015 年	汪滔	深圳市大疆创新科技公司董事长	
2016 年	刘若鹏	深圳光启高能理工研究院。	
	吴光胜	华讯方舟科技有限公司创始人、副董事长	
2017 年	杨震	北大深圳研究生院生物学与生物技术学院院长、教授	
	袁建成	深圳翰宇药业股份有限公司董事、总裁	
2018 年	鲁先平	深圳微芯生物科技股份有限公司总裁	
	郑海荣	中国科学院深圳先进技术研究院副院长、医工所所长	
2019 年	康飞宇	清华大学深圳国际研究生院副院长、教授	
	陈友	深圳天源迪科信息技术股份有限公司董事长	
2020 年	黄三文	中国农业科学院深圳农业基因组研究所所长研究员	
	李屹	深圳光峰科技股份有限公司董事长	
	刘磊	深圳市第三人民医院党委书记、院长	市长特别奖

资料来源：根据《深圳特区报》综合报道整理。

深圳科技创新撷英

从第十三章开始，我们对深圳的优势产业、领军企业、科技组织及成果进行了盘点，在此基础上试着对深圳总的科技创新能力做一个大致、粗略的概括和评价，但不一定准确。之所以这样说，一是本人掌握的情况有限，只能做到管窥蠡测，难免挂一漏万。二是因为科技研发是一个动态的过程，许多科研工作一直在进行，不知道哪一天实现突破，而写书笔端的速度永远跟不上事物变化的步伐。还有一个原因，可能有一些企业闷头做事、不喜声张，有了先进的技术利器藏着掖着，闷声发大财。因此，说得准确、评价到位，并不容易。

在王苏生、陈博《深圳科技创新之路》一书中，列举了深圳将在八大科技创新领域集中攻关。这八个方向是：新一代信息技术、智能制造技术、新材料技术、新能源技术、生命科学与生物技术、航空航天技术、海洋科学技术和节能环保技术。可以作为思考的依据之一。[13] 但感觉这些概括比较空泛，笔者考虑从中选择深圳先进技术的亮点，以增加实际感受认知，同时略作一些点评。

先说笔者的一个整体印象。在通讯技术的崇山峻岭中，华为先是在 4G 技术上弯道超车、又在 5G 技术上一骑绝尘，可以说已经登上了该行业的顶峰。在即时通讯网络技术的广阔海域中，腾讯是引导世界潮流的弄潮儿。在操作系统软件的战场上，华为开发的鸿蒙和欧拉操作系统在背水一战中奇兵突围，如果能够彻底突出重围，就将与谷歌和苹果三足鼎立。金蝶已经成为全球领先的商务财务服务商之一（该行业中曾经有"南金蝶、北用友"的说法），在这一行业的盛大宴席桌上，金蝶的座位比较靠前。在全球生物基因技术的赛道上，华大基因意志坚定、手脚麻利，是跑在最前面的选手之一；生物细胞技术选手中还有北科生物，曾经一个时候也是跑在全球该行业中最前面的选手，但前面的赛道还挺远。比亚迪是新能源汽车领域里的一个超级玩家，虽然对手马斯克的特斯拉貌似很强大，但王传福似乎并不惧怕。在基础物理的密林中，大亚湾中微子实验室在中微子振荡模式精确测量值方面一鸣惊人，其科研成果列入美国《科学》杂志 2012 年的十大科学突破，看来诺贝尔奖已开始向他们招手。在无人机的天空中，大疆的企业消费级无人机天高任鸟飞，天上 10 架无人机中有 7 架属于大疆。优必选的机器人在华丽的舞台上优雅地跳舞表演，它的一些产品可以与全球第一方队中的几位选手同台表演；越疆生产的能够摆在办公桌上的小型机械臂灵巧多用,在广阔的蓝海中找到了属于自己的水域。光启研究院在超材料技术方面异想天开,准备在地球大气层"临近空间"领域大显身手。烯旺公司用石墨烯材料制成的智能发热服装,帮助我国运动员在冰天雪地里轻盈起舞。柔宇公司发明的柔性显示屏在可穿戴装备方面用途无穷。在人工智能技术的绿色原野上,深圳的企业万马奔腾,其中云天励飞的动态人像智能技术鹤立鸡群,已经在破获拐卖儿童案、避免人间悲剧中屡建奇功。

下面就我印象深刻的高科技作一简要回顾。

5G 通讯技术提前布局

在第四代(4G)移动通信 TD—LTE 技术上,深圳的企业奔跑在赛道的前列 [前文已经提到,深圳企业华为、中兴、宇龙研发的"第四代移动通信系统(TD—LTE)关键技术与应用"项目获 2016 年国家科技进步奖特等奖]。在这项技术上,华为、中兴等公司的专利占了全球的 1/5。后来在 5G 技术上深圳又率先布局。2016 年华为的短码方案成为全球 5G 技术标准之一(参见第十四章"领军企业")。在 5G 基站建设方面,中国已经胜出;而深圳是全国,也是全球首个实现 5G 网络全覆盖的城市。

基因科学应用技术位居前列

这一技术产业的企业代表是华大基因,该企业新一代基因测序能力与超大规模生物信息计算分析能力居全球第一(参见第十四章"领军企业")。另一个代表企业是北科生物,该企业建成亚洲最大的综合性干细胞库群和全球首个通过美国血库学会认证的综合干细胞库(参见第十四章"领军企业")。

即时通讯网络技术引领潮流

这一领域的代表企业是腾讯,其有线的 QQ 技术和无线的微信技术在行业中引领世界潮流(参见第七章"高交会"、第十一章"企业家"、第十四章"领军企业")。

软件技术冲破封锁

华为公司在软件的各个领域快速推进。其项目,有面向手机等智能终端的鸿蒙，有面向通用计算的鲲鹏，有面向 AI 计算的昇腾，以及应对多场景的欧拉操作系统。按照徐直军（华为轮值董事长）的介绍："鸿蒙操作系统主要应用场景是智能终端、物联网终端和工业终端；欧拉操作系统则面向服务器、边缘计算、云和嵌入式设备。"鸿蒙的用户已经破亿，跨过 16% 的市场份额的"生死线"只是时间问题。下一步鸿蒙与欧拉还可以实现内核技术共享，两个系统的终端之间可以进行连接。到那时华为将有望成为堪比谷歌（安卓系统）、苹果（iOS 系统）的世界级厂家[⑭]。2021 年搭载鸿蒙操作系统的华为设备数已经突破 2.2 亿台，站稳了脚跟。

软件领域的另一个代表是金蝶软件。该公司是中国软件产业领导厂商、软件龙头企业、全球领先的在线管理及电子商务服务商。金蝶通过管理软件与云服务，在世界范围内为超过 680 万家企业、政府组织提供服务（参见第四章"市场经济与科技创新"、第十一章"企业家"）。

新能源汽车技术领先

该领域的代表企业是比亚迪公司。比亚迪采取磷酸铁锂技术的"刀片电池"是世界上独一无二的技术，在安全性上达到最高标准；比亚迪的新能源汽车技术可以与特斯拉汽车一较高下（参见第七章"高交会"、第十章"市场经济与科技创新"、第十一章"企业家"、第十四章"领军企业"、第十六章"享受高科技生活"）。

新材料领域亮点颇多

这一领域的代表是光启高等理工研究院，该机构的 Meta—RF 电磁调制技术、超材料技术、智能光子技术、临近空间技术等都属于创新技术，拥有全球超材料领域 86% 以上的核心专利（参见第八章"人才高地"、第十一章"企业家"）。

新材料的另一个领域是石墨烯材料，其代表企业是烯旺科技公司，研发的石墨烯智能发热服装在南韩平昌冬季奥运会上有亮眼的表现（参见第五章"产业园"内容）。

还有一个企业代表是柔宇科技公司，其发明的柔性显示屏前景看好（参见第九章"破解资金难题"）。

基础物理研究成果世界关注

这一领域的代表是大亚湾中微子实验室，其发现的新中微子振荡入选美国《科学》权威学术杂志评选的 2012 年十大科学突破，被称为"诺贝尔奖级别"的重大发现（参见本章内容）。

机器人技术后来居上

这方面的代表人物是大疆科技企业，其研发的无人机已占全球消费级无人机市场中七成的比例（参见第六章"产业链"、第十一章"企业家"）。另一个代表企业是优必选科技公司，其研发的人形机器人可以与世界一流企业生产的人形机器人媲美（参见第十四章"领军企业"）。

智能技术异军突起

云天励飞公司是这个领域的代表企业之一。该公司首创"云 + 端"动态人像智能解决方案，率先实现"亿万人脸，秒级定位"，其智能技术对帮助警方破获拐卖儿童案产生了奇效，将对打造智能安防系统、建设安全和谐社会发挥重要作用（参见第十六章"享受高科技生活"内容）。

超高清显示屏屡创纪录

超高清视频显示产业主要包括视频采集、视频制作、网络传输、显示终端、材料器件、行业应用等领域和环节。经过多年发展，深圳已经形成具有竞争优势和带动作用的超高清视频显示产业集群，在"采、编、传、解、显"的超高清视频显示全链条中跑出了一大批实力不俗的优秀选手。其中，面板制造方面，TCL 华新光电一骑绝尘，其电视面板市场占有率稳居全球第二、商业显示屏产品出货量全球第一；深天马紧随其后。显示终端方面，创维、康佳等企业超高清视频终端出货量全球领先。LED 显示和照明应用方面，雷曼光电、洲明科技、奥拓电子等代表企业表现突出，在 2022 年北京冬奥会开幕式上，雷曼光电使用 LED 异形屏承制的"奥运冰雪五环"技惊四座；洲明科技采用 LED 地砖显示屏为奥运场馆打造了炫丽的光影舞台；奥拓电子打造的 2500 平方米小间距 LED 显示屏显示的 Outernet 大楼成为展示数字文化的重要地标性建筑。行业应用方面，研祥、腾讯等企业在工业检测、文教娱乐等领域占据领先地位。视频采集方面，欧菲光、大疆、创维等企业在采集模组和整机领域处于国内领先地位。编码解码方面，华为、鹏程实验室等已推动 A VS3 音视频标准研制和产业化应用（在 2020 年度国家科技奖评选中，"超高清视频多态基元编解码关键技术"项目被授予国家技术发明奖一等奖）。⑮

在上述领域，深圳科技企业的科技创新不仅在国内属于佼佼者，其研发能力也处于世界同行业的前沿。

附：深圳获得国家科技奖项名单

根据深圳市科创委、深圳新闻媒体不完全统计和报道，深圳获得国家科技奖项达到 159 项，其中有国家自然科学奖、技术发明奖、科技进步奖等。具体列表如下：

2002 年度（3 项）

1	国家科技进步二等奖	ZXC10 CDMA 数字蜂窝移动通信系统产业化	中兴通讯公司谢大雄等共同完成
2	科技进步二等奖	STM—64 光传输系统	华为公司张平安等 10 人共同完成
3	科技进步二等奖	城市生活垃圾卫生填埋示范工程	深圳市下坪固体废弃物填埋场李柱贤等 15 人完成

2003 年度（2 项）

1	国家技术发明奖二等奖	石英数字式力传感器及系列全数字化电子衡器的研究与产业化	深圳清华研究院冯冠平等研发
2	科技进步奖二等奖	ZXR10T64E 电信级高端路由器	中兴通讯公司

2009 年度（6 项）

1	科技进步二等奖	无源光接入汇聚复用设备	华为公司独立完成
2	科技进步二等奖	新一代无线技术平台	中兴通讯独立完成
3	科技进步二等奖	受污染水体生态修复关键技术研究与应用	深圳市环境科学研究院参与完成

4	科技进步二等奖	产品复杂曲面高效数字化精密测量技术及其系列测量装备	深圳思盛投资发展公司参与完成
5	科技进步二等奖	基于 CDMA 的数字集群通讯技术标准应用	中兴通讯参与完成
6	科技进步二等奖	ITU-T 多媒体业务系列国际标准及应用	中兴通讯公司和华为公司共同完成

2010 年度（12 项）

1	技术发明二等奖	基于 SOA 的无源光网络接入扩容与距离延伸技术	华中科技大学、中兴通信公司共同研发
2	技术发明二等奖	基于智能通道组织和共享保护方法的光层联网技术与应用	北京邮电大学、中兴通信公司共同研发
3	科技进步二等奖	废弃钴镍材料的循环再造关键技术及产业化应用	深圳市格林美高新技术公司、北京工业大学等合作完成
4	科技进步二等奖	大跨空间钢结构预应力施工技术研究与应用	东南大学、中建钢结构公司等合作完成
5	科技进步二等奖	岩体爆破振动效应定量评价理论与精细化控制技术及工程应用	中国科学院武汉岩土力学研究所、中广核工程公司等合作完成
6	科技进步二等奖	核电厂地基及防护构筑物的抗震安全评价及其工程实践	大连理工大学、中广核工程公司等合作完成
7	科技进步二等奖	新型功率半导体器件体内场关键技术与应用	电子科技大学、深圳市联德合微电子公司等合作完成
8	科技进步二等奖	新一代基于同步数字体系 (SDH) 多业务传送平台标准、设备研制及应用	华为公司、中兴通讯公司等合作完成
9	科技进步二等奖	移动通讯软基站关键技术的研究与应用	中兴通讯公司研发
10	科技进步二等奖	T 比特级多业务路由平台技术创新及产业化	华为公司研发
11	科技进步二等奖	基于异构网络融合的多媒体技术研究与应用	中兴通讯公司、北京邮电大学共同研发
12	科技进步二等奖	鱼藤酮生物农药产业体系的构建及关键技术集成	华南农业大学、深圳市华农生物工程公司等合作完成

2011 年度（8 项）

1	技术发明一等奖	宽带移动通信容量逼近传输技术及产业化应用	东南大学、华为公司共同研发
2	科技进步一等奖	国家游泳中心（水立方）工程建造技术创新与实践	中国建筑公司、中建国际（深圳）设计顾问公司等合作完成
3	科技进步二等奖	α 和 β 地中海贫血的遗传分析及其在临床和人群预防中的应用	南方医科大学、深圳益生堂生物企业公司等合作完成
4	科技进步二等奖	药物制剂缓控释技术的开发与产业化	上海现代药物制剂工程研究中心公司、深圳太太药业公司等合作完成
5	科技进步二等奖	高性能移动分组核心网智能化技术创新及应用	华为公司研发
6	科技进步二等奖	3.2Tbit/s 高速光波分复用 (WDM) 传输系统的研制与应用创新	中国电信集团公司、华为公司等合作完成
7	科技进步二等奖	基于水平集成架构的下一代综合业务平台的开发与规模应用	中国电信集团公司、华为公司、中兴通讯公司共同研发
8	科技进步二等奖	面向数字化医疗的医学图像关键技术研究及应用	电子科技大学、深圳市卫生和人口计划生育委员会等合作完成

2012 年度（9 项）

1	技术发明一等奖	立体视频重建与显示技术及装置	清华大学、深圳超多维光电子公司等合作完成
2	技术发明二等奖	光电交叉联动与跨层灵活疏导的光传送技术及设备	北京邮电大学、中兴通讯公司等合作完成
3	技术发明二等奖	高速分布反馈半导体激光器及其与电吸收调制器单片集成光源	清华大学、深圳市恒宝通光电子公司等合作完成
4	科技进步一等奖	TD-SCDMA 关键工程技术研究及产业化应用	中国移动通信集团公司、中兴通讯公司、华为公司等合作完成
5	科技进步二等奖	数字视频编解码技术国家标准 AVS 与产业化应用	北京大学、华为公司等合作完成
6	科技进步二等奖	高性能、跨网络的多媒体通信技术创新及产业化	华为公司研发
7	科技进步二等奖	新一代无源光网络 EPON/10G-EPON 关键技术与应用创新	中兴通讯公司、中国电信集团公司共同研发

8	科技进步二等奖	上海环球金融中心工程建造关键技术	中国建筑股份有限公司、中建钢构公司等合作完成
9	科技进步二等奖	肿瘤转移的分子靶向治疗应用	华中科技大学同济医学院附属同济医院、深圳市天达康基因工程公司等合作完成

2013 年度（8 项）

1	技术发明二等奖	低成本易降解肥料用缓释材料创制与应用	中国农业科学院农业资源与农业区划研究所、深圳市芭田生态工程公司等合作完成
2	技术发明二等奖	异构多域无线网络协同安全关键技术及应用	西安电子科技大学、华为公司等合作完成
3	技术发明二等奖	下一代互联网 4over6 过渡技术及应用	清华大学、华为公司等合作完成
4	技术发明二等奖	信息密度非均匀下的异构无线组网新技术	北京邮电大学、中兴通讯公司共同研发
5	科技进步一等奖	中药安全性关键技术研究与应用	中国人民解放军军事医学科学院放射与辐射医学研究所、深圳微芯生物科技公司等合作完成
6	科技进步二等奖	无线接入网多制式融合（SingleRAN）技术创新与产业化	华为公司研发
7	科技进步二等奖	曙光高效能计算机系统关键技术及应用	中国科学院计算技术研究所、国家超级计算深圳中心等合作完成
8	科技进步二等奖	环保型路面建造技术与工程应用	长安大学、深圳海川工程科技公司等合作完成

2014 年度（17 项）

1	技术发明二等奖	海水鲆鲽鱼类基因资源发掘及种质创	中国水产科学研究院黄海水产研究所、深圳华大基因研究院等合作完成
2	技术发明二等奖	室间隔缺损介入治疗新器械新技术及其临床应用	南京医科大学、先健科技（深圳）公司等合作完成

3	技术发明二等奖	标识网络体系及关键技术	北京交通大学、中兴通讯公司等合作完成
4	技术发明二等奖	主动对象海量存储系统及关键技术	华中科技大学、中兴通讯公司等合作完成
5	技术发明二等奖	大规模无线局域网与蜂窝网络异构自组织技术	西安电子科技大学、华为公司等合作完成
6	技术发明二等奖	大掺量工业废渣混凝土高性能化活性激发与协同调制关键技术及应用	深圳大学、同济大学等合作完成
7	科技进步二等奖	荔枝高效生产关键技术创新与应用	华南农业大学、深圳市南山西丽果场等合作完成
8	科技进步二等奖	新型香精制备与香气品质控制关键技术及应用	上海应用技术学院、深圳波顿香料公司等合作完成
9	科技进步二等奖	百层高楼结构关键建造技术创新与应用	中国建筑第四工程局公司、中建钢构公司等合作完成
10	科技进步二等奖	地铁施工安全风险控制成套技术及应用	华中科技大学、深圳市地铁集团公司等合作完成
11	科技进步二等奖	半导体器件后封装核心装备关键技术与应用	广东工业大学、固高科技（深圳）公司、深圳市大族激光科技公司等合作完成
12	科技进步二等奖	虚拟机运行支撑关键技术与应用	上海交通大学、中兴通讯公司、华为公司等合作完成
13	科技进步二等奖	分组传送网（PTN）重大技术攻关、设备研制和应用创新	中国移动通信集团公司、华为公司、中兴通讯公司等合作完成
14	科技进步二等奖	超宽带新铜线接入技术创新与产业化	华为公司研发
15	科技进步二等奖	下一代网络与业务国家试验床创新技术研究及应用	中国人民解放军信息工程大学、中兴通讯公司等合作完成
16	科技进步二等奖	协同高速无线通信系统	中兴通讯公司研发
17	科技进步二等奖	星地融合广域高精度位置服务关键技术	北京邮电大学、中兴通讯公司等合作完成

注：2014年度由深圳高校、科研机构及企业主持（第一完成人）或参与完成的17个项目获本年度国家科技奖，其中包括国家技术发明奖6项、国家科技进步奖11项。同一年度斩获17项国家科技奖，这在深圳还是首次。

2015 年度（14 项）

1	国家自然科学奖二等奖	家蚕基因组的功能研究	西南大学、深圳华大基因研究院等合作完成
2	技术发明二等奖	道路路面动态检测关键技术及装备	武汉大学、深圳大学等合作完成
3	技术发明二等奖	碱木质素的改性及造纸黑液的资源化高效利用	华南理工大学、深圳诺普信农化公司等合作完成
4	技术发明二等奖	高能效动态可重构计算及其系统芯片关键技术	清华大学、深圳市国微电子公司等合作完成
5	技术发明二等奖	天线多频技术及多模移动终端的应用	北京邮电大学、华为公司、天珑移动技术公司等合作完成
6	科技进步一等奖	中国人体表难愈合创面发生新特征与防治的创新理论与关键措施研究	中国人民解放军总医院第一附属医院、深圳普门科技公司等合作完成
7	科技进步二等奖	高端医药产品精制结晶技术的研发与产业化	天津大学、深圳华润九新药业公司等合作完成
8	科技进步二等奖	大规模网络流媒体服务关键支撑技术	华中科技大学、深圳市融创天下科技公司，深圳市迅雷网络技术公司等合作完成
9	科技进步二等奖	通信局（站）系统防雷接地理论突破及技术创新与国内外应用	中讯邮电咨询设计院公司、华为公司、深圳锦天乐防雷技术公司、中兴通讯公司等合作完成
10	科技进步二等奖	大容量、智能化光传送网（OTN）技术创新与产业化	华为公司、中国移动通讯集团公司等合作完成
11	科技进步二等奖	基于影像导航和机器人技术的智能骨科手术体系建立及临床应用	北京积水潭医院、中国科学院深圳先进技术研究院等合作完成
12	科技进步二等奖	角膜病诊治的关键技术及临床应用	山东省眼科研究所、中国科学院深圳先进技术研究院共同研发
13	科技进步二等奖	高产稳产棉花品种鲁棉研 28 号选育与应用	山东棉花研究中心、创世纪种业有限公司等合作完成
14	科技进步二等奖	在线社交网络分析关键技术及系统	中国人民解放军国防科学技术大学、任子行网络技术公司等合作完成

2016 年度（16 项）

1	自然科学二等奖	具有重要生物活性的复杂天然产物的全合成	北京大学深圳研究生院、北京大学等合作完成
2	技术发明二等奖	多肽化学修饰的关键技术及其在多肽新药创制中的应用	兰州大学、深圳翰宇药业公司共同研发
3	技术发明二等奖	多界面光 - 热耦合白光 LED 封装优化技术	华中科技大学、深圳市瑞丰光电子公司等合作完成
4	技术发明二等奖	支持服务创新的可扩展路由交换关键技术、系统及产业化应用	清华大学、中兴通讯公司、华为公司等合作完成
5	科技进步特等奖	第四代移动通信系统（TD-LTE）关键技术与应用	中国移动通信集团公司、华为公司、中兴通讯公司、宇龙计算机通信科技（深圳）公司等合作完成
6	科技进步一等奖	DTMB 系统国际化和产业化的关键技术及应用	清华大学、深圳创维 -RGB 电子公司等合作完成
7	科技进步二等奖	南海北部陆缘深水油气地质理论技术创新与勘探重大突破	中海石油（中国）有限公司、中海石油（中国）有限公司深圳分公司等合作完成
8	科技进步二等奖	支持工业互联网的全自动电脑针织横机装备关键技术及产业化	浙江大学、固高科技（深圳）公司等合作完成
9	科技进步二等奖	新能源发电调度运行关键技术及应用	中国电力科学研究院、深圳市禾望电气公司等合作完成
10	科技进步二等奖	用于集成系统和功率管理的多层次系统芯片低功耗设计技术	西安电子科技大学、深圳国微技术公司等合作完成
11	科技进步二等奖	新一代立体视觉关键技术及产业化	清华大学、清华大学深圳研究生院、中源智人科技（深圳）公司、深圳市环球数码科技公司等合作完成
12	科技进步二等奖	高性能系列化网络设备研制与应用	中国人民解放军国防科学技术大学、深圳市风云实业公司等合作完成
13	科技进步二等奖	大跨空间钢结构关键技术研究与应用	哈尔滨工业大学、中建钢构公司等合作完成
14	科技进步二等奖	城市循环经济发展共性技术开发与应用研究	清华大学、东江环保股份有限公司等合作完成

15	科技进步二等奖	中国脑卒中精准预防策略的转化应用	北京大学第一医院、深圳奥萨制药公司等合作完成
16	科技进步二等奖	有色金属共伴生硫铁矿资源综合利用关键技术及应用	昆明理工大学、深圳市中金岭南有色金属公司凡口铅锌矿等合作完成

注：2016年度深圳所获奖项涵盖国家科技奖三大奖种，实现两项零的突破，获奖总量为历史第二，交出一份亮丽的成绩单。

2017年度（15项）

1	技术发明二等奖	超声剪切波弹性成像关键技术及应用	中国科学院深圳先进技术研究院、深圳迈瑞生物医疗电子公司、深圳市一体医疗科技公司等合作完成
2	技术发明二等奖	高性能锂离子电池用石墨和石墨烯材料	清华大学深圳研究生院、天津大学等合作完成
3	技术发明二等奖	构造强磁共振系统的关键技术与成像方法	中国科学院电工研究所、深圳市贝斯达医疗公司等合作完成
4	技术发明二等奖	智慧协同网络及应用	北京交通大学、中兴通讯公司等合作完成
5	技术发明二等奖	密集无线通信系统的网络化资源管控技术	西安电子科技大学、华为公司等合作完成
6	技术发明二等奖	建筑废弃物再生骨料关键技术及其规模化应用	深圳大学、香港理工大学、深圳市华威环保建材公司等合作完成
7	技术发明二等奖	消能—承载双功能金属构件及其高性能减震结构	同济大学、中建钢构公司等合作完成
8	科技进步一等奖	南海高温高压钻完井关键技术及工业化应用	中海石油（中国）有限公司湛江分公司、深圳新速通石油工具有限公司、深圳市远东石油钻采工程有限公司等合作完成
9	科技进步二等奖	重型压力容器轻量化设计制造关键技术及工程应用	合肥通用机械研究院、中国国际海运集装箱（集团）公司等合作完成
10	科技进步二等奖	工业智能超声检测理论与应用关键技术	东南大学、中国广核集团公司、中广核检测技术公司等合作完成
11	科技进步二等奖	中国节水型社会建设理论、技术与实践	中国水利水电科学研究院、深圳市微润灌溉技术公司等合作完成

12	科技进步二等奖	我国检疫性有害生物国境防御技术体系与标准	中国检验检疫科学研究院、深圳出入境检验检疫局动植物技术中心等合作完成
13	科技进步二等奖	流域水环境重金属污染风险防控理论技术与应用	中国环境科学研究院、南方科技大学等合作完成
14	科技进步二等奖	大规模接入汇聚体系技术及成套装备	中国人民解放军信息工程大学、中兴通讯公司等合作完成
15	科技进步二等奖	红斑狼疮诊治策略及其关键技术的创新与应用	中南大学湘雅二医院、深圳市人民医院等合作完成

2018 年度（16 项）

1	技术发明二等奖	大人群指掌纹高精度识别技术及应用	清华大学、清华大学深圳研究生院等合作完成
2	科技进步一等奖	新一代刀片式基站解决方案研制与大规模应用	华为公司研发
3	科技进步二等奖	锌清洁冶炼与高效利用关键技术和装备	深圳市中金岭南有色金属公司牵头完成
4	科技进步二等奖	废旧混凝土再生利用关键技术及工程应用	华南理工大学、深圳市建筑设计研究总院有限公司等合作完成
5	科技进步二等奖	磷酸铁锂动力电池制造及其应用过程关键技术	上海交通大学、比亚迪汽车工业公司等合作完成
6	技术发明二等奖	电子废弃物绿色循环关键技术及产业化	荆门市格林美新材料公司、格林美股份公司等合作完成
7	科技进步二等奖	高世代声表面波材料与滤波器产业化技术	清华大学、深圳市麦捷微电子科技公司、深圳大学等合作完成
8	技术发明二等奖	高磁导率磁性基板关键技术及产业化	电子科技大学、深圳市中天迅通信技术公司等合作完成
9	技术发明二等奖	大规模街景系统及其位置服务关键技术	清华大学，深圳市腾讯计算机系统公司共同研发
10	技术发明二等奖	笔式人机交互关键技术及应用	中国科学院软件研究所、深圳市鸿合创新信息技术公司等合作完成
11	技术发明二等奖	大规模网络安全态势分析关键技术及系统 YHSAS	中国人民解放军国防科技大学、哈尔滨工业大学深圳研究生院、任子行网络技术公司等合作完成

12	技术发明二等奖	大型屋盖及围护体系抗风防灾理论、关键技术和工程应用	北京交通大学、深圳市前海公共安全科学研究院公司等合作完成
13	技术发明二等奖	高效融合的超大容量光接入技术及应用	北京邮电大学、中兴通讯公司共同研发
14	技术发明二等奖	数字电视广播系统与核心芯片的国产化	上海交通大学、深圳市海思半导体公司、康佳集团公司等合作完成
15	技术发明一等奖	专用项目	国微电子牵头
16	技术发明二等奖	专用项目	国微电子牵头

2019 年度（20 项）

1	自然科学二等奖	大气复合污染条件下新粒子生成与二次气溶胶增长机制	北京大学、北京大学深圳研究生院共同研发
2	技术发明二等奖	异体间充质干细胞治疗难治性红斑狼疮的关键技术创新与临床应用	南京鼓楼医院、深圳市北科生物科技公司等合作完成
3	技术发明二等奖	矿井人员与车辆精确定位关键技术与系统	中国矿业大学、深圳市翌日科技公司等共同完成
4	技术发明二等奖	高端电子制造装备高速高精点位操作的关键技术与典型应用	广东工业大学、大族激光科技产业集团公司、深圳市大族电机科技公司等合作完成
5	技术发明二等奖	异构频谱超宽频动态精准聚合关键技术及应用	华中科技大学、中兴通讯公司等合作完成
6	技术发明二等奖	移动高清视频编码适配关键技术	中国科学技术大学、华为公司等合作完成
7	科技进步特等奖	海上大型绞吸疏浚装备的自主研发与产业化	上海交通大学、招商局重工（深圳）公司等合作完成
8	科技进步一等奖	高光效长寿命半导体照明关键技术与产业化	中国科学院半导体研究所、深圳市洲明科技公司等合作完成
9	科技进步一等奖	高层钢—混凝土混合结构的理论、技术与工程应用	重庆大学、悉地国际设计顾问（深圳）公司，中建钢构公司等合作完成
10	科技进步一等奖	中国高精度数字高程基准建立的关键技术及其推广应用	武汉大学、深圳市地籍测绘大队等合作完成

11	科技进步二等奖	中厚板及难焊材料激光焊接与复杂曲面曲线激光切割技术及装备	湖南大学、大族激光科技产业集团公司等合作完成
12	科技进步二等奖	塑料注射成形过程形性智能调控技术及装备	华中科技大学、深圳市兆威机电公司、群达模具（深圳）公司等合作完成
13	科技进步二等奖	高端印制电路板高效高可靠性微细加工技术与应用	广东工业大学、深圳市金洲精工科技公司、深南电路公司、深圳市柳鑫实业公司等合作完成
14	科技进步二等奖	编码摄像关键技术及应用	清华大学、清华大学深圳研究生院等合作完成
15	科技进步二等奖	公路桥梁检测新技术研发与应用	重庆交通大学、深圳大学等合作完成
16	科技进步二等奖	食品中化学性有害物检测关键技术创新及应用	中国检验检疫科学研究院、深圳出入境检验检疫局食品检验检疫技术中心等合作完成
17	科技进步二等奖	针刺治疗缺血性中风的理论创新与临床应用	广州中医药大学、广州中医药大学深圳医院（福田）等合作完成
18	科技进步二等奖	超高速超长距离 T 比特光传输系统关键技术与工程实现	北京邮电大学、华为公司等合作完成
19	科技进步二等奖	大容量弹性化灵活带宽光网络技术创新与规模应用	北京邮电大学、华为公司等合作完成
20	科技进步二等奖	西部山区大型滑坡潜在隐患早期识别与监测预警关键技术	成都理工大学、深圳市北斗云信息技术公司等合作完成

注：深圳交出一份亮丽的成绩单——由 22 家深圳高校、科研机构及企业参与完成的 20 个项目获 2019 年度国家科技奖（通用项目），取得历年最好的成绩。

2020 年度（13 项）

1	技术发明一等奖	超高清视频多态基元编解码关键技术	北京大学、北京大学深圳研究生院、华为公司等合作完成
2	技术发明二等奖	海洋深水浅层钻井关键技术及工业化应用	中国石油大学、中海石油（中国）公司深圳分公司等合作完成

3	技术发明二等奖	血液细胞荧光成像染料的创制及应用	大连理工大学、迈瑞生物医疗电子公司等共同完成
4	技术发明二等奖	海洋深水钻探井控关键技术与装备	中国石油大学（华东）、中海石油（中国）公司深圳分公司等合作完成
5	技术发明二等奖	物联网系统数据安全关键技术及应用	西安电子科技大学、华为公司等合作完成
6	科技进步一等奖	高场磁共振医学影像设备自主研制与产业化	上海联影医疗科技公司、中国科学院深圳先进技术研究院等合作完成
7	科技进步一等奖	现代空间结构体系创新、关键技术与工程应用	浙江大学、悉地国际设计顾问（深圳）公司等合作完成
8	科技进步二等奖	复杂受力钢—混凝土组合结构基础理论及高性能结构体系关键技术	清华大学、深圳华森建筑与工程设计顾问公司等合作完成
9	科技进步二等奖	高性能电动汽车动力系统关键技术及产业化	比亚迪公司、北京航空航天大学共同研发
10	科技进步二等奖	城镇污水处理厂智能监控和优化运行关键技术及应用	中国科学技术大学、光大水务（深圳）有限公司等合作完成
11	科技进步二等奖	宽带移动通信有源数字室内覆盖 QCell 关键技术及产业化应用	中兴通讯公司、北京邮电大学共同研发
12	科技进步二等奖	超大容量智能骨干路由器技术创新及产业化	华为公司、中国电信公司广东研究院共同研发
13	科技进步二等奖	厘米级型谱化移动测量装备关键技术及规模化工程应用	武汉大学、深圳市镭神智能系统公司等合作完成

资料来源：2009 年以前的资料由深圳报业集团提供，3 个年度合计为 11 项。

2010 年以后的资料由深圳市科创委提供，合计为 148 项。总计为 159 项。

① 王苏生、陈博等：《深圳科技创新之路》，中国社会科学出版社 2018 年版，第 91 页（原文百分比计算有误，已作更正）。

② 王苏生、陈博等：《深圳科技创新之路》，中国社会科学出版社 2018 年

版，第 89 页。

③《中国全力推动知识产权强国建设》，内部资料，《决策资讯》2022 年 1 月 21 日。

④ 何泳：《2021 年中国 PCT 国际专利申请量全球第一》，《深圳特区报》2022 年 2 月 12 日。

⑤ 王小广、杨柳：《基因与潜能·创新驱动发展》，海天出版社 2020 年版，第 29 页。

⑥ 陈姝：《创新深圳崛起世界级企业群》，《深圳商报》2022 年 5 月 20 日。

⑦ 王帆：《深圳 GDP"后 3 万亿"时代如何走?》，《21 世纪经济报道》2002 年 5 月 9 日。

⑧ 王苏生、陈博等：《深圳科技创新之路》，中国社会科学出版社 2018 年版，第 56 页。

⑨ 深圳博物馆编：《深圳特区史》，人民出版社 1999 年版，第 410 页。

⑩ 王帆：《深圳发展新格局："经济标兵"迈向"全能榜样"》，《21 世纪经济报道》2022 年 1 月 26 日。

⑪ 孙利、段亚兵：《小巨人崛起·中小企业发展之路》，中国时代经济出版社 2003 年版，第 103—105 页。

⑫ 闻坤：《深圳形成梯次接续型创新企业群》，《深圳特区报》2021 年 9 月 10 日。

⑬ 王苏生、陈博等：《深圳科技创新之路》，中国社会科学出版社 2018 年版，第 200 页。

⑭ 周雨萌：《华为发布全新欧拉操作系统》，《深圳特区报》2021 年 9 月 26 日。

⑮ 王海荣：《深圳超高清视频显示产业屡创纪录》，《深圳商报》2022 年 7 月 19 日。

第十六章　享受高科技生活

这一章改变视角，从消费者的角度进行观察，看看高新科技给深圳市民带来了什么？

中国有一句俗话叫衣食住行。分析就从"住行"开始，这是对市民生活影响最大的两个方面。

"长高的城市"短时间解决住房问题

人们对深圳 40 多年的变化有许多生动的描述。有人说深圳"一张白纸上描绘最新最美的图画"；有人说深圳"一片荒原摆战场，十里工地建新城"；有人说"深圳是'一夜城'"；更多的人说"昔日的边陲小镇，变成了今天的国际化大都市"；等等。

笔者是 1982 年随着基建工程兵部队调入深圳、集体转业成为深圳市民的。记得刚刚到达深圳时，眼前是一片荒原，荆棘丛生十分荒凉。初创时期的深圳就是一个大工地，推土机轰鸣不停，打桩机震动大地，晴天尘土飞扬，雨天泥水一片。短短几十年里深圳的面貌发生了翻天覆地的变化。人们对深圳城市变化的描绘都是对的。

"住"对人类生活的重要性不言而喻。住房是遮风挡雨的庇护所，是保证生活舒适幸福的港湾。唐朝诗人杜甫期盼说："安得广厦千万间，大庇天下寒士俱欢颜。"

就笔者自己的观察，从住的角度而言，有两点体会感觉特别深：一是城市天天在长高，从平面变成了立体；二是短时间里，市民的住房从紧缺变得相对宽裕。

陆建新眼中"长高的城市"

陆建新（1964—），江苏南通海门人。现任中国建筑集团有限公司旗下中建钢构有限公司首席专家。陆建新从最基层的测量员干起，一步步成长为钢结构建筑施工专家。在国内他参与承建了 4 幢 400 米以上高度的摩天大楼，他带领团队将中国超高层建筑施工技术推向世界一流水平，被誉为"中国楼王"。

2020 年是深圳经济特区成立 40 周年，宝安区委宣传部组织了"新时代我来讲"理论创新宣讲活动，活动中选择了几位演讲人讲述深圳 40 年创业的故事，其中包括笔者与陆建新等。我们见面聊起来，才知道早在 1982 年他就参加了深圳国贸大厦的建设。我当时在市委宣传部宣传处工作，一段时间里去正在建设国贸大厦的中建三局一公司调研，为将要召开的广东省首届社会主义精神文明建设表彰大会准备会议典型材料。为此，我先后采访了一公司的经理王毓纲、书记厉复兴、总工程师俞飞熊、滑模主管罗君东等几位领导。陆建新说他当时从南京建筑工程学院毕业参加工作，到了国贸大厦建筑工地，具体做施工测量工作。当时调研采访的几天里，我整天在工地上转悠，也许当时见过他，只是没有人介绍认识而已。

中建公司是最早来到深圳的国家级建筑单位之一，参加深圳城市建设就是从国贸大厦项目开始的。国贸大厦 53 层、高 160 米，是当时最高的"中国第一楼"。国贸大厦的建设采用了先进的滑模技术，创造出了"三天一层楼"的深圳速度。1994 年中建公司又承担了深圳新高度的地王大厦（384 米）建设任务，此时陆建新已成为公司测量部门的负责人。他采取一些新技术，精准地控制大楼的垂直偏差度。当时在这个领域里，代表世界最高水准的是美国标准，按照美国标准验收，地王大厦的偏差度是其允许值的 1/3。地王大厦创造了"两天半一层楼"的新深圳速度。2008 年，陆建新担任深圳京基 100 项目经理。2012 年中建公司承担了又一个新高度的建筑任务——600 米高的深圳平安金融中心大厦，陆建新再次担任项目经理。他带领工程技术人员研发出了"悬挂式外爬塔吊支承系统及其周转使用方法"，施工中使用 4 台大型动臂式塔吊附着在井筒外壁，随着楼体的升高爬升到 600 米高空。这种施工方法为世界首创。该技术于 2014 年经鉴定达到国际领先水平，取得国家发明专利，于 2018 年夺得日内瓦国际发明展特别金奖。陆建新个人还获得过 1 项国家科技进步二等奖。

　　有一句话说，山高人为峰。深圳已经是世界最高城市之一，陆建新站在城市的顶端。

　　陆建新和他的伙伴们用智慧和双手，不断地为提高这座城市的高度作出了贡献，为此他获得了一系列奖项。2019 年，他获得第七届全国道德模范（敬业奉献类）。2020 年获得"深圳经济特区建立 40 周年创新创业人物和先进模范人物"荣誉。他还荣获全国五一劳动奖章、全国劳模、中国好人、央企楷模等荣誉。2018 年 10 月 24 日受到习近平总书记亲切接见。

一支队伍对一座城市建设作出贡献

　　深圳有一支队伍与这座城市共同成长，这支队伍就是深圳市建设集团公司。这支队伍的前身是基建工程兵部队。第一批进入深圳的部队，是于 1979 年调入的基建工程兵一支队 2000 多名官兵的一个混编团。1982 年由于基建工程兵兵种撤销，总共有两个师两万人调入深圳，集体转业，组建深圳市建设集团及其所属公司。2018 年为纪念中国改革开放 40 周年，笔者写作了一本《深圳拓荒纪实》（人民出版社出版），全面叙述了这支部队参与深圳经济特区建设的全过程。自这支队伍进入深圳，深圳才算有了一支施工能力强、技术水平高的自己的建筑队伍。这支队伍对深圳的城市建设作出了重大贡献，仅建设的 18 层以上的高层建筑就有上千栋。

　　部队刚调入深圳时，没有房子住，临时修建了一大片竹棚安家。部队一边建设城市的基础设施，一边为自己建宿舍楼，分期分批搬入楼房。最后一批搬离的官兵，竟然在这种"冬天不遮风，夏天不避雨"的竹棚里住了七八年之久。这支队伍不光给自己建住房，解决了数万人（干战加上家属子女）的住宿问题，而且为这座城市建筑了大量的基础设施、写字楼和家属楼，为建设美丽温馨的城市家园作出了特殊贡献。

　　2023 年 9 月 15 日，是深圳基建工程兵两万人集体调入、集体转业的纪念日。回首 40 年的往事，心中无限感慨，特写了一首《不忘初心》的歌词，刊登于此，与读者分享。

不忘初心

冰天雪地的日子，我戴月踏霜赴疆场。

春回大地的时候，我荷锄舞锤建家乡。

一生追逐太阳奔跑，渴望增添青春的热量。

牛犊初生意气风发，心灵在蓝天飞翔。

孤独绝望的时刻，崇高信仰让我坚强。

命运跌落谷底时，激情回忆给我希望。

浪迹天涯无怨无悔，只为寻找童年的理想。

晚霞满天心灵有家，祝福祖国更加辉煌。

不忘初心，用生命的能量去远航。

牢记使命，让可爱的中国富强。

  基建工程兵属于中国人民解放军序列里的一个兵种，遗憾的是在部队撤销前没有及时编修兵史。2014 年开始启动撰修兵史工作，本人受命负责深圳基建工程兵两万部队历史资料的收集和整理工作。在这一过程中，我研究了这支队伍集体转业前后的大量资料，包括技术资料。在这里试着从建筑技术角度做一些分析。建筑行业比较复杂，涉及的专业较多，包括建筑设计，建筑结构（其中又分混凝土结构、砌体结构、钢结构、轻型钢结构、木结构和组合结构等），建筑施工，装饰装修，等等。就我们这支队伍而言，林林总总各类建筑技术都有，其中许多技术比较先进，有的还申请了专利，只是数量太多了，不可能一一列举。

  笔者考虑可以从两个角度讨论这个问题：首先，"深圳建房子速度快"（包括这支队伍的建设速度快），这一点是公认的。"建设速度快"，关键要靠先进技术作保障。其次，这支队伍承建的建筑物质量普遍比较好。证据之一，就是其建筑的许多工程项目，都得到过"国家优质工程金质奖、银质奖"、"中国建筑工程鲁班奖"、广东省"金匠奖"等各种各样的奖项。如果以市建设集团为统计单位，获得省部级以上各类奖项多达数百上千项。能够得到省部级以上奖项，是工程高效优质的最直接证明。这自然也说明工程施工中采用了多项先进的技术和工艺。

  在这里讲一个"毛坯房"的故事，这个故事与深圳基建工程兵部队中的一个老兵刘坤德有关。刘坤德（1949—），四川富顺县人。1966年入伍，是基建工程兵第一批义务兵。1982年随部队调入深圳集体转业后在深圳市房管局（后改为市住宅局）任办公室主任。市房管局负责建设福利房，进行"粗装修"后，分配给机关事业单位的干部职工们居住。在分配房子过程中，刘坤德发现多数人分到房后，嫌厨房、卫生间的装修标准太低而要打掉重新装修。这不仅造成市财政经费的浪费，产生大量的建筑垃圾，而且给住户造成了麻烦。他经过调查研究、掌握了数据后，在一次局务会议上提出"福利房建设不再粗装修，让住户自己装修"的意见，被局领导采纳了。深圳后来分配福利房时取消了简单装修，起名为"毛坯房"。新做法不仅得到了住户的认可，也被深圳的各开发商所采用，最后此经验传遍了全国的开发商。结果不但节省了大量资金，关键是减少了巨量建筑垃圾。"毛坯房"也许与技术研发关系不大，但对全国的"绿色经济""低碳经济"作出了重大贡献。

家居的智能化

随着智慧城市的建设，越来越多的高科技产品开始进入家庭，住家慢慢开始智能化。就深圳已经达到的技术而言，现在通过网络可以远程控制家中的家用电器，开车在路上时可以通过手机打开家中的空调，调节室内温度；能够启动厨房的智能锅灶，先把米饭蒸上。至于将手机与家中的监控设备连接起来，观察家中有什么情况就更不在话下了。随着机器人技术的发展，将会有更加智能、成本更加低廉的机器人出现在家中，成为居民的工作助手和生活伙伴。

随着网络技术的发展，居家医疗和养老的问题也将得到解决。家中的医疗看护设备与医院的监控设备连接起来，就可以设立远程的智能看护病房。患者的各种监测指标都可以传到医院监护设备，医护人员可以远程指导患者用药；需要时，医生和护士也可以随时上门。再加上家中有能聊天、会服务的机器人，居家就可以解决治疗休养和养老的问题。就算老人社会快速到来，问题也不至于变得很严重。

2022年5月，华为推出了新一代的全屋智能系统。住在这样的智能房子里，主人回家，用AI 3D人脸识别技术开门；进到房间后，各种灯光随着人员的走动而开启、关闭、变光，既方便又节能；家中的电器可以用语音指挥和管理，各种设备变得更智能，生活空间变得更加智慧。①

通畅的交通、方便的出行

城市的"行"极端重要。城市交通关系到一个城市的生产经济活动能否正常进行，社会运转是否顺畅，生活是否方便。交通通达，城市才有效率、才会繁荣。交通线路相当于血管，交通通畅就如同身上的血脉畅通，人才能身体健康；交通又好比是河道水网，水路畅通、活水流动，才能让经济社会活跃发展，让一座城市财富涌流、充满活力。

四通八达的地铁让城市流动起来

深圳是全国人口增长最快的城市，人多车也多，道路十分拥堵。马路虽然几经拓宽，但远远跟不上车流增长的速度，因此一段时间里深圳交通拥堵严重。深圳市领导决定修建地铁，打通地下交通脉络，实现立交化交通。

深圳 2004 年才开通地铁，时间上落后于北上广 10 多年；但深圳终究成为国内第 8 个拥有地铁的城市，而且深圳的地铁发展速度异常迅猛。截至 2021 年，深圳地铁开通运营线路 12 条，运营里程为 431 公里。国际标准将通车里程 400 公里作为世界级地铁城城市的准入门槛，按照这一指标，深圳已跻身世界级地铁城市行列。431 公里长度在内地城市中排名为第 6；由于深圳地盘小，就地铁密度而言当在全国城市中排名第一。

地铁对这座城市的交通日益重要，可以说有了地铁后，深圳交通的血脉完全打通。2021 年，深圳地铁线网日均客运量 576 万人次，也就是说每天有三成多的市民乘地铁出行；客运强度达到 1.45 万人次 / 公里，列全国首位；累计安全运送乘客 10.4 亿人次，位列全国第二。

深圳地铁的技术含量很高，保证了深圳地铁运行的快捷、平稳和安全。乘坐过深圳地铁的人都有体会，深圳的地铁发车密、准点率高，乘客出行有时间保证，是极可靠的交通工具。

深圳地铁的管理智能化程度高。购票可以用"深圳通"卡或手机"深圳通"码，凭码乘车、刷脸进站。地铁线路通信信号全覆盖，也有免费 WiFi 开通，因此在深圳地铁上，几乎所有的乘客都在使用手机，阅读信息资料、观看影视片、玩各种手机游戏。地铁车厢分成强冷、弱冷等不同温度车厢，供乘客选择。地铁有技术先进的客流监测预警系统，通过大数据和云计算对公共区域海量的视频画面进行实时运算分析，可以根据旅客流动量调节发车的数量；如果发生旅客摔倒事件，系统能够在第一时间自动报警；旅客不慎丢失行李也能很快找回。

比亚迪的新能源车为保持空气清洁而出力

说完地铁再说汽车。

2020 年笔者曾经去坪山区比亚迪新厂区展览馆参观。该馆展示了比亚迪公司的技术成果和优秀产品，其中现场展示的比亚迪 K9 电动大巴实物给我留下深刻印象。K9 是全球首款集欧、美、日等多项权威认证于一身的纯电动巴士。比亚迪已累计向全球合作伙伴交付超过 3.5 万辆纯电动巴士；2014—2017 年连续 4 年，位居 10 米以上纯电动巴士细分市场的全球销量冠军，仅美国市场就占据了 80% 以上的份额。

展览馆现场有一幅巨大的照片，是 2015 年 10 月比亚迪在英国伦敦，发布全球首台纯电动双层大巴的场景。照片上国家主席习近平与夫人彭丽媛，英国王室的威廉王子、凯特王妃登车检阅纯电动双层大巴，情景动人。中国的高技术新能源汽车，能够出口到工业革命发祥地的英国，这是一件极具象征意义的事件。

比亚迪从做锂电池开始创业，后来发展成为新能源汽车生产厂家。早在 2011 年深圳就开始逐渐将公交大巴，全部换成比亚迪的电动大巴。到 2017 年比亚迪共提供了 1.6 万辆公交大巴，让深圳成为全球首个公交车全面电动化的城市。此外，深圳的出租汽车公司的出租车，大多数也都换成了比亚迪的电动车。使用电动车有效地减少了汽车废气的排放，让深圳拥有蓝天白云风清的美景。

比亚迪私家小轿车的技术研发生产发展速度也很快。公司已经掌握电池、电机、电控等新能源车的核心技术，自 2008 年推出全球首款量产的插电式混合动力车型以来，比亚迪陆续推出 e6、秦、唐、宋、元、汉等多系列新能源车型，组成了一个庞大的新能源汽车家族。比亚迪的小轿车受到市场热捧，2015—2017 年连续 3 年成为全球新能源乘用车年度销量冠军。在深圳，购置比亚迪轿车的人越来越多。比亚迪连续 6 年蝉联汽车行业"最具价值中国品牌"冠军；2020 年成为 BrandZ"最具价值中国品牌 100 强"上榜车企。

2021 年比亚迪乘运车销售 73 万辆，同比增长 75.4%；新能源乘运车全年销售 59.37 万辆，同比增长 231.6%，增幅远高于行业整体水平。全球汽车行业中能达到这一业绩的车企只有特斯拉和比亚迪。比亚迪宣布自 2022 年 3 月起停止燃油汽车的整车生产，成为全球首家停止生产纯燃油车的车企。比亚迪的新能源汽车，代表了世界新能源汽车技术的先进水平，这对助力我国实现碳达峰、碳中和目标具有重要意义。

发达的通信、智慧的城市

对人类的工作生活而言，解决了衣食住行，接下来重要的事情可能要算通信。通信指的是人与人之间的联系沟通、信息交流。人类通过语言的有效沟通、思想的交流，人类文明才能够不断进步。自古以来，人们发明了各种各样传递信息的办法，有烽火报警、飞鸽传书、驿站传递文书等。到了近代，科学家们发明了以"电"通信的方法，称之为电信。这种通信技术迅速、准确、可靠，且几乎不受时间、地点、空间、距离的限制，因而飞速发展、广泛应用。随着通讯技术的发展，出现了电报、固定电话、无线电、移动电话、视频电话等各种通信方式。现代通信技术让人与人之间的沟通无限制，深刻地改变了人类的生活方式和社会面貌。

笔者个人的通信史

记得我们部队刚刚调入深圳时，营房驻地安排在从皇岗到竹子林一带的荒地田野里，这一带不通电话。部队自己拉电话线，安装手摇电话机，与外界联系。当时的深圳，上海宾馆以西就是农村。村民们"交通靠走，通讯靠吼，治安靠狗，耕地靠牛"，过着打鱼、种田的农耕生活。这一切才过去 40 多年，回想起当年的见闻，历历在目。

深圳为解决通讯问题，引进了英国大东电报公司，成立了深大电话公司，为市民安装座机电话。笔者是 1983 年最早申请安装家庭电话的人之一，当时连办公室多数安装的都是分机、直线电话很少，家庭申请电话更是稀罕货，要登记排队。记得当时一部电话机的安装费是 2400 元左右，我当时的月工资不足 300 元，安装一部电话用掉了大半年的工资。

后来摩托罗拉的蜂窝移动电话进来了，俗称"大哥大"，形状像细身的砖头一样，价格 3 万元左右，贵得难以想象。当时我的工资好像已经涨到了千把元，如果想买一部"大哥大"电话，不吃不喝要用掉两年半的工资，当然买不起。第一代蜂窝电话与自己无缘，只是眼馋地看着老板们走路时握在手中、吃饭时直立放在饭桌上。我用上蜂窝移动手机应该算是第二代了吧，样子是带翻盖的那一种，俗称"龟背机"，一部也要好几千元钱。后来出现了 3G 手机，我使用过的有摩托罗拉、诺基亚等。再往后开始使用 4G 智能手机，我用过苹果、三星等。试用的第一部华为手机，是任正非战友赠送的。几年前有一次陪着来自北京的一些老战友，到华为公司会见任正非。战友们多年未见，相谈甚欢，分别时任正非送给大家的礼物就是华为 P9 手机。当时华为手机新上市不久，还是稀罕货，战友们高兴地接受了。我使用后感觉好用，于是此后就一直使用华为手机了。再往后又换用了 Mate10、Mate30pro，后者已经是 5G 手机了。

从申请家庭电话机，到一代一代地换用手机，只不过是在 40 多年里发生的事。通信技术发展的速度真是有些不可思议。

手机让"智慧社会"走向我们

所谓智慧社会，指的是通过数字化、网络化、智能化技术管理社会，达到智慧化目标。智慧社会既有政府对社会的智能化管理，也有各类社会组织的智能化运作。经济领域的智能化手段多得不可胜数，如智慧产业，包括智能制造、人工智能、工业互联网以及数字经济等；智慧商务，有五花八门的电子商务网络等；智慧服务，有政府的公共服务，也有市场的智慧化服务等；智慧生活，人工智能渗透到了日常生活的各个方面，让生活方便自如，如实现无人驾驶的智慧交通等。总之，智慧社会将是无处不覆盖的网络、无处不运行的计算、无处不大量产生并管理安全的数据整合起来，让整个社会变成一种感知性强、自动运行的社会。有学者将智慧社会定义为："高度被感知的社会，高度互联互通的社会，高度数字化和被精准计算的社会，高度透明的社会，高度智能化的社会。"

在智慧社会的发展过程中，智能手机无疑扮演着一个重要角色。如今的手机不光是通讯工具，而且是一个强大数字化网络的智能终端。智能手机将全球几十亿人口连接起来，让广阔的世界变成了一个小小的地球村。

智能手机功能繁多、用途广泛，能够解决几乎所有的工作和生活问题，已经成为工作的工具库、生活的百宝箱。不夸张地说，手机重塑了世界，深刻地改变了生活方式，人们已经越来越离不开手机了。每天早晨，手机的闹铃会叫醒我们。吃早餐时，听读早间新闻、阅读感兴趣的所有信息。三年里新冠疫情严重，报纸不能正常投递，我们竟然没有耳目闭塞的感觉，是手机的新闻报道取代了报纸。晚上已经很少有人规规矩矩地坐在沙发上看电视新闻了，而是一边干家务一边听看手机上的新闻节目。手机也抢夺了电视机的地盘。

使用电话通话功能的人越来越少，有什么事通过微信的留言录音或者文字进行沟通；就算通电话，也是使用微信的通话功能，凡是能够蹭网的地方，微信电话是免费的。家中的座机基本上不用了。笔者之所以还留着电话号码，是因为办了中国电信网络快车的套餐服务，用于电脑网络和手机网络，一网多用。

该出门了，需要选择不同的出行方式。如果是自己开车，先定好导航地图、避免走错路；如果是选择乘坐公交地铁，先通过导航地图确定地铁、公交车的接驳路线，选择最优路线；如果路程不算远，或者打算步行健身，也可以先定好导航路线走捷径。乘坐地铁过程中，大家都埋头看手机，有人玩手游，有人看视频，更多的人用微信处理公私事务。

到商场购物，没有人再用钱包，大家都用微信或支付宝付钱。方便不说，而且竟然让小偷扒手失业了；如果还有小偷，瞄准的只能是手机，因为钱包就在手机里。随着腾讯开发出了"生活交费"程序，水电煤气等可以用手机交费了。记得最早进入深圳时，经常需要跑到各有关单位营业厅去交费；后来才通过跟银行签订托收协议由银行代付了。如今所有的交费都可以用手机一机搞定，极大地方便了市民的生活。

手机上还有很多方便生活的功能。查时间时，看手机而不是看手表；需要计算时，用手机上的计算器而不是找计算器；不管是遇到什么外文不认识，可以用手机上的金山词霸或者有道翻译软件进行翻译；逛公园时如果对各种各样的植物感兴趣，可以通过"识花君"软件搞清楚植物的名字；看电影晚到了，可以使用手机的手电筒在黑暗中找到自己的座位；手机取代了照相机，看到的优美景色、重要场面随时都可以随手拍下来，还可用"美图秀秀"等立即编辑，发到网上晒一晒。真是一机在手，什么事情都不用愁。

新冠疫情发生后，人们更是离不开手机了。聪明的技术人员们研发出了"深 i 您"等健康码、行程码，进出办公室、公共场所，甚至住家小区，都被要求亮码才能出入。如果出差外地，更少不了通过手机检查绿码，查询疫苗接种、核酸检测记录等。总之，人们已经深深地依赖手机、离不开手机，离开手机寸步难行。

手机只是一个例子。实际上在不知不觉中，我们已经开始慢慢地进入了"智慧社会"的管理范围中了。政府机关在网上办公；工商部门在网上办理公司申请开业的登记手续；税务机关在网上受理报税业务。在网上购物的人越来越多，进入淘宝、京东网的各个商店中，选择琳琅满目的商品；下单付钱后，顺丰等物流公司的快递小哥们，将各种商品送到购买者居住的小区里，甚至家门口。

交通管理更是依靠技术创新实现了规范有序、快捷畅通。外地司机来到深圳开车上路，会发现深圳的司机特别守规矩，不要说闯红灯，连车轮压实线的都很少见；尤其是行车来到没有设置红绿灯的斑马线前，只要有行人想过马路，汽车立即停住让行人先过。其实，秘密不在司机的觉悟特别高，而是深圳的交通管理技术太厉害，任何违章行为都会被记录下来，通知司机去处理。如果有疑问、不服气，马上调出当时的图像给你看，让司机无话可说、乖乖地接受处罚。后来甚至在华强北等繁忙路段，对不按规定横过马路的行人也开始严格管理。有些行人开始对红绿灯管理不习惯、乱穿马路，被交通协管员抓到处理时还不服气，耍赖皮不认账；直到协管员调出监控录像，一看录像画面上有自己的尊容，他才无话可说。

未来的社会里，手机的重要性可能会降低，这不是因为技术退步了，而是因为技术的进步，因为所有的屏幕都可以变成智能终端。这时候社会上屏幕的数量大为增加，在任何地方都可以看到屏幕，甚至人们的衣服、穿戴物品都可以变成屏幕。现在柔宇研发的柔性材料，已经可以做成各种各样的穿戴设备。未来屏幕无处不有，而且这些屏幕可以根据我们的眼神变化，提供各自感兴趣的内容，"看眼色行事"逐渐成为现实。我们可以随时随地选择感兴趣的内容，可以阅读，也可以调看各种影视资料，处理各种事务都没有问题。

"深目"技术改变了社会安全管理模式

智慧社会中的智能管理技术不断被研发出来，社会的智能管理水平日新月异地得到提高。其中，"智能安全"无疑是人们最关心的一件事，因为这关系到千家万户的幸福生活。这里举一个云天励飞开发"深目"项目的故事。

云天励飞公司的创办人名叫陈宁。陈宁（1975—），河北邯郸市人。云天励飞公司的董事长兼CEO。2018年荣获"深圳经济特区建立40周年创新创业人物"称号。

陈宁于1997年上海交通大学毕业后留校任教。3年后，他先是考入美国新墨西哥州大学留学获硕士学位，后考入美国佐治亚理工学院攻读电子工程专业博士学位。2009年回国入职中兴通讯公司任IC设计技术总监。2014年陈宁决定创办公司。这年7月，深圳龙岗区在美国硅谷举办了一场"硅谷直通车"的引资和人才招聘活动。这场活动吸引了陈宁，决定将创业地点定在龙岗。公司成立过程中，从注册登记的绿色通道、政府对高科技企业的周到服务，到完善的市场经济机制，处处都让陈宁感觉到了深圳良好的创业环境。因此，陈宁经常挂在嘴边的一句话是"深圳是中国最适合海归创业的城市，没有之一。"

"云天励飞"名字是英文"intelligent fusion"的音意混合翻译，英文的意思是"智能融合"。按照陈宁的说法，"云天励飞是一家基于视觉人工智能的高科技企业，立足在AI领域，推动公共安全行业的智能化升级"。

创业一年后，云天励飞在深圳的公安系统推出了名为"深目"（意思是"深圳的眼睛"）的项目，这是国内第一套基于动态人像识别的规模化系统。该系统的应用，对帮助警方破获拐卖儿童案产生了奇效。举一个例子：2017年除夕夜，龙岗一个3岁的孩子走失，怀疑被人拐卖。云天励飞运用"深目"系统进行排查，迅速锁定一个身穿绿上衣的女嫌疑人身份，并确定该嫌疑人当天晚上登上了深圳开往武昌的Z24直达特快列车。公安队伍紧急布控，当第二天早晨5:50列车开到武昌时，嫌疑人被严密防查的警察抓获，被拐孩子由于被喂了安眠药还在熟睡……从接警到成功解救被拐小孩，只用了15个小时。

6年里云天励飞用AI技术，协助警方找回400多名走失儿童和老人。该系统已在上海、北京、粤港澳大湾区等国内外100多个城市和地区广泛应用。

看到借助"深目"系统，帮助许多家庭找回了被拐卖儿童、父母孩子抱头痛哭的画面，日夜连轴转研发技术而累得筋疲力尽的陈宁大呼"太值了！"

云天励飞通过研发出最前沿的先进技术，打造出了多个"最大"的安防项目，如深圳"全国最大的动态人像检索平台"和深圳东莞双城联动的"全球最大规模动态人像融合平台"，参与建设深圳国际会展中心"全球最大室内'一脸通'解决方案"等。云天励飞为抗击新冠疫情也作出了新贡献，实现 AI 赋能精细化防控疫情，达到了阻断传播源、减少感染数、有效预防感染的目标。

丰富的娱乐生活，畅游虚拟世界

华强公司的动漫给孩子们带来了欢乐

深圳的娱乐生活丰富多彩。这里以华强方特公司为例，说一说"文化＋科技"的方式，是如何促进文艺作品爆发式创作出来的。华强方特公司的产品主要分为两部分，一类是方特主题乐园（参见第七章"高交会"）；另一类是动漫影视作品。这里讲述一下该公司制作动漫影视作品的故事。

2022 年新春佳节期间，华强公司的动画电影《熊出没·重返地球》上映后大受欢迎。这是《熊出没》系列第 8 部电影，获得观众的高度评价，票房收入 9.77 亿元，创下多个中国动画影史纪录。至此，《熊出没》系列电影票房收入超过 42 亿元。就在近期，《熊出没·重返地球》还分别在 5 月底和 7 月份登陆英国、俄罗斯院线，创下中国电影在两国最大发行规模。《熊出没》，称得上是中国动画发展史上一个划时代的作品。影片塑造了熊大、熊二和光头强这一深受全年龄观众喜欢的荧幕形象，其影响直追美国迪士尼的米老鼠、唐老鸭等明星。《熊出没》聚焦环保理念，传递亲情、友情等正能量价值观，故事内涵丰富，情感动人。熊大熊二性格憨厚而正直，动作笨拙而可爱，经历奇特而见多识广，经验丰富却童心未泯。这样的形象让孩子们爱得发狂，是可以理解的。

这里我们重点从技术研发的角度，分析一下作品成功的原因。采访中，我问刘道强总裁："动漫作品的制作是很费工夫的，华强公司为什么会生产得这么快呢？"刘总回答说："这是因为我们采用了许多新的技术手段……"技术手段包括研发出全无纸的计算机动画生产线、动作库、表情库、自主开发的动画软件和插件等，极大地提高了动画片的品质和生产效率，很快在国内动漫界崭露头角。2010 年华强有 4 部动漫在央视播放，其中，《十二生肖总动员》成为央视少儿暑期收视冠军，《小鸡不好惹》创下当月最佳收视纪录。国家广电总局公布的 2011 年全国电视动画片制作发行情况数据表明，华强数字动漫公司以 18512 分钟的产量，排名全国第一。2012 年华强方特大力实施精品战略，实现央视全年累计播出分钟数全国第一。《小鸡不好惹》被文化部评为 2012 年重点动漫产品。原创动画《熊出没》2012 年荣获中宣部"五个一工程"奖、中国动画学会"美猴奖"等多项大奖。2013 年春节期间出品的贺岁片《熊出没之过年》更是获得了 3.85 的超高收视率，创央视少儿频道开台以来的最高收视率；在视频网站上的点击率达到 400 亿次，位居中国动漫指数版首尾，《熊出没》成为中国家喻户晓的动漫品牌。

华强一开始就瞄准国际市场，组建起外籍专业配音团队，采用双语制作，动画片出口至美国、英国、德国、俄罗斯、新加坡等 130 多个国家和地区，进入了全球知名的迪士尼、尼克频道（Nickelodeon）、Discovery、Netflix 等国际主流媒体。在 2010 年法国戛纳电视节上，《十二生肖闯江湖》入围儿童评审团 Kids Jury 大奖；《十二生肖快乐街》也被组委会选入亚洲内容交易展进行特别推介。《十二生肖总动员》《小鸡不好惹》《猴王传》还分别获得日本 TBS Digicon6 大奖、意大利海湾卡通节大奖等。2011 年新作《笨熊笨事》荣获法国戛纳电视节儿童评审团大奖，这是中国动画首次获此殊荣。此后的华强方特动漫更是获得艺昂西动画节水晶奖、亚洲电视动画最佳 3D 动画奖、亚洲授权业卓越大奖等一系列国内外重磅奖项。

华强方特是国内唯一研发和生产包括球幕电影、天幕、巨幕、水幕等多种类型全系列的特种电影开发商，主题乐园大量运用 VR（Virtual Reality，中文意为虚拟现实）、AR（Augmented Reality，中文意为增强现实）、动感仿真、全息、超感体验等高科技，方特集团已经在全国开业 30 多个主题乐园，连续多年位列全球主题乐园游客量前五，多次获得 TEA 西娅杰出成就奖、IAAPA 铜环奖等国际重磅奖项。

虚拟技术对社会发展意味着什么？

通过采访和研究华强方特公司的技术研发情况，我慢慢地了解了 VR、

AR 等技术术语。所谓 VR（英文是 Virtual Reality），是"虚拟现实"技术；AR（Augmented Reality），是"增强现实"技术；后来又出现了 MR（Mix Reality，中文意为混合现实技术）、CR（Cinematic Reality，中文意为影像现实技术）等。这些名字令人眼花缭乱，都是运用高科技创造出的一种"虚拟世界"。

所谓"虚拟世界"，就是创造出了一种在真实的物理世界中不存在的"世界"，这也许是一个与现实的物理世界平行发展的虚拟世界（"平行世界"是业内的一种流行说法，但笔者感觉似乎不很准确。说"渗透寄生"是不是更准确一些？），其前景完全无法预测。当"虚拟现实"的概念出来没有几年、多数人对此还一头雾水时，"元宇宙"概念又突然亮相。

"元宇宙"的概念起源于虚构小说，是作家尼尔·斯蒂芬森在 1992 年问世的科幻小说《雪崩》中创造出来的。"元宇宙"的英文词是 Metaverse，其中 Meta 是"元"（超越）的概念，Verse 代表"宇宙"（universe）的意思。所谓"元宇宙"，是利用科技手段创造的数字生活空间，说的也是与物理世界不同的虚拟世界。

根据学者罗布乐思（Roblox）公开发布的观点，他认为"元宇宙"具有 8 个关键特征：Identity（身份）、Friends（朋友）、Immersiveness（沉浸感）、Low Friction（低延迟）、Variety（多样性）、Anywhere（随地）、Economy（经济）、Civility（文明）。[②]

一些学者认为，元宇宙是一个平行于现实世界、又独立于现实世界的虚拟空间，是映射现实世界的在线虚拟世界，是越来越真实的数字虚拟世界，对元宇宙发展会达到什么状态程度，学术界看法不一致。看重这项技术的人，认为"元宇宙可能展现了一个可以与大航海时代、工业革命时代、宇航时代具有同样历史意义的新时代"；看轻的人则认为，这是被炒作的概念。比较一致的看法是：包括元宇宙在内的虚拟现实技术发展的速度很快，其技术产业发展的临界点快要到来。"技术渴望新产品、资本寻找新出口、用户期待新体"，这三点可能会是点燃其临界点的三把柴火。

虚拟现实技术创造出一种与真实世界相对立的虚拟世界，让人沉浸在一种亦幻亦真的想象场景中，操作者可以与虚拟场景中的景物互动，甚至真人能够与假象共处于一个场景里（AR 增强现实技术就可以实现这一点）。科幻技术能够营造出形形色色的奇丽场面：广袤荒原、浩瀚沙海、雪山冰峰、高远天空、海底奇景、天外宇宙……由于受到时间、财力等各种条件的限制，一个人一生中能够"到此一游"的地方数量十分有限。特别是对一些人迹罕至的景点不可能去得了，只能通过读游记、看图片来满足好奇心。但有了虚拟技术，要想去任何地方都不成问题，不光"真景实况"可以出现在眼前，而且可以选择独特的视觉角度，经历一种难忘的体验；不仅可以看到世界上真实存在的场景，人们想象中的天堂地狱景观也可以畅游一番；甚至可以参与到神人飞翔、魔怪打斗的场景中去，扮演其中的一个角色。这种靠高技术创作出来的奇异魔幻世界，无疑具有巨大的吸引力。

就笔者个人的经历见闻而言，也看到过许多匪夷所思的场景。比如说，在一个室内体育馆的地板上，一头大白鲸突然跃起，水花飞扬溅到了观众们的脸上，引起一片惊叫声，定神一看竟然是虚拟影像。再比如说，好多年前我看过华强方特公司制作的"飞跃极限"虚拟影片，戴上 VR 眼镜，我们就插翅飞翔在了蓝天流云里，飞越祖国的名山大川：黄沙万里、大漠孤烟的沙漠戈壁滩，像是一块金色的地毯；云流雾遮、湖泊绿地的江南大地，像一幅笔墨浓淡的山水画；万里长城蜿蜒于崇山峻岭，守护着祖国的边关；阳光照耀下的雪山冰峰，变成了晶莹剔透的世界。

我请刘道强总裁谈一谈 VR 虚拟现实技术的意义。他说："VR 虚拟现实技术有两个特点：一是沉浸感，当你戴上 VR 眼镜、进入场景中，就感觉身临其境、融入了场景；二是交互性，通过互动，能够增强临场的感受。就我们的体会而言，VR 技术目前对社会的影响至少有三点：一是娱乐。我们的方特主题乐园大量地使用 VR、AR 技术，深受观众们的欢迎。二是教育。教学中，与语言描述比较，直观的画面肯定更容易理解、教学效果更好。在老师讲人体构造课时，用虚拟技术将学生们变成一个小机器人，在人的身体内跑来跑去，就能够更直观、更清楚地了解人体的构造。三是用于经济活动中。例如，在搞建筑设计时，如果利用 VR 技术，将一座大楼的内部结构展现在设计师们的眼前，方便大家讨论和修改，自然会大大加快建楼的速度和提高质量。"

身体变健康，长寿不是梦

健康、长寿，人人关注。健康是人生的最大财富，长寿是自古以来人们的不懈追求。我国的改革开放给社会经济带来了巨大变化，人们开始享受改革开放的红利。生活越好，人们越关心自己的身体和心理健康。深圳虽然是全国最年轻的城市，但第一代拓荒人已经步入老年，健康长寿是摆在每个人眼前的课题。在这一节里，我们从基因和细胞技术研发的角度，看看如何实现健康长寿的目标。

基因技术造福人类

现代生物技术包括基因工程、蛋白质工程、细胞工程、酶工程和发酵工程等五大工程技术。其中基因工程技术是现代生物技术的核心技术。

2018 年，华大基因 CEO 尹烨写了一本《生命密码》书，说是"第一本基因科普书"。按照尹烨的说法："基因组是生命的源代码，是细胞内所有的遗传信息的总和，是物种生长、发育和繁衍的基本程序。"③

没有任何一个人的基因是完美的，据统计，平均每个人生来有 7—10 组存在缺陷的基因，携带 2.8 个遗传隐性遗传病的致病基因。④

例如"唐氏综合征"，这是 1866 年由一个英国医生约翰·朗动·唐报道的病症。得这种病是因为人体第 21 对染色体多了一条导致的，因此将其称为"21—三体综合征"。这是人类首先发现有染色体缺陷造成的疾病。在中国，人们称呼这些患有"唐氏综合征"的孩子为"唐宝宝"。我国每年有 2.3 万—2.5 万唐宝宝出生。我国所有新发唐氏综合征患者的经济负担已达 100 亿元，平均每个患儿的费用约 40 万元，这对每个家庭来说是极大的经济压力。避免生唐宝宝最有效的办法是进行"孕妇产前基因检测技术"。中国政府高度高度重视民生健康，致力于在出生缺陷防控方面建设完善的社会保障体系。华大基因等多家机构积极响应政府号召，希望通过全球领先的基因检测技术，提供优质、实惠、精准的检测服务。⑤

再如地中海贫血病，这个病在中国南方地区相当常见，简称为"地贫儿"。"地贫儿"患者会出现长期贫血发育不良等问题。多年前我在市文明办工作时，曾支持开展过一个"资助地贫儿"的公益活动，由企业和个人认购"燃料卡"，为家庭贫困的地贫儿孩子提供 1 年 12 次免费输血治疗。这一公益活动为相当多的家庭减轻了经济压力。"地贫儿"是众多"罕见病"（又被称作"孤儿病"）中的一种，其他的还有"成骨不全症"（俗称"瓷娃娃病"）；白化病（俗称"月亮的孩子病"）；雷特综合征（俗称"美人鱼病"）；Angelman 综合征（俗称"天使综合征")等病症。虽说"罕见病"患者人数相对少,但是由于我国人口基数大,总数仍然是一个相当惊人的数字。尹烨介绍说,中国现有的罕见病患者总数达到 1680 万人,相当于北京市人口总数。罕见病多数与遗传基因有关,因此做好罕见病患者及携带者的基因检测,不仅能够确定罕见病基因,还能避免罕见病的遗传。⑥

做全基因组检测,确实是避免罕见病遗传的科学可靠方法之一。但是基因组测序费用比较高,一般人难以负担。直到 2016 年,华大基因生产出了拥有自主知识产权的国产测序仪 BGISEQ–500 平台,才能够将个人全基因组测序的成本降到了创纪录的 600 美元(2011 年时的费用要 1 万美元)。尹烨预计,随着先进技术的研发,华大基因还能够将检测费用降到 300 美元以内,而且效率更高,努力做到在 24 小时内完成个人全基因样本制备、测序和数据分析的全过程。这是一个好消息。

人体第二套基因组计划

说到基因,很多人不知道的是人身上其实还有另一种基因。按照一些科学家的看法,人体内有两个基因组:一个是从父母那里遗传来的基因组,约为 2.5 万个所编码的基因;另一个则是出生以后才进入人体(主要在肠道内)内、多达 1000 多种的共生微生物,其所编码的基因达到百万个以上。这两个基因组相互协调、和谐一致,保证了人体的健康。

尹烨对第二个基因组有很深刻的理解。⑦按照他的说法,菌群(第二个基因组)具有很奇妙的特性。怀孕时的婴儿,生活在妈妈无菌的子宫内,当婴儿出生时细菌才进入新生儿体内。在短短两个小时内,就形成自己最初的肠道菌群;经过一年左右时间的数代繁衍,孩子体内的菌群就与母亲的菌群很相似了。

大家都知道,人有一个奇特的现象:一辈子难忘"儿时妈妈做的饭菜味道"。这是为什么?实际上这不是人本身的记忆和欲望,而是体内肠道菌群思念来自妈妈身上的菌群。人还有另外一个奇特的现象:夫妻生活在一起的时间长了,会慢慢变得相似。不但两人的想法脾性逐渐相同,连面容长相也会变得相像。这又是为什么?这是由于夫妻在频繁接吻过程中,菌群会大量交流。随着两人体内菌群逐渐混杂相似,就有了容貌的"夫妻相"和夫唱妇随的默契。

这样说来，操纵人们拿主意的，并不是自己的头脑，而是菌群的意向；或者换一种说法，是菌群决定人们大脑的思维方式。这些奇特现象的谜底正在逐渐被科学家揭开。

深圳有一家以第二个基因组为研究对象的单位，名为深圳未知君生物科技有限公司。该公司 2017 年成立于深圳南山，是中国首家专注于肠道微生物治疗的人工智能制药公司。公司创始人名叫谭验，北京大学本科毕业后，考入美国波士顿大学和麻省理工学院—哈佛大学的博德研究所读博，获生物信息与计算生物学博士学位。公司的核心研发团队成员来自博德研究所、哈佛、麻省理工等国际顶级研究机构和辉瑞、施贵宝等制药公司。

人类微生物组计划也被称为"人体第二套基因组计划"，欧美国家走在该领域研究的前列。2007 年美国国立卫生研究院启动了人类微生物组路线图计划。2008 欧盟启动人类元基因组第七框架项目。2014 年马克·史密斯在美国创办了一家致力于开发新型微生物疗法的人体微生物药企公司（Finch），成为世界上著名的"粪菌银行"。

据研究，结构异常的肠道菌群很可能是人肥胖、高血压、糖尿病、冠心病、中风等代谢性疾病的直接诱因。因此，人类微生物组研究最终将在健康评估与监测、早期诊断与治疗，特别是新药研发方面大有用武之地。按照谭验的说法，肠道菌群能帮助肠道消化吸收，并作为"天然铠甲"阻挡部分致病菌，还能影响宿主的免疫、神经、代谢、内分泌甚至心理状态，因此也被称为人体健康的"晴雨表"。

2021 年 6 月，未知君所研发的人体肠道全菌胶囊（FMT）药物，获得美国食品药品监督管理局（FDA）的正式批准。这是中国，也是亚洲首款获得美国 FDA 临床试验许可的 FMT 药物。该药物对于"伴有肠胃肠道症状的儿童孤独症患者""Ⅰ型糖尿病患者"等疑难病症有较好的治疗效果。

未知君公司还开展了一项计划，面向全社会公开招募志愿者捐赠粪便，准备建立中国的"粪便银行"，从而获得充足样本数据进行药物研发。相信建立在"人体第二基因组"基础上的新生物药物研发计划，将造福消费者。

细胞技术带来健康新概念

干细胞（stemcell，SC）是人体中具有增殖和分化能力的一类多潜能细胞。

在一定条件下，该类细胞可以从单一细胞分化为多种不同细胞，就像树干上可以生长出树枝、叶子、花朵一样。根据分化能力的不同，干细胞可以分为全能干细胞、多能干细胞和单能干细胞。

干细胞疗法的原理，就是让干细胞分化为人体所需的细胞，从而修复人体受损的器官和组织，弥补人体内多数细胞所丧失的细胞分化能力。据医学研究，基因治疗和干细胞治疗，在重症免疫缺陷、遗传性疾病、恶性肿瘤、造血干细胞保护、艾滋病等领域具有广泛的应用前景。

干细胞从何处来呢？新生儿的脐带、胎盘、乳牙牙髓等，都是最优良的干细胞来源，可以冻存起来以备使用。成年人的干细胞存在于人体的骨髓、脂肪组织和经血中，用适当的方法取出干细胞可以用来治疗疾病；或者冻存起来，以备需要时使用。

冻存的干细胞具有广泛的医疗用途，例如烧伤患者需要植皮，可以用自己的干细胞培养出一片皮肤，修复患处。如果损坏的是人体器官，修复的过程要复杂一些，需要先建立框架结构，再将干细胞培养成肾脏、心脏等立体器官，这也就是3D培养、3D打印等技术。如果这些技术成熟了，能够用干细胞培养的器官代替衰老病变的人体器官，就像现在修理汽车等工业产品一样，直接将损坏的零件换成新零件。这不仅能够让得病损坏的身体重新恢复健康，而且距离人们所渴望的长寿理想不远了。⑧

残友集团的基因细胞技术研发

深圳残友集团的创始人名叫郑卫宁，其故事前面有讲述（参见第十一章"企业家"内容）。这里再从残疾人医疗健康的角度，对企业的技术研发情况做一些介绍。

郑总说，根据2021年中国残联和民政部公布的数字，中国残疾人数量是8900万。也就是说我国十几个人中有一个残疾人，这个数字十分惊人。残疾人群体中，有先天遗传和后天致残两种。像我国这样的发展中国家，后天致残数量最多的是交通事故和用药错误（例如耳聋）两种。后天致残问题要靠发展经济和社会综合治理来解决。残友集团研究方向是解决先天遗传残疾人群的问题，研究的技术主要是基因和细胞领域。残友集团将残疾人的健康问题作为公司的研发目标。

残友集团公司取得的成绩体现在以下几个方面：一是创办了残友生命科学平台和残友生物科技实验室。这是粤港澳大湾区面积最大的实验室平台，实验室面积达3000平方米，标准符合国家药品GMP、美国AABB、欧盟国际标准，目标是构建粤港澳大湾区最专业、最权威、最安全的干细胞存储与再生医学应用服务平台。

二是在用基因、细胞技术，预防治疗病患者一些疾病方面取得了突出成绩。例如，有一个血友病人结婚，太太怀孕后，通过基因检测发现胎儿有血友病遗传基因缺陷，就做了安全流产手术；再次怀孕检测时没有问题，结果生下了一个身体健康、模样讨人喜欢的胎儿。这种检测预防对一个血友病家庭来说，是关系到避免悲剧再次发生的天大事情。

三是在解决残疾人就业方面成为范例。残友集团在全国已经解决了5000名残友的就业问题，其中有一些人从事的是IT、生物等技术工作。这些残疾人员工不仅敬业爱岗、工作稳定，而且表现出了研究专注、理解深刻等一些天赋才能。不仅如此，由于残友员工的优秀表现，让深圳的市民群众改变了对残疾人的印象。以前残疾人在路上向行人问路时，多数市民唯恐躲避不及，认为残疾人可能想要乞讨。但现在残疾人在路上，可能会有人主动上来问：能不能请你制作网页，你懂不懂做生物实验室的工作？这让郑卫宁感慨不已。

四是扩大了残疾人正面形象的影响。在郑总看来，残友集团虽然解决了5000名残疾人的工作问题，但对全国残疾人群体来说，杯水车薪、数量很少。然而让人欣慰的是，残友集团做的事已经产生了很好的社会影响力。例如，天津有一个家生物实验室，专门到大学里去招聘学生物专业的残疾人。招聘人员说，深圳残友实验室招聘残疾人员工效果非常好，深圳能这样做，天津也应该能够做得。郑总还想起了2009年胡锦涛总书记第三次接见他时说的话："老郑，你做的事情证明了残疾人在IT行业是优质的人力资源。"郑总补充一句说："现在残友实验室再次证明，残疾人在生物实验室行业也是优质的人力资源。"

残友集团是中国社会企业当之无愧的标杆和典范。

这里只是举了残友集团的一个例子。如今深圳在生物医疗领域不断深耕的企业越来越多，基因诊断、基因治疗、基因疫苗、基因重组药物等多种技术都在不断发展。通过胚胎检查和基因测序技术，将避免生出拥有罕见病基因缺陷的小孩，预防各种遗传疾病的发生。不久的将来，通过细胞技术培养出移植所需要的器官，替换患者已经坏死的器官；生物假肢技术的发展，让手脚残疾的患者变得像正常人一样；通过基因和细胞的抗衰老技术，大大延长人类的寿命，将会出现许多年龄虽大、但是身体健康并富有活力的"老人"群体。

长寿社会的到来，不仅不是梦想，而且为期不远。

① 周雨萌:《华为智慧交互空间正在深入人心》,《深圳特区报》2022年5月24日。

② 黄力之:《元宇宙:游戏与人性自由前所未有之契合》,《新华文摘》2021年第24期。

③ 尹烨:《生命密码》,中信出版社2018年版,第93页。

④ 尹烨:《生命密码》,中信出版社2018年版,第204页。

⑤ 尹烨:《生命密码》,中信出版社2018年版,第196页。

⑥ 尹烨:《生命密码》,中信出版社2018年版,第204页。

⑦ 尹烨:《生命密码》,中信出版社2018年版,第368页。

⑧ 尹烨:《生命密码》,中信出版社2018年版,第319页。

结尾　双区驱动、三区叠加新机遇

　　深圳又一次走到了重要的历史关头。

　　1980 年深圳成为国家首批经济特区之一；2019 年 2 月国家提出了建设粤港澳大湾区，要求深圳在粤港澳大湾区中发挥核心枢纽作用；2019 年 8 月国家要求深圳率先建设中国特色社会主义先行示范区。

　　"双区驱动、三区叠加"①，深圳遇到了难逢的历史发展新机遇。

中国特色社会主义先行示范区

　　2019 年 8 月 9 日中共中央、国务院发文《关于支持深圳建设中国特色社会主义先行示范区的意见》。

　　从该文件的下发，可以看到中央对深圳的殷切希望，也能感觉到深圳肩头的责任更重了。

　　何处先行？首先，从中国特色社会主义"五位一体"总体布局的维度来看，深圳要做到先行，必须在中国特色社会主义事业的五大领域建设中都做到先行，就是说，深圳要在中国特色社会主义的经济建设、政治建设、文化建设、社会建设和生态文明建设的各领域、各环节，以及全过程都要做到先行。

---

　　① "双区驱动、三区叠加"是深圳地位的一种新概括。"双区"的"双区"指的是"粤港澳大弯区"和"中国特色社会主义先行示范区"，说的是深圳在"粤港澳大湾区中发挥核心枢纽作用"，率先建设"中国特色社会主义先行示范区"。"双区"的建设过程是深圳在新时代发展中的强劲动力，故为"双区驱动"。所谓"三区叠加"，是说深圳原有的"经济特区"的功能仍旧存在，加上新的"两区"头衔，就成了"三区叠加"。这意味着党中央、国务院既给深圳增加了新的责任、提出了新的要求，也让深圳遇到了难逢的历史发展新机遇。

其次，从中国特色社会主义事业的"四个全面"战略布局维度来看，深圳要做到先行，必须在全面建成小康社会、全面深化改革、全面依法治国、全面从严治党的各领域、各环节，以及全过程都要做到先行。

如何示范？一方面，要在全国成为典范，为全国作出表率；另一方面，充当中国改革开放的"窗口"和中国特色社会主义的"样板"，向世界展示中国改革开放以来所取得的巨大成就，让世界了解中国为什么选择走中国特色社会主义道路。

深圳建设中国特色社会主义先行示范区的意义，有利于在更高起点、更高层次、更高目标上推进改革开放，形成全面深化改革、全面扩大开放新格局；有利于率先探索全面建设社会主义现代化国家新路径，为实现中华民族伟大复兴的中国梦提供有力支撑。

为了落实中共中央、国务院的文件，有关部门又下发了一些具体的实施方案。先是由中共中央办公厅、国务院办公厅印发《深圳建设中国特色社会主义先行示范区综合改革试点实施方案（2020—2025年）》；后于2020年10月，国家发展和改革委员会公布《深圳建设中国特色社会主义先行示范区综合改革试点首批授权事项清单》，首批40条，涵盖要素市场化配置、营商环境、科技创新体制、对外开放、公共服务体制、生态和城市空间治理六个方面。以清单式批量报批的方式，推动重点领域和关键环节进行改革。

具体在科技创新方面，文件对深圳提出的要求是：加快实施创新驱动发展战略。支持深圳强化产学研深度融合的创新优势，以深圳为主阵地建设综合性国家科学中心，在粤港澳大湾区国际科技创新中心建设中发挥关键作用。支持深圳建设5G、人工智能、网络空间科学与技术、生命信息与生物医药实验室等重大创新载体，探索建设国际科技信息中心和全新机制的医学科学院。加强基础研究和应用基础研究，实施关键核心技术攻坚行动，夯实产业安全基础。

在构建现代产业体系方面，文件对深圳的要求是：大力发展战略性新兴产业，在未来通信高端器件、高性能医疗器械等领域创建制造业创新中心。开展市场准入和监管体制机制改革试点，建立更具弹性的审慎包容监管制度，积极发展智能经济、健康产业等新产业新业态，打造数字经济创新发展试验区。

在科技创新、产业发展方面，深圳的道路既长远又艰难，但前途光明、可以大有所为。

粤港澳大湾区中的核心枢纽

中共中央、国务院《关于支持深圳建设中国特色社会主义先行示范区的意见》文件中也提出了要求：助推粤港澳大湾区建设。进一步深化前海深港现代服务业合作区改革开放，以制度创新为核心，不断提升对港澳开放水平。加快深港科技创新合作区建设，探索协同开发模式，创新科技管理机制，促进人员、资金、技术和信息等要素高效便捷流动。

2019 年 2 月 18 日中共中央、国务院印发《粤港澳大湾区发展规划纲要》。粤港澳大湾区包括香港特别行政区、澳门特别行政区和广东省广州市、深圳市、珠海市、佛山市、惠州市、东莞市、中山市、江门市、肇庆市，总面积5.6 万平方公里。据 2017 年统计，粤港澳大湾区人口 6671 万人，GDP 为 1.6万亿美元（约合人民币 10 万亿元），是我国开放程度最高、经济活力最强的区域之一，在国家发展大局中具有重要战略地位。珠三角九市已初步形成以战略性新兴产业为先导、先进制造业和现代服务业为主体的产业结构，2017 年大湾区经济总量约 10 万亿元。

在世界经济发展版图中，湾区经济无疑是最抢眼的一块。世界湾区经济中，排在最前面的 4 个湾区是东京湾区、纽约湾区、旧金山湾区和粤港澳大湾区。

关于东京湾区的规模，有两种说法，一种是"一都三县"（东京都及千叶县、神奈川县、琦玉县），另一种是"一都七县"，范围更大。按照日本统计局2017 年公布的资料，按照"一都三县"的规模，东京湾区的土地面积为 1.36万平方公里，约占全国面积的 3.6%；人口为 3600 万人，约占全国人口总数的 29%。按照"一都七县"的规模，东京湾区的土地面积为 3.69 万平方公里，约占全国面积的 9.9%；人口为 4400 万人，约占全国人口总数的 35%。不管怎么说，东京湾区的实力确实很强。东京湾区是"产业湾区"，聚集了日本 1/3的人口，2/3 的经济总量，3/4 的工业产值，沿岸有 6 个港口首尾相连，吞吐量超 5 亿吨。三菱、丰田、索尼等一大批世界 500 强企业的总部设在这里。

纽约湾区的面积达 2.15 万平方公里，人口 2340 万。纽约湾区占美国国土面积 0.23%，却聚集了美国人口的 7%、美国经济总量的 8%。

旧金山湾区面积 1.8 万平方公里，人口超过 700 万。拥有世界知名的硅谷以及以斯坦福、加州大学伯克利分校等为代表的 20 多所著名科技研究型大学。这里也是谷歌（Google）、苹果（Apple）、英特尔（Intel）、脸书（Facebook）、优步（Uber）等科技巨头企业全球总部所在地。

粤港澳大湾区不但块头最大，而且发展速度快。近年来粤港澳大湾区总体经济增速在 7%／年以上，2016 年经济增速分别是纽约湾区、东京湾区、旧金山湾区的 2.26 倍、2.19 倍、2.93 倍。按这种趋势发展，只需 6 年即可超越东京湾区成为全球经济总量最大的湾区。据《深圳特区报》的报道，2021 年粤港澳大湾区 11 城 GDP 超过 12.5 万亿元人民币，按照年平均汇率计算约合 1.94 万亿美元。粤港澳大湾区坐稳了世界湾区第二位置，并与经济实力最强的东京湾区有得一拼。

粤港澳大湾区在经济发展和产业、创新等方面的优势如下：一是地理位置优越，拥有世界上最大的海港群和空港群。二是经济活力强，2017 年 GDP 约人民币 10 万亿元，占全国比重 12%。三是对外开放程度高，广东省内 9 个城市利用外资额占全国总额的 1/5。四是创新能力突出，《2017 年全球创新指数报告》中，深圳—香港作为"创新集群"排名全球第二；《经济学人》更是将粤港澳大湾区中的深圳，称为"硅洲"（感觉比"硅谷"更传神）。五是领军企业逐年增加，包括华为、腾讯、中兴、万科、格力、顺丰、大疆等 16 家世界500 强企业。

深圳在粤港澳大湾区中扮演了一个重要角色。2020 年 10 月 14 日习近平总书记在出席深圳经济特区建立 40 周年庆祝大会时发表重要讲话，明确要求深圳"积极作为深入推进粤港澳大湾区建设"，指出"粤港澳大湾区建设是国家重大发展战略，深圳是大湾区建设的重要引擎"。

在粤港澳大湾区中，深圳河两岸的深圳和香港无疑将发挥重要作用。深圳、香港将在粤港澳大湾区的发展潮流中，上演精彩的"双城记"传奇故事。深圳是社会主义的桥头堡，香港是联系资本主义市场的枢纽。两种制度对照共处、竞争发展，对深圳有好处。深圳产业发达，香港对外通畅，是粤港澳大湾区发展的两个核心。

深圳与香港山水相连、一河之隔，同源同种同文。深圳与香港之间在两个地区有深度合作的潜力：一个是前海开发区，另一个是深港河套地区。成立于 2010 年的前海开发区则承担着中国在新时代进一步改革开放的重任。香港对参与前海的合作充满了热情，双方商量成立了前海深港合作区，十几年里取得了喜人的成绩。所谓河套地区，是指落马洲河套，深港早年在合作治理深圳河时，把弯曲的河岸拉直后用泥沙填平，形成了一块 96 公顷的土地。该地区纳入香港境内面积，业权则属于深圳。前海开发区与河套地区将是两个城市合作建设的科技创新和产业发展区，是两座城市强劲的经济增长点。

经济特区的新使命

本书从科技创新的角度，回顾论述了深圳 40 多年时间里的发展历程。深圳是国家改革开放的窗口，是首批经济特区之一，而且是发展状况最好的经济特区。可以说改革开放是深圳的"基因"，开拓试验是深圳的"胎记"，科技创新是深圳的立身之本，为国家多做贡献是深圳责无旁贷的责任。

作为社会主义市场经济试验田，深圳一直在试验、在试错，深圳的试验为国家的发展提供了借鉴和经验，减少了国家改革和发展的成本。直到今天，深圳仍然发挥着经济特区的重要功能和作用。

在深圳经济特区建立 40 周年之际，国家再次赋予深圳建设中国特色社会主义先行示范区的重任，这既是对深圳过去 40 年发展经验的充分肯定，是对深圳在中华民族伟大复兴事业中所做贡献的高度评价；也是赋予深圳在未来国家发展中继续先行先试的使命，是要求深圳继续当好中国特色社会主义排头兵的殷切期望。

习近平总书记出席深圳经济特区建立 40 周年庆祝大会并发表重要讲话。他指出：深圳是改革开放后党和人民一手缔造的崭新城市，是中国特色社会主义在一张白纸上的精彩演绎。这是中国人民创造的世界发展史上的一个奇迹。深圳等经济特区的成功实践充分证明，党中央关于兴办经济特区的战略决策是完全正确的。经济特区不仅要继续办下去，而且要办得更好、办得水平更高。深圳要建设好中国特色社会主义先行示范区，创建社会主义现代化强国的城市范例，提高贯彻落实新发展理念能力和水平，形成全面深化改革、全面扩大开放新格局，推进粤港澳大湾区建设，丰富"一国两制"事业发展新实践，率先实现社会主义现代化。①

这就是深圳在双区驱动、三区叠加重要关头的历史机遇和重大使命。在中华民族百年复兴的重要关头，在人类文明发展的浩荡长河中，深圳注定要发挥重要的作用、完成伟大的使命。

① 习近平:《在深圳经济特区建立 40 周年庆祝大会上的讲话》，人民出版社 2020 年版，第 2—3、4—5、7 页。

参考书目

《邓小平文选》(第三卷),人民出版社 1993 年版。

《李灏深圳工作文集》,中央文献出版社 1999 年版。

深圳博物馆编:《深圳特区史》,人民出版社 1999 年版。

董滨、高小林:《突破·中国特区启示录》,武汉出版社 2000 年版。

孙利、段亚兵:《小巨人崛起·中小企业发展之路》,中国时代经济出版社 2003 年版。

深圳市政协文史和学习委员会编:《深圳·一个城市的奇迹》,中国文史出版社 2008 年版。

谷牧:《谷牧回忆录》,中央文献出版社 2009 年版。

段亚兵:《创造中国第一的深圳人》,人民出版社 2010 年版。

深圳市政协文化文史和学习委员会编:《深圳四大支柱产业的崛起·高新技术》,中国文史出版社 2010 年版。

洪远主编:《广东建立经济特区 30 周年纪念文献·特区人物志》(深圳卷),广东人民出版社 2011 年版。

朱崇山、陈荣光:《深圳市长梁湘》,花城出版社 2011 年版。

段亚兵:《深圳财富传奇·占领华强北》,人民出版社 2012 年版。

王穗明主编:《深圳口述史 1980—1992》(上卷),海天出版社 2015 年版。

戴北方、林洁等:《深圳口述史 2002—2012》(上中下卷),海天出版社 2020 年版。

[美] 亚力克·罗斯:《新一轮产业革命》,浮木译社译,中信出版社 2016 年版。

钱汉江主编:《深圳电子三十年(1980—2010)》,深圳报业集团出版社

2017 年版。

邹旭东:《梁湘在深圳 1981—1986》,内部材料,改革智库文丛,2018 年印刷。

段亚兵:《深圳拓荒纪实》,人民出版社 2018 年版。

王苏生、陈博等:《深圳科技创新之路》,中国社会科学出版社 2018 年版。

尹烨:《生命密码》,中信出版社 2018 年版。

陈启文:《为什么是深圳》,海天出版社 2020 年版。

深圳市政协文化文史和学习委员会编:《追梦深圳·深圳口述史精编》(上、中、下),中国文史出版社 2020 年版。

李子彬:《我在深圳当市长》,中信出版社 2020 年版。

王小广、杨柳:《基因与潜能·创新驱动发展》,海天出版社 2020 年版。

王小广、杨柳:《催化与裂变·科技联姻金融》,海天出版社 2020 年版。

王小广、杨柳:《源头与活水·新型科研机构》,海天出版社 2020 年版。

王小广、杨柳:《承载与远见·机制催生创新》,海天出版社 2020 年版。

本书编写组编:《中华人民共和国简史》,人民出版社、当代中国出版社 2021 年版。

[美] 范内瓦·布什、[美] 拉什·D.霍尔特,《科学,无尽的前沿》,崔传刚译,中信出版社 2021 年版。

李斌等:《未来产业:塑造未来世界的决定性力量》,北京联合出版公司 2021 年版。

本书还参考了《深圳特区报》《深圳商报》《21 世纪经济报道》等新闻媒体的一些文章,一并表示感谢。

后　记

　　与深圳企业这个群体的接触交往开始于 20 多年前，是我太太孙利带我进入这条战线的。她是深圳市中小企业发展促进会的创始人，开始任秘书长，如今任执行会长。

　　20 多年前，我们合作写了一本书，名叫《小巨人崛起——深圳中小企业发展之路》。当年国家十分重视搞好中小企业；如今，国家更是加大了帮扶中小企业发展的力度。近几年，国家工信部组织专精特新"小巨人企业"评选，作为国家促进中小企业发展的一个抓手。

　　最近有一位专家拿到我们这本旧作后惊讶地说："你们 20 年前就开始研究专精特新'小巨人'的题目，有点超前呢。"就是从那个时候起，我开始关注深圳的企业家、企业管理经营者这个群体，一直关注他们的成长发展。在采访和写书过程中接触了各式各样的企业家和经理人，听他们讲述创业的故事，分享他们成功的喜悦，探讨企业发展遇到困难的各种原因，从而交了很多好朋友。我感觉到，企业家、企业管理经营者不容易，不简单，了不起，他们是经济的主角，是城市的精英，对深圳经济社会的发展作出了重大贡献。应该多多记录他们创业的精彩经历，讲好他们的创业故事。于是我相继又写了《深圳财富传奇·占领华强北》《深圳财富传奇·品牌定输赢》等系列书，一发而不可收。这些书受到了读者的欢迎，这也增加了我将系列书不断写下去的信心。

　　退休后，我兼任深圳中小企业发展促进会的顾问和深圳中小企业决策管理学院执行院长等职。10 多年时间里，跟随促进会组织的深圳企业参展团，不断参加国内国外的许多展会，光是国外就去过十几个国家的几十座城市，见识了国外先进技术企业发展的状况，了解了世界上最新科技发展的动向。国外旅行考察的经历和体会写入了我的"文化之旅"系列书里，例如《以色列文明密码》《德国文明与工业 4.0》等。在国内，我在与企业家和企业管理者朝夕相处的日子里，更多地了解了他们的酸甜苦辣，听到了一些有血有肉的故事。于是心里总是有一阵阵冲动，想要多记录、写作他们的创业故事。如今写作这本书就是对深圳科技创新与产业 40 年发展的一次系统总结，是对企业家创新创业的全景式描写。

就我的了解，读者对企业家创业经营的故事很有兴趣，这也是鼓励我不断写系列书的动力。在 40 多年的时间里，深圳发生了翻天覆地的变化，从一个边陲小镇变成了今天一个现代化国际化大都市。深圳 GDP 增长的速度总是超出人们的想象。特别是近 10 多年来，后浪推前浪，经济指标不断地超越其他城市，如今深圳在全国城市中占第三位，而要论人均 GDP 的话，好多年里深圳都是第一。每当新的数据公布时，我心里就掀起喜悦的浪花，暗暗感谢深圳的科技创新者和企业家们。我认为深圳市民们普遍都有这种心情。

在写这本书的过程中得到了许多人的帮助。首先要感谢人民出版社的陈鹏鸣副总编和编辑部杨美艳主任。我的许多书都是由人民出版社出版的。这次选择写作题目时，我说了几个选题。陈总说："你就写深圳科技这个题目吧。大家都知道深圳的科技创新和产业发展得很好。这个路是怎么走过来的？深圳为什么与众不同？读者们对此感兴趣。你争取给大家解一个谜。"所以，书名就定为《深圳科技创新密码》。

为写好这本书，我采访了许多领导、专家和企业家。早年我采访过李灏书记、李子彬市长，这次又采访了厉有为书记、唐杰副市长等，他们既是领导干部也是专家学者，对深圳科技产业的发展有深刻的理解。我也采访了张克科、周路明等局级领导，他们的许多观点对我很有启发。采访更多的自然是企业家，与他们的一些交往经过、讨论意见都写在书里。

最近我还请孙会长带着我，或者安排促进会的工作人员陪着我，采访了深圳的一些专精特新小巨人企业。它们的故事十分精彩感人，除了少量写入本书外，多数内容只能再谋划写一本新书了。

深圳市科创委有关处室，市科协的林祥书记、刘宇飞处长百忙中对本书的一些数据进行了核实；深圳报业集团资料室的罗静玲帮助收集了部分资料。

没有以上同志的帮助，这本书是不可能顺利写出来的，在这里要对他们表示衷心的感谢。

　　深圳的科技创新和新兴产业业态太丰富了。这本书只能说是挂一漏万式的写作，管窥蠡测地对深圳的发展做一番描述。写作中，尽量抓住主要线条，将深圳科技创新、产业发展的主要脉络交代清楚，就算是完成了笔者给自己定下的主要任务。

　　本书的写作，有三个视角。一是政府的做法。政府如何抓科技创新、如何促进产业的发展？40多年里深圳做了一些什么？二是企业的作为。深圳的科技事业主要是由企业创造出来的。企业做了些什么？怎么做的？限于篇幅，只能选择一些典型的企业做一些分析。三是我本人的看法、点评。请读者们在读这本书时抓住这三个视角，注意到贯穿全书内容的三条线索，就能更好地理解全书的内容。

　　有朋友知道我打算写该书的想法后提醒说："科技创新是很专业的一个研究课题呢，你没做过这项工作，能够把握得了吗？"不在行里，算是外行。外行写这样一本比较专业的书，当然有难度，但是也有一个好处，即可以用普通读者容易理解的方式写书，让专业枯燥的技术数据变得比较通俗易懂。作为一名旁观者，我在写作时，尽量做到素材选择精当，表达方式浅显，语言生动活泼，让科技知识不多的人也能够看明白。因此，这本书也许带了一点科普读物的性质，这也是我写这本书时特别注意的一点。就我阅读到的书籍而言，业内的专家们已经写了各种各样的关于科技创新的专业报告和专业论文，但是普通群众很难看懂这样的专业性材料，于是失去了阅读的兴趣，如此一来，老百姓怎么能够了解科技人员和企业管理经营者们究竟忙些什么？做出了什么样的成绩呢？他们做的工作到底与普通老百姓有多大关系呢？因此，写这种通俗的、带有一些科普性质的书也应该是有价值的。

　　限于本人学识，本书疏漏和错误难免，欢迎读者们批评指正。

2022 年 12 月 1 日

责任编辑：杨美艳

图书在版编目（CIP）数据

深圳科技创新密码 / 段亚兵 著 . —北京：人民出版社，2023.10

ISBN 978－7－01－025958－1

I.①深…　II.①段…　III.①技术革新－研究－深圳　IV.① F124.3

中国国家版本馆 CIP 数据核字（2023）第 179042 号

深圳科技创新密码

SHENZHEN KEJI CHUANGXIN MIMA

段亚兵　著

人民出版社 出版发行

（100706　北京市东城区隆福寺街 99 号）

中煤（北京）印务有限公司印刷　新华书店经销

2023 年 10 月第 1 版　2023 年 10 月北京第 1 次印刷
开本：710 毫米 ×1000 毫米 1/16　印张：23　插页：8
字数：390 千字

ISBN 978－7－01－025958－1　定价：99.00 元

邮购地址 100706　北京市东城区隆福寺街 99 号

人民东方图书销售中心　电话（010）65250042　65289539

版权所有·侵权必究

凡购买本社图书，如有印制质量问题，我社负责调换。

服务电话：（010）65250042